福建事变

王夫玉 编著

东南大学出版社

内容提要

1933年11月20日,在全国抗日反蒋高潮影响下,驻守福建的抗日劲旅十九路军将领联合国民党内反蒋势力和第三党等党派团体,公开宣布与蒋介石南京政府决裂,在福州成立"中华共和国人民革命政府"。与此同时,蒋介石策划和调动国民党军队对之进行军事镇压,不久,十九路军缴械受编,"人民革命政府"随之倒台,福建事变失败。翌年1月30日,国民革命军第十九路军番号因国民政府军事委员会将其改编而被取消。该书以国民革命军第十九路军"一·二八"淞沪抗战及其大背景为引言、以作者"福建事变"研究文稿为概论、以前人回忆录和"蒋介石涉事文档摘录"为各论、以"第三党与福建事变"为专论、以福建事变大事记和主要人物小传为补充、以对福建事变所作的历史评述为收尾,经系统梳理、甄别归纳和综合编辑而成。该书实事求是地厘清和客观公正地评价了这段历史,形成了比较丰富的研究成果,是为读者再现福建事变史实全景的专著。该书对国民革命军历史和中国党派史研究具有重要的借鉴作用,对中华民国史研究亦很有参考价值。

图书在版编目(CIP)数据

福建事变 / 王夫玉编著. —南京:东南大学出版社,2021.2(2023.3重印)

ISBN 978-7-5641-9449-9

Ⅰ.①福… Ⅱ.①王… Ⅲ.①福建事变(1933)—史料 Ⅳ.①K264.606

中国版本图书馆 CIP 数据核字(2021)第 027671 号

出版发行:东南大学出版社
社　　址:南京市四牌楼2号　邮编:210096　电话:025-83793330
网　　址:http://www.seupress.com
电子邮箱:press@seupress.com
经　　销:全国各地新华书店
印　　刷:广东虎彩云印刷有限公司
开　　本:700mm×1000mm　1/16
印　　张:20.5
字　　数:400千字
版　　次:2021年2月第1版
印　　次:2023年3月第2次印刷
书　　号:ISBN 978-7-5641-9449-9
定　　价:78.00元

本社图书若有印装质量问题,请直接与营销部联系。电话(传真):025-83791830

1933年11月20日,国民革命军第十九路军将领陈铭枢、蒋光鼐、蔡廷锴,联合黄琪翔领导的第三党(临委会)、李济深等国民党"左"派势力以及福建地方反蒋力量,在福州南教场召开中国全国人民临时代表大会。即日爆发以反蒋抗日为宗旨的福建事变,史称"闽变"

1934年3月21日,第三党负责人黄琪翔等在香港举行临时会议,决定恢复中国国民党临时行动委员会组织,按邓演达的政治主张继续战斗。图为与会者合影,前排右起:杨逸棠、郭冠杰、余心清、章伯钧、李健生(章伯钧夫人)、谭芝轩(彭泽湘夫人);后排右起:杜冰坡、张文、黄琪翔、彭泽民、丘学训、丘哲、彭泽湘(余、张为第三党所联系的人士)

李济深
(1885—1959)

陈铭枢
(1889—1965)

黄琪翔
(1898—1970)

蒋光鼐
(1888—1967)

蔡廷锴
(1892—1968)

徐名鸿
(1897—1934)

序

　　福建事变，史称"闽变"，是1933年冬爆发的一次以"反蒋抗日"为号召的政治与军事事变。它是中华民族生死存亡与日本帝国主义侵华战争加剧、民众对日本不断扩大侵略无比愤怒与对国民党政府妥协退让强烈不满、国民党地方派别诸侯割据与中央政府加强统一以及陈铭枢与蒋介石之间思想、意识、观念、恩怨发生错位等诸多矛盾发展到一定阶段的必然产物，反映出中华民族在日益严重的外来危机面前奋起抗争的爱国主义精神。福建事变虽然是集体策划发动的，尤以地方派别粤系头脑人物为主共谋，但陈铭枢无疑起到了主要的、关键的作用；国民革命军第十九路军是事变的主要武装力量，负责保卫革命成果；第三党、神州国光社等是事变策划的主要政治力量，负责起草、发布和实践其革命主张。

　　国民革命军第十九路军，简称十九路军，源于粤军第一师。①②1917年（民国六年）援闽粤军成立，1920年（民国九年）该部返粤驱桂，11月进行整编，共编为3个师、10个独立旅。粤军集中精英编训"第一师"，粤军第一师成立，任命粤军参谋长邓铿为师长，李济深为参谋长。梁鸿楷支队所属的谢毅、徐汉臣两个统领，编为粤军第一师第1旅，梁鸿楷为旅长，谢毅、徐汉臣分任第1、2团团长；陈修爵统

---

　① 薛谋成，郑全备."福建事变"资料选编.南昌：江西人民出版社，1984：1-2.
　② 本书中，亲历者回忆录、资料摘录（包括人物小传）、附录所涉及的部队番号保持原文式样。除粤军第一师外，其他处的部队番号采取下列办法处理：清朝军队番号序列用汉字标识；民国时期的军队中，军（级）及军以上的番号序列采用汉字标识，师及师以下的番号序列采用阿拉伯数字标识。

领部和桂军彭智芳营改编为第3团,陈修爵任团长。1921年(民国十年)粤军第五十四统领陈铭枢开赴广州,经邓演达从中斡旋,改编为粤军第一师第4团,陈铭枢为团长,其时陈济棠为营长,蒋光鼐任教官,蔡廷锴担连长,沈光汉充排长。第3、4团编为粤军第一师第2旅,旅长是胡秉为。粤军总部直辖的齐功恪独立营改编为粤军第一师独立营,不久,以邓演达为营长。又由薛岳新成立一个机关枪营,李章达成立一个工兵营,叶挺为副营长。邓铿在接受孙中山粤军第一师师长的任命后,决心大加整顿,彻底改变其气质和提高官兵军事学术知识,多方设法网罗粤军中一些有朝气的军官和由保定军校毕业不久的青年军官等作为第一师的骨干。

　　1922年(民国十一年)3月,邓铿被刺身亡。1923年(民国十二年)2月,孙中山大元帅开府广东。4月4日,成立直辖第四军,梁鸿楷升任军长,下辖3个师,粤军第一师改为建国军第1师,以李济深为师长,以陈铭枢为第1旅旅长,以张发奎为第1团团长,黄琪翔等分任营连长,以蒋光鼐为第2团团长,蔡廷锴等分任营连长。1925年(民国十四年)8月,第1师扩编为国民革命军第四军,军长为李济深,副军长为陈可钰,第10师师长为陈铭枢,副师长为蒋光鼐,政治部主任为徐名鸿,下辖3个团,第28团团长为蔡廷锴,第29团团长为范汉杰,第30团团长为戴戟。同时,张发奎团亦扩编为本军第12师,陈济棠团则扩编为第11师。陈济棠留守广东,陈铭枢与张发奎则率师北伐。克复武汉后,1926年(民国十五年)11月,第10师扩编为第十一军,陈铭枢升军长(兼武汉卫戍司令),蒋光鼐副之,政治部主任为徐名鸿,蒋光鼐兼第10师师长、范汉杰副之,戴戟升24师师长、蔡廷锴副之。1927年(民国十六年)3月,国民党"左"派及中共执掌武汉政府,陈、蒋、戴被迫去职,张发奎遂兼任第十一军军长。蔡廷锴因张发奎等力保,得以留用,升任第10师师长。是年6月,武汉政府任命朱晖日为第十一军军长,叶挺为副军长。7月,该军东调讨蒋,后由九江转入南昌,参加中共领导的武装起义。蔡廷锴因不满共产党之行动及力谋升任军长未遂,乃于师出江西之时(在"八一"南昌起义后),率全师反共,脱离张发奎,由间道入福州,重组第十一军,陈铭枢、蒋光鼐即亦返回军中主持,蔡廷锴仍任第10师师长,沈光汉、张世德、刘占雄任团长。另以黄质胜、颜德基二部,扩编为第24、第26两师,即以黄质胜、颜德基分任二师长。

1929年(民国十八年)初的编遣会议时,全军编为一师一旅,陈铭枢去职,蒋光鼐赴粤任第3师师长,戴戟副之。蔡廷锴亦赴粤任第2独立旅旅长,沈光汉副之。是年8月,第2独立旅在惠州扩编为60师,蔡廷锴升师长,沈光汉、区寿年分任旅长。而蒋光鼐之第3师,亦改番号为第61师,同隶陈济棠之第八路军直辖。在粤省北江与张发奎、桂系(李宗仁、白崇禧)联军作战,大败张发奎军于人和墟。阎、冯变作,张、桂军乘虚进犯三湘,蔡廷锴、蒋光鼐奉命率师由粤入湘,蹑张、桂军之后路,与由鄂入湘之中央军夹击张、桂军于衡岳之间,大败之。嗣后,奉调入豫,参加平汉路之作战。1930年(民国十九年)秋,讨逆军事结束,调驻济南,始扩编为国民革命军第十九路军(一说蒋介石于8月17日以60、61师为基础,将之扩编成国民革命军第十九路军,18日即以十九路军名义投入中原军阀大混战①),蒋光鼐升总指挥,蔡廷锴升军长兼第60师师长,沈光汉副之,戴戟升61师师长。1931年(民国二十年)8月,沈光汉升60师师长,李盛宗副之,并以该师之补充教导团与61师之独立特务营合编为78师,升区寿年为师长,谭启秀副之,刘占雄、邓志才为旅长。嗣奉调入赣"剿匪",是年冬(10月8日),又由赣调驻京沪一带,时陈铭枢为京沪卫戍司令长官兼交通部部长,戴戟为淞沪警备司令。1932年(民国二十一年)1月28日,发生淞沪抗日战役,遂造成该军最光荣的历史,被誉为抗日劲旅。②

第三党,是对1927年冬到1947年春之间先后出现的、具有一脉相承性的中华革命党、中国国民党临时行动委员会(临委会)、中国

---

① 卞杏英.蔡廷锴将军——从淞沪抗战到福建事变.福州:福建人民出版社,1994:4.
② 中国科学院近代史研究所南京史料整理处.一九三三年福建"人民政府"史料:上册.1960(16开油印本).

革命行动委员会、生产人民党、中华民族解放行动委员会(解委会)、中国民主政团同盟、中国民主同盟(民盟)、中国农工民主党(农工党)的统称。1927年大革命失败前夕,在国民党"左"派邓演达和共产党个别领导人之间,就曾有解散共产党、再次改组国民党、另组第三党的酝酿。大革命失败后,邓演达去了苏联考察,而后又到了欧洲学习考察。1927年11月1日,宋庆龄、邓演达、陈友仁在莫斯科以"中国国民党临时行动委员会"的名义发表《对中国及世界革命民众宣言》,但这个临时行动委员会在当时并未形成一个真实的组织。1927年冬,谭平山、章伯钧、季方等在上海秘密成立"中华革命党",表示继续奉行孙中山的三民主义,这是第三党形成后最早采用的名称,该党与在海外的邓演达保持联系。1930年5月,邓演达自海外归国,8月9日召开了10个省市负责干部会议,将第三党的名称正式定为中国国民党临时行动委员会,通过《政治主张》的决议,提出:反对帝国主义,肃清封建势力,推翻南京反动统治,建立以农工为重心的平民政权,实行耕者有其田,通过国家资本主义过渡到社会主义。邓演达被选为中央干事会总干事,创立月刊《革命行动》为机关刊物。该党经过一番整顿以后,一度发展很快,曾建立11个省区和3个市的地方组织,成员达数千人。第三党积极开展反蒋活动,特别是邓演达利用他以前在黄埔军校和国民革命军中的影响力,策动蒋系军官反蒋,给蒋介石的独裁统治造成很大的威胁,被蒋视作眼中钉。1931年8月17日,邓演达在上海被逮捕,11月29日,蒋介石将他秘密杀害于南京麒麟门外沙子岗。邓演达的遇害,使第三党受到极大打击,除一部分脱离组织外,其他人在黄琪翔、章伯钧等领导下,继续坚持斗争,比较著名的行动就是助推福建事变。

第三党能够助推福建事变,这与其和十九路军的历史渊源密不可分。李济深曾深情地说:"没有仲元(邓铿)师长的伟大和毅力,就不可能有革命的粤军第一师,并为其他部队的模范;没有择生(邓演达)同志的忠贞和热诚,就不能有团结巩固的粤军第一师,并坚定地为革命事业效命。"第三党主要领导人邓演达、谭平山、黄琪翔等和十九路军前后领导人陈铭枢、蒋光鼐、蔡廷锴等都是广东同乡,追随孙中山革命,共同出身于粤军第一师。邓演达、陈铭枢同是在广东陆军小学和保定军官学校学习军事知识,后来又一起在粤军第一师任团长,特别是在北伐战争中,他们同甘苦共患难,关系尤为密切,经常交换对时局的看法。当邓演达组织中国国民党临时行动委员会时,陈铭枢于1931年曾到上海和邓演达商议共同反蒋的军事行动,认为邓演达及其所领导的第三党有群众基础、有军事力量,完全可以组织第三种势力推翻蒋介石的南京政府。邓演达被蒋介石杀害后,黄琪翔主持第三党工作,继续坚持反蒋方针。1932年"一·二八"淞沪抗战前后,在共同抗日反蒋的基础上,黄琪翔曾亲赴前线参加对日作战,并发动上海第三党同志,大力支持十九路军抗敌,章伯钧、彭泽湘等人也和陈铭枢联系,支援十九路军的抗日行动。《淞沪停战协定》签订以后,蒋介石将十九路军调往福建攻打苏区,战事不利,几次被红军击败。在此情形下,黄琪翔等第三党负责人研究认为,十九路军只有和红军合作才有出路,故在上海等地奔走寻找中共中央协商,借以推动十九路军与苏区发生联系。凡此种种,加之受到当时欧洲酝酿着的"人民阵线"思潮的影响,当陈铭枢自1933年5月从欧洲返港后,即联合第三党与国民党内反蒋派系的民主人士及神州国光社里的一批知识分子,组织反蒋抗日的人民阵线,准备推翻蒋介石的反动独裁统治,随之爆发了福建事变。

福建事变的爆发,距今已经过去了85年。21世纪以来,国内有关福建事变的研究,出现了三个方面值得关注的积极动态:其一,在中国农工民主党中央研究室主导下,2011年下半年起,即以《中国农工民主党与"福建事变"》为课题,组织了一批专家参与其中,经过努力,党内专家搜集了不少资料,取得了比较丰硕的研究成果,并于2012年10月将之编印成《中国农工民主党与"福建事变"史料研究汇编》。其二,随着《蒋中正总统档案·事略稿本》、蒋介石日记、苏联共产国际档案文件等一大批史料的公开,史学界及党史领域对福建事变研究开始重视,发表了一系列研究论文,如陈红民的《两广与福建事变关系述论》(《近代史研究》,2001)、凌步机的《共产国际与中共六届五中全会和福建事变》(《中国井冈山干部学院学报》,2008)等等。其三,一些高校将福建事变作为近代史或民国史专业研究生的研究方向,形成了多篇有分量、有价值的研究生毕业论文,如江西师范大学刘峰的《论共产国际与福建事变》(2009.5)、浙江大学郑勇的《蒋介石与福建事变》(2009.5)等等。

  从2011年编写《第三党历史》(第一版)起,作者就有意关注福建事变的史料,积累了不少素材,专门编写了有关福建事变的一节内容。在修订《第三党历史》出第二版时(2016),对该节内容又作较大篇幅的充实。2016年9月,作者在中共江苏省委党校培训时,有幸办到了省委党校图书馆的借书证,得以查阅图书馆有关福建事变的图书资料,特别是由中国人民政治协商会议全国委员会文史和学习委员会编辑、中华书局与中国文史出版社连续出版的《文史资料选辑》(第三十七辑、第五十九辑)等,还有《中华民国史资料丛稿·大事记》(第十九辑、第二十辑)、《中华民国史档案资料汇编》第五辑第一编[军事(5)]等,发现了福建事变不少当事人所写的回忆录、大事记以及战斗详报等,如蔡廷锴、蒋光鼐、麦朝枢、宋希濂、卫立煌等,这批回忆录、战报等文献极具史料价值。其后又在金陵图书馆查阅了《中华民国史事纪要》(初稿)等书籍,在南京图书馆查阅了《益世报》《中央日报》等影印出版物,佐证了福建事变的大事记。由此,产生拟将作者研究的文字成果再充实完善和这些回忆录等文献资料一起编辑出版的想法:以作者研究文稿作概述,以麦朝枢、蔡廷锴等回忆录和基于《蒋中正文物档案》等史料而由黄道炫撰写而成的"蒋介石涉事文档摘录"为各论,以由樊振编著《中国农工民主党历史研究(1930—1935)》相关内容缩编而成的"第三党与福建事变"为专论,以作者研究结论为评述,以福建事变大事记、主要人物档案为补充。此想法得到了东南大学出版社张新建总编的积极支持,经过史料收集、资料梳理、文牍编辑、事实复核、文字校对等环节,终于完成了书稿《福建事变》,借以纪念福建事变爆发八十五周年。

2013年12月26日,习近平总书记在纪念毛泽东同志诞辰一百二十周年座谈会上的讲话中指出:"对历史人物的评价,应该放在其所处时代和社会的历史条件下去分析,不能离开对历史条件、历史过程的全面认识和对历史规律的科学把握,不能忽略历史必然性和历史偶然性的关系。不能把历史顺境中的成功简单归功于个人,也不能把历史逆境中的挫折简单归咎于个人。不能用今天的时代条件、发展水平、认识水平去衡量和要求前人,不能苛求前人干出只有后人才能干出的业绩来。"编写《福建事变》之目的,就是遵循这个精神,希望给读者提供一个全面了解、认识福建事变史实和切身体会、验知事件亲历者感受的载体。本书若能在这方面有所体现的话,则要衷心感谢本书所用文献涉及的众多作者和农工党中央研究室的党史专家们,尤其是薛谋成、卞杏英、黄道炫、樊振等诸位在这方面所做的卓有成效的工作,如果没有他们发表的研究成果和整理出来的档案资料,编写此书的困难将是不可想象的;要特别致谢留下宝贵史料的参加福建事变的前人们,诸如陈铭枢、蔡廷锴、蒋光鼐、麦朝枢、宋希濂等,他们的回忆录从不同侧面、不同角度、不同立场上对事变作了历史性的描述;还要感谢关心、支持、帮助过作者的领导、同事、家人以及为此书问世付出辛勤劳动的东南大学出版社的编辑们。在本书编写过程中,还得到了中国农工民主党中央研究室主任游宏炳,中共江苏省委统战部副部长瞿超、徐开信等领导的热情支持,在此一并表示感谢。

书稿虽再三斟酌,仍恐有欠妥、遗漏、失真和错误之处,欢迎广大读者指正为谢!

王夫玉
2018年11月20日于南京

目　　录

第1章　引言 ·· 1

第2章　概述 ·· 9
  2.1　福建事变爆发析因 ·· 10
    2.1.1　陈铭枢与蒋介石的关系 ···································· 11
    2.1.2　淞沪抗战后的十九路军 ···································· 16
    2.1.3　中共"宣言"、两广态度和察哈尔抗日的影响 ········ 24
    2.1.4　十九路军内部锄奸 ··· 36
  2.2　福建事变爆发经过 ·· 37
    2.2.1　福建事变序曲 ·· 37
    2.2.2　福建事变爆发 ·· 48
    2.2.3　军事改编、政府机构运作及行政区划 ················· 60
    2.2.4　福建事变中的第三党 ·· 64
    2.2.5　福建事变后的一些举措 ···································· 67
  2.3　各方面对福建事变反应 ··· 72
    2.3.1　日本等国家的态度 ··· 73
    2.3.2　共产国际与中共对策 ·· 73
    2.3.3　国民党内部派别的反应 ···································· 76
    2.3.4　民众的心态 ··· 78
  2.4　十九路军的军事行动 ·· 78
    2.4.1　闽军抵抗蒋军方案的确立 ································· 79

　　2.4.2　闽军抵抗蒋军的过程 ………………………………… 81
　　2.4.3　闽军抵抗蒋军失败 ………………………………… 85
　　2.4.4　十九路军被收编 …………………………………… 86
2.5　蒋介石镇压福建事变 ……………………………………… 93
　　2.5.1　福建事变前 ………………………………………… 93
　　2.5.2　福建事变中 ………………………………………… 94
　　2.5.3　福建事变后 ………………………………………… 106
2.6　福建事变失败原因分析 …………………………………… 107

第3章　各论 ………………………………………………… 113
3.1　麦朝枢等回忆福建事变 …………………………………… 113
　　3.1.1　福建人民革命政府回忆 …………………………… 113
　　3.1.2　福建人民政府和"生产人民党"片断(段) ………… 127
　　3.1.3　闽西计口授田纪略 ………………………………… 135
3.2　陈铭枢回忆福建事变 ……………………………………… 138
　　3.2.1　酝酿反蒋 …………………………………………… 139
　　3.2.2　政治思想的进步 …………………………………… 142
　　3.2.3　为建立新政权而努力 ……………………………… 146
3.3　蔡廷锴回忆福建事变 ……………………………………… 152
　　3.3.1　十九路军调闽前后 ………………………………… 152
　　3.3.2　"闽变"前的种种酝酿与措施 ……………………… 159
　　3.3.3　十九路军在闽反蒋战败经过 ……………………… 171
　　3.3.4　结束语 ……………………………………………… 185
3.4　蒋光鼐回忆福建事变 ……………………………………… 186
　　3.4.1　签订《粤桂闽三省联防草约》 ……………………… 187
　　3.4.2　派代表三到苏区和红军联系 ……………………… 187
　　3.4.3　"闽变"前筹组人民革命政府的活动 ……………… 188
　　3.4.4　与蒋政权决裂前夕的几件内幕 …………………… 191
　　3.4.5　人民政府成立后的措施 …………………………… 193
　　3.4.6　在强敌压迫下惨痛的收场 ………………………… 198

3.5 宋希濂等回忆福建事变 ………………………… 201
　　　　3.5.1 我参加"讨伐"十九路军战役的回忆 ………… 201
　　　　3.5.2 蒋介石消灭十九路军战役的经过 …………… 213
　　3.6 蒋介石涉事文档摘录 …………………………… 220

第4章　专论 ……………………………………………… 231
　　4.1 第三党与计口授田 ……………………………… 231
　　4.2 全力参与策动事变 ……………………………… 239
　　4.3 巩固漳州等地策应事变 ………………………… 241
　　4.4 维护事变发展变化大局 ………………………… 247
　　4.5 主持"全国人民临时代表大会" ………………… 251
　　4.6 共建中华共和国人民革命政府 ………………… 256
　　4.7 孤立无援战至失败 ……………………………… 261
　　　　4.7.1 蒋介石大军压境 ……………………………… 262
　　　　4.7.2 十九路军孤立无援 …………………………… 263
　　　　4.7.3 革命政府撤往漳州 …………………………… 265
　　　　4.7.4 大势虽去败犹荣 ……………………………… 266

第5章　评述 ……………………………………………… 267
　　5.1 率先举起鼓舞民众的抗日大旗 ………………… 268
　　5.2 给第三党实践其政治主张机会 ………………… 270
　　5.3 事变触动蒋介石战略政策调整 ………………… 274
　　5.4 事实证明统一战线极端重要性 ………………… 277
　　5.5 启迪中共对敌方针及建国方略 ………………… 280

附录　福建事变大事记 …………………………………… 283

第 1 章 引 言

1914年6月28日,奥匈帝国皇储斐迪南大公夫妇在萨拉热窝视察时,被塞尔维亚青年加夫里诺·普林西普枪杀。奥匈帝国以此为借口,在得到德国的支援后,于7月28日向塞尔维亚宣战,第一次世界大战(简称"一战")爆发。欧洲一直是一战的主要战场,共有三条主要战线:西线是英、法、比对德战场;东线是俄国对德、奥匈战场;南线是奥匈帝国对俄国与塞尔维亚战场。战争在同盟国与协约国两大阵营间展开,德意志帝国、奥匈帝国、奥斯曼帝国、保加利亚王国属同盟国阵营,大英帝国、法兰西第三共和国、俄罗斯帝国、意大利王国和美利坚合众国则属协约国阵营。1918年11月11日,《贡比涅森林停战协定》签订,德国等投降,历时4年多的一战以同盟国集团的失败、协约国集团的胜利而告终。

第一次世界大战,是在新旧殖民主义矛盾激化、各帝国主义经济发展不平衡、世界秩序划分不对等的背景下,为重新瓜分世界和争夺全球霸权而爆发的世界战争。一战使得兴起于欧洲东部和中部地区的沙皇俄国(1547—1917)、德意志帝国(1871—1918)、奥匈帝国(1867—1918)以及兴起于亚洲西部、曾一度向欧洲东南部和非洲北部扩张并且横跨欧亚非三洲的奥斯曼帝国(1299—1922)覆灭了,而巴尔干半岛与中东地区的民族国家则随之而起,如南斯拉夫、匈牙利及伊拉克等。一战后,世界格局发生了剧烈变化:原来为世界金融中心及世界霸主的英国出现严重衰退;《凡尔赛条约》对德国实行条件极为严厉的经济与军事制裁,德国失去了约13%的国土和约12%的人口,德国被解除武装;一

战期间,俄国发生十月革命,世界上第一个社会主义国家——苏维埃共和国诞生;美国随之成了世界头号经济强国;等等。

日本在一战期间投向协约国,向德国宣战,以获得德国在中国山东的权益,交战双方分别是日本、英国军队组成的协约国联军和主要为德国军队的同盟国军队。战役由日英联军发起,目标是攻占德国控制的青岛,战役于1914年10月31日开始,至11月7日结束。日英联军于这场战役中获胜,占领青岛。一战期间的中国,段祺瑞统治下的北洋政府在英法的支持下参加了协约国,对同盟国宣战。中国并没有派兵去欧洲战场参战而是做后勤工兵,中国工兵在残酷条件下死伤无数,同盟国投降后,中国作为战胜国参加巴黎会议,但协约国在会议上却把山东权益交给日本。这种举动引起了中国民众的不满,并于其后导致了1919年五四运动的爆发。

19世纪中叶,日本仍处在小农经济的封建社会,天皇并无实权,大权掌握在第三个封建军事政权德川幕府手中。1853年,美国海军将领马休·佩里率领4条蒸汽船闯进日本的江户湾,迫使日本打开国门,对外通商,日本上下惊慌失措。在内忧外患的双重压力下,日本人逐渐认识到,只有推翻幕府统治,向资本主义国家学习,才是日本富强之路。于是一场轰轰烈烈的倒幕运动展开了,1867年到1868年,在有"维新三杰"之称的大久保利通、西乡隆盛、木户孝允的领导下,倒幕派成功发动政变,迫使德川幕府第十五代将军德川庆喜交出政权,成立了以明治天皇为首的日本新政府。1868年(明治元年),明治天皇迁都江户,并改名为东京。重主朝政的明治天皇,励精图治,锐意改革,决心使日本走上富强之路。新政府积极引入欧美各种制度、废藩置县,从政治、经济、文教、外交等方面进行了一系列重大的改革。这些重大变革,在日本迅速推开,收效惊人。到19世纪末20世纪初,日本基本上铺平了向资本主义发展的道路,完成了部分预定的改革目标,成为中国周边迅速崛起的强邦。这就是日本历史上著名的"明治维新",日本国力得以逐渐强大。

19世纪末到20世纪初,日本在甲午战争中打败中国北洋舰队及在日俄战争中歼灭俄国太平洋舰队和波罗的海舰队,成为世界帝国主义列强之一,于1910年又吞并朝鲜。明治天皇于1912年驾崩,子嘉仁继位,改元大正,是为大正时代(1912—1926)。大正元年,因为陆军倒阁而引起了第一次护宪运动,开始出现政党政治。大正时代前期,发生了第一次世界大战,时为自明治维新以来日本国力最高峰的盛世。到1921年,大正天皇因病而由太子裕仁摄政。数年后发生的关东大地震,以及在国际会议中的节节败退,使日本日渐艰难。权贵与政党不断抗争,引发了第二次护宪运动。1925年日本实行了全民普选,亦由唯一的元老西园寺公望推荐首相,提倡"宪政之常道"。1926年,裕仁登基,年号"昭和",即昭和天皇(1926—1989)。昭和时代前二十年,对于中国、朝鲜、东南亚及太平洋地区人民来说,是黑暗的二十年,这时的日本政府致力于侵略扩张,给中国、朝鲜、东南亚及太平洋地区人民带来深重的灾难。

日本国内长期存在"大陆"倾向,在日俄战争后进一步暴露。此时东亚形势是清朝软弱、沙俄退却,其他列强难以进行实质性介入,日本一家独大。1907年,山县有朋在《帝国国防方针》中提出:"维持和扩大大陆的利权乃国防之至上目标。"因此,日本要"将在满鲜的利权,作为不可或缺的构成要素的大陆帝国方向推进发展"。1915年5月,日本以最后通牒方式,迫使袁世凯接受灭亡中国的"二十一条"要求。1918年日军开抵哈尔滨,攫取哈尔滨至长春的铁路管理权。1928年5月,日军制造"济南惨案",打死中国军民数千人,并占领济南。1931年9月18日,日本在沈阳制造"九一八"事变,由于蒋介石的不抵抗政策,拥兵几十万人的东北边防军总司令张学良不战而退,日军强占我国东北,在3个多月时间里占领我东北全境,实行杀光、烧光、抢光的"三光"政策,所到之处尸横遍野,使3 000多万名同胞沦为日军铁蹄下的奴隶。1932年1月,日本制造事端,进犯上海,日军与奋起抵抗的驻上海十九路军激战三十几天,中国军民死伤达1.6万余人,财产损失达20亿元以上。1932年3月,日本扶植溥仪成立伪满洲国。1933年1月到5月间,日军先后占领了热河、察哈尔两省及河北省北部大部分土地,进逼北平、天津,并于5月31日迫使国民党政府签署了限令中国军队撤退的《塘沽协定》。

1931年"九一八"事变后,由于宁粤合作,9月30日,南京政府任命

陈铭枢为京沪卫戍总司令官,11月初,3万余人的第十九路军从江西吉安"剿共"前线开拔,当月20日抵达沪宁一带,该军总指挥部驻南京两广会馆,第61师驻南京、镇江,第60师驻苏州、常州,第78师驻淞沪、南翔。1932年1月6日,由蒋光鼐继陈铭枢任京沪卫戍总司令官兼十九路军总指挥,蔡廷锴任副总指挥兼军长,黄强任总参谋长,徐名鸿任政治部主任,戴戟任淞沪警备司令。十九路军下辖3个师1个大刀队:第60师,师长沈光汉,副师长李盛宗兼参谋长,第119旅旅长刘占雄,第120旅旅长邓志才;第61师,师长毛维寿,副师长张炎,参谋长赵锦雯,第121旅旅长张厉,第122旅旅长张炎;第78师,师长区寿年,副师长谭启秀兼吴淞要塞司令,参谋长李扩,第155旅旅长黄固,第156旅旅长翁照垣;华侨大刀队队长周辉甫。

"九一八"事变后,中国民间反日情绪高涨,日本方面声称将采取自卫手段保护日侨利益。1932年1月18日下午4时,天崎启升等5名日本僧人在毗邻上海公共租界东区(杨树浦)华界马玉山路的三友实业社外被殴打,致使一人死亡,一人重伤,日方指工厂纠察队所为。1月20日,约50名日侨青年同志会成员放火焚烧了三友实业社,回到租界后又砍死砍伤3名工部局华人巡捕。当天,约1200名日本侨民在文监师路(塘沽路)日本居留民团集会,并沿北四川路游行,前往该路北端的日本海军陆战队司令部,要求日本海军陆战队出面干涉。途中走到靠近虹江路时,开始骚乱,袭击华人商店。

1月24日,日本海军陆战队向上海大批增兵,到27日,陆战队增至约6000人。当时负责防卫上海的中国军队是十九路军,由蒋光鼐、蔡廷锴指挥。陈铭枢及十九路军主张应对日军挑衅,但国民政府召开会议后则主张忍让,并于1月23日由军政部长何应钦下令十九路军5日内从上海换防。1月28日23时余,日军海军陆战队约2300人,在坦克掩护下,沿北四川路西侧的每一条支路:靶子路、虹江路、横浜路等,向西占领淞沪铁路防线,在闸北天通庵路突然向十九路军78师156旅翁照垣部袭击,遇到中国驻军的坚决抵抗,"一·二八"事变在日军不宣而战的情况下爆发了。

翌日,十九路军总指挥蒋光鼐、军长蔡廷锴等发表抗日通电:"特急！暴日占我东三省,版图变色,国族垂亡。最近,更在上海杀人放火,浪人四出,极世界卑劣凶暴之举动,无所不至。而炮舰纷来,陆战队竟于俭(二十八日)夜十二时,在上海闸北登岸袭击,公然侵我防线,向我开火,业已接火。光鼐等分属军人,惟知正当防卫。捍患守土,是其天职,尺地寸草,不能放弃。为卫国守土而抵抗,虽牺牲至一卒一弹,绝不退缩,以丧失中华民国军人之人格。此心此志,质天日而昭世界。炎黄祖宗在天之灵,实式凭之。十九路军总指挥蒋光鼐、十九路军军长蔡廷锴、淞沪警备司令戴戟叩。艳(二十九日)子。"①

事变之前,驻上海日军有海军陆战队 1 800 余人及武装日侨 4 000 余人、飞机 40 余架、装甲车数十辆,分布在虹口租界和杨树浦,另有海军舰只 23 艘游弋在长江口外和黄浦江上,由海军第 1 遣外舰队司令盐泽幸一指挥。1 月 28 日午夜,增兵后的日本海军陆战队分三路突袭闸北,攻占天通庵车站和上海火车北站。上海军民义愤填膺,担负沪宁地区卫戍任务的第十九路军 3 个师共 3 万余人,第 60 师(师长沈光汉,李盛宗副之,辖 119、120 旅)、第 61 师(师长毛维寿,张炎副之,辖 121、122 旅和独立旅)分驻苏州、南京一带,第 78 师(师长区寿年,谭启秀副之)2 个旅(155、156 旅)驻守上海,在总指挥蒋光鼐、军长蔡廷锴指挥下奋起抗战。防守市区的第 156 旅,在前来接防的宪兵第 16 团主动配合下,打退由横浜路、虬江路、宝山路进攻的日军,29 日夺回天通庵车站和上海火车北站。日军败退租界,通过英、美等国领事出面调停,达成停火协议,缓兵待援。

1 月 29 日,日本政府发表声明,威胁中国政府,诬指上海事件是中国排日运动引起的。至 2 月 2 日,日军从国内增调航空母舰 2 艘、各型军舰 12 艘、陆战队 7 000 人援沪。蒋光鼐急调第 60 师、第 61 师参战。3 日,日军破坏停火协议再向闸北进攻,被守军击退。日本内阁遂增派第 3 舰队和陆军久留米混成旅团援沪,由第 3 舰队司令野村吉三郎接替盐泽幸一指挥。7 日,野村吉三郎改变攻击点,以久留米混成旅团进攻吴淞,陆战队进攻江湾,企图从守军右翼突破。十九路军依托吴淞要塞及蕰藻浜水网地带与日军激战,第 61 师将进攻纪家桥、

---

① 魏宏远.中国现代史资料选编(3).哈尔滨:黑龙江人民出版社,1981:224.

曹家桥及偷渡蕰藻浜的日军各个消灭,其余日军又龟缩租界,由英、美等国领事再次出面调停,以待援兵。

十九路军不是蒋介石的嫡系部队,部队供给远远不足。战役开始前后,中央政府共拖欠十九路军8个月600余万元军饷。1月底的上海,天降大雪,十九路军几乎没有棉衣,将士身着单衣,短裤露膝,在冰天雪地里作战。不仅衣着没有,而且武器装备也不足,尤其战役开始后,明显感觉到手榴弹供应不上,中央政府更是始终不予回应,只好发动上海民众赶制土制手榴弹。同时,十九路军的炮火力量也远比日军低,导致日军轰炸肆无忌惮。中央政府屡次发电,要求十九路军不得抵抗,撤到二线阵地:"第十九路军兵源充足,有足够实力,上海附近部队不得增援!"但是,淞沪抗战得到了包括第三党在内的社会各界积极响应,宋庆龄、何香凝在真如进行慰劳,何香凝等多次到前线阵地上慰问十九路军将士。淞沪抗战后,海内外各界积极捐款,数量多达700余万元,所捐献的棉衣马上就送到了十九路军手里。

上海战况于日军不利,日本内阁于2月14日又调陆军第9师团参战,改由第9师团司令植田谦吉统一指挥。同日,中国政府派张治中率第五军所部第87师、第88师及中央陆军军官学校教导总队驰援上海,归十九路军统一指挥。16日,第五军到达南翔,奉命接替从江湾北端经庙行镇至吴淞西端的防线,为左翼军,张治中奉总指挥蒋光鼐令任左翼军指挥官,兼指挥吴淞、宝山、狮子林要塞地区司令谭启秀、翁照垣。十九路军为右翼军,蔡廷锴为指挥官,担负江湾、大场以南及上海市区的防御。18日,第五军接防完毕:88师(张治中兼师长,王敬久副之,辖259旅旅长孙元良、261旅旅长宋希濂)担任由江湾北端经庙行镇、周巷至蕰藻浜南岸之线,87师(师长俞济时,李延年副之,辖262旅旅长钱伦体、264旅旅长杨步飞)担任胡家庄沿蕰藻浜北岸经曹家桥至吴淞西端之线,军校教导总队(总队长唐光霁)之一部担任狮子林南北闸洞、川沙口、浏河口、杨林口、七丫口沿江一带警戒。

2月18日,植田谦吉发出最后通牒("哀的美敦书"),提出6条荒谬绝伦的要求,要挟中国守军于20日17时前撤退20公里,被蔡廷锴严词拒绝。这时,日本兵力两三万人,野炮六七十门,并有陆战队分布次要战线,敌舰数十艘集中于吴淞口,飞机增加为60余架。20日,植田谦吉令日军全线总攻,采取中央突破、两翼卷击的战法,以第9师团主突江湾、庙行接合部,企图北与久留米混成旅团围攻吴淞,南与陆战队合围闸北。守军十九路军与第五军并肩作战,密切配合,利用长江三角洲水网地带及既设工事顽强抗击,并组织战斗力强的部队夹击突入江湾、庙行接合部之敌。经过6昼夜争夺战,日军遭受重创,由全线进攻转为重点进攻,再由重点进攻被迫中止进攻。

淞沪抗战激励全国,后方官兵纷纷请缨抗战,除抽调部分步兵补充十九路军兵源外,蒋介石拒绝再向上海整建制增兵。而日本内阁决定组建上海派遣军,派前陆军大臣白川义则任司令官统一指挥。2月27日起,上海日军又得到陆军第11师团、第14师团增援,总兵力增至9万人、军舰80艘、飞机300架,战斗力骤增。当时中国守军总兵力不足5万人,装备又差,而且经过1个月苦战,伤亡比较严重,左侧浏河地区江防薄弱。白川义则汲取前三任指挥官正面进攻失利的教训,决定从翼侧浏河登陆,两面夹击淞沪守军。3月1日,他指挥第9师团等部正面进攻淞沪,以第3舰队护送第11师团驶入长江口,从浏河口、杨林口、七丫口突然登陆,疾速包抄守军后路。淞沪守军腹背受敌,是日9时,蒋光鼐下达第五军于11时撤退的命令,被迫退守嘉定、太仓一线。2日,十九路军向全国各界发出了退守待援通电,日军攻占上海;3日,国际联盟开会决定,要求中日双方停止战争,淞沪战事结束。

是役,中国军队在广大人民的支援下,浴血奋战,连续击败日军多次进攻,使敌三易主将,数次增兵,死伤逾万,受到沉重打击。但中国参战军队也付出了惨重代价:①阵亡长官198名,士兵5 800余名,受伤人数1万余名。由于蒋介石政府妥协退让,不继派援兵,守军寡不敌众,防线终被日军从翼侧突破而被迫撤退。后在英、美、法、意等国调停下,中日双方经谈判,5月5日,南京国民政府与日本签订丧权辱国的《淞沪停战协定》。至此,"一·二八"淞沪抗战宣告结束。

---

① 中国人民政治协商会议全国委员会文史资料研究委员会编. 文史资料选辑(第三十七辑). 北京:文史资料出版社,1963年9月第1版:蒋光鼐、蔡廷锴、戴戟(淞沪警备司令),十九路军淞沪抗战回忆,1-14;张治中.第五军参加淞沪抗日战争的经过,15-27.

  1932年5月21日,蒋介石下达密令,将英勇抗战的国民革命军第十九路军调往福建驻防,继续督促其参与对中共中央苏区和红军的"围剿"。5月23日,路透社电:"十九路军今日接军事委员会命令,立即开往闽省,'剿治匪共',故驻京之十九路军将士将于二三日内南下,其驻京沪路一带者,须在五月二十八日后开拔。"6月,国民政府授予蔡廷锴青天白日勋章,擢升为十九路军总指挥,组织十九路军各部从镇江等地上船,陆续南下福建。其后,便发生了反蒋抗日的福建事变。

第 2 章 概　　述①

20世纪30年代初,西南与中央之间的对立,是由1931年春蒋介石软禁胡汉民导致宁粤对峙的局面演变而成的。② 1932年元旦,统一的南京国民政府成立后,粤方宣布遵依广州"四全"大会决议,③在粤设立"中国国民党中央执行委员会西南执行部"和"国民政府西南政务委员会",实际所辖范围仅为两广(广东、广西)地区。自此西南局面形成以后,两广便与中央争斗不已,暗潮不断。以胡汉民为首的元老派以正统"中央"自居,遇有机会辄欲组府倒蒋,重掌中央政权;以陈济棠为首的实力派,则首在确保"自主"局面,依违两端,利用元老以向中央示威,复利用中央以向元老自重,既获得中央实际上之种种利益,又得元老为之支撑

---

① 扩编自王夫玉.第三党历史.南京:东南大学出版社(第二版第2次印刷),2016:131-145.
② 是年2月28日夜间,因与蒋介石发生激烈争吵后,国民党元老胡汉民被蒋扣压,翌日(3月1日),胡被迫辞去国民政府委员、立法院院长等党政要职,并遭蒋的软禁。蒋、胡交恶始于1930年11月召开的国民党三届四中全会,时蒋介石欲通过《训政时期约法》设置总统,置五院院长于总统之下,遭胡汉民坚决反对。会后,蒋、胡之间围绕制定约法问题继续争吵并展开斗争,蒋、胡矛盾白热化,于是蒋介石武力扣押胡汉民。事后蒋诡称胡"引咎辞职",改选林森为立法院院长。蒋、胡合作由此破裂,形成宁粤对峙的局面。另据胡汉民回忆,软禁的幽居生活足足过了八个月又十四天。胡汉民.胡汉民回忆录.北京:东方出版社,2013:98-118.
③ 20世纪30年代初,由于国民党内派别林立,仍处于分裂之中。所以,中国国民党形成三个"四大":中国国民党(南京)四大(1931年11月12日至23日,国民党蒋派在南京召开第四次全国代表大会)、中国国民党(广州)四大(1931年11月18日至12月5日,国民党其他派系在广州召开第四次全国代表大会,大会期间,陈济棠等排挤孙科和汪派在粤势力,致使汪派、西山会议派和再造派200余人退出会场,但广州四大继续召开)和中国国民党(上海)四大(汪派、西山会议派和再造派200余人退出广州会场后,156人到达上海,在汪精卫主持下,于12月3日另开"四大")。1931年12月15日,蒋介石辞去国民政府主席和行政院长职,宣布下野。12月22日至29日,南京、广州、上海三方国民党中执、中监委员共109人,在南京联合召开四届一中全会,宣布党的统一。汪精卫、胡汉民称病不出席,蒋介石只出席了开幕式。会议对宁、粤、沪三方大会选出的委员一概承认。

门面,以维持半独立之状态。然西南局势的走向,最终取决于掌控军权与财权的陈济棠。1932年初,爆发了"一·二八"淞沪抗战,十九路军英勇奋战,给日军以沉重打击,苦战月余,最终被国民党政府的欺骗与阻挠阴谋断送抗日成果,国民党政府与日军签订了丧权辱国的《淞沪停战协定》。1月28日蒋介石重掌南京中央后,作为粤陈(铭枢)势力的十九路军戍守南京势难继续,粤桂方面提出将十九路军调驻福建。其后,在没有其他安置办法的情况下,蒋介石内心并不情愿地把十九路军调往福建"剿共"。十九路军进驻福建后,经与西南军政首脑、第三党领导人等方面紧密接触,十九路军领导人发动了反蒋抗日的"福建事变",史称"闽变"。

2.1 福建事变爆发析因

福建事变是中华民族生死存亡与日本帝国主义侵华战争加剧、国民党地方派别诸侯割据与中央政府加强统一、陈铭枢等与蒋介石个人间诸多矛盾发展到一定阶段的必然产物。分析福建事变爆发的原因,主要有以下几个方面:一是十九路军将领不满蒋介石奉行的对日本帝国主义侵略的不抵抗政策,二是对蒋介石欲借"剿共"为名而借刀杀人感到自身不保,三是十九路军将领被红军的共同抗日主张所吸引,四是受察哈尔抗日同盟军浴血抗战的鼓舞,五是受到第三党(中国国民党临时行动委员会,简称"临委会")一贯坚持和实践的"推翻蒋介石独裁统治,建立平民革命政权"之政治主张的长期影响,等等。早在1931年5月"宁粤危机"期间,临委会中央干部会总干事邓演达便与陈铭枢、蔡元培密约反蒋,计划以十九路军为主要力量,在广东、闽南一带建立南方反蒋的"第三势力"政权。由于邓演达在8月17日被捕和"九一八"事变后的形势骤变,随着蒋介石图粤计划改变而没能实施该计划。但是,第三党的工作的确为福建事变在思想、组织、军事等方面奠定了一定的基础。福建事变的爆发,虽然是多因素综合作用的结果,但其导火索却是陈铭枢从欧洲回国及其背后所做的纵横捭阖的政治军事运作。

2.1.1 陈铭枢与蒋介石的关系

从拥蒋转到反蒋,陈铭枢及其十九路军走过了一段较长的复杂历程。① 从1925年东征到淞沪抗战,十九路军的前身部队一直属于蒋介石最忠实的支持者。历史地看,"个人关系"在民国时期的派系中普遍存在而显得重要,十九路军内部陈铭枢、蒋光鼐、蔡廷锴等将领间存在着紧密的"个人关系",但陈铭枢与蒋介石间不存在这种关系。蒋介石对陈铭枢有"喜欢干预政治,却不顾及他自己的军事职责"的訾议。1929年3月末,陈铭枢听说蒋介石重新起用张发奎即致电提出反对,但蒋未接受,这是他拥蒋态度动摇的最初心理基础。1931年4月底,以蒋介石软禁胡汉民为口实,广东陈济棠集团公开反蒋,即"粤变",又称"宁粤危机(分裂)"。陈铭枢却以突然离粤表示他对广东反蒋的不附和,后陈济棠多次提到陈铭枢本是广东反蒋密谋的参与者。到8月上旬,陈铭枢承认自己已萌发反蒋之心。"九一八"事变打断了陈铭枢的反蒋计划,而陈、蒋间的裂痕仍在扩大。11月29日,国民党左派领袖邓演达被蒋介石秘密杀害后,更加深了陈、蒋间的裂痕,起而附和粤方对蒋介石下野的要求,蒋介石于12月15日下野后,陈铭枢先后出任南京国民政府代理行政院院长、行政院副院长兼交通部部长,又以京沪卫戍总司令官身份掌握十九路军,位高权重,这不能不引起蒋介石的疑忌。在这个过程中,十九路军也对蒋介石产生了明显不满。1930年8月,十九路军逼近济南,蒋介石令其原地待命,等其他中央军到达后方准攻城,在十九路军强行攻下济南后,蒋介石又任命韩复榘为山东省政府主席,使十九路军想占有一块地盘的希望破灭。"粤变"发生后,十九路军的拥蒋态度也出现了波动。1932年"一·二八"淞沪抗战,是陈铭枢和十九路军从拥蒋转到反蒋的分水岭,同样也是蒋介石对十九路军和陈铭枢从信任到不信任的分水岭。淞沪抗战末期,陈铭枢与蒋介石的裂痕急剧扩大,陈铭枢决心同蒋介石决裂。

---

① 严如平.“道不同不相为谋”——陈铭枢与蒋介石、薛谋成//蒋介石与结拜兄弟.北京:团结出版社,2002:393-410;肖自力.十九路军反蒋始末.南方都市报,2011-7-28,第B22版.

1932年10月下旬,被称为十九路军"历史领袖"的陈铭枢偕好友欧阳予倩等,乘德国邮轮科勃仁士号经港赴欧游考,暂离国是。陈铭枢出国后,受到苏联政府礼待,研究了苏联政治制度,懂得了一些劳动人民当家作主的道理。同时,受到欧洲当时反法西斯的人民阵线运动的启发,也设想回国后联合第三党、国民党内反蒋派系的民主人士和神州国光社一批知识分子,组织反对独裁的人民阵线,企图推翻蒋介石的统治。1933年5月6日,游历欧洲半年有余的陈铭枢由欧洲回国,是日抵达香港,蔡廷锴、邹鲁、香翰屏等前往迎接。陈铭枢表示:十九路军肩负民族的使命,继续抗日,分所当然。

陈铭枢小传

十九路军创始人陈铭枢

陈铭枢(1889.10.15—1965.5.14),字真如,广东省(今广西壮族自治区)合浦县曲樟乡璋嘉村人。历任国民革命军南征军总指挥,北伐军第11军军长兼武汉卫戍区司令,国民革命军总司令部政治部副主任,广东省政府主席,京沪卫戍区总司令官,国民政府行政院代院长、副院长兼交通部副部长,重庆国民政府军事委员会高级参议,国民革命军陆军二级上将衔。中国国民党革命委员会发起人之一。新中国成立后,历任中央人民政府委员会委员、全国人大常委会常委、全国政协常委、民革中央常务委员。

1906年考入广东黄埔陆军小学(第二期),加入同盟会。1909年,与蒋光鼐一起转入南京陆军第四中学,积极开展革命活动,成为该校同盟会对外联络负责人。武昌起义后,加入起义军总司令部学生队,任广东革命军连长。南北议和后,被保送到保定陆军军官学校第三期学习。1913年夏,在广州策划暗杀广东督军龙济光时被捕,后越狱东渡日本,进入革命党主办的军事学校和政治学校学习政治经济。1916年,袁世凯死后,返保定军校读至毕业。1919年加入粤军,在广东地方军——肇军任游击营营长。1920年任护国军第2军陆军游击第43营营长,同年11月,孙中山组建粤军第一师,担任第四团团长。1921年任粤军第6军第1纵队司令。1922年春,参加孙中山领导的第一次北伐,是年夏,陈炯明叛变,部队被瓦解,遂辞职往南京钻研佛学。

1923年初,经邓演达说服,陈铭枢重回粤军,任第1师1旅旅长,受到师长李济深器重。1925年2月,他率部参加第一次东征陈炯明。8月,粤军改编为国民革命军第4军,陈铭枢任国民革命军第4军第10师师长。9月,率部参加国民革命军第二次东征和南征,任南征军总指挥(后改任第1路指挥),进击盘踞南路的邓本殷8省联军,收复广东高州(今茂名)、廉州(今广西合浦)等地,一直打到了海南岛,后进驻合浦、北海,支持地方的革命运动。1926年7月,北伐战争开始,率第10师北伐,与张发奎部、叶挺独立团并肩作战,屡建战功,一道攻占汀泗桥、贺胜桥,参加攻打武昌的战役,因战功被称为"铁军"。攻克武汉后,于1927年1月所部扩编为第11军,陈铭枢任军长兼武汉卫戍司令。1927年3月,由武汉去南京。1927年4月10日,蒋介石以邓演达主持的总政治部为共产党"把持",下令予以解散。4月17日,蒋介石在南京召开国民党中央政治会议,决定加派陈铭枢等为中央政治会议委员,并以吴稚晖为总政治训练部主任,陈铭枢为副主任。6月24日,吴稚晖辞去总政治训练部主任职务,蒋介石以陈铭枢继任。11月复任第11军军长,率部由闽回粤,会同黄绍竑、徐景唐部镇压张发奎部在广东发动的军事政变。

第一次粤桂战争结束后,蒋介石任命陈铭枢为广东省政府主席,陈于1928年12月就职。其时,国民党军已攻克平津,全国除东北外,形式上已具统一雏形。陈铭枢认为北伐既已取得全面胜利,国家应该裁军,地方军权应归还中央,就于12月上旬在广东琼州防地通电全国军人,倡议裁军,并以身作则,于12月10日辞去第11军军长职,自动将该军3个师缩编为1个师又1个独立旅,以蒋光鼐任广东编遣区第三师师长,戴戟任副师长,蔡廷锴任独立第二旅旅长,裁去戴戟的第二十六师。陈铭枢此举赢得蒋介石的欣赏,却遭到桂系李宗仁、白崇禧的反对。

1929年3月,蒋桂战争爆发,蒋介石在广东发动三陈(陈济棠、陈铭枢、陈策)倒李(济深),因李济深于南京汤山,陈济棠任国民党军第八路总指挥,陈铭枢仍任广东省政府主席,两陈分掌军政。李济深被囚后,广东第八路总指挥部以参谋长邓世增为首,通电全国抗议蒋介石的倒

行逆施,亲蒋的陈铭枢不予支持,说什么"任公(李济深,字任潮)事情并不要紧,安全上一定没有什么问题"。要黄、邓不要挑起战争。

桂系在蒋桂战争中败北之后,李宗仁、白崇禧回到广西,决定利用尚存力量,组织反攻。5月5日,李宗仁就任护党救国军南路总司令职,兵分三路,包围广州,一时广州震动。陈铭枢奉蒋介石命急调蒋光鼐、蔡廷锴两部从南路回援广州,经过激战,将桂军打退。1929年冬,张(发奎)桂(系)联军进攻广州,陈铭枢亲自制订与张桂联军的作战计划,并到前线布置,终于将张发奎军击溃,桂军亦撤回广西。

1930年夏,蒋阎冯中原大战激烈进行,陈铭枢致电蒋介石说:"蒋(光鼐)、蔡(廷锴)两师已做好准备,随时可听候调遣。"不久,张桂军直入湖南,企图北上武汉策应阎、冯作战。时武汉空虚,蒋介石急调蒋光鼐、蔡廷锴两师出韶关入湘,蹑张桂军的后面,结果张桂军败退广西。当北方津浦线战事紧张时,蒋介石又调蒋光鼐、蔡廷锴两师与阎锡山军队作战,出奇兵攻克济南,蒋介石犒赏了100万元,并改编陈铭枢所部为第十九路军,以蒋光鼐为该军总指挥。

十九路军在中原大战结束后,于1930年12月从河南返回汉口,广大官兵盼望能回到广东故乡进行休整,不料陈铭枢却从广州来到武汉,设宴于汉口普海春餐室招待营以上军官。陈铭枢在宴会上力主十九路军进驻江西,参加蒋介石对红军的"围剿",另创一种局面。于是十九路军便从汉口开往江西,但尚未与红军接触,第一次"围剿"即已结束。

1931年2月,国民党内讧又起。蒋介石于中原大战后,准备召开国民会议,制定约法,当上总统,实行独裁,但遭到国民政府立法院院长胡汉民的反对,蒋介石就将胡汉民囚禁于南京汤山。消息传开,全国震动,认为蒋介石以行政院院长拘留立法院院长,毁法乱纪,中外所无。加以胡派古应芬到处鼓动游说,不久就掀起反蒋高潮,国民党内各反蒋派别聚集广州,召开国民党中央执监委员非常会议,另立国民党中央和国民政府,与南京蒋介石政府对抗,是谓"宁粤分裂"。陈铭枢对蒋介石此举也大为不满,公开表示了批评态度。1931年5月,陈铭枢反对汪精卫等在广州另立国民政府,辞省主席职,通电拥护蒋介石,后出国。6月回国后,原第11军改编为第19路军,蒋光鼐为总指挥,任"剿赤"右翼军团总指挥,参加第三次"围剿"中国工农红军。7月,任江西"剿共"军右翼集团军总司令,参加对红军的第三次"围剿"。

1931年"九一八"事变后,陈铭枢任京沪卫戍区总司令兼淞沪警备司令。胡汉民与蒋介石发生约法之争后,蒋介石下台,国民政府改组,12月陈铭枢任行政院副院长兼交通部部长、国民政府行政院代理院长。1932年初,日军登陆上海,他同驻沪十九路军将领蒋光鼐、蔡廷锴等主张抗日,反对国民党政府的不抵抗政策。"一·二八"事变爆发后,陈铭枢支持第十九路军抗击日本军队,反对蒋介石、汪精卫的政策,被迫于10月辞职赴法国,第十九路军被调往福建地区"围剿"中国工农红军。1933年5月初,陈铭枢回国,11月与李济深、蔡廷锴等发动闽变,组成中华共和国人民革命政府,任文化委员会主席,组织生产人民党,事变失败后到香港,组织社会民主党,1935年改社会民主党为中华民族革命同盟,赞同中国共产党发布的《八一宣言》,继续进行团结各党派的抗日救国活动,同年游欧洲。

抗日战争期间,蒋介石不予军权,陈铭枢不得领兵杀敌,只委任为重庆国民政府军委会高级参议等虚职,在武汉、重庆等地从事抗日民主运动。1940年出资创办上海出版机构神州国光社,出版进步书籍,编辑发行《读书杂志》《文化评论》等刊物。1943年2月,他与谭平山、王昆仑等在重庆发起组织三民主义同志联合会(民联),团结联系国民党爱国民主人士。在政治协商会议期间,民联做了不少有益的工作,为反内战、争和平发挥了积极作用。

1947年6月被授为陆军上将并退为备役。11月,与李济深、何香凝等在香港筹建中国国民党革命委员会。1948年1月,建立中国国民党革命委员会,任中央执行委员,积极团结各派民主人士,反对蒋介石独裁、内战政策。其后,受民革指派,回上海联络工作,策划起义,策反浙江省省长陈仪反蒋,还策反过湖南省省长程潜和上海市代市长赵祖康。1949年5月,由香港北上,参加政协筹备会,9月,出席中国人民政治协商会议第一届全体会议。

中华人民共和国成立后,历任中央人民政府委员会委员,中南行政委员会副主席,第一届全国人民代表大会常务委员,中国人民政治协商

会议第二、三届全国委员会常务委员。任政务院政法委员会副主任、法制委员会主任、中南行政委员会副主席、农业部部长等职。1949年11月,当选为民革第二届中央常务委员。1953年,发起成立中国佛教协会。1954年,将神州国光社公私合营并入上海教育出版社,将珍藏的珂罗版画册捐献给国家。所撰写的回忆录发表于《文史资料选辑》等刊物。

1965年5月14日,因病在北京逝世,终年76岁。著有《佛学总论》等。

(摘编自《共和国人物档案》丛书之《共和国第一届全国人大常委》,《蒋介石与结拜兄弟》之《"道不同不相为谋"——陈铭枢与蒋介石》(薛谋成)及"360百科"之"陈铭枢"。)

2.1.2 淞沪抗战后的十九路军

十九路军虽然在反共和军阀混战中为蒋介石立下了汗马功劳,可始终未获得一块稳固的地盘,一直受到蒋介石的猜疑和压迫。起初蒋介石因对十九路军极不信任,在"一·二八"淞沪抗战后,曾想借口"擅启战端"的罪名,以其嫡系部队包围而解决之,后恐这个罪名不适当,或被全国舆论所谴责,又意图采取"分割整肃的办法"。1932年5月6日,蒋介石曾下令,拟将十九路军3个师分别调防南昌、安庆和武汉,各归该地的国民政府军事委员会委员长行营或指挥所调遣,十九路军总部、军部则暂留南京,把十九路军淘汰于无形之中。但是,这个阴谋因十九路军官兵团结一致反对分割而失败。随后,粤桂方面提出将十九路军调驻福建,但蒋介石内心并不情愿,迟迟未肯下令。十九路军的抗日英名,蒋介石自身刚刚复职的脆弱,使其最终不得不同意十九路军赴闽。直到5月20日,十九路军总部才接到军政部密令,着令十九路军尽快入闽进剿,再次参与"剿共"军事行动。23日,国民政府军事委员会也下令催行十九路军入闽。31日,行政院第37次会议决议"特派蒋光鼐为驻闽'绥靖'公署主任",以国民政府派字第五十六号开具特派状。最终,在6月间,十九路军被蒋介石调入福建"剿共"。蒋之目的之一,是让十九路军与红军作战,使其两败俱伤,坐收渔人之利;目的之二,是让十九路军入闽,必定与广东实力派军阀陈济棠产生冲突,加深闽、粤两军两地间矛盾,使其互相争斗,以达到其消灭异己的目的。这样做,可以实现一箭三雕之目标:十九路军和红军互相残杀,削弱其实力;使十九路军和广东实力派陈济棠间产生互为压制的威胁;同时,去除京沪要地肘腋之患。

1932年6月25日,蔡廷锴乘大来公司的美国籍"威尔逊总统"轮船离沪赴港转粤,6月27日抵港,6月29日由香港直接赴广州,7月1日到东莞虎门之海南栅拜访蒋光鼐,7月2日返回广州。7月13日,蔡廷锴偕驻闽"绥靖"公署参谋长邓世增、十九路军秘书长徐名鸿等人离港赴闽,7月15日抵达福州,随即邓世增即代蒋光鼐通电于7月16日就职,并请中央给假休养,其一切职务暂由蔡廷锴"代拆代行",后蒋光鼐于12月6日举行就职典礼并通电公开,新任省府主席兼民政厅长。7月26日,行政院第52次会议决议:由蔡廷锴升任十九路军总指挥,暂行兼代驻闽"绥靖"公署主任。① 9月21日,蔡廷锴依国民政府派字第五十八号特派状,在漳州十九路军总部就总指挥一职,至翌年1月6日,蔡廷锴才依国民政府派字第六十六号任命状通电就驻闽"绥靖"公署主任职,就职通电所云可见蔡廷锴等十九路军坚持抗日之决心:

> 案奉国民政府派字第六六号任命状内开,特派蔡廷楷(锴,下同)为驻闽"绥靖"公署主任,此状,等因,廷楷奉命之下,弥切悚惶。伏念国难事变,今已逾年,东北二百余万方里之失地未收,淞沪一月余日抵战之创痕未复。本军忍痛撤退,移师来闽,原期切实补充,静待中枢大计之决定。全军将士,抵闽而后,无日不枕戈待命,备为前驱。身在海隅,神驰塞外。最近则榆关陷落,平津危急,大河以北,将非我有。关外义军,餐风泣血,号救无门,义军尽则伪逆之势成,日人将益增其藉口。廷楷分属军人,许身报国,懔见危授命之义,怀国亡无日之悲,北望沈辽,难安寝馈。乃承大命之颁,付以疆圻之寄,固辞未获,勉任巨艰。谨于一月六日,遵命就职,到署视事,勉负地方之责,敢忘磨砺之心。伏望我中央当局诸公,精神团结,化除畛域,消弭内争,集中全国力量人才,早定

---

① 薛宗耀.《1933:福建事变始末》辨证(上、下).党史研究与教学,2011(5):93-105;(6):88-94.

国防军事大计,充实中枢,共图匡济,务以整个国家民族之全力,争最后存亡生死于此时,一发千钧,不容稍懈。楷虽愚鲁,窃愿负弩前驱,为国效命,执鞭荷戟,未肯辞劳,马革裹尸,愿申素志。除呈报外,特电布臆,伫候教言。蔡廷锴叩,鱼(六日)印。

蔡廷锴小传

十九路军总司令蔡廷锴

蔡廷锴(1892.4.15—1968.4.25),字贤初,汉族,广东罗定人。行伍出身,由士兵一步一个脚印升为第十九路军军长兼第十九路军副总指挥、总指挥。

1892年4月15日出生于广东罗定的一个贫苦农民家庭。9岁,蔡廷锴到邻村的书馆入学读书,因母亲突然去世,仅上了3年学的蔡廷锴被迫辍读,过早地担起生活的重担。1910年,新军来到了罗定县,蔡廷锴加入新军。蔡廷锴先后4次投军都时间不长就被迫离去,1918年到李耀汉肇军的陈铭枢营当排长。1919年肇军解体,陈铭枢营改属于护国军林虎部,蔡廷锴被选入护国第二军陆军讲武堂学习一年。

1922年蔡廷锴转任粤军第一师第三营第十一连连长,并由陈铭枢介绍加入中国国民党。同年5月,在江西率全连日行军50多公里,攻占信丰城,获记功一次。1924年,应孙中山大本营补充团一营长邓世增所邀,任该营连长。同年,率部到郁南县都城镇平定桂军刘玉山、陈天太部叛乱。不久,接任邓世增的营长职务。1925年,参加第一次东征及平定刘震寰、杨希闵叛军的战斗。10月,率部在开平县单水口与数倍于己的邓本殷叛军激战3昼夜,缴获敌枪千余支。1926年7月,升任第四军十师二十八团上校团长。10月,率部北伐,参加围攻武昌的战斗,最先攻入武昌城宾阳门。年底任第十一军二十四师少将副师长。次年春,升任该师师长。

1927年7月,武汉政府将蔡廷锴所部拨归叶挺将军指挥。8月,十一军参加中国共产党领导的南昌起义,蔡廷锴因不满共产党之行动及力谋升任军长未遂,乃于师出江西之时,率全师反共,脱离起义队伍,也脱离了张发奎,由间道入福州,重组第十一军,陈铭枢、蒋光鼐即亦返回军中主持,蔡廷锴仍任第10师师长。1928年,奉调海南岛"围剿"琼崖红军。其间,也参与当地剿匪。

1930年5月,中原大战爆发,蔡廷锴率部助蒋作战,立下战功。随即蒋介石扩编蔡廷锴、蒋光鼐两师为路军建制,于8月,正式成立十九路军,任命蒋光鼐为十九路军总指挥,蔡廷锴为十九路军副总指挥兼军长,并颁奖100万元,特奖蔡廷锴本人数万元、二等宝鼎章。

1931年初,十九路军入江西,参加对中央苏区的第二、三次"围剿"。8月,在高兴圩的战役中,十九路军和红军打得两败俱伤,蔡廷锴本人亲率手枪营参与战斗,才打退了红军围攻。

1931年11月,十九路军奉命调防京沪沿线,担负警卫。次年1月下旬,日军图谋侵占上海,要十九路军后撤15公里,国民党当局拟同意日方的要求,并派军政部长何应钦赴沪向蔡廷锴转达,蔡当即表示拒绝。他反复申明:上海是中国领土,十九路军是中国军队,有权保卫上海,如果日军胆敢来犯,我军决心迎头痛击。

1月28日,日本侵略军悍然进攻上海。蔡廷锴下令反击,并与蒋光鼐和戴戟联名通电全国,表示"尺地寸草,不能放弃"的决心。当时,十九路军与随后到达的第五军只有四五万人,以轻武器为主。蔡廷锴率十九路军,与装备有飞机、军舰、坦克的六七万日本侵略军血战三十几天。十九路军从此深得全国人民和海外华侨、港澳同胞的拥护和爱戴,蔡廷锴也被誉为"一代名将""抗日民族英雄"。

"一·二八"淞沪抗战后,蒋介石把十九路军调到福建"围剿"工农红军。1932年8月,蔡廷锴升任第十九路军总指挥,12月底,任福建"绥靖"公署主任。在"围剿"红军的战斗中,蔡部屡遭惨败。蔡廷锴、蒋光鼐为十九路军前途起见,多次主动和中国共产党联系,最后与红军达成停战协议。

1933年11月20日,蔡廷锴与李济深、陈铭枢、蒋光鼐、黄琪翔等人在福建发动政治军事事变,成立中华共和国人民革命政府,蔡任中央委员、军事委员会委员、人民革命军第一方面军总司令兼十九路军总指挥。仅仅坚持2个月,福建事变失败,蔡廷锴出洋游历。蔡廷锴一行所到之处,积极宣传抗日救国,控诉日本侵华罪行,抨击南京政府的不抵

抗政策,受到海外华侨和外国友人的欢迎。

1935年4月,蔡廷锴回到香港。为继续抗日反蒋,他与李济深、陈铭枢、蒋光鼐组织中华民族革命同盟。其宗旨是:推翻汉奸政府,树立人民政权,联合各党各派一致团结抗日。为宣传这一主张,他们集资扩充《大众日报》,在他们的努力下,《大众日报》很受民众的欢迎,发行量极大。

1936年两广"六一"事变爆发,李宗仁、白崇禧打起抗日的旗号反对蒋介石,蔡廷锴全力支持。1937年5月,蔡廷锴再次出游南洋。行至菲律宾惊悉"七七"事变爆发,为参加抗日,立即回国。9月1日,蒋介石召见蔡廷锴,委任蔡为大本营特任参议官。1938年广州沦陷后,蔡廷锴被推举为广东民众抗日自卫团统率委员、常务委员,负责指挥西江南路团队。1939年,蒋介石起用蔡廷锴任第16集团军副总司令,不久,接任总司令。10月,蔡调任第26集团军总司令。1940年,蔡廷锴率部参加了著名的昆仑关战役,蔡任东路总指挥。战后,第26集团军奉命改编为粤桂边区总司令部,蔡廷锴任总司令。原属蔡廷锴管辖的93师,奉命调武鸣归建制。蔡除南路游击队外,已成无兵总司令。后蔡廷锴以上将参议官的名义闲居桂林,桂林将陷,蔡又回家乡居住,直至日本投降。

1946年,蔡廷锴从香港到南京,与住在梅园新村的周恩来见面,一番恳谈,使蔡廷锴茅塞顿开,回香港后,他便投身于反对蒋介石独裁统治的政治斗争中。3月12日,蔡廷锴等在广州李章达的住所举行会议,正式成立中国国民党民主促进会。4月14日,又举行了第二次会议,公推李济深为主席,实际由蔡廷锴代理,并发表《中国民主促进会成立宣言》。7月15日,蔡廷锴发表呼吁和平的谈话。中国国民党民主促进会因进步活动,遭到国民党统治集团的迫害,《现代》月刊被封闭,蔡廷锴、李章达被迫离开广州,民促不得不转入地下活动,总部迁往香港,继续坚持反蒋民主活动。

1947年秋,民促与三民主义同志联合会(简称"民联")及其他国民党爱国民主人士的代表,在香港举行中国国民党民主派第一次代表会议,决定联合,但继续保持民促组织的活动。1948年1月,蔡廷锴与李济深等人在香港发起组织中国国民党革命委员会,蔡廷锴任中央常务委员兼财政部部长。9月12日，蔡廷锴作为中国国民党民主促进会的首席代表，应邀和沈钧儒、谭平山等民主党派领导人从香港启程，经过半个多月的长途旅行，于9月29日到达哈尔滨，受到中共中央东北局的热情接待。在东北，蔡廷锴除了写信向香港家人报平安外，还要儿子蔡绍昌把罗定县老家封存多年的一大批武器送给在当地活动的中共领导的人民军队。

1949年1月，蔡廷锴作为中国国民党民主促进会的首席代表，应中共中央的邀请来到北平，出席新政协筹备委员会和政协第一届全体会议，被选为政协常务委员。1949年9月，蔡廷锴出席中国人民政治协商会议第一届全体会议。中华人民共和国成立后，任中央人民政府委员、中华人民共和国国防委员会副主席、国家体育运动委员会副主任。

朝鲜战争爆发后，蔡廷锴被推为抗美援朝保家卫国委员会常务委员。1951年，蔡廷锴被推为慰问团总团的副团长（总团团长为贺龙）前往朝鲜慰问。蔡廷锴不但经常到祖国各地视察，而且几乎每年都要出一次国，他到过朝鲜、苏联、日本等十几个国家，和这些国家的人民进行了广泛的接触，对增进中国人民和世界人民的团结作出了积极的贡献。1950年11月，蔡廷锴作为我国代表团成员前往波兰首都华沙出席世界和平大会，并被推为世界和平理事会理事。此后六七年间，为争取世界和平，蔡廷锴奔走呼号，不遗余力。

1956年起，蔡廷锴长期担任中国国民党革命委员会副主席。1957年，担任中国代表团团长，前往日本东京参加第三届禁止原子弹、氢弹大会。1961年初，随同周恩来总理赴缅甸进行友好访问。

1964年到1968年间，蔡廷锴任政协全国委员会副主席，他是第一、二、三届全国人民代表大会常务委员会委员；是政协第一届全国委员会委员，第二、三届全国委员会常务委员；是民革第一、二届中央常务委员，第三、四届中央副主席。

1968年4月25日，著名抗日将领、爱国民主人士蔡廷锴逝世，享年76岁。

（摘编自《共和国人物档案》丛书之《共和国第一届全国人大常委》及360百科之"蔡廷锴"。）

十九路军奉调入闽时,蒋介石指令军队由海路从漳州、厦门登陆,为防蒋介石暗算,蔡廷锴请第三党领导人黄琪翔协助了解漳州、厦门一带的军事形势。黄琪翔电令在福建的第三党成员陈祖康急赴上海汇报相关军情,陈祖康到上海后建议黄琪翔派员去当地视察,黄琪翔即令周力行(周士第)入闽,邓次侯同行,因邓与驻漳蒋军第49师副师长邬汉屏是同乡,而且交情很深,对开展军事侦察工作较为有利。邓次侯、周力行、陈祖康三人通过对厦门、漳州进行两三天的秘密视察,先后参观了厦门的海军陆战队驻地、海军炮台、军事要塞和漳州张贞49师所属部队营地、武器装备等设施处所,将所掌握的军事情报分析后,电告黄琪翔:"转告十九路军,可以安全入闽。"黄琪翔复电:"周、邓暂留漳、厦,等候十九路军入闽,然后再议工作。"1932年6月初,毛维寿61师1.7万余人率先开拨,由南京下关出发,7日,毛部8 000余人,分乘三北公司6船,抵达泉州,8、9日续到7 000余人,泉州民众对于十九路军莅泉,异常欢迎。其后,十九路军按60师、总部、78师序列,在镇江上船南下,陆续入闽,7月间,十九路军基本集结完毕。此后,十九路军秘书长徐名鸿委任周力行为十九路军驻漳部队参谋,协助张炎将张贞部并编于永定,张炎接任张贞的49师师长,周力行为参谋处长,后任团长。蔡廷锴抵达漳州后,命令毛维寿、沈光汉两师限3日内向闽西前进。蔡廷锴决定"绥靖"闽西的步骤是:第一,"剿共";第二,清匪;第三,处置杂牌军队;第四,助闽人自治建设。

当时福建呈四分五裂形势,省府主席方声涛不理政务,对地方势力割据毫不关切,是一个典型官僚。在地方政权上,各地土匪劣绅横行,互相攻讦,宗族派系间的械斗迄无宁日,造成一派民不聊生的景象。在军队方面,福建全省没有蒋介石嫡系军队,大都是地方土著及杂牌部队割据称雄:以建瓯为中心的刘和鼎所部56师,割据闽北地区;以邵武为中心的周志群独立旅,割据闽西北地区;以仙游为中心的陈国辉独立旅,割据闽东南地区;以漳州为中心的张贞部49师,割据闽西南地区;以尤溪为中心的卢兴邦部新编2师,割据闽中地区;以福安为中心的陈齐瑄独立旅,割据闽东北地区。关于当时红军的情况,在十九路军未抵闽前,闽西北及闽西南许多地区已解放,并建立了苏维埃人民政权。十九路军抵闽后,红军第一军团已退出漳州、漳平、龙岩地区。上面所述这些杂牌土著军队,大都先后吃过红军的败仗,损失相当严重,对红军作战犹如惊弓之鸟,多采保存实力的观望态度。

十九路军入闽后,着力实施对福建省大小军阀的收编,以稳定局势,安定社会。首先,对张贞49师进行整编。7月初,奉国民政府军委会令,十九路军将驻防漳州的49师缩编,原两旅各三个团,缩为各两团,共约7 000人,并奉命全部开拔闽西"剿共",于7月12日前后,挺进龙岩。1933年5月下旬,因"剿共"贻误戎机,张贞称病辞职休养,离开永定。7月11日,十九路军北上援热抗日的张炎、谭启秀两先遣纵队集结永定,前者和原49师张贞部合编为49师,后者编为补充师,张炎、谭启秀分任师长。其次,强行解决的是陈国辉任旅长的省防军第1混成旅(独立旅)。1932年9月22日,蒋光鼐电召陈国辉来省面陈所部防地事务,26日,陈国辉乘自备飞机抵蓉,27日,入谒驻闽"绥靖"公署蒋光鼐主任,随即被扣留管束。随后蒋光鼐、蔡廷锴派61师副师长张炎和张厉的121旅前往仙游收编第1混成旅,陈部于10月上旬被强行缴械解决。后陈国辉被褫职查办,经"绥靖"公署军法处厉加审讯,罪证确凿,被判死刑,于12月23日执行枪决。此外,还整训了省防军第2旅、调整了保安队第1混成旅长官人事和改编各地民军等。

1933年1月3日,日本关东军派兵攻打山海关和临榆县城,屠杀中国军民3 000余人。为实现1月6日就职通电的决心和十九路军北上抗日的愿望,1月14日,蔡廷锴和蒋光鼐分析研究后,派张炎抵粤谒陈济棠等,陈述其抗日计划,达成在短期内北开增援中央、协力抗日之约定。经过前期准备,十九路军遴选出"援热先遣队"两个北上抗日纵队,每个纵队编为3个团(也有文献认为2个团),由张炎、谭启秀分任队长,其中谭部是从广东调回的十九路军补充旅。3月25日,由闽西之龙岩、闽南之漳州,道向粤边,取道粤汉路入湘,开赴东北援助热河抗日。部队开拔后,一路步行,沿途各界群众夹道欢迎,并送犒物品,经50多天行军,到达湖南郴州耒阳一带后停止前进,等候命令。尽管在5月25日蒋光鼐、蔡廷锴联名通电,反对与日妥协,但《塘沽协定》仍于31日签订,蔡廷锴不得不命令北上抗日纵队返闽。北上援热部队绕道奔波2个月,用去军费约20万元,却无功而返,许多士兵不愿西师"剿共",纷纷退伍,部

队返回福建时,近一半士兵离开了部队。

十九路军开闽时,蒋介石即将陈铭枢的卫戍长官部撤销,将该机构改组为驻闽"绥靖"公署,升蒋光鼐为主任,蔡廷锴继任十九路军总指挥兼十九军军长。十九路军抵闽后,分驻闽南、闽西地区,以60师进出龙岩,61师集中泉州,78师进出漳平,除龙岩前线与苏区接壤地区彼此对峙戒备外,其余的部队则进行整理补充。在政治与军事上采取了如下对策:第一,为了十九路军有个后方,决定和广东搞好关系;第二,为了稳定闽西政权,采取耕者有其田的改良主义办法,即实施计口授田政策;第三,为了保存实力,消极执行进犯苏区的计划,蒋介石既不许十九路军抗日,自然更不许该路军不"剿共"。十九路军在调入福建后,红军第一军团退出漳州、漳平、龙岩地区。利用福建红军主力入赣作战之隙,十九路军又陆续占领了闽西、闽北苏区等不少地方。为了保存实力,十九路军改变了以往与红军硬碰硬的打法,而是采取消极保守的作战方法,对蒋介石采取谎报军情与虚报战果来应付。

2.1.3 中共"宣言"、两广态度和察哈尔抗日的影响

1933年1月17日,中共驻共产国际代表团根据共产国际执委会第十二次全会精神和中共代表团讨论的意见,以中华苏维埃共和国中央执行委员会主席毛泽东,副主席项英、张国焘和中国工农红军军事委员会主席朱德的名义,发表了《中华苏维埃临时中央政府工农红军革命军事委员会为反对日本帝国主义侵入华北愿在三条件下与全国各军队共同抗日宣言》(简称《共同抗日三条件宣言》)。蒋光鼐在获悉此《宣言》后,即刻寄以新的希望,他认为:"蒋介石对十九路军采取两种手段,一是他亲手动员来歼灭我们;二是驱使该路军'剿共',孤军深入,让红军来消灭我们。如今红军敞开大门,我们迫切需要和中共建立密切的关系。"《宣言》给十九路军官兵以很大的影响和推动,加之他们的"剿共"战争屡遭败绩,广大官兵厌恶内战、要求抗日的情绪不断高涨。同时,第三党在十九路军中宣传临委会的政治主张,散发《邓择生集》,对许多官兵的思想变化起到了积极促进作用。尽管此时中共党内"左"倾关门主义的方针还没有根本改变,但是《共同抗日三条件宣言》对于推动全

国抗日、促进国民党的爱国军队和共产党合作抗日产生了很大的影响。

蒋光鼐小传

十九路军总指挥蒋光鼐

蒋光鼐（1888.12.17—1967.6.8），字憬然，广东东莞虎门人，是杰出的爱国民主人士和政治活动家，功勋卓著的抗日名将，民革卓越的领导人和创始人，新中国纺织工业的主要领导人。

1888年12月17日，蒋光鼐生于广东省东莞县（现东莞市）虎门南栅乡桐园坊（今属三蒋村）。父亲蒋子敏，清光绪二十三年（1897）丁酉科举人，入京为景山官学教习。母亲郑夫人亦广东东莞人，出身世家，知书达理。1904年，蒋光鼐以优异的成绩被东莞师范学堂录取，成为供给食宿的师范生。1906年，位于黄埔的广州陆军小学第二期招生，他与同窗好友张廷辅、袁煦圻等一起报名应试，被录取。经同学陈铭枢介绍，蒋光鼐在入学后不久就加入了同盟会。

1909年，蒋光鼐自陆军小学毕业，升入南京第四陆军中学。1911年10月10日，武昌新军发动起义的消息传到南京后，南京第四陆军中学的同盟会会员们立即筹备起事，由蒋光鼐、李章达、袁煦圻、张廷辅及江苏陆军小学的陈果夫等在内组成第一批，由陈铭枢带队，于10月下旬到武昌都督府报到，他们被编为中央第二敢死队，参与汉口保卫战。南北和议签订后，南京临时政府于1912年元旦成立，随即开始遣散军队。蒋光鼐恰好收到保定陆军军官学校第一期的入学通知书，入保定军校骑兵科学习。

1913年6月，江西李烈钧准备讨袁的消息秘密传到保定军校，蒋光鼐与同学张廷辅、季方等30多人毅然离开学校，奔赴江西。李烈钧委派方声涛为右翼军司令，蒋光鼐为右翼军司令部少校参谋。讨袁军因寡不敌众，被袁军击溃，蒋光鼐与同学张廷辅随一群溃兵沿小路退入福建，历尽艰辛到达福州，又乘船到了上海。1913年底，他与张廷辅通过关系，在一艘开往长崎的货轮上充当锅炉工，平安抵达日本。蒋光鼐与张廷辅从长崎到东京后，就进入"浩然庐"学习，与他们同时学习的还有陈铭枢、胡景翼、吕超等近百人。

1915年初,国内搜捕革命党人的风声已较为缓和,蒋光鼐在春节前回到久违的故乡,看望新婚不久即离别的妻子与尚未谋面的儿子。1916年春,蔡锷等人在云南发起护国运动,起兵北伐。李烈钧则统率护国滇军第二方面军挥师广东驱逐龙济光。蒋光鼐等4人绕道越南,进入广西参加护国军。蒋光鼐被派到老上司方声涛手下,担任第二梯团少校参谋。在向广东进军途中,传来袁世凯在北京病死的消息,护国军士气大振,顺利进抵广州。但到达广州后,蒋光鼐发现龙济光虽已被赶走,但广东的实权却落在广西军阀陆荣廷手中。在颇感心灰的情况下,蒋光鼐与好友李章达、张廷辅、袁煦圻一起住进六榕寺大悲堂,拜师学佛。不久,陈铭枢也来与他们一同学佛。在六榕寺期间,他们跟随住持铁禅法师学习佛教经典,并起了法号,如李章达号"南溟",陈铭枢号"真如",蒋光鼐则为"憬然",后来他一直以"憬然"为字。

1917年9月,国会非常会议选举孙中山为中华民国军政府大元帅,以方声涛为大元帅府卫戍司令。蒋光鼐离开寺院,出任警卫营第一连少校连长,后改任参谋。孙中山组建援闽粤军时,以陈炯明为司令,蒋光鼐任少校参谋。1919年6月,他随朱执信到香港设立讨桂办事处,配合援闽粤军回粤等军事行动。1920年夏,蒋光鼐受朱执信派遣,与统率四营肇军驻守阳江的陈铭枢联络,将部队开赴虎门。但不幸的是,朱执信却在调解虎门驻军与民团的纠纷中遇害。1921年5月,孙中山就任中华民国"非常大总统",组建总统府警卫团,蒋光鼐调任警卫团少校副官。1922年6月,他升任警卫第二团中校团附。6月16日陈炯明炮击总统府时,蒋光鼐率队参加保卫总统府的战斗。其后,他又受孙中山委派,到香港等地去招抚被打散的官兵。

返回广东后,蒋光鼐调任第2旅第4团第3营营长,但在未到任之时,却听到该营连长蔡廷锴弃职而去的消息。原来蔡廷锴是该营资历最老的连长,又战功卓著,故在营长升迁后,全营官兵都认为他会升任营长,已经纷纷祝贺,当得知从外面调蒋光鼐为营长时,蔡大出意外,一气之下遂弃职而去。不过,蒋光鼐上任后,很快就以自己的能力与处事公正、待人宽厚的态度得到部属的拥戴。1923年8月,蒋光鼐升任第1师补充团团长。1924年1月,孙中山改组粤军,蒋光鼐调任建国粤军第

1师第1旅第2团团长,曾经出走的蔡廷锴被任命为第2团第1营营长,从此开始了他们长达数10年的合作经历。

1924年11月,孙中山应冯玉祥的邀请,北上进京共商国是。盘踞广东北江一带的军阀陈炯明乘机起兵,广东军政府发动第一次东征,蒋光鼐率领第2团充当全军前卫,屡败敌军。1925年7月1日,广州国民政府成立,随后成立的国民政府军事委员会决定重新编组国民革命军。原建国粤军第1师扩编为第4军,由李济深任军长,陈铭枢为第十师师长,蒋光鼐任副师长兼第28团团长。国民政府于10月发起第二次东征,同时派军进行南讨。蒋光鼐率领28团作为南讨军的先锋,与12师一道前进。当得知12师与敌方勾结时,蒋光鼐临危不惧,率部扼守通往江门的咽喉要地单水口,抗击数倍于己的敌军,激战3昼夜,最后在友军的协助下,一举将敌军击溃。紧接着,蒋光鼐又率部作为全军前卫,继续追击,终于全部肃清南路残敌,为广东根据地的统一作出了贡献。

1926年7月9日,国民革命军正式出师北伐,第4军担任前锋。这时蒋光鼐已因师里事务繁忙,不再兼任28团团长,由蔡廷锴升任团长。在民众的支持下,北伐军进展顺利,蒋光鼐率部参加进攻平江、岳州的战役。在围攻武昌时,第10师28团利用敌军投诚机会,率先破城。在武汉稍事休整,蒋光鼐受命与张发奎率军支援江西南浔线(九江至南昌铁路线),在马回岭、德安一线大败孙传芳军主力,稳定了战局。同年11月,第4军第10师扩编为第11军,陈铭枢升任军长,蒋光鼐任副军长兼第10师师长,戴戟为24师师长,蔡廷锴为副师长。

国民政府迁到武汉后,与蒋介石的矛盾日益加剧。陈铭枢不愿与其他兄弟部队同室操戈,于1927年3月从武汉辞职出走,投向南昌的蒋介石,蒋光鼐、戴戟亦相继离去,蒋光鼐被蒋介石任命为第22师师长。武汉政府任命第4军军长张发奎兼任第11军军长,张发奎委任蔡廷锴为第10师师长,叶挺为第24师师长。

1927年4月12日,蒋介石在上海发动反共清党行动,随即在南京成立国民政府,形成宁汉对峙的局面。7月,11军奉武汉国民政府命令,自武汉东下,讨伐蒋介石,叶挺率第24师为前锋。蔡廷锴师归叶挺指挥,到达南昌后,参加由中共领导的"八一起义"。但在起义部队南下

广东时,蔡廷锴率部行军到进贤就脱离起义队伍,率部到达江西铅山县河口镇,静观变化。9月,蒋光鼐自沪携带现金10万元抵达河口,解决部队最急需的伙食费用,并决定服从宁汉合流之后的南京中央政府,恢复第11军建制,蒋光鼐仍任副军长,由第10师分编出第24师。蒋、蔡率部队进入福建,到达福州后,应当地民众代表的要求,将祸害百姓的新编第1军谭曙卿部缴械,所获枪械充实第24师。福州局势稳定后,蒋、蔡去电欢迎在日本的陈铭枢回军复职,陈接电即回国复职。11月,张发奎等发动"广州事变",驱逐李济深、黄绍竑在广东的势力,11军在陈济棠及桂系黄绍竑部的配合下,击退第4军。

1929年1月,国军编遣委员会决定全国军队一律缩编,第11军缩编为广东编遣区第3师和第2独立旅,蒋光鼐任第3师师长,蔡廷锴为第2独立旅旅长。第一次粤桂战争爆发后,蒋光鼐、蔡廷锴等率部击退桂军的进攻,保住广州。8月,南京国民政府调整全国陆军番号,蒋光鼐的第3师改为第61师,他仍任师长,蔡廷锴部改为第60师,由蔡任师长。同年底,张发奎联桂反蒋,进逼广州,爆发第二次粤桂战争。蒋光鼐任右翼军指挥,击退张、桂联军,并乘胜追击到广西梧州。1930年2月,张发奎率军再度入粤,驻守梧州的蒋光鼐则率部进逼位于广西的桂军黄绍竑部,迫使黄向张发奎求援,使张自广东回师。双方在北流展开激战,蒋光鼐指挥得当,经数度反复,终取得此战的胜利。这时,桂系加入以阎锡山、冯玉祥为首的反蒋联盟,决定与阎、冯合力夹击蒋介石。6月初,张、桂联军攻陷长沙,继续北进,威胁武汉。蒋介石急调60、61师入湘,截断张、桂联军的后路。张、桂军回师应战,蒋光鼐在敌众我寡的情况下,击溃张、桂联军。

蒋介石得知他们获胜后,因津浦线战局危急,即令蒋光鼐率军火速增援。以蒋光鼐为第1纵队司令,下辖60、61师及陈诚的第18师。蒋光鼐率军迂回到阎锡山晋军后方,击溃泰安周边晋军,并截断大汶河等处晋军的后路,致该处晋军不战而溃。接着,蒋光鼐又奉蒋介石之命,率军迅速攻占济南,扭转了先前的被动局面。8月17日,蒋介石将60、61师组建为第十九路军,任命蒋光鼐为总指挥、上将。蒋介石亲临济南进行嘉奖,并调十九路军到陇海线进攻冯玉祥部。蒋光鼐被委任为第6

纵队司令,率领十九路军及胡宗南的第1师攻击位于汝南、新郑一带的冯玉祥部队,切断冯军的退路,迫使3万余冯军向十九路军投诚。此后不久,张学良率东北军进关,阎锡山、冯玉祥通电下野,中原大战遂告结束。是年底,十九路军奉调到江西,1931年初,到达兴国。

1931年4月,蒋介石发动对中央苏区的第二次"围剿",十九路军奉命参与了这次军事行动。"围剿"刚开始,蒋光鼐就因病离开部队,到上海同济医院治疗,部队由蔡廷锴指挥。1931年2月28日,蒋介石因约法之争,扣押了国民党元老胡汉民。胡汉民派系与汪精卫及桂系合作反蒋,在广州另行成立国民政府,形成宁粤对立局面。在得知日本在东北发动"九一八"事变后,陈铭枢力主统一对外,出面调解宁、粤双方矛盾。作为双方合作的中间人,陈被任命为京沪卫戍司令长官,十九路军也应粤方要求调到南京、上海一带驻防,以保障粤方代表的安全。蒋光鼐任十九路军总指挥兼淞沪警备司令。

1932年,日军制造"一·二八"事变,进犯上海。当时驻守上海的中国军队为第十九路军,蒋光鼐担任最高指挥官。十九路军奋勇抵抗,当即予以迎头痛击,十九路军的英勇抗战,鼓舞了中国军队的爱国热情,张治中率领第五军抵达上海增援助战。全国同胞感奋觉醒,全国人民和海外侨胞展开轰轰烈烈的支前运动,给予十九路军大力支援。淞沪抗战,沉重打击了日本帝国主义的侵华气焰,弘扬了中华民族的爱国主义精神,鼓舞了全国人民的抗日斗志,为以后的全面抗战提供了宝贵的经验教训。

1932年底,蒋光鼐调福建任省主席兼"绥靖"公署主任。1933年11月,与李济深、陈铭枢、蔡廷锴、黄琪翔等发动反蒋政变,任中华共和国人民革命政府财政部部长,失败后去香港。1935年7月,与李济深、陈铭枢、蔡廷锴等成立中华民族革命同盟,通电反蒋,主张联共抗日,并提出"争取民族独立,树立人民政权"的纲领。1946年4月,参与发起组织中国国民党民主促进会。1948年1月,与李济深、何香凝、蔡廷锴等在香港发起成立中国国民党革命委员会。7月离港北上参加建国工作。

1949年9月,蒋光鼐出席中国人民政治协商会议第一届全体会议。新中国成立后,历任广东省政府委员,纺织工业部部长,全国政协第一

届常务委员,第一、二、三届全国人大代表,中国国民党革命委员会第二、三、四届中央常委。

1967年6月8日,蒋光鼐病逝于北京。蒋光鼐的骨灰先存放在北京八宝山革命公墓,1997年与蔡廷锴一同迁葬于广州十九路军淞沪抗日阵亡将士陵园将军墓。

(摘编自《共和国人物档案》丛书之《共和国全国政协第一届常委》及"360百科"之"蒋光鼐"。)

十九路军入闽后,还受到其近邻广东、广西坚决反蒋姿态的影响。福建外临滨海,内有闽江南北之隔,战略形势易攻难守,如和广东有了同盟,把广东作为后方,则进可攻,退可守。因此,蔡廷锴派早年追随孙中山的同盟会员且与西南诸方交往甚密的李章达作为福建军政代表赴粤,做形成联合同盟的说服工作,闽方虽不同意参加西南政务委员会的组织,但几经磋商,由李章达起草了一个三省联防计划,于1933年初粤、桂、闽签署了《粤桂闽三省联盟约章草案》,约定三省实行军事互助,任何一省遇到攻击时其他两省应全力援助,这其实是一个潜在的反蒋军事联盟。这个草案分军事、政治、经济几个方面,草案签订后,没有实质性实施进展,这是因为陈济棠实权在手,以保持半独立为满足,且怕十九路军回粤占据他的地盘,粤桂方面并无真心反蒋,抗日也是喊喊口号了事。9月3日,粤陈(济棠)、桂李(宗仁)、闽蔡(廷锴)三大实力派又联名致电蒋介石、汪精卫,提出公布《塘沽协定》全案,停止召开国民党"五全大会"等要求。虽然三省共同反蒋最终未能成事,但两广及胡汉民等不断宣传"抗日反蒋",对十九路军的转变也有一定的影响。

1933年5月31日,《塘沽协定》签订后,已经回国的陈铭枢,乘国内抗日反蒋高潮之际,决定反蒋抗日。他一面从香港派人和中共联系,一面联合国民党民主派、第三党等其他反蒋势力,并于8月间亲抵福州,和蒋光鼐、蔡廷锴在于山补山精舍召开了秘密会议。所有这些,都以共同推动十九路军蒋光鼐、蔡廷锴等将领反蒋抗日为目标。在福州取得一致意见后,陈铭枢就频繁往来于香港、广州、福建之间,广泛联络国民党内外的反蒋人士。但事与愿违,胡汉民明确拒绝成立以他为首的倒蒋政府,他不提倡诉诸武力,要坚持和平斗争。广东的陈济棠,本来是赞成粤桂闽三省合作,承诺"一省若有难,另两省全力援助"。可知道陈铭枢要组建联合反蒋政府,公开讨伐蒋介石,他就有些犹豫不决了。广西李宗仁、白崇禧对于倒蒋一直热衷,但昔日往事的教训,终让李、白难下决心。他们托词：要组建联合反蒋政府,两广一起反可以,但广西不单独参加行动。在与粤桂两省联系的同时,陈铭枢考虑到红军是咫尺近邻,两次派人到上海寻求与中共联系,却都没有下文。① 其实,早在1932年夏天,"联共反蒋"的念头在福建事变的几位主要领导人中间便萌生了。据林植夫回忆：当年夏天的一个晚上,陈铭枢约彭一湖及林植夫三人在上海万国公园聊天,陈铭枢表示反蒋,打算拥戴李任公（李济深）。在国民党内,谁都知道陈铭枢向来是拥蒋的,他这种态度的转变着实让人吃惊。后来,陈铭枢悄然派人在上海寻找中共中央的负责人,商量合作抗日反蒋,但花了1个多月时间未能找到中共的负责人。

在"剿共"和抗日两个互相联系的问题上,十九路军和蒋介石的政见分歧越来越明显。"一·二八"淞沪抗战期间及其之后,十九路军多次公开表示不再参与内战,但蒋介石毫不理会,一再催逼其"进剿"苏区。1933年7、8月间,十九路军在闽北"剿共"严重受挫,蒋介石非但没有对之好言抚慰,增补军需及兵员,反而要追究责任,向全国通报。蔡廷锴先后提出增加军费及增派部队支援,蒋介石又没有满足,十九路军由此对"剿共"的前途、意义产生了动摇。相比对"剿共"的坚持,蒋介石对日妥协于十九路军冲击更大。5月25日,蒋光鼐、蔡廷锴不仅公开通电反对对日妥协,还以"共何日可剿除"来质疑蒋介石"'共匪'不除,不能谈抗日"的谬论。②蒋介石极为震惊,委托黄绍竑去警告蒋光鼐、蔡廷锴"毋以抗日始而以反抗中央终,毋以对外战得名而以对内战败名"。

1933年3月初,在不到10天的时间里,热河失守。5月,日军在逼近平津的同时,又进犯察东。5月31日,软弱的国民政府与日寇签订丧权辱国的《塘沽协定》。鉴于此,冯玉祥于5月下旬汇集各方爱国部队,在张家口组织成立察哈尔"抗日同盟军",自任总司令,与日本侵略军浴

---

① 杨静南.1933年闽变纪事.领导文萃,2014(9)：80-84.
② 中国第二历史档案馆.中华民国史档案资料汇编[第三辑第一编政治(4)].南京：江苏古籍出版社,1991：426.

血苦战。邓演达成立的临委会与冯玉祥早订有共同反蒋的合作协议,并一直保持着联系。在冯玉祥派人到上海同黄琪翔等商谈后,临委会(第三党)决定支持冯玉祥的联共抗日计划,派章伯钧等两次到张家口同冯玉祥会谈,随后临委会派出周惠生、张云川等一批干部和党员前去参加抗战,以实际行动支持同盟军抗日。章伯钧等从北平动员部分党员和大批青年前往张家口参加同盟军,投身抗战。同盟军发展到10万多人,他们浴血奋战,将日、伪军全部赶出察哈尔省,后在蒋军和日军的夹击中于8月份失败,参加同盟军的临委会成员大多又撤回了北平。

察哈尔抗日同盟军的兴起,早就刺激了经历淞沪抗战辉煌的十九路军将领。第三党领导人目睹十九路军的爱国行动受压制,欲与十九路军合作,共谋反蒋抗日。1932年7、8月,十九路军全部抵闽,总部设在漳州闽南医院,其后蔡廷锴任驻闽"绥靖"公署主任,主任官邸设于芝山南麓。黄琪翔为了使第三党能够继续与十九路军密切合作,坚持反蒋抗日斗争,曾向蔡廷锴提出让第三党部分成员随军到福建开展工作的建议,得到了蔡廷锴的同意。从1932年冬到1933年春,60多位上海临委会成员陆续到达福建,与十九路军一起在当地开展工作,在闽党员共有100余人也一起参加有关工作。十九路军在福州市于山戚公祠内设有秘密会议处所——补山精舍,临委会则在福州黄巷32号设立中央机关。临委会向十九路军建议实行"计口授田"政策,以取得农民支持,巩固地方政权。在闽党员中,多数人配合十九路军在闽西开展"计口授田"运动,还有一部分人帮助十九路军培训干部,丘学训还派陈雪华等去闽南从事农民运动,成立农民武装。所有这些,第三党为十九路军将领发动反蒋抗日斗争做了军事、经济、政治、思想等方面的诸多准备工作。

黄琪翔小传

第三党的负责人黄琪翔

黄琪翔(1898.9.2—1970.12.10),字御行。1898年9月2日(有7月17日一说)生于广东梅县水车镇茶山。历任国民革命军第四军第12师第36团团长、第12师师长、第四军副军长、第四军军长等职。抗日战争时期,先后任第七集团军副总司令、第八集团军副总司令、国民政府军事委员会政治部副部长、第六战区副司令长官等职。中华人民共和国成立后,历任中南军政委员会委员兼司法部部长、国防委员会委员、国家体委副主任。是中国人民政治协商会议第一、第二、第三届全国委员会常务委员,中国农工民主党第六届中央副主席。

1912年,黄琪翔考入广东陆军小学,开始了他的军人生涯。1914年,他被保送到保定陆军军官学校第六期炮兵科学习。学习期间,他成绩优秀,深得老师和同学们的赞扬。黄琪翔从保定陆军军官学校毕业后,被派任边防军第一师炮兵团排长。1920年调回保定军校任分队长,陈诚是分队学生,两人私交很好。

1922年,由于深受孙中山革命思想的影响,黄琪翔辞去保定陆军军官学校职务,回到广东参加革命,任粤军第1师少校参谋,留后方办事处。不久,陈炯明叛变。北伐军回师讨逆失败,粤军第1师辗转回到江西候命。黄琪翔应辎重营营长张发奎之邀,出任该营少校营副。1923年春,该营扩充为第2团,张发奎任团长,黄琪翔任该团第3营营长,两人共事到大革命失败,离开第四军为止。

1924年1月,国民党改组,黄琪翔加入了国民党,因之对共产党有了初步认识。1925年春,广东革命政府第一次东征,讨伐陈炯明,黄琪翔任第1师第1旅第1团第3营营长。兴宁攻城一役,黄琪翔以寡胜众,取得辉煌战果,其军事指挥才能初露锋芒。10月,第二次东征,黄琪翔的36团英勇作战,大败敌军,为统一广东作出了贡献。

1926年7月,国民政府为实现孙中山反帝反封建的主张,兴师北伐。黄琪翔任国民革命军第四军第12师第36团团长。他与独立团团长叶挺并肩战斗,协同友部一路攻城陷阵,8月26日夜晚,攻占汀泗桥,打开了北伐胜利的大门。随后,黄琪翔率军乘胜追击,北上取贺胜桥,直捣武昌,一路势如破竹,战功显赫,为第四军赢得了"铁军"的美誉。

武昌久攻不下,黄琪翔随第四军调到江西战场,与第七军等在德安一线打败孙传芳部。随后回师武汉,升任第12师师长、第四军副军长。1927年4月,黄琪翔任第四军前敌总指挥,出师河南,继续北伐。6月5

日,攻克开封后,部队进行整编,黄琪翔奉命返回武汉,任第四军军长,年仅29岁。

大革命失败后,黄琪翔不忍内战,于1928年东渡日本学习考察。同年7月,转赴德国。在柏林,他与宋庆龄、邓演达、叶挺等人相会,来往密切。受到他们的影响,黄琪翔赞成邓演达的政治主张,并参与商建新的政党,继承孙中山先生的三大政策,继续推动中国民主革命。

1930年,邓演达在上海主持召开第一次全国干部会议,正式成立中国国民党临时行动委员会,黄琪翔出席会议,当选中央干部会干事,任军事委员会主任委员,积极从事反蒋的军事活动。1931年8月,邓演达不幸被捕,中国国民党临时行动委员会遭到严重破坏。值此艰危之际,黄琪翔被公推主持党务,他同季方、章伯钧等人为营救邓演达和恢复组织倾注了全力。"九一八"事变爆发后,黄琪翔强烈反对国民党政府的不抵抗政策,主持中国国民党临时行动委员会会议,提出了"倒蒋抗日"的政治口号和行动纲领,并于1932年组织义勇团和后援队,积极支持第十九路军的"一·二八"淞沪抗战。1933年夏初,他积极支持冯玉祥组织的察绥抗日同盟军,组织了北平的一批党员到张家口参加抗日战争。同年秋,黄琪翔率领党内大批干部到达福建,参加发动反蒋事变,并提出"联共"建议。11月20日,在福州召开的中国全国人民临时代表大会上,黄琪翔任大会主席团执行主席。福建人民政府成立后,黄琪翔当选为政府委员,任军事委员会委员兼参谋团主任。

福建事变失败后,黄琪翔再次前往德国,在柏林参加中国留德学生抗日联合会,坚持反蒋抗日的爱国救亡活动,因而遭到柏林警察当局的逮捕。1935年,他热烈拥护中国共产党的《八一宣言》,力主联共抗日。同年11月,中国国民党临时行动委员会在九龙召开第二次全国干部会议,易党名为中华民族解放行动委员会,推举黄琪翔为总书记。1947年2月3日,在上海召开的第四次全国干部会议上,又易党名为中国农工民主党。

抗日战争全面爆发后,黄琪翔任第七集团军副总司令、第八集团军副总司令,参加淞沪会战,率部与日寇浴血奋战。上海沦陷后,随军撤到武汉。1938年春,国共两党实现第二次合作,成立国民政府军事委员会政治部,陈诚是部长,黄琪翔与周恩来一起担任国民政府军事委员会政治部副部长,二人建立了深厚的友谊。4月1日政治部成立第三厅时,黄琪翔和周恩来、厅长郭沫若等合影留念。黄琪翔拥护国共合作,与中共密切联系,互相配合,为保卫武汉积极开展工作。

1939年,黄琪翔任第十一集团军总司令,进驻湖北襄阳。因第二十二集团军总司令孙震请假,他又兼任该集团军总司令。当时,日寇集中5个师团的兵力,发动了枣宜会战,黄琪翔率部英勇抗敌。在部队受挫后,书写"还我河山"条幅,以示抗战的决心。

1943年,黄琪翔任中国远征军副司令长官。1944年5月,在盟军的配合下,中国远征军发动了震惊世界的"缅北滇西战役"。经过6个多月的艰苦战斗,全歼日寇精锐部队5万余人,收复失地约2.4万平方公里,这是抗日战争中史无前例的伟大胜利。由于黄琪翔在十四年抗战中贡献卓越,荣获"抗日战争胜利勋章""青天白日勋章"以及美国最高奖章——"自由勋章"。

在抗战期间,黄琪翔利用转战各个战场的机会常到重庆,对抗战后方的工作甚为关切。黄琪翔和章伯钧代表第三党与共产党领导人经常就抗日、民主、团结等问题进行秘密协商,协调行动。1943年6月,黄琪翔在重庆李子坝半山新村第三党中央联络点约请周恩来会谈,章伯钧、丘哲、杨逸棠等在座,希望今后能随时得到中共的提醒和帮助。同年冬天,黄琪翔特筹资在重庆北碚办了一个"人文书店",为第三党推销进步书籍,对宣传抗战起到了积极作用。

抗日战争胜利后,黄琪翔回到了重庆,虽被授予上将军衔,但他坚决反对内战,主张和平建国。他认为和平民主是不可抗拒的潮流,抗战十四年,人民厌恶内战,若再内战必遭人民唾弃。故在1946年3月17日重庆召开的各民主党派领袖和各界人士集会上慷慨陈词,反对内战,希望和平。当他识破国民党当局正准备内战的阴谋时,曾公开表示"从此退伍,绝不参加内战"。1948年秋,在决定中国人民前途和命运的时刻,黄琪翔毅然出走,化装潜往香港,公开宣布同国民党政府彻底决裂,并连续发表文章和谈话,积极参加全国的爱国民主活动。1949年8月,黄琪翔应中共中央邀请从香港来到北平,出席中国人民政治协商会议

第一届全体会议,为民主革命的胜利和中华人民共和国的建立作出了积极的贡献。

1970年12月10日,黄琪翔在北京逝世。

(转自王夫玉《第三党历史》)

2.1.4 十九路军内部锄奸

十九路军入闽后,有组织地打击内奸,稳定形势。早在1932年"一·二八"淞沪抗战后,为了控制十九路军,及时得到有关情报,蒋介石就从十九路军抽调过一批军官受训,将其发展为特务组织——蓝衣社的骨干,再派回到十九路军担任更高级别军官,命他们暗地从事颠覆、破坏活动。针对这一状况,蔡廷锴采纳徐名鸿的意见,在十九路军中秘密成立改造社,以防范蓝衣社成员搞策反活动。改造社由蔡廷锴兼任社长、徐名鸿任书记,在各师成立分社,各师师长兼任分社社长,分社下设支部。1933年夏,改造社在厦门查获一笔用化名从南京寄来的汇款,此款是汇给潜伏在十九路军中的蓝衣社成员黄汉光等的。根据这一线索,不仅查明了蓝衣社在十九路军中的组织情况,还意外地获得了蓝衣社准备在军中策反和暗杀蔡廷锴、蒋光鼐等秘密计划。蔡廷锴下令逮捕了100余名蓝衣社成员,将其中情节较重的数十人秘密处决,以免后患,从而稳定了军队形势。改造社虽然主要是针锋相对地抵制蓝衣社的,但也用来对付共产党的"运用下层统一战线的策略",防止共产党"发动士兵的斗争和组织革命的兵变"。例如,1932年8月18日,61师枪毙在沪新招募的江西籍士兵69人,怀疑他们是混入军中的"共匪",因其身上各藏有极多的现金钞票,害怕他们在"剿共"期间煽动官兵"赤化",以至牵制军事,从而消除了后顾之忧。

总的来说,十九路军到闽后,迅速控制福建局势,并与粤方谨慎接触,双方关系若即若离。蒋介石对十九路军以拉拢为主,但也不无搞垮十九路军、将福建收归己有的心思。在如此险恶的环境下,为保存十九路军,在受多种因素的影响之下,陈铭枢、蒋光鼐、蔡廷锴等将领已经暗暗地下定决心联共反蒋抗日。

2.2 福建事变爆发经过

1932年底到1933年初,蒋介石发动针对中共苏区的第四次"围剿"以失败告终。此役,在江西,由罗卓英率领的部队以及由宜黄南进增援的国民党部队负责,死伤师长4人、旅长6人、团长16人,第59师陈时骥部、52师李明部、11师萧乾部均遭惨败。担任赣粤闽边区"进剿军"左路总指挥的蔡廷锴令60师、78师协力"进剿",攻漳平、连城,过永安,占光泽,小有胜利。但是,眼见"剿共"如此艰难,局势又复杂多变,故蔡廷锴等确定以保存实力为上策。

2.2.1 福建事变序曲

1933年春,为了发动对中共革命根据地苏区的第五次"围剿",蒋介石做了多方面的准备,强调要实行"三分军事,七分政治"的方针。4月中旬,蒋介石在南昌召开了赣、豫、陕、苏、浙、皖、鄂七省治安会议,部署"进剿"计划,确定各部准备要求。5月1日,国民政府特派陈济棠为赣粤闽湘鄂"剿匪"军南路总司令,蔡廷锴为前敌总指挥;何键为西路军总司令;刘峙为北路军总司令。蒋介石手令改变"剿匪"方针:以守为攻,用合围之法,兼采机动之师,远探密垒,薄守厚援,层层攻固,节节进逼,对峙则守,得隙则攻。随后在江西南昌成立全权处理赣、粤、闽、湘、鄂五省军政要务的军事委员会委员长行营,蒋介石本人坐镇南昌。

经过半年准备,蒋介石调集约100万军队,自任总司令,决定首先以约50万兵力,从9月25日起,采取"堡垒主义"新战略,分几路"围剿"中共中央根据地的红军。其中,北路军担任主攻;另有南路军、西路军和十九路军分担阻止红一方面军向外发展的任务。5月20日,临时中共中央调整了中革军委,博古实际控制了军事指挥权[①],王明"左"倾教条主义在红军中占据了统治地位,拒不接受毛泽东等人的正确建议,用阵地战代替游击战和运动战,用所谓"正规"战争代替人民战争,使红军完

---

① 逄先知,金冲及.毛泽东传(一).北京:中共文献出版社,2020:321-326.

全陷于被动局面。因毛泽东已离开党和红军的领导地位,由临时中共中央直接领导这次反"围剿",红军主力仅8万余人,分中央军和东方军,中央军无仗可打,东方军入闽作战小有胜利,但因连续作战造成部队非常疲惫。

6月间,东方军红三军团主力在彭德怀的指挥下,实施东进,在闽西北作战,取得清流、归化、将乐胜利后,又奉命进攻连城。7月下旬,红军在连城的朋口、庙前一带围攻打援十九路军第78师区寿年部,经过一日苦战,区寿年部受到重创,损失两个精锐团,被包围一个团,弃连城逃跑了。不久,彭德怀奉命进攻闽北延平,第61师沈汉光部又遭其痛击,弃城而去。8月下旬、9月初,东方军又打击了刘和鼎、谭启秀各一部。接连的失败,使蔡廷锴彻底意识到红军有消灭十九路军的力量,而蒋介石在江西的几十万部队却按兵不动,他只得用主力对付红军,使战线稍微稳定。现实也使蔡廷锴认识到进攻红军的政策是错误的,是中了蒋介石的计谋,深深感到了蒋介石要置十九路军于死地之阴谋。于是,他与蒋光鼐密商:必须保存兵力,寻求与红军协商妥协。这些想法,与刚从欧洲回国正在筹组反蒋力量的陈铭枢一拍即合,他们商议派陈公培从中联络。①

1933年6月的一天,第三党领导人黄琪翔在上海寓所约集章伯钧、彭泽湘、麦朝枢等磋商,他们认为:"十九路军只有和中共取得联系,商谈合作,反蒋抗日,才有立足生存之可能。"转请十九路军与中国共产党联系。与此同时,已经回国抵港的陈铭枢,和李济深一同找尹时中商谈,派他携带政纲,潜赴广西南宁,传达共同组织独立政府之意愿,但没有得到李宗仁等桂方认同。8月8日,陈铭枢、蒋光鼐抵港,同日到达广州,参加8、9日召开的西南政务会议,会议磋商闽粤桂三省在政治、军事、财政上的有关联合问题,会议最终没能达成联合协议。在这种形势下,8月31日晚,黄琪翔、章伯钧、彭泽湘、何公敢、刘伯垂等又在上海黄

---

① 陈公培(1901—1968),又名吴明,湖南长沙人,金陵大学肄业。1919年在北京参加工读互助团。1920年夏参加上海共产主义小组,是中国共产党最早的党员之一,同年赴法国勤工俭学。1921年春加入巴黎共产主义小组,因参加占领里昂中法大学的斗争被押送回国。1921年底赴海南省,建立海南党组织,创建琼海师范学校并任校长。1924年入黄埔军校第二期学习,发起组织火星社,曾参加两次东征。北伐战争时期,曾任国民革命军第四军政治部副主任、武汉工人运动讲习所教员。1927年参加南昌起义,在潮汕失败后赴上海,与中共失去联系,投奔陈铭枢做幕僚。

琪翔家聚会,他们讨论了国内时局变化和十九路军在福建"剿共"形势,认为十九路军连吃败仗,只有和中共取得联系,商谈合作,反蒋抗日,才有立足生存之可能。达成主张:在上海找中共负责人谈判,说明十九路军是抗日反蒋的,应该是革命的同路军队,红军不应把它消灭。准备提出:先停止进攻,再商议具体条件。在黄琪翔、章伯钧等从中斡旋下,十九路军领导人决定与中共代表进行谈判。

经陈铭枢信荐蒋光鼐,陈公培于1933年9月间到达福建,负责十九路军与红军的联络事宜。9月22日,蔡廷锴派代表陈公培等秘密来到了延平西南的王台,随身携带了蔡廷锴写给红军领导的联络信和密码本。同日,周恩来致电项英、彭德怀、滕代远,建议派袁国平到福建西芹地区同十九路军代表陈公培面谈,以进一步了解蒋光鼐、蔡廷锴的真实意图。23日,袁国平和陈公培代表各自一方,在王台举行谈判,会谈后彭德怀热情地请他们吃了饭,并且留他们宿了一晚。彭德怀还专门给蒋光鼐、蔡廷锴写了信:告以反蒋抗日大计,请他们派代表到瑞金,同我们中央进行谈判。① 此次会谈,双方达成若干共识,促成十九路军与红军双方在延平一线进入休战状态,为双方进一步合作提供了有利条件。

十九路军打开了与红军的联系渠道后,接着进行了实质性谈判。根据陈公培回忆录的推测,②10月17日,徐名鸿、陈公培一行自傅柏翠处(龙岩)出发,第二次去苏区谈判。18日进入苏区,19日于河田过夜,20日住宿长汀,21日到达瑞金。经过徐名鸿与潘健行(潘汉年)的四五天谈判,并经双方领导机关同意,于10月26日,福建省政府及十九路军的代表徐名鸿同中华苏维埃共和国临时中央政府及工农红军代表潘健行在江西瑞金签订《反日反蒋的初步协定》,秘密达成抗日反蒋初步协定21条,从而解除了福建方面的后顾之忧,加快了福建事变的发动进程。徐名鸿、陈公培是经过潘健行以电报请示毛泽东,得到同意后来到瑞金的,并为他们举行了正式晚宴,席间,毛泽东向他们阐明了以前公

---

① 曹春荣.博古对待福建事变的态度缘何前许后拒?.党史研究与教学,2007(6):52-56.
② 陈公培.我在闽变中所做的主要工作——两到苏区//中国农工民主党中央研究室.中国农工民主党与"福建事变"史料研究汇编.2012:176-188.

布过的统一战线的基本方针,即有关《共同抗日三条件宣言》等内容。①10月28日早晨,徐名鸿、陈公培启程返回福建,毛泽东、林祖涵(伯渠)、张闻天、邓发等都到场送行,瑞金所派继续谈判的代表潘健行随行。不久,中共中央派潘健行为代表、黄火青为秘书赴闽,驻福州,后又改派张云逸为代表驻福州及十九路军总部,十九路军派参谋处长尹时中驻瑞金,负责红军与十九路军的联络工作,解决一些具体问题。对此事,《华北日报》后于12月13日刊登通讯《联共经过》,描述了脱离十九路军某军官目睹的情形:"由第三党黄琪翔介绍,得与'共匪'妥协,前月该军派总部秘书长徐名鸿赴瑞金,与'共匪'商定两个不侵犯条约。"

在徐名鸿、陈公培携带十九路军领导人给毛泽东、朱德等红军领导人的信共赴瑞金进行联络谈判之时,10月17日,蒋介石开始对苏区实行第五次"围剿",并颁发行动纲要和"围剿"计划:北路军,总司令顾祝同,28个师、2个旅、1个税警总团;西路军,总司令何键,9个师、3个旅;南路军,总司令陈济棠,14个师、2个旅;浙赣闽边区,警备司令赵观涛,5个师。还有直属总预备队,总指挥钱大钧,5个师;直属空军5个队。

1933年10月中旬,在庐山指挥"围剿"红军的蒋介石得悉陈铭枢到闽活动很恐慌,一面电蔡一再查询陈铭枢去福建的具体活动,一面派飞机到福建欲接蔡廷锴上庐山会晤,蔡廷锴洞察其奸,托病不去。几天后,蒋又督促蔡另派亲信会晤,蔡廷锴即电令十九路军驻南京办事处主任黄和春为代表,同陆文澜、宋子文一道去庐山见蒋介石,除了询问有关情况外,蒋介石拿出50万元支票交黄和春转交蔡廷锴,以稳住蔡廷锴。蔡廷锴得知后,电告黄和春将此款及南京全部物资运闽。10月21日,国民政府主席林森以返乡扫墓为名,离京赴闽,谋劝阻蔡廷锴、蒋光鼐等酝酿反蒋事变。11月上旬,蒋介石通过陆文澜要黄和春再上庐山会晤,蔡廷锴识破了蒋介石以金钱为诱饵收买他的毒辣手段,拒绝再派黄和春前往。

10月下旬,李济深、陈铭枢、蒋光鼐邀请黄琪翔、章伯钧等第三党负责人和其他反蒋力量的代表徐谦、张文、欮墨林等,在香港李济深家中召开秘密会议,决定筹组人民革命政府,发动反蒋抗日。其中,冯玉祥

---

① 马贵凡.关于福建事变的一组重要档案文件.中共党史资料,2006(4):173-191.

是在10月上旬收到李济深的邀电,他立即委托软墨林为全权代表赴港参加筹划联合倒蒋事宜。10月中旬,软墨林开始南下,经上海,于10月20日前后抵港,到港后,见到李济深、陈铭枢、徐谦等人,向他们转达了冯玉祥"决心参加大干一场"的表态。在把察哈尔民众抗日同盟军失败后的一般情势作了一个简略报告后,软墨林接着分析了军事情况,主要是冯玉祥的旧部联系问题:韩复榘有10万余众部队,表示一旦事发,愿为前驱;宋元哲有八九万人,承诺一声令下,坚决追随,绝无反顾;在江西前线"剿共"的孙连仲尚有不下3万人,也满口答应,时机一到即行动起来;孙殿英、张华堂、马占山等较小部队,也认可反蒋抗日,均表示一致行动。11月初,冯玉祥又派余心清为全权代表南下参与起事。5日,软墨林回到了泰山,转交了李济深和陈铭枢的亲笔信,李函大意是介绍香港会商情形和即将赴闽讨蒋,请冯发动北方军队速为响应;陈函万言,详述了政治主张及办法。[①]

李济深小传

中华共和国主席李济深

李济深(1885.11.6—1959.10.9),字任潮,广西苍梧人。曾就读于保定军官学校。历任国民党粤军第一师师长,西江善后督办,黄埔军校教练部主任、副校长,国民革命军第四军军长,国民党二大中央执行委员。北伐名将,曾任国民革命军总司令部留守主任、广东省政府主席。1933年,发动反蒋抗日斗争,成立中华共和国人民革命政府,任主席,失败后流亡香港,主张联共抗日。1948年1月,在香港成立中国国民党革命委员会,任主席。出席中国人民政治协商会议第一届全体会议,当选为中央人民政府副主席,是全国政协第一、二、三届副主席,1954年当选第一届全国人民代表大会常务委员会副委员长。

1885年李济深出生于广西苍梧县大坡乡的一个贫困农民家庭。1909年被保送到设在保定的军咨府军官学校(后改名陆军大学)学习。毕业后,留校任教官。1920年,李济深南下广州,参加孙中山领导的军

---

① 软墨林.冯玉祥与福建人民政府//中国人民政治协商会议全国委员会文史资料研究委员会编.文史资料选辑[第三十八辑(总第一三八辑)].北京:中国文史出版社,1963:4-11.

政府,任粤军第一师副官长,后任师参谋长,参与讨逆叛军,巩固广东革命根据地。1922年,第一师师长邓铿被刺身亡后,兼任代理师长。1923年以后,正式升任为第一师师长兼参谋长,并兼任西江善后督办、大元帅大本营西江办事处处长等。

1924年1月,孙中山决定创办黄埔军校,李济深被任命为军校筹备委员会委员。2月,任黄埔军校教练部临时主任,当时李济深因还在西江练兵,这些工作都由邓演达代理。5月,李济深被孙中山任命为黄埔军校教练部少将主任。1925年7月,广州国民政府成立后,粤军改编为国民革命军第四军,李济深升任军长,并晋级为陆军上将。10月,参加第二次东征,任东征军第二纵队纵队长。随后又任国民革命军南路总指挥。率陈铭枢、张发奎等部南征雷州半岛和琼州,对广州革命根据地的统一和巩固作出了贡献。

1926年1月,在国民党第二次全国代表大会上,李济深被选为中央执行委员会委员、中央执行委员会常务委员会候补委员、国民政府委员、国民政府军事委员会委员等职。4月,又兼任黄埔军校副校长。7月,国民革命军举行北伐,李济深被任命为国民革命军上将总参谋长和国民革命军总司令部后方留守主任,并代行总司令职权,总司令蒋介石在前方指挥作战。此外,还兼任广东省政府主席、广东省政府军事厅厅长、黄埔军校副校长、第四军军长等职,总揽广东党政军全权。所部第四军两个师和叶挺独立团,由副军长陈可钰率领,参加北伐,攻必克,战必胜,使第四军获得"铁军"光荣称号。

1927年4月,李济深参与蒋介石反共,制造了广州"四一五"反革命政变。南京国民政府成立后,李济深担任国民政府委员、国民政府军事委员会参谋总长、中央政治会议广州分会主席、广东省政府主席和第八路军总指挥,曾派重兵围攻进入潮汕的"八一"南昌起义军。9月,国民党宁、汉、沪三方合流后,又任中央特别委员会委员。1928年3月13日,李济深被任命为国民革命军总参谋长,挥师北伐。6月3日,北伐军顺利占领北京、天津,北洋军阀政权覆灭。

1929年3月,在蒋介石和桂系军阀李宗仁、白崇禧之间爆发蒋桂战争。李济深到南京面见蒋介石,希望通过谈判解决一切冲突。3月15

日,蒋介石以伙同李宗仁、白崇禧"分头发难,谋反党国"的罪名,将李济深扣押,软禁于南京汤山,剥夺其军政大权,并"永远开除党籍"。1931年,"九一八"事变后,李济深被释放。11月,在国民党第四次全国代表大会上,李济深被选为中央执行委员会委员和中央政治会议委员,1932年1月1日,国民党四届一中全会产生的孙科政府就职,李济深被任命为国民政府军事委员会常务委员兼办公厅主任和训练总监。但不久,李济深离开南京到广州,开始反对蒋介石独裁统治的政治活动。

1932年,组织"抗日军人联合会",图谋反蒋,未成。后又联合方鼎英、陈铭枢等组织革命军事委员会,成为当时拥胡反蒋的军事首领。1933年10月23日,蒋介石召开国民党中常会,将李济深第二次"永远开除党籍"。11月20日,李济深与陈铭枢、蒋光鼐、蔡廷锴等率领十九路军在福建发动反蒋军事政变,成立中华共和国人民革命政府,李济深被推选为主席和军事委员会主席。不久,福建事变被蒋介石镇压,李济深逃亡香港。

1935年7月25日,李济深与陈铭枢、蒋光鼐、蔡廷锴等原十九路军将领在香港建立了中华民族革命同盟,李济深为主席。1936年12月12日,西安事变爆发后,李济深向全国通电反对内战,分别致信宋庆龄、何香凝、张群和吴稚晖,力促西安事变和平解决。1937年7月,抗日战争全面爆发。李济深响应中国共产党的号召,主张国共合作,一致抗日,蒋介石鉴于全国的抗日形势,撤销对李济深的通缉令,并任命李济深先后担任国民政府军事委员会委员、国民政府战地党政委员会副主任委员、国民政府军事委员会桂林办公厅主任、国民政府军事参议院院长等职,还授予李济深陆军一级上将军衔。

1938年8月,抗战形势日趋严峻,李济深等人发表宣言,号召盟员拥护政府,抗战到底。同年10月,服从蒋介石命令,中华民族革命同盟宣布解散。1944年桂林沦陷后,他和一部分军人和进步人士,在家乡广西组织抗日武装,开展敌后游击战。1945年5月,在国民党第六次全国代表大会上,李济深被选为中央监察委员会委员。8月抗日战争胜利后,李济深联络冯玉祥等反对蒋介石发动内战,曾两次在庐山与蒋介石面谈,批评蒋的内战政策。

1946年3月至4月,李济深联络李章达、蔡廷锴等先后两次会晤,

正式成立中国国民党民主促进会,并被推选为主席。1947年2月,李济深一家迁往香港。此时他已公开打出反蒋旗帜。3月9日,李济深在香港发表《对时局意见》,该《意见》见诸报端之后,在国内外激起千层浪,蒋介石大为光火,5月,国民党中央以"背叛党国"的罪名,将李济深第三次"永远开除党籍"。

1947年5月4日,李济深邀请何香凝、蔡廷锴等人到他的寓所聚会,商讨酝酿已久的建立国民党民主派革命组织问题。1948年1月,中国国民党革命委员会在香港成立,宋庆龄被推选为名誉主席,李济深被选为中央执行委员会委员、中央执行委员会常务委员和中央执行委员会主席。民革成立之后,李济深便发动了一系列旨在分化瓦解国民党、推翻独裁统治的活动。他去函劝告李宗仁、白崇禧等人,指出当机立断与美蒋决裂,向人民靠拢,才是唯一出路。除策反工作外,李济深还派人在四川、西康、云南、贵州、广东、广西、福建、浙江等国民党统治区组织反蒋武装,积极开展游击战争,动摇国民党后方的反动统治,配合人民解放战争。同时,他还坚决反对美国援蒋。1948年10月22日,他一度联合在港的8个民主党派,为美帝侵华向联合国大会提交了《控诉书》,揭露了抗日战争胜利后美国政府援助蒋介石打内战和侵略中国的事实,要求联合国促成美国政府立即撤退在华美军,停止援助蒋政府,并废除一切中美不平等条约。

1948年中共中央发布了"五一口号",并号召各民主党派、各人民团体、各社会贤达召开政治协商会议,毛泽东亲自致信李济深、沈钧儒等民主人士,提出加强中共和各民主党派及人民团体的合作、召开新政治协商会议、成立民主联合政府等问题。一接到这封信,李济深和沈钧儒均非常高兴,表示会完全支持毛泽东的建议并立即响应。是年秋,中共中央多次邀请李济深去解放区参加新政协会议和联合政府。在何香凝等人的推动之下,李济深决定与朱蕴山、吴茂荪、梅龚彬、李民欣一同北上,参与新中国的筹建工作。1949年1月22日,李济深等55位民主人士、无党派人士联合发表了《对时局的意见》,表示赞同毛泽东提出的八项和平条件,公开拥护中国共产党的领导。

1949年6月,李济深参加了中国人民政治协商会议的筹备工作,9

月21日,出席中国人民政治协商会议第一届全体会议,当选为中央人民政府副主席、政协全国委员会副主席。1954年9月,在第一届全国人民代表大会上,当选为全国人民代表大会常务委员会副委员长。

1959年10月9日,李济深因病与世长辞。

(摘编自《共和国人物档案》丛书之《共和国全国政协第一届常委》与《共和国第一届全国人大常委》及"360百科"之"李济深"。)

香港会议后,蒋光鼐急电时在漳州的蔡廷锴速来福州传达会议精神,商谈做好反蒋举事准备,希望蔡廷锴发扬光荣传统,以整体利益为主,不要迟疑。[①] 11月初,蔡廷锴分别在漳州、龙岩等地召开各师长会议,传达香港会议精神,说明联共反蒋抗日之策。会上,十九路军参谋长黄强、福建"绥靖"公署参谋长邓世增公开表示不同意联共,邓瑞人等认为力量悬殊,不同意此时反蒋,已经返闽的北上抗日将领戴戟也不同意此时发难。看到十九路军中高级将领反对此时反蒋联共的态度,蔡廷锴内心十分焦急。

11月上旬,陈铭枢等在补山精舍举行秘密会议。据11月28日《北平晨报》新闻:"11月上旬,徐名鸿也赴港,与十九路军主要人物在港举行重要会议,徐名鸿等极力怂恿陈铭枢发动,结果决定发动。"9日或10日晨,黄琪翔与陈铭枢、蒋光鼐一起飞抵厦门,章伯钧、彭泽民、丘哲等第三党领导成员同行。10日,陈铭枢、蒋光鼐、黄琪翔协同入漳,与先一日归来的蔡廷锴会商于蔡宅。是日,陈铭枢、蒋光鼐、黄琪翔等赶到福州。这时,第三党(临委会)的100多位干部汇集福建,参加"人民政府"的筹建工作,并参与创办了《人民日报》,总编辑彭芳草主笔该报社评。11日,陈铭枢、蒋光鼐等谒10月23日下午入闽的林森,林森劝他们打消发动反蒋事变,陈铭枢等未接受。13日,林森离闽返京。13日,蔡廷锴、徐名鸿等同机飞抵福州。其后,陈铭枢等派黄琪翔赴港迎接李济深到闽作最后决定。

10月以来,陈铭枢活动益繁,陈济棠曾电蒋介石,请其适当安置陈

---

① 王顺生,杨大纬.福建事变——一九三三年福建人民政府始末.福州:福建人民出版社,1983:57-60.

铭枢、李济深,以免引起异动,但未得到蒋的积极回应。稍后,蒋介石又接到戴笠(时名江汉清)的报告:"陈铭枢前来闽用意在与蒋蔡密商联络桂系倒蒋,以求西南切实联合,反抗中央。"对此,蒋介石仍然没有明确反应。11月9日、10日,朱培德连电蒋介石,告以福建陈铭枢等"谋不轨"的消息,建议其速劝时在福州的国民政府主席林森"回京坐镇"。此时,坐以观变的蒋介石方才出手。11日,蒋介石致电林森,望林"即日回京"并代劝陈铭枢"回中央襄助一切"。12日,蒋介石在日记中自我安慰:"陈铭枢入闽作乱,消息渐紧,但无妨耳。"15日,得到福建将有事变的确实消息,蒋当夜"几不成寐";次日仍"对闽事,思虑入神,不觉疲乏"。16日,他做最后的努力,拿出惯常的封官许愿招数,致电蒋光鼐:"许陈军事总监或参谋总长,内政部长亦可。"但这样的表态,未免失之太晚。

11月15日之前,李济深的旧班底、主要幕僚徐景唐、张文、舒宗鎏、张醁村、尹时中等人,陈铭枢多年罗致的搞政治、文化的一批文人梅龚彬、何公敢、胡秋原、王礼锡、刘叔模、陈碧笙、程希孟、林崇墉、林植夫等,以其中具有社会民主党色彩的神州国光社同人为骨干班底,第三党人黄琪翔、彭泽湘、彭芳草、章伯钧、麦朝枢、郭冠杰、刘伯垂、王亚樵、彭泽民等都到达了福州,参与起事。"八一"起义将领叶挺也应蒋光鼐之约从澳门来到了福州帮助策划。在17、18日,李济深、徐谦、陈友仁及冯玉祥的代表余心清(11月上旬抵港)等也相继来到福州。

11月18日,李济深、徐谦、陈友仁等到达福州后,又在福州东郊鼓山喝水岩"回龙阁"召开紧急会议,参加会议的有李济深、陈铭枢、蒋光鼐、蔡廷锴、陈友仁、黄琪翔、徐谦、李章达及十九路军各师师长、总参谋长等10余人,出席会议的还有冯玉祥的代表余心清等。李济深、陈铭枢主持紧急会议,会议拟讨论、决定了发动事变的日期及成立人民革命政府的相关重大事宜。会议开了一整天,主要是讨论成立人民政府的时间和有关修正政纲政策问题。同时,还讨论有关废弃党旗国旗与有关军事、财政等问题。在会议上,讨论发难日期所花费的时间最长,陈铭枢和蔡廷锴的意见不一致,争辩较为激烈。黄琪翔代表第三党坚定的反蒋立场,支持陈铭枢的意见。后来,蔡廷锴认为事已至此,为顾全团体,明知败亡,只可同意提前发难。关于改变国家名称问题,原来意见也很有分歧,蒋光鼐认为中华民国是推翻清朝由孙中山一手缔造的,国民党人不应因蒋介石政府反动而加以废除,而陈铭枢则认为中华民国已名不副实,国民党已变质,应取消国旗党旗。最后,会议继续讨论了一系列难以兑现的政纲。鼓山会议是福建事变酝酿过程中最后一次具有决定性意义的决策会议,也是策划福建事变领导核心内部意见分歧最大、争论最激烈的一次会议。

11月19日,陈铭枢复日前蒋介石劝电,斥责蒋仍坚持"剿共"惧日政策,决意反蒋,发动福建事变。复电略谓:

> 来电所言,决(绝)非他人挑拨所能离间,亦非一时误会所能隔阂,某因爱公,然亦爱国家,所见不同,自唯有各行其是。公对外对内政策,当世自有公评,千秋当有定论,某勿(毋)庸置言,然于匹夫有责之义,乃不敢以私害公。细读来电,似公于年来政策,仍极坚持,毫无悔意,某深为失望。又来电所言,种种谣传,虽属离奇,亦置之一笑。盖十九路军之抗日"剿匪",事实具(俱)在,宁可厚诬,又岂无耻官僚政客所可中伤。公等过去之于焕章者,乃又欲施之于某乎?至于亲日缔约,改组中央,纵匪扰闽,坐视不救,其实不得不疑公所言所行者,果为如何?公试于清夜三思,年来所为者,果何有于民族?果何有于民生?能不废然思返乎?公又云,根本救济,即在牺牲成见云云,某不特无成见,且不信妥协即有利于国家。盖中国乃四万万人民之国家,非少数人之私产,少数人以和平争权,统一夺利,固毫无济于民族之生存也。公自信有谋国之忠诚,何不于国民共怒之前,自决其进退乎?承询鄙见,谬许知好,敢尽区区。弟铭枢叩。皓(十九日)。

南北各省代表亦先后到达,筹备召开中国全国人民临时代表大会。黄强就任漳厦警备司令职。福州开始戒严,禁止无故搬运物品出境。李济深、陈铭枢、蒋光鼐、蔡廷锴、陈友仁电桂省李宗仁、白崇禧,要求贯彻历来主张,及时响应发动反蒋事变。11月19日,陈济棠召集会议会商闽事,决定对闽局暂取静观其变的态度。同日,第三党黄琪翔、彭芳草、章伯钧、麦朝枢、郭冠杰、刘伯垂(剑米)、王亚樵等也在鼓山秘密议事,讨论有关问题。

2.2.2 福建事变爆发

1933年11月20日,第十九路军将领陈铭枢(因病未到现场)、蒋光鼐、蔡廷锴,联合黄琪翔领导的第三党、李济深等国民党"左"派势力以及福建地方反蒋力量,在福州南教场(时称城南公共体育场,今五一广场)召开"中国全国人民临时代表大会",福建事变爆发。是日上午9时,初冬的福州晴空无云,阳光普照。来自全国26个省、市及海外华侨的代表近百人和十九路军驻福州的78师等官兵以及福州机关人员、学生、市民共3万余人参加了大会,时报纸报道多达八九万人。① 会场周围贴满了"打倒蒋介石""打到国民党""打倒南京卖国政府"等标语口号。主席台上方悬挂一横幅白布,上书"中国全国人民临时代表大会"。十九路军驻福州78师155旅旅长方应霖任会场总指挥,公安局局长邱兆琛、丘国珍任指挥,负责维持秩序。

按预定方案,首先由全体代表推举黄琪翔、徐名鸿、戴戟、方振武(姚褆昌代)、何公敢、刘剑米、翁照垣、钟喜焯、梅龚彬、彭岳渔(泽湘)、李章达、程希孟、章伯钧、陈耀焜、关楚璞、余心清、林植夫等17人为大会主席团成员,大会主席团推选黄琪翔为大会主席团总主席,主持会议,致开幕词。9时40分,大会指挥丘国珍宣布开会。黄琪翔首先在大会上致开幕词说:"今天大会意义是非常的重大,中国今日受帝国主义的压迫已达极点,以蒋介石为中心的国民党南京政府,丧权失地的事,不知多少,使中国的危亡日益加迫。"他接着指出,要摆脱民族危机,"谋求中国之自由独立,必须扫除帝国主义的侵略,尤当先打倒卖国媚外的南京国民党系统南京政府"。黄琪翔最后说:"从今天起,我们是走上新的革命路线,这也算是我们革命的策略地,我们应以加倍奋勇的精神,努力迈进,完成革命的要求。"李济深、蒋光鼐、蔡廷锴、萨镇冰、余心清、姚褆昌、王凤起、戴戟、何公敢、翁照垣等10余人作了大会演说,李济深激

---

① 另有一说法:10万多人。中国农工民主党中央研究室.中国农工民主党与"福建事变"史料研究汇编.2012:24.

昂地对与会者说:"我们想到中国现在的国家是很危险了,危险到快要亡国了,时至今日,要想救国、救家、救民族,从帝国主义的重围中冲开出路,非全民众起来共同奋斗,没有第二个办法,这是最可以挽救中国民族危亡的唯一的办法!"

大会发言后,黄琪翔宣读由彭泽湘等起草的中国全国人民临时代表大会的《人民权利宣言》(下面简称《宣言》),《宣言》指出,代表大会的宗旨是"救护国家,保障人权",并提出了谋求中国自由独立的13条基本方针。《宣言》历数南京政府媚外残民的罪状后,宣布中国为中华全国生产的人民之民主共和国,中国最高权力属于生产的农工及共同支持社会结构的商学兵代表大会。全文如下:

人民权利宣言[①]

(一九三三年十一月二十日)

中国各地之人民代表,在以蒋中正为灵魂之国民党、国民政府公然积极勾结日本帝国主义,出卖国家,残害人民,痛民族的危亡,已至最后的关头,为救护国家保障人权起见,乃临时集于福州。大会一致认定中国革命之中断,与年来中国殖民地化之加深,以及人民的种种痛苦,皆蒋中正媚外残民之结果,为求中国自由独立起见,大会一致作出下列之基本决议:

甲

(一)中国为中华全国生产人民之民主共和国,中国最高权力属于生产的农工及共同支持社会结构的商学兵代表大会;

(二)中国国家之独立为不可侵犯之最高原则;

(三)全国人民不论种族性别及职业,除背叛民族、剥削农工者外,有绝对之自由平等权。

[①] 引自《国闻周报》,第十卷第四十七期,1933-11-27;朱汇森. 中华民国史事纪要(1933.10~12). 台北:正中书局.1984:766-767.

乙

（一）为排除帝国主义在中国势力，打倒军阀，铲除封建残余制度，发展人民经济，实现彻底的民主解放；

（二）否认一切帝国主义者强制订立之不平等条约，首先实行关税自主；

（三）实行计口授田，以达到农业共营国营之目的，一切森林矿山河道荒地概归国有；

（四）发展民族资本，奖励工业建设，凡有关于民族生存民用日用之重要企业，概归国营；

（五）人民有劳动之权利义务，肃清军阀官僚豪绅地主等寄生分子及地痞流氓等游民分子，肉体劳动及精神劳动均受最大之保护；

（六）人民有身体、居住、言论、出版、集会、结社、信仰、示威、罢工之自由；

（七）人民有武装保卫国家之权利义务。

丙

人民临时代表大会认国民党政府为买办军阀豪绅地主之反革命政府，且为全民族最可耻之巨敌，为迅速推翻反革命政府起见，大会更宣言：

（一）否认南京反动政府；

（二）号召全国反帝反南京政府之革命势力，立即组织人民革命政府，打倒以南京政府为中心之国民党系统；

（三）于最短期间召集第一次全国生产人民代表大会，制定宪法，解决国是。

随后，中国全国人民临时代表大会通过了《大会决议案》，共计12条，内容如下：①

（一）中国为中华全国生产的人民之民主共和国，中国最高权力属

---

① 引自《国闻周报》，第十卷第四十八期，1933-12-4.

于生产的农工及其共同支持社会结构的商学兵代表大会；

（二）中国国家之独立，为不可侵犯之最高原则；

（三）全国人民不论种族、性别及职业，除背叛民族剥削农工者外，有绝对之自由平等权；

（四）实现农工生产人民之彻底解放；

（五）否认一切帝国主义者强制订立之不平等条约，首先实行彻底的关税自主；

（六）实行计口授田以达到农业共营国营之目的，一切森林矿山河道荒地概归国有；

（七）发展民族资本，奖励工业建设，凡有关于民族生存民用日用之重要企业，概归国营；

（八）人民有劳动之权利义务，肉体劳动及精神劳动均受最大之保护；

（九）人民有身体、居住、言论、出版、集会、结社、信仰、示威、罢工之自由；

（十）人民有武装保卫国家之权利义务；

（十一）立即组织人民革命政府；

（十二）于最短期间召集第一次全国生产人民代表大会，制定宪法，解决国是。

中国全国人民临时代表大会发表《告民众书》，揭露蒋介石政府的黑暗统治，号召革命大众起来打倒国民党南京政府，建立生产人民的彻底民主政权。大会一致举手通过安徽代表（徐谦、戴戟、余心清、王亚樵、方范、章伯钧等）、福建代表（刘继屏、何公敢、陈耀焜、林植夫、丘哲、陈碧笙、林崇墉、刘勉己、吴仲禧、葛越溪等）提案，建立中华共和国人民革命政府（亦称"福建人民政府"）。旋即行升旗礼，以上红下蓝、中嵌黄色五星一颗为国旗，礼成后，各代表摄影，高呼口号后，出发示威游行。下午，78师云应霖旅接收马尾海军要港司令部及所属长门炮台、海军学校等机关。当日晚8时（22日《人民日报》载为晚10时），大会主席团在十九路军总部（麦朝枢、蒋光鼐回忆是在福州"绥靖"公署）召开会议，会上选出李济深、陈铭枢、蒋光鼐、蔡廷锴、黄琪翔、陈友仁、冯玉祥（余心清代）、徐谦、何公敢、李

章达、戴戟11人为人民革命政府委员,①又推定李济深为委员会主席。

福建事变当日晚间8时,国民党召开第384次中央政治会议,为"闽变"通电各省市政府"……乃陈铭枢等忽于此时在福州纠合所谓第三党重要分子,自立名目,实行叛党,……为此决议,着各军政机关,迅予处置,务使叛乱克日敉平……"。国民政府外交部电示驻外各使馆向各国政府解释"闽变"。蒋介石电国民政府,要求对"闽变"一面用政治解决,一面调军严防浙粤边境。

南京方面认为,闽变之所以爆发,有其复杂的因素,唯陈铭枢的不满现状、中共的统战圈套及各地方当局的鼓动三者,最具关键性。21日,《中央日报》《大公报》等相继发表了"福州事变的性质""局势演变的必然性"等社论,进行评述,提出解决建议。

21日下午3时,人民革命政府委员继续开会,正式确认上述11名中央委员人选。两次会议决定:废除南京国民政府年号,定1933年为中华共和国元年;以上红下蓝、中嵌黄色五星一颗为国旗;首都设在福州;决定取消"总理遗嘱"和"总理纪念周",摘下孙中山遗像。并宣布最高权力机构为农工商学兵代表大会,发布《中华共和国人民革命政府成立宣言》。

中华共和国人民革命政府成立宣言②

一九三三年十一月二十二日

中华共和国人民革命政府,应全国人民之要求,宣告于公历1933年11月22日成立于福州。谨将其成立之原因及其任务贴告全国:自蒋中正凭借其御用之国民党系统,及其祸国残民之武力,背叛革命攘据政府以来,中华民族益趋于灭亡之危途,全国人民,更陷于无以为生之绝境,外患内忧,同时侵迫,危机之深,情势之恶,较诸亡清末造及北洋军阀当国之日,实有过之而无不及。中华民族因帝国主义者侵略而发生之危

---

① 还有两种说法:其一,有方振武,无戴戟;其二,方振武未到,改为戴戟。中国农工民主党中央研究室.中国农工民主党与"福建事变"史料研究汇编,2012:12,158.

② 引自福建《人民日报》,1933-11-22.

机,虽不自今日始,然自蒋中正当国以来,此危机之深刻实为前此所罕睹,"九一八"事变之后,东北四省,相继沦丧,滦河东西,实际为日本帝国主义者所掌握,天津察绥以及华北各省,均有随时被吞并之可能,长江流域沿海一带亦莫不岌岌可危;同时李顿报告书中之共管计划,则由所谓技术合作,而渐趋于实现;行见中华民族不亡于日本帝国主义者之独占,即亡于国际帝国主义者之共管。或一部分领土被日本所独占,或一部分被国际帝国主义者所分割与共管,总之,灭亡景象不唯呈露目前,且已局部实现矣!全国人民死于蒋中正所制造之数次大规模内战与死于由政治窳败而酿成之天灾中者累数百千万人;其幸而生存者,或则欲耕无地欲工无所,或则虽耕虽工,而仍不得一饱,致有极廉之布帛而不得以为衣,有奇贱之米麦而不得以为食之稀有现象。然而人民所受之痛苦,尚不止此,南京政府不特对于此饥寒交迫之广大群众,不加救济,且不容其自救,凡主张人民自救者,不目为反动,即指为"赤化",罪名一出,剿杀随之,数年来,人民被其残杀者,不知凡几,于是全国人民,除待毙沟壑外,求生无路矣。

举凡上述民族之危机人民之痛苦,以及其他经济之破产,社会之紊乱,其所以趋于如此严重者,莫非蒋中正所造成,盖蒋中正所御用之南京政府,实为一切反革命派之大集团,其唯一之任务即剥削与压迫全国之生产人民,不仅人民生死非其所计,即民族存亡,亦非其所计;且为主持其反动政权起见,不惜欢迎帝国主义者统治中国,以镇压国内革命民众之反抗运动。故"九一八"事变之初,即令张学良不加抵抗,十九路军淞沪抗日之际,又绝其后援;驯至一送热河,再送滦河流域;复签订《塘沽协定》,出卖华北,近更派使交涉,实行降日,同时对东北义勇军之活动,则多方破坏;对民众同盟军之抗日,则直接威迫;对粤桂闽出兵援热,则百端阻抗;对各地之爱国志士,则肆意迫害,对于内地之工农解放运动,则尽力摧残,对于思想进步之文人,均在不赦之列,由此可知蒋中正所领导之南京政府,实帝国主义者屠杀中国人民之工具。

故欲挽救中华民族之灭亡,开辟全国人民之生路,首先必须推翻南京政府。而中华共和国人民革命政府之产生,即系应此种迫切之需要。本革命政府以最大之诚意,向全国宣布:人民革命政府成立之使命,在:

一、求中华民族之解放,形成真正独立自由之国家,二、消灭反革命之南京政府,建立生产人民之政权,三、实现国内各民族之平等权利,四、保障一切生产人民之绝对自由平等权,五、排除帝国主义在中国之势力,打倒军阀,铲除封建制度,发展国民经济,解放农工劳苦群众。以上各端实为本革命政府之中心任务,本革命政府,决以最大之努力促其实现。本革命政府更有为全国生产人民告者,在蒋中正统治之下,政治黑暗,官吏贪污,纲纪废驰(弛),骄奢无度,此虽蒋中正等祸国之末节,然全国人民已莫不切齿痛恨,本革命政府自成立之日起,当即彻底肃清贪官污吏,建立廉洁政府,提高行政效率,厉行法治精神,并领导全体公务人员,节衣缩食,刻苦任劳,以贯彻根本之主张,树立兴国之规范。

本革命政府尤愿表示其求和平而奋斗之决心,蒋中正政府之亡国政策,既扰乱世界之和平,而其残民政策,又扰乱国内之和平,本革命政府为保障世界及中国之和平起见,不得不坚决反对蒋中正亡国残民之政策。因此本革命政府竭诚希望全国人民及各政治集团与各军队深切和平之决心,一致奋起,拥护革命政府,坚决与蒋中正政府作殊死战,以实现中华民族当前迫切之要求,谨以宣言。

22日上午9时(23日《人民日报》载为上午10时),人民革命政府中央委员会假福建省政府礼堂举行成立典礼。宣告成立中华共和国人民革命政府,定福州为首都,宣布脱离国民党,与蒋介石政府决裂。大会主席团代表梅龚彬向李济深授印,授印后,全体政府委员宣誓就职。誓词云:"余等谨接受中国全国人民临时代表大会付托,誓以致(至)诚努力实现人民权利宣言。谨誓。"誓毕,梅龚彬致训词,来宾殷公武、萨镇冰、沈光汉、谭启秀、丘岛人相继演说;次由李济深答词;陈铭枢、蔡廷锴又相继演说。词毕,呼口号,奏乐,散会。会后,李济深接受《人民日报》记者采访,云"革命政府设在前省府旧址"等等。

中华共和国人民革命政府成立以后,首先发表政府成立宣言和对外宣言,用电报拍出。同时,立即发布了《中华共和国人民革命政府组织大纲》。根据大纲,人民革命政府委员会设军事、经济、文化三个委员会,财政、外交两个部,以及最高法院和政治保卫局等。

中华共和国人民革命政府对外宣言[①]

一九三三年十一月二十二日

南京的卑劣统治者,现在与日本帝国主义妥协,已危及中国的独立,吾人因全国要求一种为民族独立斗争的新领导之事势所迫,乃宣告中华共和国人民革命政府之成立。两年以来,日本之目的昭然于中国人民及文明世界,在十七世纪满洲人以征服与掠夺建立帝国,日本亦图在今日之世界环境中,此环境在政治方面为法国革命所演出之政治概念,又为工业革命与机器时代所产生的经济力量所规定,依样施之于中国,中国不仅仅为远东之一部分,或"大亚细亚"之区域,在经济上及其他方面,中国亦为英美法等国,乃整个文明世界之广大而不可分离之一部分,对于此文明世界,中国亦受各种国际公约之拘束,此公约即《九国公约》,为英美法及其他签约国保障中国领土独立与完整,当然包括满洲及热河,国际联盟据此盟约英法意及其他会员国[约订(定)尊重为维持国联所有会员国之领土完整,与政治独立,以抵抗外来侵略],凯洛白利安和平公约,此项公约既禁止以战争解决国际争执,或以战争作外交政策之手段,则英美法俄等签约国对于日本在满洲及热河之战事行动,义当认为国际罪犯行为,对于日本在上海的海军活动,义当认为实与海上行劫无异。

中国人民除认定蒋介石为南京政府之真正主脑,应根据上列诸公约,采取积极外交政策而外,坚决要求南京政府对于日本之侵略厉行切实的抵抗,因以为一个国家被侵略而不抵抗,不仅成为外敌征服之目的物,且其卑屈之不抵抗政策,足以引起并鼓励自身之被征服,然蒋介石与其南京派绝不听从国民此种要求,盖怯弱与纯粹的个人政策,使蒋氏发生恐惧,即唯恐其所据以维持政权,操纵国民党垄断国家与政治机关之武力,一旦对日本作真正的抵抗,必受亏损,因此,蒋氏当日本开始向中国侵略之时,立即接受宋子文的外国倾向之劝告,以为中国应依赖国联,以求满洲事件之圆满解决,蒋宋等诚信国联能解决此问题,迫日本撤兵于南满铁路区域。迨后蒋氏及其抱此希望之外交家,亦觉悟日本侵略中国,蒋氏自身且

[①] 引自福建《人民日报》,1933-11-22.

不愿抵抗,英法不肯与破坏国际盟约之国家备战,至此时,蒋氏乃放弃其国际政策,以个人名义致电日内瓦之中国代表,勿提出国联盟约十六条所规定之经济制裁对付日本,同时又训令声名狼藉之黄郛签订《塘沽协定》,且依日本之强求,秘密将满洲问题作"无形"的解决。为完成其外交新定向计,蒋介石乃不得不排斥其内亲宋子文。今蒋氏已完全抱定亲日政策,此政策若不加遏制,必将整个中国陷入早已征服朝鲜今又攫取满洲热河之日本侵掠(略)制度中矣,如仍容许蒋介石及其政府继续执政,以实行其背叛国家,出卖民族之政策,则中国人民将为日本之奴隶。假定容许南京之统治阶级出卖中国之人力与广大之富源于日本之统治与管理,不仅中国自身被蒋氏亲日政策所严重威胁,即近代国家之体系在军事上与经济上,亦将受其危害。此种可能性,并非幻想,且去实现之期不远,盖中国现当局确为一班棍徒,为实现其卑鄙恶劣之政治,不惜与日人作(做)此种勾结。

吾人攻击此辈亲日政策派,非谓吾人属于第二个集团,即所谓亲美与亲国联派,此派之主要目的,在邀集欧美各国之赞助使其获得权力,及其在中国政府优越之地位,中国固可期望美国及签订《九国公约》之签约国参与,与国联之各会员国履行条约上之义务,并察觉蒋氏之政策足以妨碍彼等之重要利益,吾人以为亲美派与亲国联派之政策,系建筑于危险原则上,吾人并不损害美国人对吾国之善意,或美国对我之政治态度之好动机,但必须认定亲美亲国联派之客观结果,将陷中国于国际共管制度之下,其为害不亚于蒋介石之亲日政策,盖无疑义,吾人反对此两派互相仇视的危险政策,认定中国真正的权力必须树立于民族基础之上,而此以人民革命政府为工具之新运动的领导权,乃为"中国的"也,吾人依赖广大群众之拥护之力量与工具,改造并重建中国人民之生命,于民族主义之基础上,确守民主自由之最高原则,并在协作的世界结构之内行动,纵使法西斯蒂及其他反动尝试在近代各国政府内重新扶立专制主义,而近代经济的与社会的动力正在产生此种协作的世界。吾人最后声明推翻蒋氏政权,不特为中国独立与救亡所必需,且为全世界军事与经济之利益计,亦为必要,倘日本帝国主义者得蒋氏之协助,得以完全统治中国之富源与人力,则世界大战不可免,而在世界之一部分之日本,其国家之生存,亦岌岌可危,为增进国际之安全,吾人不得不敬告各列强勿与南京之蒋介石政府以任何借款，无论其为金钱、为商品、为军械，吾人更声明以后如缔结任何该种借债，中国人民及其革命政府必全盘加以否认。

11月22日下午3时，中华共和国人民革命政府委员会（简称"中委"）举行第一次会议，出席委员有：李济深、陈铭枢、蒋光鼐、蔡廷锴、陈友仁、徐谦、戴戟、李章达、黄琪翔、何公敢等，会议由李济深主席主持。中委首次会议议决要案如下：一、发出人民革命政府对内对外宣言；二、政府机构先设立三委两部，李济深兼任军事委员会主席，陈铭枢兼任文化委员会主席，冯玉祥（余心清代）任经济委员会主席，陈友仁兼任外交部部长，蒋光鼐兼任财政部部长，许锡清任财政部次长；三、军事、文化、经济各委员会委员额，各暂定十五人；四、建立军事委员会，委员人选如下：李济深、陈铭枢、蒋光鼐、蔡廷锴、戴戟、黄琪翔、邓世增、徐景唐、沈光汉、毛维寿、谭启秀、区寿年、张炎、李章达，李济深任主席；五、军事委员会参谋团主任由戴戟暂兼，副主任为张文（后由黄琪翔、徐景唐兼正、副主任）；六、何公敢为福建省省长；七、萨镇冰为政府高等顾问；八、通令十二月一日全国人民庆祝革命政府成立；九、通令全国定十一月二十日为革命政府纪念日；十、更定年号为中华共和国元年；十一、十二月一日赦免一切政治犯；十二、通令全国人民实行俭约，办法由经济委员会拟草；十三、政府公务人员革命之人员制定服装，以农工服装为标准。

在获悉中华共和国人民革命政府成立后，蒋介石于11月22日发表《告十九路军全体将士书》，并于25、28日多次派飞机飞往福州散发。27日，国民党中央宣传委员会对外发表《告十九路军全体将士书》，以示呼应。

告十九路军全体将士书①

一九三三年十一月二十二日

据报陈铭枢、李济深之徒，窃据福州，假借我十九路军名义，凑合第

---

① 选自中国科学院近代史研究所南京史料整理处.1933年福建"人民政府".1960(油印本)；朱汇森.中华民国史事纪要(1933.10～12).台北：正中书局.1984：773-775.

三党社会民主党之反动分子,倡言联共,背叛中国国民党,反抗国民政府,组织其共产党化身之所谓生产党与其所谓人民革命政府,废弃本党总理自革命以来所创造青天白日之党国旗,而扬其上红下蓝中嵌黄色五星之叛旗。值此国难严重之秋,全国并力"剿共"之日,乃竟有此危害党国自促灭亡之举,是诚何心,良难索解。顾陈铭枢辈胆敢悍然发难者,实以其对于赣闽"共匪"已实行妥协,成立互不侵犯之密约,议定接济"匪"区物资及军事互助,彼此策应之计划,证以黄琪翔、章伯钧、彭泽湘等之依附其间,供效奔走,共(产)党代表及彭德怀之妻妇滞留福州,及取消党国旗徽,高叫土地革命政策、农工政策,则联共叛党之说,显而易见矣。且前年亲谒币原求借外力以占东北之陈友仁,及安福时代参预(与)西原借款之韩宾礼等,或任伪府新职,或为信使东渡,则人言藉藉(籍籍),所谓卖国害党之阴谋,亦信而有征矣。闻陈等所恃以肆其簧鼓之口实者,一方对我十九路军将士横施恫吓,谓在闽若不联"共匪"则必见灭于"共匪";一方则对民众假借农工政策,实行土地革命,借为煽动;而另一方则又师方振武、吉鸿昌在华北之故智,既已降敌通"匪",而复标榜救国抗日,以欺弄我十九路军之将士。

彼辈叛徒惟以联共勾日为手段,以毁党叛国为目的,固无所爱于我十九路军光荣之历史,更不计及我十九路军今日之顺逆与成败,其结果受牺牲而召污名者皆为我十九路军全体之将士,于若辈固无损毫发也,岂不痛哉。今如听其一二人之蒙蔽卖弄,忍论全闽,陷于"匪"祸,不惟自绝于党国,为中外所唾骂,窃恐我十九路军为"剿共"抗日而牺牲之先烈有知,亦痛哭于九泉矣。呜呼!我十九路军忠勇诸将士乎,昔以"剿共"抗日与不参加内战而获令誉者,今乃反为陈逆所挟持,致成破坏党国之戎首,其将何词以自解于国人之前,且将何以对总理在天之灵,何以见"剿共"抗日诸先烈于地下乎?!。不宁惟是,我十九路军将士自十三年以来,东征北伐,随同中正转战南北,相与同死生,共患难者,何啻百战。在革命过程中,建树雄伟,勋绩彪炳,实党国忠勇奋斗之军队,岂能为陈铭枢辈之私产?值兹阽危震撼之际,当必能本爱国保民之精神,而矫然有以自立,断不应以私害公,致供任何个人叛党乱国之牺牲,尤不应因一二人之反覆而盲从附和,举已往出死入生所造之勋绩光荣随之毁灭。我忠勇诸将士深明大义,当必权衡已熟,勿(毋)庸词费矣。现时中正认定国家当前惟一之急务,与惟一之生路,只有努力剿灭"赤匪",方足以卫党国而挽危亡。连日赣中"剿匪"军事,进展极速,中正仍令我"剿匪"各军,专力于"剿匪"工作之完成,决不以闽变牵动"剿匪"之事,更不忍以十年来患难相从之部属,为一二不逞之徒所蒙蔽之故,而使我国民革命军自相残杀,致"剿匪"阵线动摇,适中"共匪"粉碎五次"围剿"计划中预定挑拨闽变之毒计,且足贻寇仇之窃笑。对于闽变罪魁,姑观其以后之行动,俾以自觉自新之机会。所冀我十九路军将士践体斯旨,一面坚持"剿匪"之原有阵线,毋见挠于乱命,一面力图正义之彰明,以促叛乱之悔悟,大义灭亲,古有明训。拨乱反正,责无旁贷。救国自救,关键在兹。幸我将士速图利之,有厚望焉。

11月23日,国民党第99次中常会决议:一、陈铭枢、李济深、陈友仁"乘外忧内患国难严重之时,背叛民国,残害人民,应永远开除党籍,送监察委员会追认,并交政府严刑拿办。其余附从叛乱各犯,送监察委员会查明议处"。蒋介石致电全国各军事长官,声称:最短期间必能廓清"闽变",要求"剿共"部队一本原定之计划,照常进击。

24日上午,在福建省政府礼堂(今省府路公交礼堂)举行主席和委员就职典礼,由徐谦宣布中华共和国人民革命政府命令,任命李济深为主席兼军事委员会主席,陈铭枢为军事委员会政治部主任兼文化委员会(简称"文委会")主席,萨镇冰为政府高等顾问,陈友仁为外交部部长,蒋光鼐为财政部部长,徐谦为最高法院院长,黄琪翔兼参谋团主任,冯玉祥为经济委员会主席(未履任,余心清代),何公敢为福建省省长,许锡清为中央银行行长,李章达为政治保卫局局长。人民政府委员会另设秘书处,由彭泽湘任秘书长。福建人民政府改年号为"中华共和国",以1933年为中华共和国元年。废除青天白日国旗,更改国旗为上红下蓝,中嵌黄色五角星一颗,红色代表工人、蓝色代表农民、黄色代表正大光明、五角星则代表生产人民的大联合。至此,福建人民政府已初具规模,开始行使职权。先后颁布了《人民革命政府对外宣言》《中华共和国人民革命政府最低纲领十八条》(简称《最低纲领十八条》)等文件和一系列政策法令。

人民政纲——最低纲领十八条[①]

中国之社会,系在帝国主义者统治之下半封建的社会。中国革命之最大目的,在消灭帝国主义在华之宰割;同时扫除一切封建势力,以树立完全代表人民权利之政府,并须立即实现如下之最低纲领:(一)废除不平等条约,与各国重定双方平等互惠之条约;(二)外资经营及外人管理之企业与文化事业,有违(危)害中华民族利益者,得限制或没收之;(三)整理新旧外债,凡祸国之政治借款,绝对否认;其他则应分别予以有条件的偿还;(四)实行对外贸易统制;(五)厉行关税绝对自主;(六)开放政权,凡依附帝国主义及军阀之反革命分子,不赋予政治上之一切权利;(七)中华境内各民族一律平等,得自由联合革命,确认民族自决;(八)确定人民身体、居住、言论、集会、结社、罢工、示威、出版绝对自由;(九)实行普选;(十)废止一切苛捐杂税;(十一)立行耕者有其田,实现计口授田,森林、矿山、河道完全国有;(十二)银行与交通一切重要企业归国家统制;(十三)以政治力量及国家资本,扶助农业生产科学化;(十四)严禁高利贷;(十五)取缔奸商,人民生活日用品由国家专卖;(十六)制定农工法,改良农工生活,并保障扶助农工团体之发展;(十七)厉行教育普及;(十八)实行征兵制,武装民众,并援助民众之反帝及经济政治斗争。

2.2.3 军事改编、政府机构运作及行政区划

11月24日,在23日召开的人民革命政府委员会第二次会议的基础上,人民革命政府军事委员会召开首次会议,议定军事改(扩)编计划,并令即日出师讨蒋。十九路军改组为人民革命军(简称"闽军"),蔡廷锴任人民革命军第一方面军总司令兼十九路军总指挥,邓世增副之,

---

① 选自福建档案史料丛书《福建事变档案资料》,福建人民出版社,1984:87-88.

下设第一、二、三、四、五、六、十五军。第一军(全称为人民革命军第一军)军长沈光汉,下辖第1师、第60师,刘占雄、邓志才分任师长;第二军军长毛维寿,下辖第2师、第61师,庞成、梁世骥分任师长;第三军军长兼总预备队指挥区寿年,下辖第3师、第78师,张君嵩、云应霖分任师长;第四军军长张炎,下辖第4师、第49师,谢琼生、阮宝洪分任师长;第五军军长谭启秀,下辖第5师、第7师,司徒非、赵一肩分任师长;第六军军长翁照垣,下辖第6师、第8师,洪文德、余承尧分任师长;卢兴邦任第十五军军长,陈齐瑄任独立师师长;谢东山任漳州行营主任,邓世增任延平行营主任,蔡廷锴任闽东警备司令,翁照垣任兴泉永警备司令。同日,沈光汉等5位军长通电宣布自动脱离国民党。据蔡廷锴回忆,这个军事改(扩)编计划,是他于11月上旬召集各师长在福州开会制订的扩军腹案,并取得蒋光鼐、陈铭枢的同意。该扩军腹案是:将全路军所辖5个师10个旅扩为5个军10个师的番号,在师的番号序列中,仍保留历史较深的60、61、78及后来改编的49等4个师的番号,取消补充师名义,其余改名1、2、3、4、5、6等师,师的番号及主官与上述稍有差异。11月25日,蔡廷锴及各军军长就职,会商部队统辖、防务配置及官兵饷额问题。此前被人民革命政府委员会任命为军委会政治部主任的徐名鸿,27日辞去正主任,改任副主任,任陈铭枢为主任,同时任命各军师政治部主任。12月上旬,任命邓世增、范汉杰为人民革命军第一方面军兼十九路军总部正、副参谋长。12月中旬,第一方面军总司令部委任王满钦为宪兵大队大队长,刘格炎、邓奥铭分别为航空第一、二队队长。

福建事变爆发后,24、25日,国民党中央宣传委员会为其所称"闽变"分别发表《告全国同胞及国民党党员同志书》和《告福建同胞书》,并且大马力开动宣传工具,广造舆论。24日,海军部电令驻闽浙各舰严密封锁闽江要口。

新政府成立后的头几天,人民革命政府委员会忙于开会,所属各会各部也忙于机构成立与设置,据蒋光鼐回忆:

在军事方面。军事委员会由李济深负责,下设委员10余人,该会辖一个方面军,改名为人民革命军,由蔡廷锴任第一方面军总司令,将十九路军五个师改组为5个军。辖一个政治部,由陈铭枢、徐名鸿任正、副

主任;一个参谋团,由黄琪翔、徐景唐兼正、副主任。另设一个办公厅,处理编制、装备、训练、运用等日常文电,由张文、张醁村、舒宗鎏、华振中等人负责。该会在事变后忙于事务,对于敌情估计不足,没有及时的紧急措施,订不出攻守计划。由于李济深等多是新到福建来的,对全盘形势和部队情况不明,处处疏于防范。原定人民自卫军的编组,由于基层发动不起来,基本上没有很大成效。

在经济方面。经济委员会由余心清代理,设委员10余人,该会系管理全国人民经济设计,兼管不属于财政部之经济行政,大体是实业、农工、建设均属之。该会内设秘书、统计两处处理会务,另设土地、商务、劳动3个委员会。章伯钧当时是土委会主任,计口授田的大事由该会负责,由于各地地主捣乱却无法设施。余心清当时提倡冯玉祥式的艰苦作风,提倡实行厉行节约的运动,由李济深带头,凡属政府人员一律穿蓝布中山服,头带工人帽,一时蔚为风气。

在文化方面。文化委员会由陈铭枢负责,设委员10余人,大都是陈铭枢自1927年任南京军委会政治部代理主任及主持神州国光社时期所结交的文人,有少部分是当年出国时在国外结交的。该会设教育行政委员会以程希孟担任主任,设民众训练处以梅龚彬担任主任,设文化宣传处以胡秋原担任主任兼人民日报社社长。教育方针以政治、军事、劳动三点并重,陈铭枢在新政府成立初则重视发动群众工作,当时在福州、漳州、泉州各地相当活跃,但自12月各地遭受敌机轰炸后大都停止了。

在外交方面。外交部由陈友仁负责,他住在南台,该部徒有名义,实际上工作少,陈友仁同蒋光鼐研究过应联系苏联,但苏联当时对福建事变的反应不良好,因而得不到支持;在与中共联系及派员入苏区问题上,该部曾与中共驻闽代表接触多次;对日本、英国、美国派兵舰在闽江口海面进行威胁的事,也曾向驻在各地的领事们交涉过,但在撤退时,陈友仁与徐谦却匆匆乘外国轮船先行走了。

在财政方面。财政部由蒋光鼐负责,并以许锡清担任次长。在当时,财政工作乃是巧妇难为无米之炊,新成立即以十九路军经理财务人员分别接收税收机关,以邓瑞人管福建盐运使,麦韶接管福州统税局,麦英俊接管福州关,庄伟刚接管厦门关,叶少泉接管"中央"银行。最初估计福建军政费每月约计360万元,而福州、厦门关税每月不足100万元,统税收入亦不足100万元,过去每月靠粤省补充费50万元,因陈济棠背盟投蒋,即行停拨,因此相差甚巨。12月份起财政部库存空虚,为了开源,政府不采取举外债或发公债办法,拟在煤油、火柴进口税项下增收,并决定向地方借款100万元,分配福州20万元,厦门60万元,龙岩、漳州各10万元,以资维持,但这些款尚未借到即告失败。

在司法方面。最高法院由徐谦负责。福建省的最高法院则由十九路军选派的军法处长陈权接收,该院在新政府成立不久即依据人民政府的大赦令,做了一宗大快人心的事。凡属政治犯及普通刑事犯,除强盗、杀人、放火、掳人勒赎的罪犯外,一律赦免。当时福建各地监狱几乎为之一空。在法律上旧律与新政纲有抵触之处,由人民政府委员会会议决定推徐谦根据1927年武汉政府所颁之司法条例加以修改。此外,福建省最高法院也办了几件镇压反革命间谍案件。

11月下旬之后,福建人民政府开始任命各机构组成人员,各机构则忙于编制组建、制定规章和举行相关活动等。特别是文化委员会,为防止政治中心他落,陈铭枢让神州国光社成员掌控文委会,其主要工作有:一是起草生产人民党党纲,发起脱离国民党、成立生产人民党宣言;二是文委会下设立民训处和民运处,分担一部分土地委员会职能;三是改《民国日报》为《人民日报》、改"先声通讯社"为"人民通讯社",控制新闻发布和文化宣传工作。经济委员会的职权是管理全国人民经济之设计,组建之初,由委员章伯钧等5人草拟关于全国人民实行节约办法案,由杨建平草拟保护工商事业资本金案,推举许锡清等5人负责筹备招待商界各代表、解释政府对于商业保护事宜等等。

福建事变引起海内外强烈反响,但对之褒贬不一。12月2日,上海召开"讨闽"大会,号称到会党政军各界10万人,通电全国一致声讨福建人民政府,并电请中央从速讨伐。4日,马来西亚华侨组织中华改进社、越南华侨救国联合会、中国致公堂总部先后致电福建人民政府,则表示拥护。

12月11、13日,人民政府中央委员会召开第11、12次会议,议决闽、延、兴、龙四省正、副省长及各省划界,共辖64县。将中华共和国分为二市四省,即:福州市,丘国珍任公安局长;厦门市,黄强任市长;闽海

省,何公敢任省长,阮淑清副之;兴泉省,戴戟任省长,陈公培副之(代省长);延建省,萨镇冰任省长,郭冠杰副之(代省长);龙汀(有汀漳一说)省,许友(名)超任省长,徐名鸿副之(代省长)。闽海省下辖闽侯、长乐、福清、连江、罗源、古田、闽清、屏南、永泰、平潭、霞浦、福鼎、福安、宁德、寿宁15县;延建省下辖延平、沙县、将乐、顺昌、永安、尤溪、建瓯、建阳、崇安、浦城、松溪、政和、邵武、光泽、泰宁、建宁16县;兴泉省下辖莆田、仙游、晋江、南安、安溪、惠安、同安、金门、永春、德化、大田、思明12县;龙汀省下辖龙溪、漳浦、海澄、南靖、长泰、平和、诏安、云霄、东山、华安、龙岩、漳平、宁洋、永定、上杭、武平、连城、清流、明溪、宁化、长汀21县。①

2.2.4 福建事变中的第三党

第三党(临委会)领导成员在福建人民政府中担任了许多重要工作:徐谦兼任最高法院院长,黄琪翔任军事委员会委员兼参谋团主任(即总参谋长),章伯钧任经济委员会委员、文化委员会委员兼土地委员会主任,丘哲任经济委员会委员兼贸易委员会主任,彭泽湘任人民革命政府秘书长,麦朝枢、万灿、詹显哲任政府秘书,郭冠杰任延建省(福建政府下辖四省之一)副省长(省长萨镇冰未到任)等职务。事变后,十九路军军官补习所改为人民革命政府军事政治学校,又称军官团,黄琪翔被任命为校长,许多第三党成员成为该校的教官,为十九路军官长的民主政治教育做了许多工作。《人民权利宣言》刊出后,11月22日《大公报》载,据南京21日中央社电:"此次事变为第三党所怂恿。"并发表时评说:"观前日大会通过之纲领,显以第三党之主张占十之八九,是目下闽局,实在第三党支配之下。"11月21日,汪精卫也告诉记者:"此次闽变,乃第三党与共(产)党联合,向本党进攻,与以前党内纠纷不同。"

诚如当时报刊议评的那样,由于第三党与十九路军有着紧密的历史渊源:邓演达与十九路军陈铭枢、蒋光鼐、蔡廷锴等曾经是同学或同事,黄琪翔也曾经是他们的上级。当时的《世界日报》在《日人对闽局之

---

① 郑澄桂.一九三三年福建事变若干史事徵考.档案春秋,1998(6):38-46.

观察》一文中说:"十九路军之中坚将校,殆全部与第三党发生关系矣。"陈铭枢后来回忆说:"在当时,十九路军确有一些第三党成员,有的是比较重要的骨干。"如十九路军总部秘书长徐名鸿和先后做了78师团长、旅长、师长的云应霖等。所以,第三党(对外又称中国革命行动委员会)投入了绝大部分力量去参与提议、策动和协助十九路军发动"反蒋抗日"的福建事变。据有关资料分析:在临委会成立时选举的中央干部会25名干事中,除已牺牲的邓演达外,有黄琪翔、彭泽民、章伯钧、季方、罗任一、朱蕴山、李世璋、丘哲、郭冠杰、谢树英、丘学训、江董琴、杨逸棠、万灿、詹显哲等15名干事先后参与其事,同时还有陈友仁、徐谦、徐名鸿、彭泽湘、吴资深、周惠生、余遇时、黄农、麦朝枢、连瑞琦、王寄一、王一帆、裘朝慎、陈卓凡、周力行(周士第)、何世琨、李士豪、彭泽民、王亚樵等一大批第三党骨干投入其中。为便于开展工作,第三党的中央机关也从上海迁到了福州,设在福州黄巷32号的黄琪翔住所。

  事变之前,第三党成员在福建主要开展宣传反蒋抗日、培训军队干部、组织训练农民自卫军和开展"计口授田"运动等基础性工作。特别是将赴闽的第三党党员主要集结于漳州,把推行"计口授田"运动的地点选择在龙岩、永定等地,在漳州创办《闽南日报》,并由邓次侯、李传薪、陈祖康编报,用大量篇幅揭露蒋介石集团卖国残民的行径。从政治、军事、经济、舆论等诸方面把闽西南建设为事实上的战略腹地,这从把十九路军指挥部、龙汀省政府设在漳州的举措中也可窥其一斑。在发动福建事变前夕,参与的十九路军将领渐进而又果断地在闽西南吞并了中央陆军第49师张贞部,在战略腹地扫除了貌合心离的军事障碍。[①] 事变过程中,第三党主要领导人、重要骨干参与了一系列重大问题决策、事变的组织领导及福建人民政府成立后发布的纲领、命令、宣言、条例、草案、通知等文案的起草制定工作,黄琪翔担任中国全国人民临时代表大会主席团总主席,彭泽湘起草了《中国全国人民临时代表大会人民权利宣言》,宣言把第三党的政治、经济主张基本变成了福建人

[①] 肖林."福建事变"与闽西南.漳州职业大学学报,1999(2):54-58.

民政府的政治、经济主张。

到达福建的第三党(临委会)成员日益增多,组织不断壮大,工作十分活跃,引起了事变主要领导者陈铭枢等的担心和其他派别的不满,唯恐有严格纪律约束并有相当组织基础的第三党操纵政治中心与自己抗衡。因为参与福建事变中的党派关系很复杂,除第三党以外,有蔡廷锴的"改造社"、陈铭枢的社会民主党、胡秋原的神州国光社以及翁照垣等国家主义派,还有国民党改组派分子等。特别是神州国光社,它是1928年时任广东省主席陈铭枢筹集40万元买下的印刷与发行机关,在王礼锡、胡秋原、梅龚彬等人数年经营下,为宣传十九路军做了大量舆论宣传工作,扩大了十九路军的政治影响,其文人思想促使十九路军主要领导形成建立反蒋抗日民主政权的思路,俨然成了十九路军的政治代言人。因此,在陈铭枢主导下,福建事变领导人认为,"整个国民党为蒋介石所把持操纵",成为"残民卖国之手段",为集中革命力量,提出各党派与原组织脱离或解散,另组"生产人民党"作为人民革命政府的领导核心,并由神州国光社成员掌控的文化委员会起草制定了《生产人民党总纲(草案)》,设计出严密的组织体系,草案计13章,加上附则2条,共87条。11月24日晚,在福州东街蔡廷锴公馆,由陈铭枢等27人亲笔签名发起,正式成立生产人民党。所以,参加福建事变的领导人集体宣布退出国民党,十九路军的将领们也通电宣布脱离国民党,参加生产人民党,以陈铭枢为总书记。此外,马来亚(即马来西亚半岛,下同)、日里(即印度尼西亚的棉兰,下同)、越南等地的一些华侨也来福州参加生产人民党。

在李济深、陈铭枢等所有国民党员联名声明脱离国民党后,黄琪翔听从蔡廷锴意见,为了化解第三党同神州国光社的矛盾,团结对敌,说服第三党同志,为顾全大局,经与章伯钧等反复磋商,12月11日,临委会策略地以"中国革命行动委员会中央干部委员会"(而非中国国民党临时行动委员会)名义,在福州《人民日报》上登出《中国革命行动委员会宣告解散启事》和《第三党正式宣言解散,一致参加生产人民革命党》,宣告:解散中国革命行动委员会之原有组织,一致参加生产人民革命运动以与其他政治主张相同之革命势力共同担负中国革命任务。12

月 15 日到 23 日,第三党成员陆续加入生产人民党。第三党在福建地方民众运动中做了工作,有一些基础。陈铭枢迫使第三党解散后,由生产人民党另派人接收了第三党的民众运动工作,这引起原第三党许多党员的不满。福建事变后,相继成立的福建人民政府和生产人民党,公开打出否定国民党的旗号,废止中华民国法统。

2.2.5 福建事变后的一些举措

在人民革命政府成立与运作的同时,十九路军加紧与红军进行谈判。当时中共派潘健行等与十九路军正式接洽,蔡廷锴便派周力行赶往苏区边界迎接潘健行等,秘密护送他们到达福州。潘健行以中共中央工农民主政府、中国工农红军代表的身份,同陈铭枢、蔡廷锴谈判抗日反蒋等问题。在 1 个多月时间里,仅陈铭枢就和中共代表进行了 8 次谈判,陈铭枢提出合作由谁领导的问题始终没有得到解决,因而对于合作的具体条件没有达成协议。双方只在谈判中签订了停战、边界贸易等协定。协定规定军事疆界线,停止军事行动;双方恢复商品贸易、互助合作;福建方面释放在押政治犯,允许人民集会、结社、出版、言论之自由;团结一致,反对蒋介石的独裁统治;共同抵抗日本帝国主义的侵略;等等。其后,为了加强联系,福建方面派尹时中驻瑞金,中共又加派张云逸同潘健行一起作为军事代表驻福州。人民革命政府还根据《反日反蒋初步协定》,与中共加强联络与合作,双方经过认真谈判,11 月 27 日,十九路军代表陈小航与苏维埃中央政府代表张云逸及福建省苏维埃政府代表方方在长汀谈判,又签订了《闽西边界及交通条约》。

人民革命政府成立后,颁布了一系列纲领性法规文件,如:《人民革命政府委员会会议规程》《最高法院组织大纲》《经委会组织大纲》《军委会组织大纲》《财政部组织法》等。在此基础上,政府推出了一系列方针政策:在政治方针上,政府布告通缉蒋逆中正等、颁布大赦令、制定建设全国生产人民政权步骤、下令保护工商业等,文委会也颁布了《县市学联会、各校学生会条例》等法规条例;在经济方针上,政府保护工商业、提倡国货、积极筹款,调节田赋关税等,对外实行"贸易统制""关税自

主"等政策,对内提倡"发展民族资本、奖励工业建设""立行耕者有其田、实行计口授田"等做法;在文化宣传方针上,11月20日,创立了《人民晚报》,21日又改原福建《民国日报》为《人民日报》,作为政府机关报,由彭芳草、胡秋原主办,改原"先声通讯社"为"人民通讯社",陈伟器任社长,负责福建人民政府的新闻发布和宣传工作;在外交方针上,政府也有一些提倡,但对外沟通不畅,加上时间仓促,落实到位少,成效不佳。为公布一个时期的施政成效和发动新一轮政治舆论攻势,12月23日,人民革命政府再次对外宣言,即发布《第二次宣言》。

中华共和国人民革命政府第二次宣言①

一九三三年十二月二十三日

  本政府应全国人民代表之要求,根据《人民权利宣言》而成立,瞬已一月,此一月来,革命怒潮,由八闽而腾播全国,使久已低落之革命运动,重见高涨,蒋中正等之南京反动统治,急趋崩溃,此足征本府之成立,确系适合全国人民之要求,而为我中华民族一线生机所寄托者也,本政府既深幸执行生产人民要求之正确不误,同时更深感生产人民付托督责之殷,革命责任之重,不得不将人民革命政府目前最中心之工作,及其意向,掬诚露布于我全国生产人民之前。

  最短期间之施政方针,本政府成立之初,即宣布五项使命,昭告我全国生产人民,期我生产人民一致奋起,共同努力,俾能一一见诸实行,本政府亦夙夜匪懈,使凡形之于言者,必能见之于事实,以求无负我生产人民之付托,在此最短期间,本政府之施政方针可以为我生产人民告者,一曰厘定实现生产人民政权之步骤,建立生产人民政权,虽为本政府五大使命之一,然中华共和国今后对外能否具有自卫之充分能力,对内能否打倒军阀铲除残余封建制度,则须视此使命之能否完成为断,故本政府认定此一使命,实为其他使命之骨干,而决定在最短期内努力完成。经精密之考虑后,一致决议厘定实现生产人民政权步骤之方案,使

---

① 引自福建《人民日报》,1933-12-23.

生产人民首先掌握乡村政权,即由乡而区,由区而县,由县而省,而邦,以至于联邦,达到全国生产人民政权之建立。同时实行缩小省区,使本政府所定之方案,更得易于实现与完成。一曰扶助生产人民之组织,本政府所倡之生产人民政权,既为真正生产人民掌握政权,处理政治,则此政权之实现,其先决条件,自在于生产人民有广大与坚强之组织,然而我全国生产人民,正陷于重重压迫与剥削之下,即在本革命政府目下区域之内者,亦尚未能完全获得其经济上政治上之解放,故扶助生产人民之组织,实为本政府天然之责任与急务。本政府为完成其所负使命计,自当以全力赴之而决不稍待。一曰解除生产人民之一切痛苦,本政府既以建立生产人民政权为其中心工作,则其一切施政方针,自必以保障生产人民之利益为归宿,即当使生产人民以前所受之政治上经济上种种痛苦,全部解除,然后生产人民方有发展组织,掌握政权之可能性。因之本政府成立以后,首先即保障生产人民之自由平等权利,释放政治犯,同时取消国民党以及买办系统封建残余所加诸生产人民之千百种苛捐杂税,并明令保护工商业,使生产人民立即脱却历来牢缚之桎梏,而发挥其政治能力。一曰彻底肃清官僚政治,本政府虽矢忠革命,负荷建立生产人民政权之重责,然过去遗留之官僚政治,若不根本肃清,则此新政权之建立,必无由实现,盖政治方案之实施,须假手于各级公务人员,尤须假手于接近民众之公务人员。而在过去各级公务人员,莫不与大小绅士深相结托,流弊所及,绅权且重于官权,于是形成一压迫与支配生产人民之官绅阶级,因而形成一种根深蒂固之官僚政治。此种官僚政治,根本与生产人民政权不能相容,故欲建立生产人民政权,非彻底肃清此官僚政治不可。本政府认为欲肃清此官僚政治,决不能凭借一纸命令,而必须与生产人民,一致努力实行,自上而下同时自下而上之严厉管理与监督,方能使所谓绅权与官权者根本绝灭,官僚政治彻底肃清也。一曰恢复国权,本政府之目的,不仅在建设真正民主之中国,尤在排除帝国主义者之侵略,以实现中国自由独立之不可侵犯原则,本政府深知帝国主义者尚迷信武力足以压迫中国,干涉中国,或妄冀勾结卖国军阀,即可遂其野心,故欲达到中国自由独立之目的,尚须经一艰难之斗争,本政府固当保护外侨生命财产之安全,然对于帝国主

义所强制订立之不平等条约,必使其废止,尤认为协定之关税制度及领事裁判权制度实破坏中国经济与政治之统治权,本政府已有最大的决心,并已采取适当之步骤,实现彻底关税自主,本政府深望中国各关系国家,能了解中国人民之要求,系一种不可抗之力量,而中国之解放运动,非任何国家所能容喙,惟以平等对待中国者始能获得其最惠的待遇,而以武力保障其侵略政策者,本政府即认为全中国人民之敌,全国人民尤当以其全力拥护本政府,以达到国权完整之目的。

凡此数端,或已执行,或正在执行,本政府今后更当淬励前进,将《人民权利宣言》所标举者,次第实现,以期与我生产人民相更始。

人民应认识反动面目,抑犹有为我全国生产人民告者,自本政府成立以来,南京反动集团,即施其造谣诬蔑之惯技,不曰本政府联日,即曰本政府"容共",夫南京反动集团卖国事仇、残民造共之事实,国人莫不身受目睹,而其愚弄欺骗人民之伎俩,国人亦早经领略,因之本政府深信我生产人民绝对不致再为南京之反动宣传所惑,惟同时希望我全国人民,更由此而深切认识南京反动集团之真正面目,盖依南京之立场,凡附和其卖国事仇、残民造共之行为者,皆为革命分子,或所谓忠实同志,而努力于生产人民之解放,与国家之独立自由者,则皆为反动分子,为联日,为"容共",由此更可以认识本政府与南京反动集团之斗争,为亡国与救国之斗争,为残害人民与解放人民之斗争,为生产人民政权与反生产人民政权之斗争,此种斗争,乃一死生倚之之斗争,而丝毫无可犹豫者,双方战线,目前既因南京之反动宣传而愈加明显,故本政府更深信全国生产人民,必因此而更迅速与本政府立于同一旗帜之下,以与南京反动集团作殊死战,而争取最后之全部胜利也。

政府决推翻一党专政,南京反动集团,最近除造谣谩骂以外,复用欺骗无耻之惯技作国民党所谓大团结之运动;欲借此以增强其反革命之势力,而苟延其正在崩溃之政权。数年以来南京之国民党系统,在蒋中正御用之下,残民祸国,不特为全国人民所痛恨,即国民党内之有识之士,亦莫不切齿,故目前之所谓国民党大团结运动者,即令有所成就,亦不过蒋中正袭过去收买汪兆铭之故智,再多收买一部分腐化与恶化之国民党人耳。至于一部分明达之国民党员,当兹生产人民政权与反生产人民政权,作生死决斗之时,当不至自绝于人民而甘心为蒋中正及其御用之国民党作工具也。惟本政府于此不能不郑重声明者,本政府固必与生产人民一致努力,推翻南京之国民党政权及其最高指导者蒋中正之势力,但同时更当坚决努力于生产人民政权之建立,而反对蔑视生产人民,以至蹂躏生产人民之国民党一党专政之政治制度也。

革命军人当一致行动,南京反动集团,现时除所谓国民党大团结之运动以外,复以其纵横捭阖之惯技,施之于其素所歧视称为杂牌之军队,欲利用此项军队以打击光芒万丈之革命运动。实则此项军队,早已不满于蒋中正及南京国民党残民卖国之行为,而思加以膺惩,即蒋中正嫡系军队,过去亦曾具光荣历史,现在仍不乏革命分子,处兹革命与反革命决斗之时,当必能与生产人民一致行动,声讨元凶,根本扑灭南京国民党与蒋中正之恶势力也。

断割据之源必须联邦,最后本政府尚有欲为我全国生产人民告者,目前欲挽救危亡,保全民族,非迅速求得国家之统一不可。此种统一,固非过去南京政府自欺欺人之假统一,即统一之方略,亦绝不能再用过去祸国残民之武力统一政策,盖中国民族众多,幅员广大,交通不便,经济文化、社会状态,各因地不同,客观上久已存在多数各自独立之政治与经济区域,二十年来国人莫不诟病分崩离析之割据局势,而不知此割据局势之酿成,因为帝国主义者之操纵,以及过去北洋军阀与蒋中正统治下之必然结果,然亦坐有此客观条件之为其基础也,本政府认为国内存在多数各自独立之政治与经济区域之事实,决不容稍加蔑视,并且必须把握此特殊之事实,方能使中国发展前途上之诸问题,迎刃而解,本政府认为中国之政治设施,只有在一最高原则之下,由各区域按其当地之实际状况,自定政策,方可收完满之效果,因此本政府认为中国之统一,必须以联邦形式成之,以实现生产人民政权为最高原则,各区域各省在此原则之下,自定其实施方案,形成生产人民政权之各邦,从而合成全中华联邦共和国,此种方式,既剔专制之毒,复断割据之源,事之合理,无逾于此,本政府当以最大的努力求其实现,尤渴望我国全国生产人民,及各地政治势力,共起图之!

欲保障和平惟先讨逆,尤有进者,生产与战争,绝不两立,故惟有生产人民乃能彻底反对战争,创造真正之永久和平,本政府为生产人民之政府,故其在成立宣言中即已揭橥其求和平而奋斗之决心,盖本政府之天然职责,在拥护生产人民之利益,保护生产,发展生产,惟其如此,故不能不为和平而反对战争,然旧统治阶级,实为一切不生产者反生产者之结合体,此种不生产反生产之份(分)子,均具有天然之好战性,二十余年来,国内战争不绝之事实,已成铁证矣。最近南京反动集团之散布种种谣诼,其用意即在形成反生产人民政权之战线,作大规模内战之开端。不独此也,当泉州沙县等地生产人民庆祝本政府成立之时,南京竟派遣飞机投弹轰炸,此种好乱挑战残酷狠毒破坏和平、危害国家、残杀人民之行动,实全世界及全国所不能容,本政府为保障和平,拥护生产人民利益计,对于南京反动团之暴行,势不得不加以声讨,并望全国军民挥戈奋起,与本政府一致行动,使此破坏和平之种子,根本消灭,而真正与永久之和平,得以早日实现也。

上举诸端,乃本政府根据《人民权利宣言》之根本主张,因时势之要求,必于最短期间完成之主要任务,特公布诸全国,本政府更愿坚确声明,惟有生产人民政权之实现,与乎全中华联邦共和国之形成,然后独立自由统一之国家、彻底之民主政治及真正永久之和平,方能实现,除现在积极反生产人民政权之南京反动集团在所必诛外,凡能接受《人民权利宣言》,而努力求其实现者,皆本政府之挚友,谨此宣言。

此外,人民革命政府还组织了工会、农会、商会、学生联合会等群众团体。为了保护农民利益和人民政权,人民革命政府除了扩大军队外,还组织了农民自卫队。如,闽西在徐名鸿、傅柏翠等组织和训练下,几乎每个县都设立了一个支(大)队武装,整个闽西组成了一个农民自卫师。全省其他地方也不同程度地成立了这一类组织。为此,文委会先后制发了《农民会组织大纲》《农运县区特派员条例》《农民自卫队组织大纲》等文件,指导实践。

2.3 各方面对福建事变反应

震惊中外的福建事变爆发以后,不同国家、党派、组织以及公众因

其所站立场不同,对之反应不一。现根据有关文献资料梳理简述如下:

2.3.1 日本等国家的态度

根据有关史料分析,英国"对于攻击中央政府之举动甚少同情",《泰晤士报》指责陈铭枢、陈友仁、蔡廷锴等"绝不愿念国家幸福,谓政客之嫉忌,与武人之野心,互相结合,扩大内战之范围,而以新疾苦加于农民",并认为南京政府与蒋介石应当"设法平乱"。与英国朝野轻描淡写的态度相比,日本对福建事变的发生异常重视。由于是始终高举抗日大旗的十九路军起事,福建人民政府政纲中又坚持抗日宗旨,因此日方必然"异常重视"福建政局之变动。日本政府表面上声称不干涉主义政策,但其不干涉的前提是福建不得有任何排日行动,而且不允许第三国插手福建,否则日方将采取断然行动。日方意图显然在于:一方面,不许第三国插手,让南京政府自主解决事变,从而削弱中国华北的力量,以利于日本对华北的侵略行动;另一方面,如果福建出现排日运动,或者新政府与共产党进行合作,日本则有借口出兵干涉,甚至军事占领福建,即使将来与南京政府谈判退兵,亦可乘机掠夺更大利益。11月29日,南京政府外交部照会各国政府,请勿对福建人民政府予以任何接洽和支持,并要求各国使节即向本国传达。11月30日,各国驻华使馆回电称"对此皆表同情",以示支持。随后,英、美、法等国以保护侨民为借口,相继派遣军舰到福建进行威胁。其中,日本海军陆战队以保护日侨为名,开进了福州地区,英国海军也派半个中队登陆以支持蒋介石。福建人民政府存在的近两个月时间,在国际上孤立无援,没有得到任何一个国家的承认和支持。在国际友人方面,只有亡韩志士金九由沪来闽参加革命运动、法国记者施力特女士在采访李济深时对人民革命甚表同情。

2.3.2 共产国际与中共对策

1931年1月7日,中共六届四中全会在上海秘密举行。这次会议是在共产国际代表、原莫斯科中山大学校长米夫掌控下进行的,他将其学生王明选为政治局委员。自此,王明在中共党内开始了长达4年的

"左"倾教条主义错误路线统治。① 4月下旬,由于顾顺章的叛变,直接导致向忠发、恽代英、蔡和森等被捕、被杀,党的其他主要领导人不得不撤离到中央苏区或去苏联。王明通过米夫的安排到达莫斯科,担任中共驻共产国际代表团团长。考虑到为了坚持党的斗争,经共产国际批准,中共便安排博古(秦邦宪)、张闻天、卢福坦、李竹声、康生、陈云等一些顾顺章不熟悉的年轻干部组成了中央临时政治局,博古(秦邦宪)、张闻天、卢福坦为常委,年仅24岁、缺乏实际斗争经验、连中央委员都不是的博古被委以重任,负中共临时中央总责,从而在组织上为"左"倾路线的发展建立了基础。11月13日,在米夫的建议下,共产国际执委会主席团任命王明为"共产国际执委会"政治委员会书记处成员。从此,中国共产党形成一个特殊的局面,王明在莫斯科,国内则由这些缺乏实际斗争经验、只知道"忠实"地执行共产国际指示的博古等人指挥,这为后来的一系列错误埋下了隐患。

根据有关史料记载,②可分析出共产国际与中共对十九路军与福建事变的对策:

初始阶段,共产国际不赞成与十九路军合作。1933年5月到7月间,中华苏维埃共和国中央政府和中革军委就希望与十九路军合作反蒋抗日,十九路军领导人也主动要求与红军合作反日反蒋,但遭到共产国际反对。

谈判阶段,共产国际要求中共对十九路军的合作立于瓦解之。7月至9月间,彭德怀、滕代远率红军的东方军入闽作战,给了十九路军沉重打击。严酷的现实使十九路军领导人更感到与红军停战合作之迫切。9月22日,蔡廷锴委派陈公培(吴明)等人为谈判代表到达红三军团总部驻地王台,商讨与红军停战抗日事宜,苏区中央局委派袁国平和彭德怀一起与陈公培会谈。9月27日和29日,共产国际执委会远东局分别从上海和莫斯科致电中共中央,对与十九路军的谈判方针作指示,其要

---

① 中共中央党史研究室.中国共产党的九十年(新民主主义革命时期).北京:中共党史出版社、党建读物出版社,2016:144-148;中共中央统战部.中国共产党统一战线史.北京:中共党史出版社、华文出版社,2017:43-45.

② 刘峰.论共产国际与福建事变.南昌:江西师范大学,2009;凌步机.共产国际与中共六届五中全会和福建事变.中国井冈山干部学院学报,2008,1(5):40-46.

义就是要求中共对十九路军的合作不要过于真诚认真,而应立足于尽量对其利用并从内部瓦解之。当十九路军和福建省政府全权代表徐名鸿(时任十九路军总部秘书长、闽西善后委员会财务委员会主任委员)、陈公培到中央苏区与中共商谈合作时,中央决定由周恩来负责谈判工作,并派苏区中央局宣传部长潘健行(潘汉年)为苏维埃政府和红军全权代表与之洽谈。虽然博古等中共领导人执行了共产国际关于与十九路军谈判合作的指导方针,但是十九路军领导人对与中共和红军合作确实抱有诚意,所以在谈判过程中他们基本满足了中共和红军方面的要求。10月26日,双方代表在瑞金成功签订了《中华苏维埃共和国临时中央政府及工农红军与福建政府及十九路军反日反蒋的初步协定》(简称《反日反蒋的初步协定》)。

履行协定阶段,共产国际有意怂恿中共对履行协定采取应付态度,当十九路军在蒋介石军队进攻下即将失败时,又怂恿中共采取见死不救甚至趁火打劫的策略。

综上所述,可以看出,中共对福建事变的错误处置,原因与责任主要与共产国际决策和指示密切相关。

1933年1月7日,中共临时中央政治局被迫由上海迁至中央革命根据地瑞金,成立了中共中央局,行使中共中央的职权,其成员由三部分构成:一是中共六届四中全会产生的部分中央政治局委员,有周恩来、项英、任弼时,候补委员毛泽东、刘少奇;二是部分中共临时中央政治局委员,有博古(秦邦宪)、洛甫(张闻天)、陈云;三是中共苏区中央局委员,有王稼祥、顾作霖、朱德、邓发。中共党内高层对与十九路军合作一事也存在明显分歧,是不争的事实。在中共内部,一些同志出于对过去历史的痛苦记忆,认为国民党的高级将领大都是军阀政客,惯于玩弄权术耍手腕,不可轻信。就像蔡廷锴本人,1927年"八一"起义时,他率所部第10师参加了起义,起义军南下潮汕途中,他又在进贤带走了这个师,使起义军一下子减少了近四分之一的实力。一些同志对"九一八"事变后国内阶级关系的变化认识不足,对建立与国民党上层的统一战线缺乏信心,也使他们对与十九路军合作心存戒备。其中,项英的主张就颇为典型地反映了这种心理,他在9月25日就对与陈公培谈判所取

的策略致电朱、周、彭、滕称:"对公培之事绝不能存大希望。"①但是,时任苏维埃中央政府主席的毛泽东,在会见徐名鸿时却赞扬道:十九路军过去替蒋介石打红军、压迫人民是错误的,现在不愿打内战、积极抗日,中国共产党是欢迎的、支持的。苏维埃中央政府愿意同十九路军合作,双方在共同抗日的前提下,反蒋抗日。毛泽东还针对"左"倾思潮的干扰指出:我们联合十九路军,不仅在政治上对全国人民和对国民党军队会起到重大影响,在与蒋介石的军事斗争上,也会产生直接的对我们有利的作用。②

中共在对福建事变的态度方面,黄道炫在《重析福建事变中共应对方针》给出了比较中肯的评述:③1933年底至1934年初的福建事变,是中共面临政策转变时遇到的一个重大考验,面对措手不及的重大变故,中共理论上缺乏准备,实践过程中虽注意到客观情势的需要并未死拘理论,但作为一个理论依赖颇强、组织也不尽完善的年轻政党,仍不免碍手碍脚,反应不够果断,策略的选择也常常瞻前顾后。福建事变发生在中央苏区第五次反"围剿"期间。面对这一重大变故,中共心态十分复杂,公开表态和实际做法也有相当距离。应该说,福建事变爆发后,中共内部对尽可能保住十九路军这一反蒋力量尚有共识,在军事上也给予了一定帮助。但在当时背景下,红军和十九路军的共同作战尚难实现,中共设想的战争计划是在江西趁国民党军之虚,以红军主力出击南昌一线,既围魏救赵,又扩大自己。这种一石数鸟的计划,是当时中共顾虑多种因素、应对复杂形势的产物,体现着一个理论依赖颇强的年轻政党面对复杂形势的困惑与抉择。

2.3.3 国民党内部派别的反应

福建与两广在地缘上接近,十九路军的领导人与两广有着较深的历史渊源。福建事变前,双方接触频繁,两广与十九路军处境相近,曾数度讨论"抗日""反蒋""剿共"等问题,达成一定共识,甚至希望结成同

---

① 曹春荣. 博古对待福建事变的态度缘何前许后拒?. 党史研究与教学,2007(6):52-56.
② 中国农工民主党中央研究室. 中国农工民主党与"福建事变"史料研究汇编. 2012:53.
③ 黄道炫. 重析福建事变中共应对方针. 近代史研究,2006(4):49-63.

盟。其中，仅广东胡汉民就与李济深之间的来往函电有8件，与蔡廷锴的有8件，与陈铭枢的有7件，与蒋光鼐的有4件，等等。1933年1月，闽、桂领导人蔡廷锴、李宗仁、白崇禧到广州，共同商量三省团结合作事宜，讨论成立国防委员会，以巩固西南的"半独立"局面。《塘沽协定》签订后，三方又在广州召开会议，讨论与南京决裂另组政府"抗日、反蒋"。福建事变发生的前一天，即11月19日，福建事变领导人集体署名致电两广，渴望在最后关头得到支持。21日，陈铭枢、李济深等联电粤桂胡汉民、陈济棠、李宗仁等，促其合作讨蒋。然而，在福建事变公布将中华民国二十二年(1933)改为中华共和国元年、废除国民党、另建生产人民党、通缉蒋介石等、实行联合共产党共同抗日、实行耕者有其田等政治经济主张之后，两广李宗仁、陈济棠等都表示不同意此等做法，并对闽方多有责难，使十九路军孤掌难鸣。24日，胡汉民、萧佛成、邓泽如、陈济棠、李宗仁、白崇禧、邹鲁在回复陈铭枢、李济深、蒋光鼐、蔡廷锴的电文中说："消息传来，兄等号日(11月20日)在闽垣开会，竟宣布脱离中国国民党，废除青天白日旗，外与日本接近，内与'共匪'勾联(连)。颁布政纲，公然以推翻党治，组织农工政府相号召。初照为兄等以过去在党之历史，当不致倒行逆施如此。顾报章所载，凿凿可指。……此等谬举，何能得内外之同情！弟等本三民主义之立场，微论不忍苟同，且以兄等之尽丧其所守为深可痛惜也。"

此外，在事变前，陈铭枢、蔡廷锴等还与其他方面联络，得到了湖南何键，贵州王家烈，云南龙云，四川刘湘，山东韩复榘，陕西杨虎城，天津方振武，上海方鼎英、李烈钧等人的支持，因而认为起义通电发出，就会得到各地区、各方面的响应。然而，在看到西南方面的态度后，湖南、贵州、云南、四川、山东、陕西、天津等地军事、地方实力派也都不敢轻举妄动，陕西杨虎城只是在事变发生后派连瑞琦去福州，住在黄琪翔家中作为联络员。冯玉祥曾积极鼓励韩复榘、宋哲元举兵响应，但韩复榘、宋哲元等也鉴于当时的形势，未敢行动，使冯大失所望。这也使中华共和国人民革命政府军事委员会军事改编拟用于其他地方军事集团的第二方面军、第三方面军等番号的计划完全落空。

2.3.4 民众的心态

根据有关新闻史料分析,以反蒋抗日为号召的福建事变发生后,并没有得到代表社会舆论主流媒体的认同和支持,如《申报》《大公报》以及《东方杂志》等;但非主流媒体却对福建事变持赞成或支持态度,如《益世报》《世界日报》以及《生活周刊》等。《申报》报道显示,福建事变鲜少得到民众认同,斥其"勾结第三党,在闽成立政府,揭举'容共'分田政策,实行背叛党国"等等,主张武力讨伐乃是普通民众较为一致的价值取向,而日本侵略日亟导致的民族危机是形成这一民众心态的最主要因素。福建事变发生后,还引起了知识界的巨大震动,更激发了知识界对民族危机和中国出路问题的严重关注和忧虑,知识分子尤其是处于国共之间的大批知识分子纷纷发表对这一事件的见解,由此还引发了20世纪30年代影响广泛、持续数年的"民主与独裁"论战。中间知识分子对这一事件态度复杂,有支持、同情的,有持不偏不倚的中立立场的,更多的则是谴责和忧虑。虽然民众对国民政府也表示不满,但在大敌当前的情况下,被视为带有分裂意味的福建事变必然得不到广泛的支持。但是,淞沪抗战一举成名的十九路军敢为天下先,在福建树旗倒蒋,受到不少海外华侨的拥护。菲律宾华侨爱国团代表10余万华侨生产大众致电福建人民政府,以示支持,并祝人民政府万岁。英属马来群岛中华改进社、越南华侨抗日救国联合会和新加坡、吉兰丹等华侨团体纷纷来电来函,称"蒋汪卖国,大背侨衷;现易帜改元,新立国体",南洋华侨欢腾,表示愿尽"匹夫之责",誓作新政府"经济后盾"。在美国的中国致公堂总部通电拥护福建人民政府,全加拿大致公堂总办事处也专电祝贺。

2.4 十九路军的军事行动

福建事变建立新政权后,保卫新政权及各项新政策的实施,就是十九路军的主要职责。11月23日,蔡廷锴率十九路军全体将士发表通电,表示拥护人民革命政府,服从政府决策。24日,军事机构和部队也重新进行了改组,军事委员会由李济深负责,该会辖一个方面军,改名为人民革命军(简称"闽军"),由蔡廷锴任第一方面军总司令,第一方面军设置总司令部,下辖十九路军总指挥部和7个军、2个空军大队。军事委员会另辖一个政治部,由陈铭枢、徐名鸿任正、副主任;一个参谋团,由黄琪翔、徐景唐兼正、副主任。25日,蔡廷锴及各军军长宣誓就职:蔡廷锴为第一方面军总司令,兼十九路军总指挥,邓世增为副指挥;沈光汉为第一军军长,李盛宗为副军长;毛维寿为第二军军长,张厉为副军长;区寿年为第三军军长,黄固为副军长;张炎为第四军军长;谭启秀为第五军军长;翁照垣为第六军军长;卢兴邦为第十五军军长;刘植炎为空军第一大队队长,邓粤铭为第二大队队长。中华共和国军事委员会的武装力量在福建境内虽有兵力约11万人,但实际听指挥的也只有十九路军的兵力约7万人,分布在福建各地,总部直辖特种部队,主要驻扎在漳州、厦门两地。

2.4.1 闽军抵抗蒋军方案的确立

福建事变爆发后,福建人民政府领导人成天忙于开会,所属各会各部也为制定各项制度忙碌着,无暇顾及军事战略问题和兵力部署,加之军事情报来源甚少,对蒋军入闽"讨伐"部署几乎一无所知。直到12月初,各路蒋军开始集结入闽后,福建人民政府才引起重视,人民革命军仓促准备应战。中旬,蒋军分批进入福建,形势危急。此时,中华共和国人民革命政府军事委员会召开了一次紧急会议,讨论作战方针。会议在19日由李济深主持召开,陈铭枢、蒋光鼐、蔡廷锴、黄琪翔、邓世增、李章达以及参谋团参加会议。会上一开始就形成了3个不同的方案。

其一,以蔡廷锴为代表,认为福建乃四战之地,除与红军有约无西顾之忧外,其他诸方面都要设防,7万多兵力若散在四方,即无机动作战能力,处处设防,则处处薄弱,特别是广东背约投蒋之后,整个战略没有后方根据地,当时闽西善后处所辖各县做了一些计口授田工作,但作为后方也不牢固。因此,提出集中主力在闽北采取主动,先行消灭诡计多端、危害最大的刘和鼎部,趁蒋军入闽未稳之机,将敌军一批先头部队击败,争取有利的战略形势,然后在建瓯以南、顺昌以东与蒋军决战。

其二,以蒋光鼐为代表,认为敌人既决心使用军事来犯,迎头痛击

即便胜利了还不能解决战场问题,因敌军后续部队力量强大,如过早使用我军主力激战,损失我有生力量之后,等于不攻自破,全局失败。他力主将各军主力撤往闽西,背靠红军作持久抵抗,不然就将主力使用在闽东方面,趁敌人之虚进入浙东,打乱敌人进攻计划。

其三,以陈铭枢、李济深、黄琪翔为代表,他们与蔡廷锴、蒋光鼐不同,不是从军事战略角度看问题,而是着重从政治上考虑,认为福州是人民政府的首都,乃军事、政治、经济、文化的心脏,非万不得已,绝不能放弃。人民革命军力量有限,不宜分散,应该集中主力守福州,只要福州能确保,人民革命政府的政治影响就会逐渐扩大。他们认为迎击敌人的主张和东出浙东的战略行动,都过于冒险;过早撤至闽西的行动,又过于消极,影响革命士气,人民政权就难以确保。

会议对以上3个方案展开了激烈的辩论,其结果是:大多数军委会和参谋团成员主张守福州。于是,通过了闽北守福州的军事作战方案。事变开始时,第一方面军所辖各军,散布在闽东南西北,布于千余里防线上。其地点大致如下:第一军沈光汉部,全部集结在闽北沙县及其以西地区。第二军毛维寿部,一个师在闽北沙县、延平间,军部及另一个师在闽南之泉州、惠安地区。第三军区寿年部,一个师在福州及马江地区,军部及另一个师在闽东南之莆田、涵江地区整训(连城战败后)。第四军张炎部,全部集结在闽西的龙岩、永定地区。第五军谭启秀部,一部在福州以西水口、延平间地区,一部在古田。总部直辖的特种部队,有部分驻在漳州、厦门两地。人民革命军分散四方,处处设防,除闽西与红军有约无后顾之忧外,其他各方面均处于战备状态,整个战略无后方根据地,也无战略全局规划。

根据军事委员会紧急会议的决定,12月20日左右,蔡廷锴对第一方面军的战略部署进行了变更和调整,并随即乘飞机到漳州、泉州、龙岩等地做动员部署,传达作战计划:命第五军作为前方战略据点守备部队,以该军谭启秀军长率兵一个团及直属部队守水口,以该军第7师师长赵一肩部守古田,以该军第5师师长司徒非部守延平,水口、古田、延平3个战略据点,务须贮足1个月粮弹,构筑半永久式坚固工事死守,以确保福州外围安全;命第一军放弃沙县、顺昌、洋口地区,将延平防务移交谭军之后,火速集结福州西北附近;命第二军以第2师师长庞成率兵一个团及军直属队一部留成泉州维护闽南治安,担任沿海要点戒备外,其余部队沿福泉公路北进,集结福州以北地区,该军在闽北的61师将防务移谭军后,直接开回福州,归还建制;命第三军以一个团留成闽东南莆田、仙游地区,担任福泉公路护路及涵江、海口等沿海口岸戒备外,主力北进集结福州附近地区,该军之78师仍担负守备马尾要塞之任务;命第四军以一个团(周士第团)留成闽西龙岩、永定外,主力取道漳州、泉州,沿福泉公路北进,限12月底到达福州作本方面军的总预备队;命闽东警备司令部率第一方面军总部独立团马鸿兴、聂进龙等部,特务团李金波部留置于罗源、宁德地区警备闽东北安全。第一方面军全部兵力33个团,除留置前方、后方守点守线,散在东南、西北及沿海各港口占去11个整团之外,实际集结福州的部队虽号称4个军,但实有兵力只21个团。

大约在12月27、28日,福建人民政府秘书处收到的红军的一封电报说:蒋军有2个师已经过了江西黎川,东向闽境推进。彭泽湘把这封电报交给了陈铭枢,陈说:"江西境内有红军,当可以把蒋军击退,不必顾虑。"这封电报没有引起陈铭枢的重视,在军事上也没有进一步的动作。麦朝枢认为:"当时十九路军和红军合作的具体条件还没有订立,红军实在没有代我们挡击蒋军的义务,我们为什么不派兵警备呢?"

2.4.2 闽军抵抗蒋军的过程

1934年1月1日,蒋军对福建人民革命军发动总攻。根据书后所附《福建事变大事记》等文献资料,现将十九路军应战1个月的战况历程摘编如下:

1月1日,闽军第一军沈光汉部、第五军谭启秀部以及福建农民自卫军等,继续分别进攻浙边庆元、八都、泰顺等地,战斗均烈。福建人民政府军事委员会政治部开始办公,主任为陈铭枢,副主任为徐名鸿,总部组织分秘书、组织、宣传3个处。

2日,闽军赵一肩部与蒋军张治中部接战。

3日,闽军邱兆琛率纵队计3个独立团与蒋军陈季良部接战。陈齐

瑄师在寿宁通电投靠蒋介石。

4日,战事一开始的激烈程度出乎预料,福州形势开始紧张。

5日,福建人民革命军事委员会召开会议,李济深、陈铭枢等改变固守福州方案,决定命蔡廷锴火速率部驰援古田、延平,击败蒋军,保全福州。蔡即令毛维寿为右路军指挥官,指挥第二军及第三军之一部,沿大湖经雪峰向古田急进,以解赵一肩师之围;命沈光汉为左路军指挥官,指挥第一军及第三军之一部,沿白沙、甘蔗经水口向延平推进;陈铭枢、蒋光鼐、黄琪翔随总部行营由福州向白沙前进;以第四军张炎部为总预备队,限令该军于1月7日到达福州待命。

6日,延平闽军第5师师长司徒非派人向刘和鼎接洽投降;第一军沈光汉部第1师刘占雄部不战而退。蒋军占领延平,一部进至雪峰。

7日,蒋军李延年、汤恩伯两纵队沿闽江而下,分东西两路夹击水口。闽军谭启秀部背水作战,失守天竺山。同日晚,李部占领水口,谭启秀只身乘木筏逃出重围,闽军2个团被歼灭。

8日,初战败绩,损失严重,福州形势更加紧张。

9日,蔡廷锴接红军彭德怀电告:蒋军卫立煌部在闽江以南活动,有趋永泰模样。是夜,蔡由甘蔗至白沙,与陈铭枢、蒋光鼐、黄琪翔等召开紧急会议,决定前线各部火速撤回福州,退兵闽南。会后,陈、蒋、黄等星夜赶往福州,安排人民政府撤退。闽军厦门守军张炎部离营退往漳州。同日,漳厦警备司令兼厦门特别市市长黄强、公安局局长林鸿飞撤离厦门,避居鼓浪屿。嗣后,黄强等降蒋。

10日,蔡廷锴在福州召集各军师长以上干部会议,部署退往漳州、泉州计划:第三军区寿年部首先渡江南撤,以急行军进占仙游,掩护主力部队总后撤;第78师在马尾附近监视敌海军行动,俟主力撤出福州后南撤;第四军张炎部掩护主力渡越乌龙江后跟进;第二军毛维寿部随第三军之后,于惠安、泉州间轮番掩护主力撤出;第一军沈光汉部随第二军之后跟进;以先遣纵队司令邱兆琛部为总掩护以断后路。此外,决定政府重要人员先去香港,俟军事稳定后再返回福州。同时决定,在闽军主力未撤出之前,暂委张炎为福州戒严司令。同日,蔡、蒋联名电请陈济棠派兵接防闽西。

12日，驻守古田之闽军赵一肩部连日遭到张治中部围攻，北上往援的沈光汉部与南京政府军第3师稍有接触，虽然政府军根据蒋的指示后撤诱敌，准备围点打援，但沈部并未乘势前进，反而见其"不战而退，更致狐疑"；驰援古田之右路军毛维寿也未能及时赶到，赵部不支，是日停止抵抗，向张治中投降。蒋军占古田。闽军放弃福州、白沙、大湖之最后防线，开始分两路向漳州、泉州撤退。

13日，蔡廷锴等通电在漳州设人民政府，在泉州设总部，表示坚持战斗。

14日，十九路军继续南撤，几万大军艰难地抢渡乌龙江。

15日，福建人民政府全部撤离福州。中共驻福建代表潘健行（潘汉年）随日本商船潜赴香港，军事联络员张云逸随十九路军南撤。蔡廷锴离开福州前，聘请萨镇冰出面担任福州维持会会长，并以省公安局局长丘国珍、商会主席罗勉侯等为委员。下午，萨等就职，由福州维持会及商会筹助闽军开拔费12万元，全市遍贴"欢送十九路军"等标语。蔡与其主要人员分乘汽车去峡兜。

16日清晨，闽军退尽，蒋军海军陆战队进入福州。第五路军卫立煌南进追击闽军，其所属第83师刘戡部在仙游以南与闽军第三军张君嵩师接触。张师英勇反击，掩护各军南撤。同日，蔡廷锴抵莆田，主张先集中兵力于仙游，击败卫立煌部后南下，遭第60师师长邓志才和第二军军长毛维寿反对，遂改令三、四两军及邱兆琛纵队统归区寿年指挥，一面堵后，一面掩护西侧部队继续南撤；并令第二军到达惠安后，以一部占领涂岭要隘，掩护主力昼夜兼程抵达泉州设防。

17日，蔡廷锴率部由莆田经涂岭抵泉州，是日召开紧急会议。蔡决定本人离军去闽西，希望部队火速分路西进闽西保存实力，凡不愿西进者，自由择定，宣布将第一方面军部队归毛维寿代指挥。会后，蔡廷锴将一封亲笔信交给了毛维寿，请他在途中将它交各级指挥官传阅。傍晚，蔡乘飞机抵漳州。

18日，毛维寿召开各军、师长以上军官会议，宣读蔡廷锴亲笔信。认为唯一出路就是和蒋军接洽和谈。云应霖主张西撤而遭毛维寿当场扣押鞭打，会场上立即噤若寒蝉，其他人员均只得同意降蒋。

21日，蔡廷锴退抵龙岩，漳州后方部队随之到达，集结龙岩兵力约4 000人。蔡以与红军有边界协定，欲与闽西地方武装傅柏翠合作，遂下令破坏漳龙公路，将部队撤退至大池、小池地区整理，计划以游击队同蒋介石作最后斗争。是日，沈光汉、毛维寿、区寿年、张炎等向蒋军投降，在泉州通电脱离福建人民政府，并要求李济深、陈铭枢、蒋光鼐、蔡廷锴离闽。

22日，沈光汉等复电向蒋介石要求仍驻泉州，并保留十九路军名义，另派戴戟来闽负责改编。

25日，沈光汉等尚未开出泉州，蒋介石未允沈光汉请求，仍以重兵压迫之，准备以武力解决十九路军。

27日，蒋鼎文自厦门抵泉州，下令闽军全部退出泉州，向指定之莆田、福清、惠安三县集中，听候改编。其中，一部分坚持反蒋的官兵散处龙岩及闽西长汀、连城，彷徨无依。

30日，南京国民政府军事委员会改编了十九路军余部为第七路军，从而取消国民革命军第十九路军番号。蒋介石任命毛维寿、张炎为五省"剿匪"东路军第七路军正、副总指挥，统率所部。即日，毛、张二人在惠安通电就职。

从上述情况分析，蒋军首先发起延平战役，这是十九路军和蒋军间最激烈的一次决战。在延平战斗开始的当日，人民革命政府军事委员会在福州召开了军事会议，会议决定放弃原来主力集中守福州的决策，全军分路西进，驰援驻水口的谭启秀部，但此时增援为时已晚，1月6日，延平被攻陷。继延平失守之后，7日，水口也失守，此时，福州大门等于洞开。由于延平、水口两地在2天之内失守，极大地打击了人民革命军将士的士气。据此，9日夜，陈铭枢、蔡廷锴、蒋光鼐等召开了白沙会议，黄琪翔等参加，会议首先分析了形势，然后决定调整战略部署。对于下一步军事行动，会议争论激烈，陈铭枢力主逐次抵抗退守福州，蔡廷锴建议火速向闽南撤退，否则后方联络被遮断，全军陷入重围，蒋光鼐表示同意蔡廷锴意见，最终决定将军事主力撤出福州。会后，陈铭枢偕同蒋光鼐、黄琪翔等人星夜乘轮船回福州，通知政府撤退，蔡廷锴即令前线各部火速撤回福州。

2.4.3 闽军抵抗蒋军失败

在中华共和国人民革命政府十分危险的形势下,彭泽湘一再提出"请中共驻福州代表电红军领袖调派援兵"的建议,中共代表也将电报发出,但当时坚持"左"倾错误的中共中央因认识问题,且毛泽东、周恩来、彭德怀等人关于支援十九路军的建议被一概否决,拒不派援兵。

1月9日,人民革命政府秘书处接到了中共代表转来的彭德怀电报,内容是:红军已经出动3个军向光泽、邵武方面2个师蒋军衔尾追击,预计一两天可以追上,最好请十九路军派几架飞机,配合作战。彭泽湘、麦朝枢一起将电报给蔡廷锴看,蔡廷锴电话指示空军大队派飞机,但新购6架飞机没配备武器,不能战斗,故无机可派。11日前后,前线除第五军谭启秀部2个师被歼灭外,其余4个军8个师基本上未与敌人接触即开始撤退。13日,秘书处又接到红军电报,要求十九路军只派1个团兵力扼守闽清,以便和尾追蒋军2个师于清流、沙县一带的红军夹击,以消灭之。此时,十九路军内部分化严重,结果没兵可派,贻误了战机。其后彭德怀再次通报十九路军:蒋军卫立煌部在闽江以南活动,有趋永泰模样,企图切断十九路军后路。

对付福建事变,蒋介石双管齐下,除了军事镇压外,还指使戴笠政治策反。戴笠是国民政府一个重要的军事情报机构——三民主义力行社特务处处长。在福建事变前,他已注意到福建方面的异常情况,多次下指令给香港区和华南区的特务处下属组织,要他们密切注意李济深等人活动以及与十九路军之间的密切接触,还在福建的浦城和厦门成立了特务处的2个直属组,进一步严密了对十九路军的监视。事变发生后,戴笠接到蒋介石的命令,决定自己潜赴福建实施策反行动,离开南京时,他随身带去了大量的银洋和盖有军事委员会印章的委任状。戴笠秘密到达福建厦门、漳州后,积极地对十九路军内部的高级将领进行政治策反,说服了十九路军61师师长毛维寿及60师师长沈光汉等脱离闽方,①被戴笠收买的黄强、毛维寿、张炎等十九路军将领后公开宣布

---

① "国防部情报局".国防部情报局史要汇编(上编).台北(内编文件),1962:195-196.

听从蒋介石指挥。

　　1934年1月中旬,在蒋介石的三路大军紧逼围剿和戴笠策反的双重压力下,十九路军被逼到了绝境。1月10日,蔡廷锴召开军事会议,决定任张炎为福州戒严司令和组织十九路军向泉州退却:第三军首先渡江南撤,第二军、第一军、总部、第四军顺序跟进,并更番掩护主力撤退。在人多船少抢渡乌龙江时,请萨镇冰出面请求海军部长陈绍宽暗中掩护,因陈是萨的女婿陈兆汉侄子,故陈绍宽所部手下留情,向天空开炮以欺骗蒋介石,掩护大军渡江南撤。从1月10日开始,参加福建事变各方人士分批撤离。12日,人民革命政府准备撤离,13日,人民革命政府通电,将首都由福州转移到了漳州。14日前后,李济深、陈铭枢、蒋光鼐、黄琪翔等人乘飞机,陈友仁、徐谦、余心清、许锡清、章伯钧、彭泽湘、胡秋原、梅龚彬、张文、张醁村等多人乘海轮,闽海省府人员何公敢等则乘车行动,匆忙撤出福州,人民革命政府机关随之纷纷解体。15日晨,蔡廷锴率部属离开福州,16日下午,蒋军先头部队进占福州。至此,中华共和国人民革命政府成立仅仅五十几天就垮台了。

　　十九路军得以自福州退却,有资料分析:①除蔡廷锴力图保全部分军事实力外,主要是中央军为防止日本乘机破坏。分析认为:福州日本籍民甚众,不肯迁移,日领事馆且声言自行保护,必要时采取断然手段。1月11日,日领事馆即向中央军和十九路军双方提出不得伤害日侨及籍民生命财产,而日舰4艘泊马江,陆战队三中队亦随时准备登陆,其陆战队第一批已于12日晚登陆,驻总领事馆;13日早第二批登陆,驻居留民会。登陆日军共计500余人,携带机枪山炮,过市招摇,有借机寻衅迹象,以致人心大恐。待十九路军自动撤退,福州未发生纷乱后,日本陆战队始发出"勿对陆队误解"之声明。

2.4.4　十九路军被收编

　　1月17日下午,蔡廷锴率领少数幕僚人员到达泉州。毛维寿及其参谋长赵锦雯已经先期到达。毛维寿的部队是留在此地的,主要有守

---

① 朱汇森.中华民国史事纪要(1934.1~3).台北:正中书局,1984:63-64.

备部队庞成的第2师一部、翁照垣的兴泉警备司令部和陈公培的兴泉省政府。此时,第二军先头陆续到达,第一军亦可以依时到达,第三、四军尚在途中,须于18日或19日才能到达。由于情况紧急,蔡廷锴假第二军军部开一次紧急会议,除在行军未到者外,已抵达泉州的军、师长及参谋长均参加。在开会前,蔡廷锴曾与毛维寿面商今后大计,着其火速派兵往洛阳桥布防,毛维寿态度暧昧。"谈到今后转进方向,他表示后退困难。谈到应敌,他则表示已陷重围。"其时,毛维寿早已通敌,有借势迫蔡出走后率部叛变之动机。蔡廷锴随即召集开会,匆匆就敌我双方情况作了研究,认为再有计划地抵抗蒋军已不容易,为保存力量,希望部队火速分路西进,到达闽西。会上蔡廷锴主动交出军事指挥权,宣布十九路军归毛维寿军长代理指挥。蔡廷锴还自草一函交由毛维寿转达在途中的各级指挥官。在布置有关军事行动之后,于当日黄昏时分,蔡廷锴乘飞机离开了泉州到达漳州。

18日,毛维寿召各军、师长以上会议,拿出蔡廷锴留给各军、师长的函件宣读之后,即强调说明:后撤不可能,区区十九路军对抗天下大兵安得不败;在此前后包围之下,即使到达闽西,背靠江西,也无法生存,唯一生路只有接洽和谈。沈光汉、区寿年等人贪生怕死,不敢突围,被迫低头不语,只有云应霖师长一人敢于直言,鼓励大家率兵突围,被毛维寿派兵扣押,加以鞭打,全场于是噤若寒蝉。由毛维寿、张炎派赵锦雯为代表,向蒋军总指挥卫立煌接洽,于21日正式投降。沈光汉、毛维寿、区寿年、张炎等发给国民政府及国民党四中全会的电报,表示一致脱离人民政府,拥护"中央",促李、陈、蒋、蔡先行离开,并推戴戟出来维持,除停止军事行动外,静候和平处理等语。

由于蒋军李玉堂部由海道至厦门嵩屿登陆,逼近石码,蔡廷锴令驻漳州的军政学校的学生、两个总部直属炮兵营及周力行团官兵,由学校教育长余华沐率领开往龙岩,并通知徐名鸿率龙汀省政府人员及农民自卫队离开漳州,一同奔赴龙岩,准备在闽西与傅柏翠一起留下实力,待机再起反蒋。21日,李玉堂师攻占石码,周力行团奋起保卫漳州,下午漳州即被蒋鼎文部占领,移都漳州的中华共和国人民革命政府便不幸夭折了。30日,南京国民政府军事委员会取消国民革命军第十九路

军番号,原十九路军所属各师番号保留,唯营长、团长、师长各级正、副主官全部撤换。新任师长陈沛(60师)、杨步飞(时《中央日报》说杨挺亚,61师)、伍诚仁(49师)、文朝籍(78师)等尽是蒋介石的学生。蒋介石任命毛维寿、张炎为五省"剿匪"东路军第七路军正、副总指挥,统率所部。即日,毛、张二人在惠安通电就职。

2月2日,陈济棠派员至龙岩谒蔡廷锴,接洽收编十九路军残部。蔡廷锴为保存最后一点儿实力,同意粤方收编。6日,陈济棠报经中政会同意后,将该部改编为粤军独立第3旅,任命十九路军军需处长黄和春为旅长,退驻永定、上杭,受独一师黄任寰指挥。7日,懊丧至极的蔡廷锴离开龙岩,乘机飞到梅县,19日,由汕头乘轮船抵香港,之后暂居九龙。11日,陈铭枢离港,乘"康德罗梭号"轮赴法国。25日,陈济棠突然密令驻永定第5师、驻大埔之独4师及独1师等部对独立第3旅予以监视,并派第5师李振良指挥所部第13团、第14团,先将城内独3旅机炮营缴械。翌日,又协同独4师及独1师将该旅全部缴械,旅长黄和春被监视。嗣后,黄和春被改任为第一集团军总部参谋。在背信弃义的陈济棠对十九路军余部下手的危难之中,团长周力行机智果敢单骑脱离虎口,安全进入苏区,参加中国工农红军。2月19日,十九路军总政治部副主任徐名鸿由龙岩化装潜行到广东大埔,准备往汕头转香港,途经三巴河口时被捕,陈济棠令黄任寰予以就地枪杀,于25日壮烈牺牲。

从1933年11月20日福建事变爆发,到1934年1月30日国民政府取消国民革命军第十九路军番号,震惊中外的福建事变彻底失败,抗日劲旅十九路军被彻底消灭,前后历时仅仅72天。距2月11日蒋介石、汪精卫通电全国宣告福建事变彻底失败,也只有84天。

徐名鸿小传

十九路军的灵魂徐名鸿

徐名鸿(1897.3.2—1934.2.25),字翱翔,广东丰顺县人。1919年8月毕业于北京高等师范专科学校(即北京师范大学的前身)。毕业后,他因表现出色而留校担任国文系助教兼师大附中主任。1926年1月,国共合作渐入佳境,国民革命军的北伐得到了全国人民的热烈响应。

时在山东曹州高级中学任教的徐名鸿辞去曹州中学教职，经梁漱溟举荐，南下广州，参加了国民革命军，随即担任北伐军第四军第十师政治部主任。

1927年1月，北伐部队进行扩充，原第四军第十师扩编为第十一军，陈铭枢任军长，叶挺出任副军长，徐名鸿任政治部主任。4月，经第四军党代表和中共早期党员廖乾吾的介绍，徐名鸿秘密加入了中国共产党。此后，北伐军第一集团军第四方面军扩编为第四集团军，下辖二、四2个方面军，前者张发奎任总指挥，郭沫若任副党代表，下辖第四、十一、二十军3个军。其中，第十一军的军长是朱晖日，叶挺仍任副军长，徐名鸿任党代表兼政治部主任，下辖蔡廷锴为师长的第十师、叶挺兼师长的第二十四师、许志锐为师长的第二十六师。其他2个军，第四军军长为黄琪翔，党代表兼政治部主任为廖乾吾，参谋长为叶剑英；第二十军军长为贺龙，党代表兼政治部主任为周逸群。蒋介石在上海发动"四一二"反革命政变后，徐名鸿参与国民革命军总政治部主任领导的声讨蒋介石背叛革命的行动。大革命失败后，中共独立领导和开展武装斗争。在"八一"南昌起义时，徐名鸿的十一军一部参加了起义。南昌起义部队南撤，进入广东后攻占潮州，汤坑战役失利后，徐名鸿则离开部队，潜回丰顺县埔河乡故里隐居，自此与中共党组织失去了联系。

1928年，徐名鸿受广东省立一中（广雅中学）校长梁漱溟的聘请，在该校任校务委员会主任兼授语文课。其间，加入了第三党。1931年"九一八"事变后，十九路军奉命调防上海，卫戍京沪铁路。徐名鸿在蔡廷锴恳请下，以国事为重，再次投笔从戎，赴十九路军总部任秘书长。不久，1932年"一·二八"淞沪抗战爆发，徐名鸿随同蔡廷锴等十九路军指挥员奔赴前线。他巡视部队，以"国家兴亡，匹夫有责，况军人乎，誓以全力抗敌御侮，置个人生死于度外，倘为国牺牲，虽死犹荣"的口号激励全军官兵。此外，徐名鸿还时常撰写檄文，收集战况，并兼任部队中的《抗日战争》《改造》《挺进》等刊物的编辑工作，鼓励前线官兵英勇杀敌。"一·二八"淞沪抗战，使十九路军声名大振。徐名鸿则及时通过《申报》等发布战况，把十九路军的抗日功绩宣告中外。他还身先士卒，参加了闸北、吴淞、江湾、庙行等保卫战。

淞沪抗战失败后，十九路军被迫调离上海，奉命开往闽西一带参加"剿共"。徐名鸿出任十九路军与中央红军谈判的全权代表。十九路军被迫从抗日战场调动，离开上海，开往福建参加"剿共"，由抗敌转入参加内战，这是十九路军后来发生反蒋和联共的背景。其中，徐名鸿起了十分重要的作用。1933年5月，曾是十九路军领导人之一的陈铭枢游历欧洲抵达香港之后，派梅龚彬等赴上海与中共中央接头，同时他写信给黄琪翔，要黄积极响应配合，就近与红军搞好联络工作。不久，陈铭枢又派陈公培（吴明）潜往福州，与蔡廷锴等研究如何与红军联系。陈铭枢又写了一封亲笔信，派陈公培携带此信，潜入苏区，向红军表示和谈的愿望，并主张双方先行停止战争行动，共同抗日。在前线的彭德怀等会见了陈公培，之后闽北地区的"剿共"战事出现了缓和的势头。

不久，陈铭枢来到福州，布置陈公培与十九路军秘书长徐名鸿一起去瑞金，并任命徐名鸿为十九路军与红军谈判的全权代表。9月，徐名鸿与陈公培两人很快潜入瑞金，周恩来派潘健行与徐名鸿在瑞金进行了正式谈判。10月，毛泽东、朱德、彭德怀、张云逸等会见了福建省政府及十九路军代表徐名鸿及其陪同人员陈公培，而两人也将陈铭枢的意见告诉了毛泽东和朱德等人。经过具体的商谈，双方在边界划分、物资交换等方面取得了一致的意见。毛泽东和朱德赞同与十九路军在抗日反蒋问题上进行真诚合作。10月26日，双方达成了11项初步协定，协定内容涉及划定闽方与中共方管辖的范围、互不侵犯、互通物资等内容。协定签订后，中央苏区财政部部长林伯渠宴请了徐名鸿和陈公培。此后中共方面的潘健行、黄火青即奉派出使福州。中革军委还委派张云逸为驻十九路军的军事代表，与对方代表陈小航（即罗稷南，十九路军总指挥部秘书）协定划分双方在闽西的边界。

1933年11月20日，十九路军联合一部分国民党内的反蒋势力，发动了"福建事变"（简称"闽变"），成立了以李济深为主席的中华共和国人民革命政府（亦称福建人民政府），公开宣布"抗日反蒋"。21日，陈铭枢与李济深、蒋光鼐、蔡廷锴等联名通电，宣告自11月20日起，脱离国民党。22日上午，陈铭枢、李济深等正式宣告中华共和国人民革命政府成立。11月20日上午9时,福建方面在福州南校场召开了中国人民临时代表大会,大会主席团由黄琪翔和徐名鸿等17人组成。当天晚上,南京国民党当局召开了第384次"中政会",表决议请国民政府严厉处置"闽变"。蒋介石则立刻调兵遣将,派兵讨伐,他还从前线"围剿"红军和中央苏区的北路军中抽调了一部分兵力,进军福建。

福建事变爆发后,徐名鸿被任命为军事委员会政治部副主任兼十九路军总政治部主任、龙漳省(《福州市志》作龙汀省)副省长并代省长(福建人民政府将福建划为四省:闽海、延建、兴泉、龙漳)。其时,十九路军经扩军改编为"人民革命军第一方面军",下辖7个军,由蔡廷锴任总司令,邓世增任参谋长,徐名鸿任政治部主任,沈光汉、毛维寿、区寿年、张炎、谭启秀、翁照垣等人分任军长。也就在福建人民政府成立之后,即11月27日,潘健行还与徐名鸿代表双方签订了《闽西边界及交通条约》,由此红军开辟了一条由中央苏区经闽西、闽南到达福建沿海的通路,打破了蒋介石对中央苏区的经济封锁。

福建人民政府在蒋介石坐镇指挥"平叛"、国民党大军压境的情况下,功败垂成。李济深、陈铭枢、蒋光鼐、黄琪翔、陈友仁、李章达、徐谦、余心清、章伯钧、胡秋原、梅龚彬、何公敢等纷纷乘飞机或轮船等离闽,一大批福建人民政府的军事将领(如沈光汉、毛维寿、区寿年、张炎等)也在南京国民政府的强大攻势和金钱收买下投降了蒋介石。而作为十九路军全权代表赴苏区首府瑞金与中华苏维埃政府及红军签订抗日反蒋协定的徐名鸿,则成为国民党缉捕的对象。徐名鸿化装成商人,只身潜回广东,计划经大埔返回家乡潜伏。1934年2月19日,徐名鸿由闽南潜入广东大埔县城的茶阳时,突遭国民党粤军逮捕。随即,陈济棠飞报蒋介石,徐名鸿在被捕的第七天,即以"背叛党国"的罪名,于2月25日被就地枪决,其时年仅37岁。

徐名鸿临刑前,曾留遗书两封,其一致国人曰:"人民权利尚未实现,十九路军为拥护人民权利而被消灭,我今以身殉,亦以报十九路军之同袍。虽死之日,亦生之年,国亡无日,凡我国民好自为之。"其一致家属曰:"家事久既忘之,现亦无可多说,国尚难言,何以为家?惟念半生奔劳,无点滴以慰父母,身后光光,幼儿无赖,今后苦我郁青矣!我死

之后,归葬汤坑,墓碑幸请蔡廷锴先生书之,碑曰'社会主义者徐名鸿之墓',我愿足矣!"(编者注:郁青即黄郁青,其妻)在整个福建事变中,徐名鸿是第一个也是唯一壮烈牺牲的福建人民政府的领导人。获悉徐名鸿惨遭枪杀,十九路军及原粤军高级将领李济深、陈铭枢、蒋光鼐等十分震惊。蔡廷锴闻讯称:"军队解散不足惜,徐君被枪毙,实出意料。"他严厉指责陈济棠"不守信义,同根相煎",并称徐名鸿是十九路军的灵魂,以及"闽变中徐名鸿对联共反蒋方面有很大贡献,他的牺牲至今使人悼念"。

后来,蔡廷锴为徐名鸿题写了墓志——中国社会主义者徐名鸿之墓。1955年5月31日,以"主席 毛泽东"字样落款,盖中华人民共和国中央人民政府印,向徐名鸿家属颁发了"革命牺牲军人家属光荣纪念证"。内务部批复丰顺县人民政府:"对徐名鸿烈士遗体予以安葬,徐名鸿烈士家属享受烈属待遇。"1956年对徐名鸿烈士进行重新安葬。1983年1月,丰顺县人民政府再次修建徐名鸿烈士墓,烈士墓坐落于丰顺县革命烈士纪念碑附近,坐北朝南。8月1日,国家民政部向徐名鸿后代颁发了"革命烈士证明书"。

(摘编自"中国共产党新闻网"党史频道"'福建事变'中的徐名鸿";中国农工民主党中央研究室《中国农工民主党与"福建事变"史料研究汇编》2012:44-59。)

福建事变失败后,李济深、陈铭枢、陈友仁、徐谦等或乘飞机或坐轮船离开福建,黄琪翔、章伯钧、彭泽湘、郭冠杰以及参加福建事变的第三党同志,也先后来到香港与彭泽民会晤。先后撤退出去的第三党成员黄琪翔、章伯钧、彭泽民、丘哲、彭泽湘、郭冠杰等在香港集会,经两次会议的反复讨论,决定否认《解散启事》,恢复第三党(临委会)组织。3月21日,黄琪翔、章伯钧、彭泽民、彭泽湘、郭冠杰、杨逸棠、丘哲、丘学训、杜冰坡、李健生、谭芝轩以及余心清、张文等在香港举行临时会议,总结事变经过与教训,决定振奋精神,按照邓演达的主张继续战斗。

2.5 蒋介石镇压福建事变

20世纪30年代初,国内外局势风云变幻。面对日本帝国主义侵略的步步紧逼和中共领导的创建全国苏维埃政权运动的威胁,为了巩固国民党对全国的统治地位,蒋介石决定继续坚持"攘外必先安内"政策来加以应对。他筹谋:一方面借"剿匪"来转移抗日的压力,另一面以"安内"为名来剪除国民党内的反蒋势力,最终达成"一箭双雕"的不可告人目的,这必然招致各方实力派和全国人民的不满与反对。随着利益冲突的加剧,各方实力派为求得生存和顺应抗日救亡的时代要求,纷纷准备起而反抗,福建事变("闽变")的爆发便是典型事例。为应对福建变,蒋介石绞尽脑汁。依据近年公开的《蒋中正总统档案·事略稿本》、蒋介石日记等最新史料研究,[①]对之作简要梳理。

2.5.1 福建事变前

蒋介石在福建地区和十九路军中早已安插坐探。福建事变前,国民党特务头子戴笠意识到福建反叛的严重性,便立刻亲自前往建瓯,携带一批以郑介民为首、张炎元为辅的特务。特务队被叫作"策反组",分成四小组,由莫雄等人领头,到十九路军控制的地区招募策反人员,颠覆反叛事业。随后,戴笠带着大量的银洋和盖有军事委员会印章的委任状,由沈醉陪同,去厦门的鼓浪屿设立了办公处,岛上到处是风格迥异的各国外交官、商人和传教士们所建的寓所,便于掩人耳目。策反组遵循戴笠的指令,尽量争取十九路军中上级军官叛变。他们用金钱收买了十九路军参谋长黄强和参谋处长范汉杰,又通过范汉杰把十九路军总部电译科科长李道生拉拢了过来,李道生不仅把十九路军内部往来电报向戴笠密报,还把参谋处和译电科密码本偷交戴笠。在福建人民革命政府开始组建的头几天里,戴笠利用密电码,使他坐在鼓浪屿的寓所里就能够轻轻松松地侦收十九路军所有的战役部署计划,这些情

---

① 郑勇.蒋介石与福建事变.杭州:浙江大学,2009.

报又源源不断地输送到蒋介石手里。

在福建事变爆发之初,蒋介石正在南昌组织"剿匪",他想方设法阻止与化解事态发展,但未奏效。福建事变爆发时,蒋介石、汪精卫尚未定出对策:一怕福建事变会引起全国的连锁反应,无法收拾局面;二怕十九路军和红军联合,破坏其"围剿"红军计划和借刀杀人搞垮十九路军的阴谋;三怕各地效仿福建事变建立新政权,脱离南京政府。为此,南京国民政府一面观察动静,了解全国各地与社会各界反应,以便作出对策;一面制造舆论,挑拨离间,阻止因福建事变而出现动乱。11月22日,蒋介石发表和散发《告十九路军全体将士书》,随后,国民党中央宣传部也陆续发表《告全国同胞及国民党党员同志书》《告福建同胞书》,并使其御用宣传工具开足马力,大造舆论,蛊惑人心。

蒋介石的上述心态在其日记中可以一览无余。11月10日,蒋介石收到情报,得知福建省形势有所变化,12日,所得情报表明情况似乎有转机,到15日,蒋介石确定福建方面确已准备起事,最终认定福建事变即将爆发,其日记中有[以今日各方之消息观之,已成事实]的记载(注:方括号[……]中文字为蒋介石日记原文,下同),16日,蒋便着手谋划对策[预定:一、第七师应即集中,二、十三师调赣,三、令浙准备]。从中可知,福建事变尚未成事,蒋介石却已着手应对。福建事变绝非蒋介石所愿看到和面对的,因为它将打破现有的"和平"秩序,给他和国民政府带来一场新的政治军事危机。蒋介石根据福建方面内部矛盾严重、胡汉民表态不响应等情报,最终决定对福建方面发动一场"和平化解"攻势,先后采取了诱劝陈铭枢放弃反叛、拉拢蔡廷锴劝其离闽等手段,但均未能奏效。19日,蒋介石不得不接受福建[叛迹已著,不久当必公开]的现实了,[接陈铭枢等叛变通电,置之一笑]。此时,蒋介石已能泰然和镇静处之了。

2.5.2 福建事变中

福建事变之势不可阻挡,蒋介石自然相当惋惜,他原以为通过"政治方式"可以"和平解决",但事实并不如其所愿。蒋介石与胡汉民等的矛盾虽然严重,但终归是政见与权位分配上的不和,存在和解的基础;

但与第三党、陈铭枢等的矛盾却关系着对两种全然不同的社会制度的追求,是不可调和的。11月20日,蒋介石坚定对福建事变的态度,"以剿'共匪'办理",遂迅速决定对福建事变彻底镇压。

蒋介石在决定对福建事变实施武装镇压之前,在以下5个方面做了比较充分的准备工作:

第一,防止闽方与西南联合。陈济棠主导的广东在西南省份中财政和军事实力最强,在游说胡汉民等与中央合作和迫使桂系中立的同时,抓住陈济棠与陈铭枢曾经有过争夺广东地盘的故仇,以金钱换取陈济棠的支持,切断两广对福建事变做军事上和财力上的支持和赞助。11月26日,国民党西南当局代表、桂省代表分别赴赣谒蒋,表明立场和态度。果然,直到福建事变落败,陈济棠始终站在支持蒋介石的一边。

第二,防止日本插手福建事变。福建与台湾一衣带水,隔海相望。自1898年与清政府签订《福建不割让条约》后,日本就一直视福建为其势力范围。因此,在福建事变爆发后,蒋介石对日本方面的政策极其重视。11月21日,日本政府向其驻华公使指示"日本政府对于中国之内争,仍采取不干涉主义",但"若有非友谊的排日行动","倘新政府以确立关税自主权或撤销不平等条约为名","在该项运动中,若有第三国之政治的或军事的策动",日本则"必采取排除此种情形之适当措置"。从中不难发现日本这一政策深藏的玄机。12月4日,蒋介石指示驻日公使蒋作宾,要求其尽力与日本达成妥协,以防日本借闽方"联俄联共"搅局。一方面,当时国内外强大的舆论压力和南京国民政府海军对闽沿海的及时封锁,让日本与福建新政府的接触受到限制;另一方面,因为此时的日本侵略重点是在筹划将"满洲国"改称"满洲帝国"以彻底分离东北四省方面。所以,日本在获得蒋介石许以殖民利益后,便只好在南方有所收敛。

第三,防止十九路军和红军联盟,且立即布兵占据先机。在知晓闽方和中共联络后,蒋介石便迅速采取了应对措施:一方面,大肆宣传闽方通"匪",企图破坏中央第五次围剿"共匪"计划,颠覆中央的阴谋。此举一则获取"民心",争取政治上的主动权;二则使其他地方实力派不敢轻举妄动，便于讨伐。另一方面，于11月底和12月初，即命令：以蒋鼎文为第二路军（注：也有文献称为第三路军）总指挥，率李玉堂的第3师，李延年的第9师，由赣东进入闽北，集结于建阳、建瓯一带；以张治中为第四路军总指挥，率王敬久的87师，孙元良的88师，由南京、杭州地区经浙赣路运到衢州，进入闽北的浦城、建瓯一带，原驻闽北的刘和鼎的56师（后改为三十九军），亦归张治中指挥；以卫立煌为第五路军总指挥，率冷欣的第4师、李默庵的第10师、宋希濂的36师、刘戡的83师、汤恩伯的89师，经金谿（溪）、资溪进入闽西的邵武、顺昌一带集结；以80、89师为总预备队；派毛邦初为空军指挥官，集中当时蒋军的大部分战斗机及轰炸机于建瓯，侦察十九路军的调动情形，并轰炸福州等地；将原驻在南京的最好的2个炮兵团——第1团、第5团的大部分，运到建瓯集结；派海军舰队到福建海面活动，进行侦察和威胁。从其部署可以看出：抽调入闽的兵力，全系蒋介石的嫡系部队，并集中了海、空军及炮兵的优势力量。当时蒋介石在福州、厦门等地建有其情报网，戴笠牵头运作，并通过各种关系策反十九路军将领。所以，他对于十九路军的兵力位置了如指掌，乘李济深、蔡廷锴等议论纷纷、部署未定之际，迅即兴师入闽，取得了先发制人之利。

　　第四，在调兵遣将的同时，蒋介石决定派员赴西南向各派施压。12月7日，国民党中常会派张继等4人赴港粤，说服粤桂支持中央对闽军事行动。9日，从上海出发，11日，张继一行抵港会晤胡汉民，并马上会见记者造舆论，他回答记者问"'闽变'能否调和"时，说："陈铭枢、李济深等改换国旗，变更国体，不但叛党，且已叛国，尚有何调可言！?"13日，张继一行由香港抵达广州，历访萧佛成、邓泽如、陈济棠、林云陔、邹鲁等。14日，列席西南执行部、西南政务会联席会议，与陈济棠等商宁粤团结、解决"闽变"办法，15日起程去广西，同日胡汉民发表对时局宣言，批评宁闽双方，并提出八项主张。17日，张继一行抵达南宁，与李宗仁、白崇禧等会谈，李、白否认同情闽方。19日张继等离开南宁，21日回到广州。22日，国民党中央电张继等，表示：对胡汉民八项主张"可以酌量容纳"，提交四中全会讨论，促胡入京说明一切。同日，在港的张继等再次会晤胡汉民，翌日离港返京。25日，张继等人由港到沪，当晚返京，圆满完成了出使游说任务。后在12月28日国民党中常会上,由张继报告赴港粤接洽经过,略称:西南对中央"即有责备,未忘献替","中央党政措施有应改革以求进步之处","粤桂地方现在无反中央表现","对'闽变'南中诸同志认识甚清,持义亦甚鲜明,……于中央之如何严厉制裁,西南方面均表示赞同"。

第五,力谋北方各实力派对福建事变保持平静。福建事变爆发后,蒋介石判断北方各实力派具有"内部涣散,尤非旦夕间所能负之而趋也"之状况,对他们实行了"令其保持平静"措施,采取以军事震慑、政治分化和金钱收买相结合的手段加以应付。蒋介石对北方各实力派所采取的策略颇有效果,福建事变期间,除宁夏孙殿英部于翌年1月10日起事响应福建事变外,其他各实力派都保持了平静姿态。

上述种种,为蒋介石迅速以武力镇压福建事变提供了极其有利的条件。

中华共和国人民革命政府成立当天,就遭到蒋介石、汪精卫的斥责。11月20日,国民党中央特别召开了第384次中央政治会议,决议对"闽变"严厉处置,并通电各省政府:"最近江西'剿匪'看着胜利之时,乃陈铭枢等忽于此时,在福州纠合所谓第三党重要分子,自立名目,实行叛乱,同时勾结'共匪',助共肆虐。为此,着各军政机关,迅予处置,务使叛乱克日敉平。"21日,国民党政府:"严令戡平闽乱,着政院军会,饬所属机关迅予处置。"同时,蒋介石将"闽变"情况连电黄郛,黄郛献破闽方"取消党治、联络'共军'"之策。是日,驻闽第56师师长刘和鼎自建宁电国民政府,表示服从中央指令。

11月22日,蒋介石发表《告十九路军全体将士书》,指出:据报,陈铭枢、李济深之徒,窃据福州,假借我十九路军名义,凑合第三党、社会民主党之反动分子,倡言联共,背叛中国国民党,反抗国民政府,组织其共产党化身之所谓生产党与其所谓人民革命政府……顾陈铭枢辈胆敢悍然发难者,实从其对于赣闽"共匪"已实行妥协,成立互不侵犯之密约,议定接济"匪"区物资及军事互助,彼此策应之计划,证以黄琪翔、章伯钧、彭泽湘等之依附其间,供效奔走……及取消党国旗徽,高叫土地革命政策、农工政策。蒋介石要求十九路军官兵实行"自觉自新""大义

灭亲"。

11月22日,胡汉民、陈济棠、李宗仁等复电李济深、陈铭枢,不认同反蒋的福建事变;财政部停拨闽省协饷,陈济棠决定停发粤对闽协饷补助;国民党诸多省市党部、京沪等社团,通电反对"闽变"。23日,蒋介石再发通电,指责陈铭枢等"深与第三党勾结,由该党首领黄琪翔、徐谦等斡旋,谋与共党合作,信使不辍";攻击"生产人民党为'聚蛇蝎于一窝'";叫嚣"中正自当秉承中央之策略,尽其智能设法消弭镇压"。当日,蒋介石致电全国各军事长官,声称:最短期间必能廓清"闽变"。要求"剿共"部队一本原定之计划,照常进击。24日,海军部电令驻闽浙各舰严密封锁闽江要口。25日,国民政府训令行政院、军事委员会拿办陈铭枢、李济深、陈友仁。国民政府电华北当局,报告"闽变"事真相,严防第三党在华北活动。山西"绥靖"主任阎锡山、国民党华北军政首领何应钦等、豫鄂皖三省"剿共"军事将领徐源泉等27人以及刘文龙、盛世才、马仲英等专电、通电反对"闽变"。

在11月26日,国民党西南当局代表、桂省代表分别赴赣谒蒋表明立场和态度的前提下。27日,国民党西南执行部、西南政务委员会借"闽变"向国民党中央、国民政府进言"使全党全国得以恢复自由,以共同解决当前一切之纠纷,重定今后之国策"。同日,胡适在《独立评论》发文《福建的大变局》恶评福建事变。12月8日,《大公报》摘录发表,该文开头定义福建事变"只是一群'同床异梦'的军人、政客用骤然的手段临时凑合成的一个反国民党的革命局面",认为福建事变"与察哈尔事件相同",评论道:"今日最足以妨害国家的生存的,莫过于内战;最足以完全毁坏国家在世界上残留的一点点地位的,莫过于内战。无论什么金字招牌,都不能解除内战的大罪恶!"断定十九路军在淞沪抗战的英名"一旦枪口转向内时都会化作飞灰而散尽"。在12月18日,陈铭枢发表谈话,对胡适言论予以回击。

12月7日,国民党中常委会议决将中执委陈铭枢、李济深、陈友仁永远开除党籍。12月13日,国民党中政会决定处分陈铭枢、李济深、蔡廷锴,议决称:"军委会委员陈铭枢,训练总监兼军委会第一厅主任、中央军校校委、豫鄂皖三省'剿匪'副司令李济深,驻闽'绥靖'主任、赣粤闽湘鄂剿'匪军'南路前敌总指挥、第十九路军军长兼十九路军总指挥蔡廷锴,背叛民国,罪恶昭著,先行明令将该逆等本兼各职递褫革",并于15日国民政府明令公布。同时,国民党当局下令缉拿查办各地"附逆"骨干和知名人士,被查处参加福建事变的国民党骨干分子共121人,并宣布开除他们的国民党党籍,对其中首要分子陈耀焜等15人,因情节严重,除宣布永远开除党籍外,还下令缉拿严惩作刑事处置。陈耀焜被列为首犯的诉状罪名是:"卖党求荣,自充任省指委以来无心工作,专事勾结反动,图谋不轨,尤敢公然共同倡乱,滥用省指委名义,冒称代表全闽党员,以卖好于叛逆,在法律上已构成危害民国之罪,在情理上又属无耻之极,此种败类若不拘禁严惩,国法安在,党纪何在。"因被第三党活动等阻止,是年夏蒋介石拟改组各县党部的计划未能得逞。陈耀焜在事变发生时,任国民党福建省党务指导委员会委员,是指委的实际主要负责人。①

为镇压人民革命政府和十九路军,蒋介石自任"讨逆军"总司令,从江西"剿共"前线调派10个师的嫡系部队,在大量海、空军和第56师等配合下,约20万人,向福建进攻。陆军从浙江、江西分三路入闽:一路集中于浦城,一路集中于光泽,一路集中于德胜关(今江西黎川县南)。集结于浦城的国民党军队为6个师:第二路军(总指挥蒋鼎文)第四纵队(指挥官李延年)的第3师(师长李玉堂)、第9师(李延年兼师长),第四路军(总指挥张治中)第二纵队(指挥官王敬久)的第87师(王敬久兼师长)、第88师(师长孙元良),以及总预备队的第80师、第89师。第3、9师于11月28日集中在江西南城,12月1日向闽北开拨,于12月17日进入浦城;第87师于12月11日到达浦城,第88师于12月9日到达浦城,第80师先头部队于13日到达浦城。各路军队集结浦城后,分两路进发,一路以4个师兵力由浦城集中向建瓯推进,会同该地的第56师刘和鼎部为主攻部队,以夺取延平(今南平市)为目的;一路以3个师的兵力,从浦城出发,经松溪、政和、屏南,牵制古田十九路军一部,进而占领水口,以截断闽江交通。12月20日到21日,各师陆续到达指定目的地待命。② 蒋

---

① 郑澄桂. 一九三三年福建事变若干史事徵考. 档案春秋,1998(6):38-46.
② 蒋仁. 蒋介石驻浦14天指挥镇压"闽变". 福建党史月刊,2010(18):34-36.

介石于12月23日由南昌飞杭州,然后换乘汽车,于25日(一说26日)即抵闽北重镇——浦城,进行军事部署及作战指挥。第88师接任独立第45旅浦城城防,各路进攻部队离开浦城后,第80师驻扎浦城,担任城防。

12月23日,国民党海军马尾要塞司令李孟斌率舰进驻马江,占领长门要塞。24日,海军部正式下令封锁闽江。25日,国民党军占闽北屏南县;海军开始掩护攻击,调宁海等三舰在鸭窝沙待命;空军再飞福州轰炸。27日,根据蒋介石的指示,海军司令陈绍宽由京到沪,召第一舰队司令陈季良等参加会议,布置对闽攻击计划,俟机总攻。同日,黄郛电蒋介石,建议:"用全力将闽事速决,决后续自动在可能范围内容纳各方意见,颁布改弦更张之道,以系人心而安反侧。"12月27日,驻闽北第56师师长刘和鼎等赴浦城谒蒋介石,表示拥护国民党中央。国民政府为促使闽军分裂,是日任命刘为第三十九军军长,仍兼该师师长,叙中将级,加上将衔。29日,蒋介石以对闽军事镇压开始,为防止官兵对中央苏区第五次"围剿"作战松懈,由行营颁布斩则九项。

1934年1月1日,蒋军对福建人民革命军(闽军)发动总攻。根据书后所附《福建事变大事记》等文献资料,现将蒋介石进攻十九路军1个月的战况历程摘录如下:

1月1日,蒋军对闽军发动总攻。第二路军蒋鼎文(第3、9师)、第四路军张治中(第87、88师)及第五路军卫立煌(第10、36、83师)率部由顺昌、建瓯、屏南分别出动,布成"品"字阵形向延平、水口、古田推进。闽军第一军沈光汉部、第五军谭启秀部以及福建农民自卫军等,继续分别进攻浙边庆元、八都、泰顺等地,战斗均烈。

2日,张治中部与赵一肩部接战,次日,张部进攻古田外围;第五路军宋希濂部炮击延平郊区。

3日,蒋军陈季良部与邱兆琛所率3个独立团接战,实施部署进攻福州计划。蒋鼎文部由浦城、建瓯线东进,拟断政和、庆元间闽军后路,其孙元良师向古田推进。陈齐瑄师在寿宁通电投靠蒋介石。蒋委陈为新编第10师师长,令其充当进攻闽军之先锋。当日,蒋介石在日记中写下其攻击福建的计划:"微日攻击延平城,八日攻击水口,十日占领闽清。十三日占永泰。十六日占莆田。廿日占泉州、漳州。"

4日,蒋军海军陆战队进攻罗源,并以一部分攻丹阳、连江。福州形势开始紧张。

5日,蒋介石驻浦城指挥进攻延平、古田,由第五路军第九纵队刘和鼎部第56师等主攻延平,从正面强袭其西北高地;以第五路军第十纵队汤恩伯部冷欣第4师和第四路军第36师宋希濂部攻击延平各制高点,以第89师王仲廉部进攻绩溪;蒋鼎文于安丰镇设指挥所,直接指挥炮兵第1团和空军助战。同日,第四路军第二纵队指挥官王敬久率87师(王兼师长)和第88师孙元良部进攻古田。闽军由南屏抽调两旅增援。

6日,宋希濂部攻占延平制高点九峰山,汤恩伯部攻占延平东部。延平闽军第5师师长司徒非派人向刘和鼎接洽投降;第一军沈光汉部第1师刘占雄部不战而退。蒋军占领延平,一部进至雪峰。陈济棠以福建战事激烈,电令粤军5个师加强粤边防务。

7日,蒋军李延年、汤恩伯两纵队沿闽江而下,分东西两路夹击水口。闽军谭启秀部背水作战,失守天竺山。同日晚,李部占领水口,谭启秀只身乘木筏逃出重围,闽军2个团被歼灭。

8日,汪精卫在南京国民党中央纪念周上讲话,反对以和平方法解决闽事,并谓对十九路军定非消除不可。

9日,张治中部从延平、屏南、水口三路围攻古田,并以飞机轰炸。

10日,蒋军鱼雷游击司令王寿廷由三都澳率舰艇2只及陆战队2个营,会同厦门要港司令林国赓进占厦门。同日,蒋鼎文派刘光谦接收福建人民政府厦门特别市政府,杨廷枢接收思明县府。

11日,海军部长陈绍宽率海宁等五舰由沪驶闽,次日抵三都澳,向福州推进。

12日,驻守古田之闽军赵一肩部连日遭到张治中部围攻,驰援古田之右路军毛维寿未能及时赶到,赵部不支,是日停止抵抗,向张治中投降。蒋军占古田。陈济棠约晤十九路军驻广州办事处处长陈福初,要求将驻广州河南十九路军特务营撤退。国民政府任命陈仪为福建省政府委员兼主席,省政府暂设于延平,由行政院转饬陈仪迅即赴任。

13日,十九路军特务营自动缴械,陈济棠派军警接收十九路军驻粤各机关,并停发对福建的协饷。日海军陆战队200余人,乘人民革命军正在撤退之际,在福州登陆,进驻仓前山。

14日,英舰"白威克号"、美舰"杜尔萨号"借口护侨,各派水兵数十人在福州登陆,次日,撤往马尾。

15日,蒋介石由浦城至延平部署军事,特委陈明仁为浦城警备司令,陈万泰为建瓯警备司令,以警戒闽北红军。

16日,清晨,蒋军海军陆战队进入福州。随后,刘和鼎、李玉堂、蒋鼎文也先后至福州。第五路军卫立煌南进追击闽军,其所属第83师刘戡部在仙游以南与闽军第三军张君嵩师接触。张师英勇反击,掩护各军南撤。陈济棠电蒋介石,要求保留十九路军名称,给蔡廷锴、蒋光鼐资金出国,并将闽南划归粤军防地,所遗十九路军由戴戟、陈维远改编。

17日,蒋介石命蒋鼎文负责闽战全面指挥,进军泉州。蒋军第83师已进至仙游,次日,第9、第10师到达。范汉杰率高级参谋陈心菜往厦门与蒋鼎文接洽,说明蔡廷锴已离开闽军,愿和平改编十九路军。

18日,胡汉民在香港对记者发表谈话,对福建局势提出善后办法:一、宁、闽应即停战;二、十九路军应即驱逐一切叛党叛国之乱党分子,自承其咎,取消荒谬之党政组织,恢复党徽国徽;三、依照淞沪抗日旧制改编十九路军,以保存此有历史之国家武力。

19日,西南政务委员会在广州召开常会,决定解决闽事四项原则:一、宁闽克日停止军事行动;二、取消人民政府;三、李济深、陈铭枢引咎下野;四、责成蒋光鼐、蔡廷锴恢复十九路军番号,整饬军纪,驱逐叛逆。俟执行部通过,即电请南京当局采纳。

20日,蒋鼎文抵厦门,命令以宋希濂、李延年两师由福州渡闽江向泉州追击;以王敬久、孙元良两师自延平南下渡闽江向西南转进,配合向泉州追击;以冷欣、李默庵两师向左行半径迂回,经永春、安溪向泉州西部压迫,并截断蔡廷锴所部西进龙岩的交通线;以万耀煌、刘戡两师从永泰南下,经仙游向泉州北部压迫;以第3师李玉堂部由福州经海路迂回至厦门漳州南部登陆,直捣漳州,并遮断泉州闽军退路。福州各官署易帜。

21日,蒋军李玉堂师由海道抵漳州南部,一部由嵩屿登陆进攻漳州,一部由角尾附近登陆进攻同安,于上午将漳州、同安占领。同日,李默庵师由仙游、枫亭进攻涂岭、驿坂,闽军进行抵抗,与之鏖战三四个小时,闽军5 000人被包围缴械,李师占领惠安;第9师李延年部越永泰、仙游经南安开向安溪。

22日,蒋军宋希濂师占莆田,续向泉州推进;王敬久师与刘戡师相配合进逼泉州,对泉州取包围之势。胡汉民及西南政委会又分别致电国民政府,请求停止对十九路军用兵,指出"若压迫过甚,恐其铤而走险","殊非国家地方之福"。蒋鼎文拟定收编十九路军办法,营长以上离营,余则点械收容。蒋介石即日复电照准,令十九路军集合莆田、福清、惠安听后改编。蒋介石由建瓯飞抵京出席国民党四届四中全会,会议讨论提案51件,尤以西南代表根据胡汉民八项政治主张所提提案为会中所注目。

23日,蒋鼎文电泉州十九路军将领,限3日内作出明白表示。沈光汉等复电向蒋介石要求仍驻泉州,并保留十九路军名义,另派戴戟来闽负责改编,至25日晚仍未开出泉州。蒋未允,仍以重兵压迫,准备以武力解决。沈等软化,表示听命调动,遵令候编。

24日,国民政府明令改组福建省政府。

25日,陈济棠调兵遣将,抢占闽南、闽西和广东大埔,佯称阻击闽军散兵,实为暗防蒋军入粤。

26日当晚,第83师刘戡部由仙游经泉州北部进占泉州。

27日,蒋鼎文自厦门抵泉州,下令闽军全部退出泉州,向指定之莆田、福清、惠安三县集中,听候改编。其中,一部分坚持反蒋的官兵散处龙岩及闽西长汀、连城,彷徨无依。

28日,陈济棠以蒋军占泉州、漳州,乃改订布防计划,用3个师1个旅兵力布成弧形阵线,仍防蒋军入粤。

30日,南京国民政府军事委员会取消国民革命军第十九路军番号。

蒋介石亲自率部镇压福建事变。蒋介石到浦城后,刘和鼎向他报告了延平敌情和地形,特别强调工事的坚固,蒋介石根据他的报告,决定集中全部炮兵的火力及空军的大部队力量,协助刘和鼎部、宋希濂部进攻延平。1月6日,延平战事结束,蒋介石在浦城接到第36师宋希濂

的告捷,他很高兴。其后,随着蒋军的不断向前推进,于1月7日,蒋介石又将其军事指挥部前移至更接近作战地域的建瓯。自1月初开始,战场形势急转直下,在蒋军的猛烈进攻下,第十九路军节节败退。13日,福建人民政府各机关被迫撤往漳州、泉州,至15日,第十九路军即全部撤离福州。国民党部队在蒋介石的亲自指挥下,从福州及厦门等方面向泉州、漳州等地发起围攻,福建人民政府已危在旦夕。①

有关研究表明,在进攻福州外围据点的同时,蒋介石已经开始部署从闽西北插向十九路军后方。1月4日,战事尚未打响,他在日记中标列的注意事项就有[进取闽南利害之研究]。7日,鉴于水口已下,蒋介石考虑[卫第五纵队挺进闽南计划是否实施,当注意之]。次日,电卫立煌令其分兵南下永泰,"但须隐秘中央军兵力队号为要"。10日,再电卫立煌,令其渡河南下,行动须守秘密,"不可使逆军发觉我有渡河企图"。永泰地处福州西南部,由此前进可扼住十九路军退路,蒋介石的一系列动作旨在于此。12日夜,在确知十九路军将全线后撤时,蒋介石命令"主力明日速向永泰急进。除留一旅守永泰外,其余主力再向仙游沙溪急进,以行截击"。如计占领永泰后,蒋介石大感得意,在日记中写道[本日我军已占永泰,此心为之大慰,从此必可如计截击,在莆田海滨歼敌,使之片甲不返也]。

由于蒋介石在准备围点打援、诱敌实施歼灭战的同时,已有展开追击战的腹案。因此,当十九路军沿着沿海公路南撤时,蒋军从侧翼对十九路军展开所谓"行动之艰苦与神速,俱达极点"的超越追击,东路军总司令蒋鼎文指挥四路大军以莆田、仙游、安溪、同安、漳州等为目标,直插十九路军后方。在蒋军快速推进下,全线溃退的十九路军不断遭到追击部队的堵击,狼狈不堪。17日,蒋军第83师已进至仙游,次日,第9、第10师到达。南京政府追兵和夺路而逃的十九路军在仙游、涂岭一带激烈交锋,虽然蒋军未能在此完全堵截十九路军并予以消灭,但十九路军"蒙受巨创,士气沮丧,致入于不堪再战之境地"。20日,莆田被蒋军占领,十九路军大部纷纷向泉州退却。21日,蒋军第3师由厦门嵩屿

---

① 李琴芳."闽变"时蒋介石坐镇浦城建瓯指挥时间考.史学月刊,2005(9):121-123.

登陆,对泉州一带的十九路军形成南北夹击态势。蔡廷锴见大势已去,被迫离开部队,所部随即向蒋介石请降,轰轰烈烈的"闽变"从大规模交战开始到失败不过半个月时间即告瓦解,确如军事发动前蒋介石所言:"闽乱不逾一月,必可敉平。"

福建事变开始,蒋介石对闽方声称有6个军近10万兵力还有所顾忌,只敢步步为营,但有了范汉杰贡献的密电码本,蒋介石军队及时得悉了闽方军事部署和兵力实际情况,采取分割包围、各个击破以及紧咬不放、长途追袭的战术。同时,向福建派蓝衣社队员500多人、军事特务数十人,进行破坏活动,收买动摇分子。大军压境,福建人民政府组织约5万人的十九路军奋力抵抗,在战斗最激烈的时候,蔡廷锴等亲赴前线视察,但终因力量悬殊而失败。1934年1月13日,中华共和国人民革命政府终因兵力难以支撑而开始解体,15日撤离福州,历时不足两月,生产人民党解散。1月22日,福建人民政府终于在蒋军的进攻下遭到彻底失败。是日11时许,蒋介石以战胜者的姿态,乘福特专机由建瓯直飞抵南京出席国民党四届四中全会。26日,南京各界又为蒋氏举行所谓"欢迎蒋委员长讨逆凯旋大会"。2月11日,蒋介石、汪精卫就福建事变向全国通电,宣告福建事变彻底解决。

汪蒋对福建事变的通电【《汪精卫文集》】①

一九三四年二月十一日

各报馆转全国国民钧鉴:去岁七月,兆铭等曾以俭电宣达救亡图存之方策,以为治标莫急于剿除"赤匪",治本莫急于生产建设,自是以来悬以为的,黾勉从事。以物力之不裕,财力之未充,事实与期望未逮什一,方益自督责,以求迈进,而陈逆铭枢等,乃忽发难于福建,欲使"赤匪"垂熄之焰,因之复炽,借以糜碎我党国。自国难发生以来,全国民众,全党同志,均以精诚团结,共赴国难,为唯一之目标,务使分崩离析

---

① 魏宏远.中国现代史资料选编(3).哈尔滨:黑龙江人民出版社,1981:641-642;朱汇森.中华民国史事纪要(1934.1~3).台北:正中书局,1984:294.

之祸,永不再见于国内。中央力本此旨,对于各地方间,偶生差池,无不勉为容忍,委曲求全,冀以保持国内之和平,使民力渐苏,国力渐实,数年以来事实具(俱)在。惟对于此等称兵作乱,毁灭党国,扩延"匪祸"之叛逆,乃不能不忍痛裁定,实无姑息之可能,揆之初心,实有余痛。今幸将士用命,叛乱敉平,四中全会重申救亡图存之要旨,以为国民党及同志勖。兆铭等窃念为政端在力行,而不在多言,"剿匪"及生产建设二者,为去岁以来兆铭等所负之诺责,此诺责一日未践,即当一日致力于实行,兆铭等所自贡献于中央者在此,所属望于各地方当局者亦在此。向来处中央者,往往以集权为念,处地方者,往往以分治为言,其实国家须有整个的机构,必须脉络贯通,始能收身使臂,臂使指之效。而所谓贯通脉络,决非专恃政治军事权力之强制,必须与经济文化种种建设,通力合作,使相需相求之程度,日以加增,自然之关系,日以加密,以成为不可分之机体。均权制度乃能应于必要而确实树立,真正之统一,亦必当于此求之。自今以后,中央与地方,更宜开诚相与,亲密合作,中央常派得力人员视察各地方,务求周知各地方之状况,各地方当局,亦当以时述职,藉知中央用人行政之大要。庶几无谓之扞格,消释于无形,无端之猜忌,遏绝于未发。政局得一日之安定,则国力即得一日之储蓄。迩来世界现状,杌陧不宁,吾国尤处于震撼波荡之中,即欲急起直追,已恐时不我与。国内才智之士,对于政治,纵有种种不同之见解,然与其纷争不决,反不如卑无高论,向平凡救亡图存之工作,以共同迈进,或可挽回于万一也。世变亟矣! 国难深矣! 民族生存之前途,系于吾人之努力,谨陈悃愊,幸共图之,汪兆铭蒋中正。

2.5.3 福建事变后

在强势蒋军的进攻之下,孤立无援的十九路军迅速落败。在蒋介石武力镇压"闽变"顺利得手后,迅将福建事变善后工作提上日程:

其一,重建"剿匪"稳固的后方。1934年1月12日,南京国民政府颁发命令,任命陈仪为福建省政府委员兼主席。1月24日,又颁发命令,任命陈仪兼民政厅厅长,郑贞文兼教育厅厅长,孙家哲兼财政厅厅长,孙希文兼建设厅厅长。随后,实施了一套较能兼顾各方利益的整理福建社会秩序的方案,如期恢复稳定福建社会秩序。

其二,彻底改编十九路军主力。随着十九路军的败退,生产人民党在闽势力也被逐荡。2月6日,在莆田、惠安、福清等地之原十九路军后改编为第七路军的2万多人,于是日及翌日,被蒋军宋希濂等师全部缴械。除补充师谭启秀部及闽东警备司令部邱兆琛部溃散缴械被遣散外,8日起,新编第60师陈沛部开始由莆田徒手乘轮北上,第49师、61师、78师等集中于莆田、惠安等地,随后至上海、南京转乘津浦路专车北上,17日运完。十九路军4个残余师的下级军官分送南京、洛阳两军校受训,其中60师、78师开往开封、归德,49师、61师开往蚌埠,全部士兵交河南刘峙整训,刘峙派来大批军校出身的基层士官,将原有营、连长一律撤换,整训3个月后分发给各部队。2月18日,蒋介石的日记有[十九路军改编运豫完毕],并嘱咐豫皖"绥靖"主任刘峙要"以三个月为期,整理完毕"。至此,原十九路军可谓被妥善解决。换言之,抗日劲旅十九路军被蒋介石彻底消灭。

其三,继续对中共红军实施"围剿"。在酝酿建立抗日反蒋的福建人民政府时,第三党作为主要的策动者和参与者之一,首先提出"联共"的主张,并派人找中共领导人,要求采取联合行动。但中共王明"左"倾路线领导人拒绝与在福建成立的中华共和国人民革命政府合作。尽管中华共和国人民革命政府成立后与中华苏维埃共和国临时中央政府签订《闽西边界及交通条约》,但中共没有给予"福建政府"以应有的援助,其结果是蒋介石集团在击败这个孤立无援的革命政权后,又回过头来加紧"围剿"中央苏区的工农红军,导致了中央苏区第五次反"围剿"战争的失败。1934年10月10日夜晚,中共中央机关和红军总部率领八九万人,被迫从瑞金出发,开始了悲壮的、前途未卜的漫漫征程。

2.6 福建事变失败原因分析

福建事变是在部队未调整、防务未部署、财政未筹措、后防工事未构筑、杂牌部队未就范、内部敌人未肃清等条件下仓促而蛮干地发动的,最终以失败而告终,失败原因是多方面的。

根据有关历史资料和研究文献,可以归结为以下几个方面的原因:政治上幼稚孤立,思想上分散动摇,组织上仓促混乱,决策上太急偏"左",军事上力量悬殊,行动上朝令夕改,财政上困难重重,民运上收获甚微和联合上松软无效。对此,蔡廷锴也曾有过反思:"经过一月时间的善后安排,自念'闽变'失败原因复杂,除发难过急,政策偏'左',政治孤立,做法陈旧,内部混乱,脱离群众,兵力悬殊外,我自己指挥无方,学识浅陋,缺乏政治眼光,难辞其咎,故决心出国学习,并借机答谢爱祖国的旅外侨胞在淞沪战役时的解囊捐献、爱护十九路军的情谊,以备将来再干于国家有利之事。"蒋光鼐认为:中华共和国的出现,岁尾年头号称纪元二年,实际时间不到2个月就彻底失败了,除内部不团结等诸多不利因素外,在政治上的完全陷于孤立,在军事上的兵力悬殊过甚,以及财政困难为新政府生存的致命伤——比诸敌人军事进攻尤甚,这三条乃起决定性失败作用。福建事变失败的原因,归结如此,实为中肯。

根据福建事变当事人追忆和后人研究等文献,[①]除蒋介石的大范围政治破坏和强有力军事进攻外,福建事变失败原因可以详细分析如下:

第一,福建事变领导人在政治上幼稚、动摇,领导层有领导没核心。发动事变的领导人在政治上很幼稚,提出了一些其他地方实力派难以接受的政治口号和革命举措,使得事变前所联络的各方答应响应与联合的军事联盟毁于一旦。正如12月13日《大公报》社评"第三党宣告解散"的那样"所不可知者,国号已改,正朔已易,党旗已废,党义已黜,将何说以求与港粤符合",当战事在闽北、闽中失利时,组织者立即失却信心,拔腿而走。李济深、陈铭枢、蒋光鼐、黄琪翔、陈友仁、徐谦、余心清、章伯钧、胡秋原、梅龚彬等人,未闻炮声则令放弃"首都"福州,将福建人民政府南撤,而他们乘机搭船前往香港、汕头等地,使属部缺乏政治主心骨,斗志大减,颓丧待败。之所以会有如此结果,与人民革命政府领导层内部矛盾重重是分不开的。福建事变领导层内部派系林立,各有利益诉求,各打各的算盘,在大政方针上意见不能统一,各行其是,随便更改,缺乏一个坚强的领导核心,无法统一指挥。十九路军、国民党

---

① 肖林."福建事变"与闽西南.漳州职业技术学院学报,1999(2):54-58.

"左"派人士、第三党和神州国光社等上层人物之间存在明显的不团结现象,派别间发生了极其激烈的明争暗斗,未能团结一致地为反蒋抗日的政治目标而坚持战斗,没能形成领导事变的坚强核心。即使在十九路军内部,将领中也私怀异志。陈铭枢常以家长自居,直接插手到各机关部队去讲演、训话,俨然架在主席、总指挥之上,他的企图过早暴露出来,引起蒋光鼐、蔡廷锴等反感。陈铭枢想独揽一切,当革命领袖,蔡廷锴虽然尊重他,但对他的专断也有意见,有时只能违心勉强附和。在决策上轻易变更,使军队频繁调动,造成很大内耗,浪费了宝贵的时间。

第二,在军事上决策失误,斗而妥协,败而无志,侥幸于"谈判"求存。由于时间匆忙,发动福建事变前,未对英勇善战的十九路军广大官兵做思想发动工作,起义目的只有少数将领知道,而这些将领并未认真宣传,所以事变发生后,士气不高,思想不统一,没法团结一致共同对敌作战。在福建事变的关键时刻,十九路军主帅蔡廷锴把握不住局势,在南撤时已经发现张炎、毛维寿被敌人收买,仍主动将军权交给他们,给了他们合法机会吞并十九路军主力,然后轻易离开部队,这是一大失策。水口一失,赵一肩、司徒非部降蒋,致蒋介石偕重兵直逼福州,蔡廷锴等不是从集中兵力的泉州等地调兵防御蒋军南袭,而是急速派出副参谋长范汉杰(内奸)偕高级参谋陈心裳赶往厦门同蒋军司令蒋鼎文"接洽",表明十九路军愿意接受和平改编的心迹。消息传开,士无斗志,不败自溃,昏昏然作鸟兽散。

第三,福建事变缺乏坚实的工农基础和现实的财政基础。中华共和国人民革命政府和所谓"生产人民党"的宗旨,从根本上讲,并没有什么代表工农群众切身利益。虽然在闽西进行"计口授田"的土地改良运动,但因时间短促而中途崩阻,未能深入民心,鲜受农民支持。没有放手发动群众,虽然政府出台了一系列保障民权、发展经济等纲领和宣言,但基本上未付诸实施,只停留在书面资料或宣传口号上。据当时的报刊《华北日报》《老实话》等报道,第三党在福州城里所贴宣传标语,还因为派别之争而被警察、士兵撕去,没能宣传发动群众。因而,缺乏群众基础而进行的政治变革,正如沙漠上建筑高楼一样,非倒不可。相反,在土著军阀、豪绅势力割据最为严重的福建,人民革命政府出台的

一些政策与举措,已经触及地主豪绅的利益,势必遭到地主豪绅武装的公开反对。事变后,蒋介石的军饷和陈济的协饷一概停发,使得福建人民政府财政拮据,库存空虚,资金陷入困境。新政府虽采取措施,开源节流,但增加税收又引起民众不满,只得向市县借款,以充军费①。

第四,事变领导者未能与共产党真诚合作,十九路军和红军也未形成合力,以共同对付来攻的蒋介石部队。中国共产党与红军对福建事变的态度,既有支持的一面,又有保持戒心、持错误政策的一面。在福建事变前,十九路军已与红军订立了反日反蒋协定,双方在履行协定方面都作出了一定的努力,产生了一定的效果。1934年1月26日,中共中央为福建事变发表第二次宣言,指出要"挽救人民政府及十九路军濒于危险的唯一出路,只有与苏维埃和红军合作到底,采取联合一致的军事行动"。可是,十九路军将领临危时也没有深入发展与红军的合作,在闽西南也没有发展武装工农群众,陷于势单力薄的绝境,溃败就成为必然。当时,执行"左"倾教条主义错误路线的共产党中央存在关门主义倾向,未给十九路军予以切实的支援和配合②。虽然共产党和十九路军订有《反日反蒋的初步协定》《闽西边界及交通条约》,有"致福建人民政府及人民革命军"的第一、二电,有中央发表宣言高喊"采取联合一致的军事行动",等等。但在"左"倾路线的指导下,所谓"合作",停留在纸面上的多,而付诸行动者少,使十九路军孤单无援,注定了败局命运。福建事变后期,在分析蒋军进攻力量和十九路军败退形势后,红军军委副主席周恩来曾对尹时中说,建议蔡廷锴"打起红旗继续革命",劝其加入红军。蔡廷锴由于邓世增的竭力反对,又由于他本人对红军也有戒心,因而未接受中共的建议,错失机会。

第五,粤方背盟,后院起火,退路被截,失败更速。福建事变发动之前的8个月,蔡廷锴作为福建军政全权代表,在漳州与西南政务委员会代表黄任寰正式签订了《闽粤桂三省联防协议》,驻粤首脑陈济棠同意

---

① 王顺生,杨大纬.福建事变——一九三三年福建人民政府始末.福州:福建人民出版社,1983:130.
② 中共中央党史研究室.中国共产党的九十周年(新民主主义革命时期).北京:中共党史出版社、党建读物出版社,2016:154-155;中共中央统战部.中国共产党统一战线史.北京:中共党史出版社、华文出版社,2017:45.

十九路军在广东省招募新兵,并答应接济十九路军每月20(一说30)万元军费。福建事变爆发后,陈济棠持反对态度,西南政务委员会的观点也大致相同,他们反对陈铭枢等人的资产阶级民主改良的政治主张。所以,陈济棠见蒋介石指挥重兵入闽,便见风使舵,背盟弃义,撕毁联防协议,并陈兵闽粤边境,同时将十九路军驻广州特务营全部缴械。陈济棠在广州主持西南政务委员会常委会,向蒋介石讨好,叫喊"取消福建人民政府"和"李济深、陈铭枢引咎下野"。而后,陈济棠赤膊上阵,派李振良指挥所部协同独1、独4师将十九路军余部缴械,下令枪杀龙汀省副省长徐名鸿。由于陈济棠的背盟,十九路军退路被截,处于绝境而后亡命。

第六,十九路军肃奸未尽,内奸在侧,里外沟通,墙基一挖则倒,堡垒先自内部攻破。蔡廷锴在发动事变之前,曾经抓杀蒋介石安插在十九路军中的一大批"钉子"——蓝衣社分子。但却不知道最大的内奸范汉杰安睡在侧。范汉杰时任十九路军副参谋长,参赞戎机,却将军事机密密报于戴笠,使蒋介石对十九路军的动态了如指掌。更为糟糕的是,蔡廷锴对范十分信任,派他同蒋鼎文"和平谈判",范乘机谋倒戈之举。事变后,特务头子戴笠化装秘密作漳厦行,在厦门策动厦门特别市人民革命政府市长黄强投蒋,随之持何应钦给十九路军61师赵锦雯密函,到漳州策动江西省主席熊式辉的同乡、61师师长毛维寿投蒋,并通过毛维寿去劝降在泉州的十九路军沈光汉、区寿年、张炎。张炎是蒋介石南昌行营秘书长杨永泰的同乡,蒋介石通过杨永泰与张炎取得联系,张炎表示愿意助蒋。戴笠在十九路军中暗中挖掘墙脚,一功告成,得意而回南京(在漳州离开时,差点儿被炸丧命)。戴笠一走,毛维寿、沈光汉、区寿年、张炎便一起联电投蒋。蔡廷锴见跟随多年的"四大金刚"背己倒戈,投蒋而去,懊丧不已,只好只身奔漳州、龙岩而坐待失败。特别严重的是,在前期军事行动中,因内奸相互勾结并从中作梗,使闽北战略据点守军的阵地失守,造成蔡廷锴督师不利,拱卫"首都"福州的屏障轰然倒塌,极大地打击了人民革命军将士的士气,提前为福建事变埋下了失败伏笔。蔡廷锴于1959年10月2日致黄笃明的信中曾写道:"我们前十九路军在福建反蒋抗日的失败就是内部败类毛维寿等早有勾结,我还

记得在水口、延平督战,毛军不听命令,沈、区两军又是隔岸观火,他们知我在前线督师(谭启秀军),竟行动迟缓,至(致)使一败而不可收拾。"

震动中外的福建事变,就其产生的动机和参加的分子来说,它是十九路军"一·二八"淞沪抗战后政治形势进一步发展的结果,具有它的进步性和革命性,在中国抗日反蒋历史上占有一定地位,具有较为深远的政治军事影响,在中国近代史上也有其特殊意义。但这个在新民主主义革命进程中发生的重大历史事件,却以昙花一现的结局而落幕,令人唏嘘,备感遗憾。"闽变"一幕落下,闽西南便沦在蒋军占据之下,蒋鼎文部执行蒋介石"集中兵力于闽西"的命令,残酷"围剿"苏区和中共中央根据地,红军主力被迫长征,余部转入艰苦奋战的"三年游击战争"岁月。

第3章 各 论[①]

3.1 麦朝枢等回忆福建事变

3.1.1 福建人民革命政府回忆[②]

福建人民革命政府由它的产生至失败,内容相当复杂。此处所记是我个人亲身所经历的回忆。为了叙述真实起见,篇中有不少地方用第一人称语气写出,觉得比较方便。其他不是亲身经历的事实,请由有关的同志写出。

3.1.1.1 淞沪抗战后形势

1933年11月22日,中华共和国人民革命政府在福州成立。就其产生的动机和参加的分子来说,是"一·二八"十九路军淞沪抗日战争的政治形势的进一步发展,在中国近代史上有特殊的意义。

1932年初,十九路军在淞沪抗战开始的时候,屡获胜利。以后日本不断增援,十九路军孤军奋斗,在人民抗日的热情和物资支持下,仍能固守阵地。那时孙科辞职离京,汪精卫接任行政院院长,蒋中正任军事

[①] 为保持亲历者回忆录的原始性,本章均原文照录相关文献,除明显的人名等错误外,一般不予修改。

[②] 麦朝枢.福建人民革命政府回忆//中国人民政治协商会议全国委员会文史资料研究委员会编.文史资料选辑(第三十七辑).北京:文史资料出版社,1963:74-91.内标题是编者加的。

委员会委员长和国军总司令。蒋、汪采取了投降政策,对淞沪的抗战,既不发兵增援,反想借日本军来消灭十九路军;而且派出黄埔嫡系军队八十七、八十八两师到上海监视十九路军,并计划在十九路军失败以后,准备接防。八十七、八十八两师的中上级军官,全属黄埔军校第一、二、三、四期学生,曾受邓演达教育,其中不少第三党(中国国民党临时行动委员会)党员。当时十九路军需要援兵很急,黄琪翔以第三党负责人的关系,派人策动两师中坚分子自动参加抗战,支援十九路军。南京国民党政府内部,冯玉祥、李济深、陈铭枢等仍极力支持十九路军抗战,与蒋、汪的投降政策展开两条路线的斗争。但投降派占了上风,由蒋亲自主持,命令上海特别市市长吴铁城与日本方面谈判停战。十九路军因为防线过长,兵力不敷分配,日本军得以在浏河登陆,成了腹背受敌的形势。于是蒋中正下令十九路军总指挥蒋光鼐、军长蔡廷锴撤退,与日本签订了停战协定,结束了淞沪抗日战争。

　　自从上海中日停战协定签订以后,全国抗日的军事行动一时停止。孙科在上海采纳王昆仑的建议,拟在两广建立抗日根据地,其办法是扩大在广州的西南政务委员会组织,对南京国民政府采取半独立的态度以避免日本的干涉,然后进行抗日的准备。孙想约李济深一齐返广州,共同进行,派我到南京征求李的同意。原来十九路军淞沪抗战结束以后,冯玉祥、李济深、陈铭枢、李宗仁等曾经私下商谈分向南北两方进行抗战活动,还没有具体办法。我到南京见了李济深,把孙科的意见向他转达,并请他早日离南京到上海,与孙科一同返广州,共策进行。当时黄绍竑也在座。李答复我,对于孙科建立两广抗日根据地的办法,完全同意;但自淞沪抗日结束后,十九路军仍摆在沪宁铁路线,深有被蒋氏消灭的危险,他和陈铭枢正在设法争取把十九路军调离沪宁路,以保安全,现在还不能离开南京。李叫我代他答复孙科,请孙先往广州布置一切,俟十九路军调到安全地带的事件办妥后,他和陈铭枢、黄绍竑共同南返。我回到上海回复了孙科。孙科率领王昆仑等离开上海到达香港,正拟转赴广州,受到陈济棠的挡驾,逗留香港,感到无聊。蒋中正乘此机会,派人到港游说孙科,以孙任立法院院长为条件,促请孙科重返南京,取消建立抗日根据地意图,同时又向孙科左右活动。1932年的冬天,孙科离港回到南京,接任了立法院院长,随从诸人均任了立法委员,完全离开了主张抗战的队伍。十九路军调防福建既然成了事实,陈铭枢在事前为了交通部的纠纷事件,辞职游历欧洲。李济深为了建立抗日根据地的活动,想把两广、福建联合进行,独自离开南京前往香港,正打算到广州,又受到陈济棠的拒绝,只得留在香港,与李宗仁保持联络。

3.1.1.2 第三党的活动

1933年初,我受中山大学校长邹鲁的聘请,由上海回到广州教书。到了7月,陈济棠因为我和邓演达、李济深的关系,企图逮捕我。我得到邹鲁的通知,逃出广州。那时北方冯玉祥、吉鸿昌、方振武等在张家口的抗日军事组织和行动,受到南京卖国政府的压制而归于失败。李济深等关于抗日根据地的筹划,更加迫切。陈铭枢由欧洲东返,李宗仁也从广西出来,都到了香港。陈铭枢曾一度到福建,了解十九路军方面的意见。李宗仁表示,广西方面可以同十九路军合作。我适在这时到达香港。到8月底,李济深派我到上海观察抗日反蒋运动的形势,并与有关各方面联系。

我到上海后,8月30日晚,黄琪翔在家里请客,同席的只有章伯钧、彭泽湘、刘伯垂(即刘剑米)和我。正在吃饭时间,晚报送到,登载:十九路军在闽与红军作战,打了大败仗;区寿年部在连城全师覆没;谭启秀部在延平战败,退出水口;红军指日可下福州。大家看到这条消息,异常震惊,因为在座各人和十九路军都有着或多或少的关系,无论在公在私,必须设法挽救十九路军。当时大家估计,蒋中正蓄意消灭十九路军,现在正好借红军手来达成目的,一定不会增调援兵。广东军队也在赣南受到红军的牵制,无兵可调。这样,十九路军就只有坐以待毙了。最后彭泽湘说:"现在种种想法,都很难收实效,最好是在上海找中共中央负责人谈判,说明十九路军是抗日反蒋的,应该是革命同路的军队,红军不应该把它消灭;如果红军消灭十九路军,正好中了蒋介石借刀杀人的毒计。要求中共中央转电红军领袖,先行下令停止进攻,然后再商量具体条件。这样决然可以得到中共中央的接受。舍此之外,别无办法。"大家一致认为这个办法最好,但不知十九路军方面是否能够照做,

又一致商定由黄琪翔写信寄香港问陈铭枢。陈铭枢收到黄琪翔的信以后,函复已早派梅龚彬到上海与中共接头,可就近配合进行。但多次商谈,未获得积极的结果。于是在福州的蔡廷锴再派陈公培由延平前线进入苏区至瑞金,初步交换了合作的意见。

1933年9月底,我和章伯钧接到李、陈的通知,由上海转往香港。到香港后,始知决定于短期内准备在福州起义,成立反蒋抗日政府,对有关各方面进行联系。李宗仁要求等待广西方面准备妥当,然后发动。10月中旬,徐名鸿由福建到香港说:军队里面的中下级干部革命情绪异常高涨,不可压抑,催促香港方面从速到闽,领导革命。因此,先派一批筹备人员到福州。我们同船前往的有章伯钧、梅龚彬、程希孟、彭道珍、彭泽湘、郭冠杰、王礼锡、张文、张酽村、胡秋原、林崇墉等二十余人。到福州后,由蒋光鼐、蔡廷锴安排筹备任务,和原已在福州的陈公培、徐名鸿、黄艮庸、许锡清、钟喜焯、杨建屏等共同担任筹备工作。11月初旬,先后抵达福州的各方面代表渐渐多起来,筹备也次第就绪。筹备的工作,主要是拟写召集全国人民临时代表大会办法及产生代表名单、起草人民权利宣言、制定人民革命政府组织纲要与制定国旗式样等等。陈铭枢先到了福州,李济深、徐谦、陈友仁等也于19日到达。由是根据商定,于11月20日召开中国全国人民临时代表大会。

3.1.1.3 中国全国人民临时代表大会

中国全国人民临时代表大会,于11月20日上午9时在福州体育场举行。到会代表计广东:黄琪翔、蔡廷锴、蒋光鼐、许锡清、钟喜焯、李章达、翁照垣、蔡省渊、徐名鸿、张文、何彤、舒宗鎏、曾謇、丘岛人、黄艮庸、潘光远、卢任侠、麦朝枢、尹翠微等;广西:李济深、朱清等;安徽:徐谦、戴戟、余心清、王亚樵、方范、章伯钧等;福建:刘继屏、何公敢、陈耀焜、林植夫、丘哲、陈碧笙、林崇墉、刘勉己、吴仲禧、葛越溪等;湖南:欧阳予倩、阮淑清、陈伟器、彭岳渔(泽湘)、陈公培等;湖北:梅龚彬、孙华辅、胡秋原、刘剑米等;江苏:罗家骥、许默生、汤西台等;浙江:张荔英、殷公武、李吴桢等;江西:程希孟、王礼锡、徐伟等;河北:万灿;北平:关瑞平、鲁秀英;四川:吕玉夫、刘幕冰;山东:王夫;山西:罗汉夫、彭信威等;河南:王海清;陕西:方天申;甘肃:徐穆;新疆:高素之;西康:龚士奇;云南:尹时中;贵州:谭志贤、彭芳草、胡蕴英;黑龙江:祁万钟;吉林:李培中;辽宁:张葆恩、张锡祓;察绥:方振武(姚褆昌代);华侨:陈友仁、黄琬、李民欣、董冰如、李天敏;东北:王凤起等;共百余人。来宾有萨镇冰暨民众团体等。9时40分由总指挥丘国珍宣布开会。全体推举黄琪翔、徐名鸿、戴戟、方振武(姚褆昌代)、陈耀焜、何公敢、刘剑米、章伯钧、彭岳渔、梅龚彬、李章达、钟喜焯、翁照垣、林植夫、程希孟、关楚璞、余心清等十七人为主席团。复由主席团互推黄琪翔为总主席,由黄致开会辞。黄演说后,萨镇冰、李济深、余心清、陈友仁、蒋光鼐、蔡廷锴、姚褆昌、戴戟、李章达、何公敢、关楚璞、翁照垣、徐谦、陈耀焜、王凤起等相继先后演说。演说毕,由黄琪翔宣读"中国(全国)人民临时代表大会人民权利宣言",全文如下:

中国各地之人民代表,在以蒋中正为灵魂之卖国政府公然积极勾结日本帝国主义出卖国家、残杀人民,痛民族的危亡,已至最后的关头,为救护国家、保障人权起见,乃临时集会于福州。大会一致认定中国革命之中断,与年来中国殖民地化之加深以及人民种种痛苦,皆由蒋中正媚外残民之结果。为求中国自由独立起见,大会一致作如下之基本决议:

甲、(一)中国为中华全国生产人民之民主共和国,中国最高权力属于生产的农工及共同支持社会结构的商学兵代表大会。(二)中国国家之独立为不可侵犯之最高原则。(三)全国人民不论种族、性别及职业,除背叛民族、剥削农工者外,有绝对之自由平等权。

乙、(一)为排除帝国主义在中国势力,打倒军阀,铲除封建残余制度,发展人民经济,实现彻底的民主解放。(二)否认一切帝国主义强制订立之不平等条约,首先实现关税自主。(三)实行计口授田,以达到农业共营、国营之目的;一切森林、矿山、河道、荒地概归国有。(四)发展民族资本,奖励工业建设,凡有关于民族生存、民生日用之重要企业,概归国营。(五)人民有劳动之权利义务,肃清军阀、官僚、豪绅、地主等寄生分子及地痞、流氓等游民分子,肉体劳动及精神劳动均受最大之保护。(六)人民有身体、居住、言论、出版、集会、结社、信仰、示威、罢工之自由。(七)人民有武装保卫国家之权利义务。

丙、人民临时代表大会认为国民党政府为买办、军阀、豪绅、地主之反革命政府,且为民族最可耻之巨敌,为迅速推翻此反革命政府起见,大会更宣言:(一)否认南京国民政府。(二)号召全国反帝、反卖国政府之革命势力即组织人民革命政府,打倒以南京政府为中心之国民党系统。(三)于最短期间召集第一次全国生产人民代表大会,制定宪法,解决国是。

中国全国人民临时代表大会
1933年11月20日,自福州发

宣读毕,即开始讨论提案。议决:

(一)中国为中华全国生产的人民之民主共和国,中国最高权力属于全国的农工及共同支持社会结构的商学兵之代表大会。

(二)中国国家之独立,为不可侵犯之最高原则。

(三)全国人民不论种族、性别及职业,除背叛民族、剥削农工者外,有绝对之自由平等权。

(四)实现农工生产人民之彻底解放。

(五)否认一切帝国主义者强制订立之不平等条约,首先实现彻底的关税自主。

(六)实行计口授田,以达到农业共营、国营之目的;一切森林、矿山、河道、荒地概归国有。

(七)发展民族资本,奖励工业建设,凡有关于民族生存、民生日用之重要企业,概归国营。

(八)人民有劳动之权利义务,肉体劳动及精神劳动均受最大之保护。

(九)人民有身体、居住、言论、出版、集会、结社、信仰、示威、罢工之自由。

(十)人民有武装保卫国家之权利义务。

(十一)立即组织人民革命政府。

(十二)于最短期间召集第一次全国生产人民代表大会,制定宪法,解决国是。

全场一致通过。跟着由安徽、福建两省代表提议建立人民革命政府，请主席团接受。经过主席团会商后，由主席团主席黄琪翔宣称：大会决定无条件接受此项提案。于是把原提案宣读付表决，又一致举手通过。再由翁照垣、丘国珍展开制定的新国旗，形式为上红下蓝二横条组成，中嵌黄色五角星一颗。跟着举行升旗礼，全场向国旗致敬，礼成。各代表摄影，高呼口号后，即出发游行。

3.1.1.4 组织福建人民革命政府

人民代表大会主席团接受了大会组织人民革命政府的提议后，11月20日晚8时，在福州"绥靖"公署召开主席团会议，到有黄琪翔、徐名鸿、戴戟、方振武（姚褆昌代表）、何公敢、刘剑米、翁照垣、钟喜焯、梅龚彬、彭岳渔、李章达、程希孟、章伯钧、陈耀焜、关楚璞、余心清、林植夫等十七人。议决：接受人民代表提案，成立人民革命政府，政府委员人数为十一人；政府名称为中华共和国人民革命政府，首都设在福州。推定李济深、陈铭枢、陈友仁、蒋光鼐、蔡廷锴、戴戟、黄琪翔、徐谦、李章达、余心清（代表冯玉祥）、何公敢等十一人为人民革命政府委员，又推定李济深为主席。定于11月22日举行人民革命政府成立典礼，政府委员及主席同时宣誓就职。

11月22日上午9时，人民革命政府中央委员会假福建省政府礼堂举行成立典礼。政府主席李济深和委员陈铭枢、陈友仁、蒋光鼐、蔡廷锴、戴戟、黄琪翔、徐谦、李章达、余心清、何公敢等十人同时宣誓就职。全市悬挂新国旗。由人民代表大会主席团代表梅龚彬向主席授印，李济深受印，受印后宣读誓词，签字盖章。誓词云："余等谨接受中国全国人民临时代表大会付托，誓以致（至）诚努力实现人民权利宣言。谨誓。"誓毕，梅龚彬致训词，来宾殷公武、萨镇冰、沈光汉、谭启秀、丘岛人相继演说；次由李济深答词；陈铭枢、蔡廷锴又相继演说。词毕，呼口号，奏乐，散会。

人民革命政府成立以后，首先发表政府成立宣言和对外宣言，用电报拍出。人民革命政府成立宣言全文云：

全国人民、各机关、各军队及各报馆公鉴：自蒋中正凭借其御用之国民党系统及其祸国残民之武力,背叛革命,攘据政府以来,中华民族趋于危亡,全国人民生计陷于绝境。当'九一八'事变之初,蒋即令张学良不加抵抗。十九路军于淞沪作战之际,又绝其后援。使东北三省转归沦丧,驯至一送热河,再送滦东流域,签订《塘沽协定》,出卖中国北部。近更同意与日本秘密订立经济协定,无异承认满洲伪国,实行降日。对东北义勇军之活动,则多方破坏;对西南请缨义军,则多严令制止。蒋氏之卖国行为,国将不国。自蒋中正当政以后,制造内战,酿成天灾,人民因之而死者,何止千百万。其幸而生存者,则欲耕无地,欲工无所;或则虽工虽耕,而仍不得一饱。反动政府对此饥寒交迫之广大群众,不特不加救济,抑且不容其自救。凡主张人民自救者,不目为反动,即指为"赤化",罪名一出,剿杀随之,数年来人民被其残杀者不知凡几。穷蒋氏之恶,国将无民。且在蒋中正等统治之下,政治黑暗,官吏贪污,纲纪废弛,骄奢无度。此皆蒋中正等祸国残民之末节,然全国人民已莫不切齿痛恨。对于蒋氏政府之存在,已不可一日容忍;对于新政权成立之要求,已不可一日迟延。以此之故,中华共和国人民革命政府乃于公历1933年11月22日成立于福州,济深等同时宣誓就职。谨以最大之诚意,向全国宣布其使命:(一)求中华民族之解放,形成真正独立自由之国家。(二)消灭反革命之卖国政府,建立生产人民之政权。(三)实现国内各民族之平等权利。(四)保障一切生产人民之绝对自由平等权。(五)排除帝国主义在华势力,打倒军阀,铲除封建残余制度,发展国民经济,解放工农劳苦群众。以上多端,实为本革命政府之中心任务。决自成立之日起,彻底肃清贪官污吏,建立廉洁政府,提高行政效率,实行法治精神,并领导全体公务人员,节衣缩食,刻苦耐劳,以贯彻根本之主张,树立兴国之规范。本革命政府尤愿表示其为和平而奋斗之决心。国民党政府之亡国政策,既扰乱世界之和平,本革命政府为保障世界及中国之和平起见,不得不坚决反对此亡国残民之政策。希望全国人民及各政治集团与各军队,深切了解本革命政府之使命及保障和平之决心,一致奋起,拥护革命政府,与蒋中正御用之国民党卖国政府作殊死战,以实现中华民族之最高理想。谨此布闻,诸希亮鉴。人民革命政府委员李济深、陈铭枢、陈友仁、蒋光鼐、蔡廷锴、戴戟、黄琪翔、徐谦、李章达、余心清、何公敢。

中华共和国元年 11 月 22 日

对外宣言要点：反对亲日、亲英美政策，认为不适宜；中国真正的权力，必须建立在民族基础之上。最后警告列强，勿与南京政府借款，无论金钱、商品、军器。声明以后，任何该种借款，全盘加以否认。

发表了人民政纲——《最低纲领十八条》，全文如下：

中国之社会，系在帝国主义者统治下半封建的社会。中国革命之最大目的，在消灭帝国主义在华之宰割；同时扫除一切封建势力，以树立完全代表人民权利之政府，并须立即实现如下之最低纲领：

一、废除不平等条约，与各国重定双方平等互惠之条件（约）。

二、外资经营及外人管理之企业与文化事业，有违（危）害中华民族利益者，得制裁没收之。

三、整理新旧外债，凡祸国之政治借款，绝对否认；其他则应分别予以有条件的偿还。

四、实行对外贸易统制。

五、厉行关税自主。

六、开放政权，凡依附帝国主义及军阀之反革命分子，不赋予政治上之一切权利。

七、中华境内各民族一律平等，得自由联合革命，确认民族自决。

八、确定人民身体、居住、言论、集会、结社、罢工、示威、出版绝对自由。

九、实行普选。

十、废止一切苛捐杂税。

十一、立行耕者有其田，实现计口授田，森林、矿山、河道完全国有。

十二、银行与交通一切重要企业归国家统制。

十三、以政治力量及国家资本，扶助农民（业）生产科学化。

十四、严禁高利贷。

十五、取缔奸商，人民生活用品由国家专卖。

十六、制定农工法，改良农工生活，并保障扶助农工团体之发展。

十七、厉行教育普及。

十八、实行征兵制,武装民众,并援助民众之反帝及经济政治斗争。

同时制定了《中华共和国人民革命政府组织大纲》,条文如下:

第一条 人民革命政府受全国人民临时代表大会之付托,执行中华共和国最高权。

第二条 人民革命政府统率陆、海、空军,并领导一切武装人民。

第三条 人民革命政府有对外宣战、媾和、接受使节及缔结特约之权。

第四条 人民革命政府委员会,以会议方式处理国务。人民革命政府委员会会议规程另定之。

第五条 人民革命政府委员会主席一人,由委员会推之;人民革命政府委员额有增加之必要时,得由人民革命政府委员会会议议定。

第六条 人民革命政府委员会之下,设下列各会、部、院:(一)经济委员会;(二)文化委员会;(三)军事委员会;(四)内政部;(五)外交部;(六)财政部;(七)农工部;(八)最高法院。各会、部、院分别设主席、部长、院长一人,由人民革命政府委员会会议议决推任之;各会、部得设副主席、次长一人,由各该会主席、部长分别提出会议议决任命之。各会、部、院组织大纲另定之。

第七条 人民革命政府委员会设秘书处,置秘书长一人,由主席提出会议议决任命之。秘书处组织大纲另定之。

第八条 人民革命政府委员会于必要时得设置直属机关。

第九条 本大纲由人民革命政府委员会议决并修正之。

根据人民革命政府组织大纲,中央机关任用了以下各人员:

经济委员会:主席余心清(代冯玉祥),委员蒋光鼐、许锡清、黄琬、钟喜焯、章伯钧、丘哲、杨建屏、董冰如、张子柱、关楚璞等;章伯钧兼任土地委员会主任委员。

文化委员会:主席陈铭枢,委员梅龚彬、章伯钧(兼)、程希孟、刘剑米、徐名鸿、欧阳予倩、王礼锡、黄艮庸、林植夫、林崇墉、王亚南、夏治中、吴自贤、胡秋原、吕中、陈耀焜等;程希孟兼教育行政委员会主任委员;梅龚彬兼民众训练处主任;胡秋原兼文化宣传处主任;刘叔模为秘书长。

军事委员会：主席李济深,委员陈铭枢、蒋光鼐、蔡廷锴、戴戟、黄琪翔、邓世增、徐景唐、沈光汉、毛维寿、谭启秀、区寿年、张炎、李章达等；黄琪翔兼军事委员会参谋团主任,张文为副主任,舒宗鎏、张醁村为高级参谋；陈铭枢兼军事委员会政治部主任,徐名鸿兼副主任。

外交部：陈友仁兼任部长。

财政部：蒋光鼐兼任部长,许锡清兼任次长。

最高法院：徐谦兼任院长。

人民革命政府秘书长：彭岳渔（泽湘）；秘书：麦朝枢、万灿、詹显哲。

地方制度亦有所改变,将原来福建分为闽海、延平、兴泉、龙汀四省和福州、厦门两特别市,并实行省长、市长制。

一、闽海省省长何公敢,副省长阮淑清。

二、延建省省长萨镇冰,副省长郭冠杰。

三、兴泉省省长戴戟,副省长陈公培。

四、龙汀省省长许友超,副省长徐名鸿。

五、厦门市市长黄强。

六、福州市公安局长丘国珍。

军事机构和部队也重新改组,设置第一方面军总司令部,下辖十九路军总指挥部和七个军、两个空军大队。

一、任蔡廷锴为第一方面军总司令,兼十九路军总指挥,邓世增为副指挥。

二、任沈光汉为第一军军长,李盛宗为副军长；毛维寿为第二军军长,张厉为副军长；区寿年为第三军军长,黄固为副军长；张炎为第四军军长；谭启秀为第五军军长；翁照垣为第六军军长；卢兴邦为第十五军军长。

三、任刘占雄为第一师师长,邓志才为六十师师长（第一军辖）,庞成为第二师师长,梁世骥为六十一师师长（第二军辖）,强君嵩为第三师师长,云应霖为七十八师师长（第三军辖）,谢琼生为第四师师长,阮宝洪为四十九师师长（第四军辖）,司徒非为第五师师长,赵一肩为第七师师长（第五军辖）,洪文德为第六师师长,余承尧为第八师师长（第六军

辖)。

四、任刘植炎为空军第一大队队长,邓粤铭为第二大队队长。

3.1.1.5 人民革命政府失败

福建人民革命政府的成立,是国民党内部一部分进步势力第一次脱离控制所发动的抗日反蒋运动。它的性质,同1927年武汉国民政府和1931年广州非常会议的反蒋运动有所不同,体现在以下各种事实:

第一,与共产党进行合作。

第二,所有国民党党员宣布脱党。

第三,组织有原第三党与其他政治团体分子共同参加的生产人民党。

第四,在国民党内的政治和军事各实力派,除冯玉祥、方振武两方面及其他个别人有联系外,所有当时国民党内各派系和各军事集团均不发生关系,而它们均表示反对。

在那时候,我们曾根据以上的客观形势,估计这一次运动的方向,除了团结内部、集中力量,接受共产党领导和红军在军事上密切合作共同进行彻底革命以外,别无其他取得胜利的道路。

但应该知道,当时福建人民革命政府的成立,虽然以主席李济深的名义来号召,实际上党、政、军的一切,都是出于陈铭枢的摆布。陈铭枢自己想拿十九路军来做他的政治本钱。另外还有人企图脱离国民党、解散第三党以后,组织生产人民党,自当主席,作为这一次运动的领导核心,不愿意接受中国共产党的领导;而且一切采取专断的作风,缺乏群众观点。我记得初到福州的时候,有好几个团长以上的朋友问我:十九路军历来是反共的,为什么要和共产党合作?我把十九路军战败,请求红军停止进攻,才得保存,所以现在必须进行合作的道理告诉他们。他们稍稍明白。可知陈铭枢于发动这一次运动以前,在军队里面没有进行过政治上的解释工作。而他在人民革命政府成立以后,自己要充当军事委员会政治主任,想把十九路军的实权操在自己手里,因而引起军队里部分将领的反感,结果受了敌人的离间。第三党在福建地方民众运动中做了工作,有一些基础。陈铭枢迫第三党解散,由生产人民党另派人接收了第三党的民众运动工作,也引起原第三党党员的不满。以上两事,对于内部团结问题上,产生了很坏的影响。至于和共产党合作,只有个别小节上有所实现,而主要的问题尚待谈判。当中共中央派驻福州的代表到达以后,经过一个多月的时间,与陈铭枢进行谈判共有八次,陈所提出谁领导谁的问题,没有得到解决,因而合作的具体条件始终没有达成协议。而蒋介石的陆、海军由东、西、北三路环攻的局面已经形成。

当时我任人民革命政府秘书,协助秘书长彭泽湘处理往来机要文电和会议记录。军事方面如何布置,因为我的任务没有接触,全不知道。大约12月27、28日的光景,人民革命政府秘书处收到红军一封电报说:蒋军有两个师已经过了江西的黎川,东向闽境推进。彭泽湘把这封电报交给陈铭枢、陈铭枢说:"江西境内有红军,当可以把蒋军击退,不必顾虑。"我想当时十九路军和红军合作的具体条件还没有订定,红军实在没有代我们挡击蒋军的义务,我们为什么不派兵警务(备)呢?过了三四天,第十五军军长卢兴邦从永安打来一封电报说:蒋军两师,入福建边境光泽、邵武。我把电报向彭泽湘请示办法,彭说:"我和你找陈铭枢去。"我们两人到半野轩见到陈铭枢,把电报给他看。当时李、蒋、蔡和很多人都在此,大家看了电报。许锡清说:"我们还是照原定计划行事吧!"彭泽湘愕然,问:"什么原定计划?"陈铭枢说出:"今日上午十九路军开会决定,即日向闽南撤退。"彭泽湘愤然说:"这一次各方面代表响应十九路军领袖们的号召,齐集福州,不是别的而为了参加革命。现在革命政府已经成立了,应该是积极向前进。听说敌人来了,马上就抛弃了革命群众而要进行撤退,这样完全不是革命者应有的行动,何以对全国各方面热心参加革命的代表和人民群众?"在场各人均不作声,于是陈铭枢问:"现在有什么办法?"彭泽湘说:"我们现在要求坚持革命,一面请中共驻福州代表电江西(红)军领袖派援兵。"之后,陈铭枢说:"就是这样办。"一面问十九路军副指挥邓世增:"前星期交你的电报拍出了吧?"邓说:"没有。"这是中共代表交来拍给红军领袖请求调派援兵的电报,就在邓世增手上压下了。陈又对彭泽湘说:"请即到中共代表处,求他再发一电报。"彭泽湘当晚即找中共代表,把电报拍出。第二天,秘书处接到中共代表转来红军领袖的电报,内容是:红军已经出动三个军(有番号,忘记了)向光泽、邵武方面两师蒋军衔尾追击,预计一两天可以追上;最好请十九路军派出飞机几架,配合作战,以便迅速消灭敌军。我将电报给彭泽湘看,彭即拉我同到三桥俱乐部找蔡廷锴,把电报给他看。蔡即打电话给空军大队令派飞机。接电话的人说:新购飞机六架,是黄强经手买的,都没有装置机关枪,不能战斗。蔡对我们大骂黄强,结果没有派出飞机。过几天,秘书处又接到送来电报,内容是:红军出动三个军,分别在清流和沙县已经追上蒋军两师,要求十九路军只派一团人守住闽清,两面夹击,可以把敌人彻底消灭。这一天似乎是1934年1月13日。那时十九路军的内部已经起了严重的变化,结果没有派兵。

另外一方面的情况:闽北方面,从1934年1月初,蒋军第四师、第十师进攻延平;八十七、八十八两师进攻古田。这两处都是第五军谭启秀部防守(第五师司徒非部守延平,第七师赵一肩部守古田)。3、4两日有小接触,5日正式开火。攻古田的蒋军八十七、八十八两师的高级干部多为第三党党员,黄琪翔等早经与他们有联系,又因在淞沪抗日的时候,两师曾与十九路军并肩作战,所以这一次进攻古田,并不认真打仗,由1月初起到13日止,古田仍屹立不动。当时我遇到由前线指挥作战归来的参谋团主任黄琪翔,他对闽北战事表示非常乐观。哪里晓得当晚就起了剧烈的变化呢?

由于十九路军一部分内变,人民革命政府不能再支持下去。1月14日下午3、4时之间,由刘植炎、邓粤铭、卢九(传铭)等开出飞机三架分别将李济深、蒋光鼐、蔡廷锴等载上高空,往南飞翔,在夕阳返照中,一刻间悠然而逝。五十三天的中华共和国,从此只成了历史上的名词。当我们在南台盐务稽核所楼上望到三架飞机的形影向南消逝以后,忽然到了蒋机多架,盘旋在上空,大家不禁引起危惧的心情,一齐替他们担忧,一齐为他们祝福,有人还含了一包眼泪。另外一路撤退人员是由陈铭枢率领,步行向闽南转达汕头。其中英勇的革命战士徐名鸿,途中被广东军阀陈济棠的爪牙缪培南逮捕枪杀。现在我写到这里,再不能写下去了。

3.1.2 福建人民政府和"生产人民党"片断(段)[①]

3.1.2.1 福建人民政府和"生产人民党"的成立

1933年11月20日早晨,福州南教场(即今省人民体育场)聚集了许多十九路军的官兵和群众,在演讲台上,数十百人三五成群地相互交谈着,忽然瞥见蔡廷锴站在台中央,拿出一幅红、蓝、黄各色的布旗,大家视线集中了。在掌声和鞭炮声中,这幅簇新的旗帜徐徐地升上旗杆的顶端,随而大会宣布了"反蒋抗日"。这标志着福建人民政府——"闽变"的序幕揭开了。

翌日,各省代表公推李济深、陈铭枢、蒋光鼐、蔡廷锴、陈友仁、徐谦、黄琪翔、李章达、何公敢等九人为中央委员,成立了中华共和国人民革命政府。

中华共和国人民革命政府中央委员会成立的那天(11月22日)早上,福州南大街全部商店都挂了新旗,光彩夺目。但全市传说警察厅每一面旗多收了一块钱,挡了一大笔油。我和林植夫听了大愤,便驰往"人民政府"告诉陈铭枢,撤了邱兆琛的职,改派丘国珍为警察厅长。

中委会下面设军事、文化、经济三个委员会,和财政、外交两部,一院,一局。军委会由李济深主持,文委会由陈铭枢主持。陈在组成"生产人民党"后担任党的主席,事实上是把文委会代替了"党",主持文化工作和群众运动。蒋光鼐主持经委会兼财政部,陈友仁主持外交,徐谦主持最高法院,李章达主持保密局(秘密的)。

中委会后来增加了方振武、戴戟两位。方未来闽,暂秘不发表;戴参加了,但他对我谈,福建如搞土改等做法,他全不理解,无法参加,不久他便先去沪了。

举事后不久,某日,陈铭枢感冒卧床,我去看他,他说:"第三党在十九路军中有活动,有发展,我们这些人已经放弃了国民党,现在却无组

[①] 何公敢. 福建人民政府和"生产人民党"片段//中国人民政治协商会议全国委员会文史资料研究委员会编. 文史资料选辑(第三十七辑). 北京:文史资料出版社,1963:92-103. 扩号内的单字,为原文中白字、别字的勘误,下同.

织,处境不利,我们另行组党如何?"我表示同意。后由陈委托他所主持的文委会中人起草了"生产人民党党纲"(那时梅龚彬担任文委会秘书长),并征集大家加入。在当时签名单的一段中,有许锡清、陈友仁、李章达、蔡廷锴、胡秋原、沈光汉、毛维寿、谭启秀、张炎、徐名鸿、钟喜焯、黄艮庸、罗长海、梅龚彬、蒋光鼐、李济深、戴戟、程希孟、林崇墉、陈公培、区寿年、何公敢、陈铭枢、林一元、魏育怀、谭冬菁、林植夫(签名单拍照至此止。当失败时,原单全部埋藏于龙岩某地土中,新中国成立后取出,存林植夫处被遗失了)。这张签名单上,虽无第三党人,但我记得当时某日,亲见黄琪翔带领了很多第三党人员往密室中签名,并在福州报纸(那时办有《人民日报》)上声明解散第三党。

马来亚、日里、越南等地华侨多人来到福州,都参加了"生产人民党"。当时海外的致公堂,也是表示拥护"人民政府"的。

"人民政府"在12月23日,发表了第二次宣言,提到"生产人民"四字的意义,便是"生产人民党"的主张。(其实在当时只是一种标榜,思想上和行动上距离很远。)

人民政府委员会成立时,徐谦主张一切议决案应全体一致才作出决议(某人有异议时载入记录),很细致地作了规定。陈友仁通过程希孟的翻译,非常认真地倾听一切。会议统由李济深主持,各委员都严肃地准时出席。冯玉祥派了余心清来闽代表他,提出了提倡节俭一案,大家一律换穿了蓝布的苏维埃式制服。

起初在中央各部、会下,只有一个"福建省人民政府",派我负责。我们本着节约旨趣,只设科,不设厅,把原有各厅机关房屋,都腾供中央各部会使用,原有各厅人员裁减三分之二,档案等件一律并存原省政府中,却也容纳得下。阮湘(阮淑清)担任了副省长,李搏负责财政,李际间负责教育,刘聘业负责建设,林崇墉负责土地科,林植夫负责省公路局,江伯训负责省水利局,陈碧笙负责福州税务局。到12月12日,把福建改划为闽海、兴泉、龙汀、延建四省。闽海省仍由我和阮湘担任正副省长。兴泉省由戴戟、陈公培负责。龙汀省由许友超、徐名鸿负责。延建省由萨鼎铭(萨镇冰)、郭冠杰负责。

萨鼎铭在南教场开会后,来访我。我告以"倒蒋抗日"旨趣,萨极赞同。他在中委会就职典礼上作了演说,盛赞上红下蓝二横条、中嵌五角黄星的新旗帜的绚丽,比国民党的旗帜好看得多。分四省后,他老人家本拟即赴南平,后闻和郭冠杰意见有些相左,四省原定新元二年元旦成立,届时闽北已战云密布,因此,延建省流产,萨未就任。(失败后,十九路军经福州退却,市井不惊,萨在商会里,大写"十九路军军纪古今无双"的标语,直到蒋介石军入城,才徒步由北门离开。)

会中决定以蔡廷锴兼任第一方面军总司令,一军沈光汉,二军毛维寿,三军区寿年,四军张炎,五军谭启秀;赵一肩第一独立师,翁照垣收编陈国辉旧部洪文德、陈佩玉等,称人民自卫军。各军、师长发表后,各军多请客,夜夜有宴会,忙不暇接,大有不是革命而是宴会之感。这一现象,直到大家各回防地后才消失。

举事后,中委会派尹时中代表我们往驻瑞金。中共方面,也派了军事代表张云逸驻福州联系。那时中共缺乏盐斤和杂货,我们这边大量供给,以换取他们的粮食。这样在心理上我们以为已经和红军订了合作的协定。在闽西、闽北有红军作屏蔽,打算把各驻地的军队集中起来,加以整理扩充,然后再与红军商定进攻大计,而且在这一方针下,已有了行动。

一日,北平晨报社的陈博生(溥贤)闯入福建人民政府,大叫大嚷地说:"这一举,是十多年来最痛快的事!"(那时,他办北平《晨报》,是张学良支持的。)他说他代表张学良来闽,张极赞成此举,决定即离法回国,不久可到。(我们失败后到香港不久,港报载张学良搭某轮过港回国。)

湘人王近扶病来闽说,湘西陈渠珍部分,他已经接头好,准备响应。东北派了王凤起为代表来福州。四川各部分的代表,陕西杨虎城也派有代表,在香港也都接头了。但他们都是看风使舵的。

关于群众运动,在文化委员会本有此种企图,但除在闽西龙岩由傅柏翠、徐名鸿等,做了一些农民运动实行计口授田外,又在漳平,有华侨陈文成在坚拒中共进入后,反而感到分田的合理,实行了永福一区内的分田。福建举事后,我在福州只参加过一次在福建学院内召开的妇女会,到了妇女六七百人。这是在学院学生指导员杜国兴(周南)的启发下,由女学生岑淑卿、林琼等发起,得到李忆兰(当时隐藏在学院中的中共党员)、林舜玉等协助,在短期运动中成立的。会后并从事妇女识字运动。

关于"土改"问题,据当时总参谋长邓世增(益能)对我说,十九路军的官兵是赞成分田的,因为十九路军在江西参加"围剿"时,地方农民都是中共的耳目,而"围剿"军却是瞎摸暗索,作战必然失败。因此,他们从切身经验中,承认有必要分田,以便和农民打成一片,才能得到农民的拥护,有利于作战。当时在"人民政府文化委员会"中,某些人主张福建全省立即实行"土改"。我反对立刻全部实行的做法,认为必须从一二地点先予试行,取得经验后再行推广。后决定在闽西和闽东连江县先行试验,闽西由徐名鸿担任,闽东由我担任。我于12月23日同连江县县长张善和土地科长林崇墉及文委会一些人同往连江,蔡廷锴派了一营军队归我指挥,一同前往。事前听说连江某地有中共发动群众拆毁田塍,插牌分田,连江江南面地主们人心惶惶。当即派人向连江中共方面接洽,据复称,中共方面的负责人说,如"人民政府"实行分田,他们当让"人民政府"去做。我要求和这位中共领导人见面,他不肯来省。我到连江后,召集县城群众宣布了计口授田。当时地主们都在会场旁听,听到宣布分田,自然失望;但闻我说只分田地、农具、耕畜,其他浮财不分,地主们表示一样是分田,宁可由"人民政府"来分。我们前往连江时,听说城郊附近的共产党都往连江外海去了。又查外海马鼻乡地主最多最强,分田试验便决定先从马鼻下手。但在分田人员和军队整队出发的翌日,便接到蔡廷锴专人送来的信说:"闽北方面,敌人窜入,防务紧张,一营人须即调回。"大局所关,当即派专人把分田人员和队伍调回,事遂中止。我也于28日早返省。

在闽举事,日本帝国主义是很注意的,尤其关心我们和中共的关系。日本驻闽领事,当时仍在福州。1934年1月11日,福州日本领事某忽来电话说,台湾总督府秘书长某及陆军武官某和海军武官某等三人,要来找我。我说一切外交关系由外交部陈友仁部长主持,我不愿和他们见面。但该领事纠缠不已,经我数次拒绝,他说那位秘书长是当我赴台湾调查农业时和我认识的,想以私人资格来晤见一面,仅限他们二人,别人不来,我答应了。但相见时还是四人,陆、海军武官也跟着来。我怫然不悦,他们道了歉乃开始谈话。起初这个秘书长和陆、海军武官说,福建和日本在国际关系上有特殊关系,福建有所动作,日本不能不关心等语。语涉威胁,我严词峻拒,请他们向外交部接洽。以后,他们转了话头,询问"人民政府"和中共的关系,我说中共是中共,我们是我们;但同是中国人,当然有关系,至于关系如何,一凭你们推测。他们乃抓住我们实行土改,说这就是实行中共的主张。我说,我们是主张计口授田的,这是因为农民有这种要求,不但中国有此必要,日本也有此必要。跟着,我便专就日本政友会是地主联合的政党,农村困苦异常,债台高筑,抵押女儿为妓等来说,证明日本也有"土改"必要,并征求他们的意见。他们觉得所答非所问,便辞走了。

1933年末举事前,我同林植夫到香港时,陈铭枢问我:"将来举事,标榜马列主义,何如?"我表示赞同(彼此实在都未真正认识)。那时见陈桌上有日本版河上肇著的《马克思主义经济学》,书中日本俗语,不知何人都逐字译成汉语,以便阅读。到蒋光鼐处,见他正在读唯物史观一类的书,他说陈铭枢要十九路军将领都读这类书。后来,在闽西举办军官训练班,讲授了辩证唯物主义并用里昂惕夫的《政治经济学》作为课本。

我认识李济深多年,始终不曾听见他发表过长篇大论的话。某日,"人民政府"办公厅里寂然无声,只我和他两人在大房中对坐,他忽谈起社会主义来,我静坐倾听,他说得条理井然,滔滔不绝,谈了很久,使我惊异。

一夜,大家忽聚集一小楼中,专谈马克思主义。陈友仁说:"我不懂马克思主义。"徐谦说:"我也不懂。"蔡廷锴问我:"马克思主义什么样?"我说:"我只知道它是好的,但我还未深入研究。"

3.1.2.2 福建人民政府的失败

我由连江回省后,听说南平已陷,赵一肩和司徒非在古田抵抗蒋军也失败了。近日我到南平,见到纪廷洪。他说当时他在南平,原先十九路军在九峰山设有炮位,被数倍的蒋军四面包围夺取了。南平城守军两团被围困十余天,激战只有四十八小时便撤退了。

某日(可能是1月10日),我到半野轩,蔡廷锴对我说,要在福州周

围拒敌。我说:"很好。"少顷,蔡和陈铭枢、蒋光鼐同往白沙前线视察,许锡清、黄艮庸等随同前往。他们从白沙回来时,我听说在白沙会谈中,起初谈了很多,后来蔡廷锴发问:"现在,谁是总司令?"闻此一语后,大家默然(后来陈铭枢对我说,白沙会谈时,蒋光鼐没有说话),便退回福州,随着便决定先退往泉州。李济深、陈铭枢、蒋光鼐、黄琪翔乘飞机先往。那时蒋介石飞机也在福州低飞投弹,省府大礼堂中了一弹,穿瓦入地数分,却是生锈的没有爆炸。我和阮湘(阮淑清)、李际间、林植夫等决定渡乌龙江南下。蒋机在峡兜渡口低飞扫射。我到峡兜时,见十九路军一士兵,军衣帽甚整洁,眼中一弹,僵卧路旁,我感触甚深,这一印象至今如在目前。那时渡口挤满了官兵,数艘小轮往来载运,不知运到何时了。华振中带了参谋团一些人和李、陈、蒋的护兵们,也都在待渡。我向福建盐务机关找到了小火轮,乃得同华等渡江。徒步前行中,过一地方见有大汽车多辆,但都贴有某部封条,兵士中有一人登上了车,另一人大声喊道"纪律",已登的便退下。

我们到达宏路时,天已大黑,只得借民房一宿。是晚黄艮庸坐了李济深的汽车,也到达宏路,说福清县县长黄仁光处有大汽车两辆,陈铭枢嘱他送我们一批人赴泉。翌日,我由宏路先乘车驰往福清县城一查,黄仁光早把家眷戚友和行李等载满两车扬长而去了。我便和黄艮庸同车前往莆田。到莆,入县署一看,门户洞开,署中许多人见我们来,都莫名其妙地站着。据一小孩说,他知道县长避在某处,可同我前往。我觉察到同行的黄先生已不知道何往了,便也退出。见东边墙上有一小门,很多人一齐用力压住门板,而里面也有人想推出门板冲出来。在内外互相抵拒中,不时漏出一二人。我猜是监犯们正在图谋越狱,整个局面在无言中很紧张。我们又乘车走了一段,一队不知道属于何方的军队,散开拦住大路,据说要找邓世增参谋长,看我不像,便也只好放行。

到泉州后,见陈公培危坐兴泉省府办公厅中,还在守着岗位,闻李、陈、蒋等退往泉州时,翁照垣对仓促撤退大不以为然,大闹了一下。

由泉州同李、陈、蒋、黄及华振中等步行赴漳,由于沿途电杆、桥梁多被地方土匪破坏,汽车不能走。步行到了漳州角美乡,徐名鸿带了一些队伍,吹号列队迎接,被招待在一小楼上,包、面、饭、菜吃了一饱。

到了漳州,松了一口气。翌日,阮湘(阮淑清)、林植夫由泉州乘机也来了,记得亦只住一宿。次日,华振中约我和林植夫、阮湘(阮淑清)同去吃饭。酒半,他接到一封信,看完后说:"索性让你们吃个痛快后再谈吧。"我们也不问其所以然地尽情吃喝。餐后,华说:"厦门已丢,蒋军已在嵩屿登陆,向漳州前进了。大家都在等你们三人随队出发。"(漳厦警备司令是前十九路军参谋长黄强,我们举事时,原厦门警备司令林向今和黄强妥协。这一下,蒋军攻厦门,黄强便也和林向今投敌了。)于是我们便赶快奔回住所,各人都已整装待发,但我们三人身边都不名一文,我们由福州带来了一些款项,到漳即统交给陈铭枢,陈嘱交徐名鸿。于是急奔徐名鸿家,他打开木箱,所有钞票,分别为一元、五元、十元了,经他爱人一叠一叠地整理好了排在箱中。我们便各自伸手随便抓了几迭,尽量往衣袋中塞,塞满便走。

我们坐车到一地,据说前往龙岩、适中,有两条路可走,山路陡而近,公路坦而远。我们选定山路,弃车徒步,到了适中,有桥有亭,有很宽敞的饮食店,大家都走入店里,占了座位。忽听步枪声甚紧,有些人像鸟兽散地离位奔跑,有些人比较镇静。我走上石桥,停住静听,不久,枪声停止了。据说是蒋方土匪在大路上拦截我们这一部分人,而龙岩谢再发率所部队伍循公路前来迎接我们,和这一帮土匪遭遇了,打了一下,土匪即跑掉。在适中,一行人住在一个很大的木建大寨里,有好几层楼,数十百间房,贮藏干草甚多。我们把草铺平,一觉天明,好久没有像这样好睡过。由适中到龙岩县城晤傅柏翠(闽西善后处龙岩分处负责人),傅对我埋怨陈铭枢等组织"生产人民党"。他说:"刚盖了遮蔽风雨的房屋,又拆散了再盖。"(当时徐名鸿、傅柏翠等在闽西组织了"农工大众党"和"改造社"。"改造社"是用以容纳主张较稳健的人,如邓世增、沈光汉等。)

在龙岩收到了广西李宗仁、白崇禧的来电,电文甚长,大家似乎连看都不想看。我把它一一译好。李、白力劝我们暂时守住一二据点,待机再动,并说了许多他们从前在广西为蒋所迫困守某地的经过实例。

由龙岩往永定的一段路程中,坐了小船(大约是坎市到永定,水程约二十里),中途发现左岸山上有土匪,大家即下船。带有枪支的都站

队,推陈铭枢任指挥,李济深拿短枪站在队的前头。有顷,在右边山上发现有军队(钟绍葵所部),向左岸土匪开枪,双方在两岸对打了一些时候便停止了。是夜到永定,我们把各人所带枪械,全部赠给保护我们的钟绍葵部队。当时蒋介石曾派闽西人丘伟侯(壮猷)带十万元来运动钟绍葵,但没有成功。

到永定后,先派了华振中飞往汕头向粤方(李扬敬)接洽,他们答应李济深和蒋光鼐可乘飞机到汕头降落,对陈铭枢和黄琪翔则不允许。于是李、蒋先坐飞机飞汕,陈、黄和我们一群人仍徒步前进。中途,我们认为陈铭枢和黄琪翔有和我们分开走的必要,他俩和周力行(周士第)夫人装作舅舅和男女外甥,拟循嘉应州路径入粤,于是我们分手了。

在福建界内(走时不知已否过界)甚平静,途中数遇行人,询问陈铭枢来了没有,我说:"来了,在后面。"行抵一小木桥(闽粤交界处,大约是"芦下坝"),甚窄,过了桥,情况就大不相同了。先过桥的都按行列队,把行李包袱放在自己面前,有的站着,有的坐在地上,四周有兵持枪守着,周围小土山上也有布置了机关枪。首先检查有无携带枪械,我们全没有了。特别再三向我盘问,疑我是陈铭枢(我和陈年纪相同,都戴眼镜),随后便单独把我带上山顶警察所。经过一些时,参谋团中广东人证明我不是老陈,便放走了。

我们一行百余人,合租一条木船。上船后,士兵们便分开若干组,凑成赌局,大赌特赌起来。船抵大埔,有警察、营兵、保安队三部分麋集岸上,扣住了船,既不放行,也不准上岸。我们推湖南人姓马的,自称上尉,向各方交涉,结果答应每四人作一队,登岸吃饭。晚间,营兵又上船检查。我和马同他们交涉,结果由马亲往该营向营长交涉。营长同情十九路军,船才放行。不幸得很,后来若干月,徐名鸿带了多人,经过大埔,因住旅馆走漏了风声(有的人还称徐为"省长"),为黄任寰所害。临刑前遗嘱,有"请蔡贤初(蔡廷锴)替他写'社会主义者徐名鸿之墓'"一句话(据傅柏翠说)。

离大埔走了一段水路后,我们改乘航行韩江的小汽船,到潮州赶上火车,发现陈铭枢、黄琪翔也在火车上。后来才知道,他们是乔扮钟绍葵部下的水菜采办员,搭上了持有通行证的钟部买水菜的小船,由芦下坝避开陆路,一直从水路下来的。

由汕抵香港后,才知陈友仁、徐谦、刘聘业等都在我们离开福州那几天,也由福州搭外轮陆续来港了。

当蒋军攻闽时,陈济棠派黄任寰进入闽西。他们态度极滑头,如果"人民政府"站得住,即援闽;站不住,便参加讨伐。当张炎北调后,闽西仅余周力行(周士第)一团。李、陈、蒋、黄等离闽后,蔡廷锴还留在龙岩,希望能够等到十九路军某部回到闽西。

蔡廷锴原有把闽西作为最后根据地,实行计口授田,把十九路军士兵散开耕田,长期据守的意思。因此,一向坚请傅柏翠留驻后方。当十九路军入闽组织省政府时,闽西一部分人,怂恿徐名鸿上省,出长民政厅,徐和傅柏翠、刘任侠商谈后,徐说:"吾计决矣。"便不上省,也本此旨。

听说当蒋军由闽北窜入时,蒋光鼐有及早放弃福州退守闽西南的建议,最后又有弃守福建全力进占浙江的建议,可惜都不为当时的军事委员会所采纳。

此番蔡廷锴先回闽西,却是前方将领催他离福州,以便他们拥出毛维寿,改任陈心纯为参谋长,好奔走蒋军和十九路军间,接洽受编。蔡在蛟洋(傅柏翠家乡)曾筑一小楼,自署"避贤庐",拟作久居闽西之计,其奈大势已去,蔡和黄任寰见面后,把周力行(周士第)一团和当时尚在闽西的特务团、军官训练队等合并一起,交黄任寰作编独立旅,并以黄和春为旅长。结果,这一旅也被黄任寰缴械。

后闻红军曾派人接蔡廷锴进入江西,蔡不果行,率领了一些人回粤,不久也去香港了。

(政协福建省委员会文史资料编辑室供稿)

3.1.3 闽西计口授田纪略①

1933年十九路军移驻福建省,蒋光鼐任省主席之后,就在闽西成立了一个善后委员会。这个委员会是由六十师师长沈光汉为主任委员,

---

① 田竺僧.闽西计口授田纪略//中国人民政治协商会议全国委员会文史资料研究委员会编.文史资料选辑(第三十七辑).北京:文史资料出版社,1963:104-107.

徐名鸿、傅柏翠、魏育怀等为委员,徐名鸿兼任秘书长。当时,还有许多第三党的党员参加这个委员会工作。1933年秋,闽西善后委员会改称闽西善后处,委员还是原班未动。

我是在1933年秋,调任漳平县县长,兼闽西善后处漳平县分处处长。当时主要任务是执行计口授田政策,解决土地问题,并通过计口授田来组织农民参加抗日义勇军。从字面上看,可以理解所谓"计口",就是说住在农村的所有男女老少,无论是地主、富农或地痞流氓,以及真正的中农、贫雇农,有一个人就算一口。所谓"授田",也就是说解决土地问题,不必要农民自己去革命,而是由福建省政府来没收所有的土地,自上而下地恩赐给所有的人。这种政策,显然是企图调和阶级矛盾、消灭阶级斗争,是彻头彻尾的欺骗农民的改良主义。

计口授田的具体做法是首先调查人口,印制户口调查表。表内分列有姓名、性别、年龄、职业、已(是)否婚嫁、文化程度、健康状况等各项,此外还附有土地数量、生产数量、农具、耕牛、有无枪支等等。这是为了"授田"做好"计口"的准备工作。户口调查工作进行一个多月,闽西善后处又邀请了上杭县的农民,分派到漳平县,和当地农民组成分田队。

这个分田队的工作,是分作五个步骤进行的:

第一步是划分乡界。这个划界,基本上是根据原来的乡村界线划分的。由于要使邻近各乡每口分得土地数量相差不大,所以在划分乡界时只作初步的划分。如果在统计土地数量后,甲村与乙村每口分得土地数量相差太大时,再把乡界调整一下,务使邻近各乡每口所得数量接近平衡,才算作是正式界线。

第二步是丈量土地,估计产量。先由原耕家民自报,如果和分田队估计数量相符,或是相差不多,就在竹牌上标明亩数、产量;如果和分田队估计数量相差太大,就由分田队丈量和估计,标在竹牌上,把竹牌插在估定了的田地上。这样一乡又一乡的逐田丈量和估计完毕后,就可以确定乡界,公布每口应分土地数量。

第三步是划分土地等级,一般是分作头、二、三、四、五共五个等级。例如水源足、土质好、产量高、没有旱涝的土地,列为头等。土质好、产量高,但在大雨或大旱中可能发生灾情的,列为二等。地势太低、产量较高,但易受涝的,及地势稍高、产量较高,但水源不甚充足的,均列为三等。坡田列为四等。山地列为五等。分田的原则是原来耕种的土地不动,抽多补少,远田换近田,好田搭坏田。以生产数量为标准,不是以土地亩数平均分派。

第四步是召开群众评议会,讨论每户分得的土地数量和土地所在地点,以及留作公田的数量、公田公耕的办法等等。公田是为了照顾本乡鳏寡孤独、残废无劳动力的男女,在公田里分得必需的食粮。公田同时也是为了预备本乡新添人口,可以分得一样多的土地,不至于有口无田。

第五步是按照评议会的公议,发给乡民分得土地的授田证,作为土地所有权的证据,并宣布过去所有土地契约无效。分得的土地准许租给农民耕种,如不自耕又不出租的土地,作为放弃所有权,没收为公田,追回授田证。凡出租的土地,按照二五减租,由农民将每年生产的主粮,交七分之二给出租人,农民自己留七分之五自用。

我在当时的看法,认为这是解决土地的最好办法,在计口授田办法公布之后,一个很短的时间里,确实取得了贫雇农的热烈支持。漳平县的地主们,特别是县城刘姓的几个大地主和永福里陈姓的大地主,一看到计口授田的办法之后,就公开反对,勾结安溪的土匪进攻县城。这股土匪被击败之后,他们又在划分乡界时煽动农民,说是他们有契约可凭,错划了乡界,破坏了风水,子孙永世不能翻身;又说远田换近田,好田换坏田,祖遗产业换了就是欺祖灭宗;又造谣说甲村有农民在分田队工作,所以甲村土地是分得好的,欺侮了乙村;还说十九路军是共产,江西派来了共产党员,还要公妻的。绝大多数富农和一部分中农,在划分土地等级中也和大地主们一唱一和,公开反对或是暗中活动,威胁漳平县分田队中的当地农民,迫使一部分队员退出了分田队。这些队员多半是富农和中农。他们退出之后,我们再挑选了一部分贫雇农参加分田队。到了召开评议会时,就是热烈支持分田的贫雇农也冷淡下来了。他们提出了许多问题。有的贫农说:"土地分得太少,反而失去了原租土地,有力无耕田怎样办?"有的雇农说:"土地分得太少,分田失去雇

主,生产不能维护生活怎样办?"还有许多问题,例如:等级划得不准确;义务劳动负担太重;某村人少田多,本村人多田少;某户分多了,某户分少了……抱怨的言论也很多。于是这些贫雇农也由消极渐渐地转变成为反对者。地主们更是疯狂地从事破坏、捣乱,还派人暗杀干部。原来希望这种计口授田政策,可以得到四面讨好,后来众叛亲离,地主反对,富农反对,中农反对,最后连一贯支持的贫雇农民也反对起来了。因此不但我们原先企图通过计口授田组织农民参加抗日义勇军的计划成了幻想,而且还因计口授田政策的失败,搞成了四面楚歌。因而福建人民政府一经宣告成立,有如昙花一现,随即毁灭。这种计口授田政策的失败,正是说明了改良主义是只能欺骗自己,而欺骗不了人民,注定会遭到可耻的失败的。

(政协湖北省武汉市委员会文史资料研究委员会供稿)

3.2 陈铭枢回忆福建事变①

1932年1月20日,孙科与汪精卫一起由上海到南京,21日蒋介石直接由杭州入京。此时蒋、汪分别发表谈话,论调完全一致,一拍一合,俨似表演双簧,其实,此前已经暗中勾结。蒋汪孙入京后,22日听取了何应钦有关前方"剿赤"军事报告和吴铁城关于日人在上海的暴乱情形报告。23日议决时下对日方针。24日特务委员会否定了外交部部长陈友仁提出的对日绝交方针,当日陈提出辞呈,与孙科一同赴沪,旋孙亦辞职。27日中政会议,28日中常会,对有关事项作出安排。并决定对陈友仁负气出走行为和发表不当言论交监察委员会惩戒。就在当天晚上开会后数小时以后,卫戍京沪的十九路军在全国军民强大的抗日声势推动下,在淞沪揭开了民族抗战的序幕。是役,中国军队在广大人民的支援下,浴血奋战,连续击败日军多次进攻,使敌三易主将,数次增兵,死伤逾万,受到沉重打击,但中国参战军队也付出了惨重代价。由于蒋介石政府妥协退让,不继派援兵,守军寡不敌众,防线终被日军从

---

① 摘编自陈铭枢.陈铭枢回忆录.北京:中国文史出版社,1997:109-127.

翼侧突破而被迫撤退。后在英、美、法、意等国调停下,中日双方经谈判,于5月5日南京国民政府与日本签订丧权辱国的《淞沪停战协定》。至此,"一·二八"淞沪抗战宣告结束。

3.2.1 酝酿反蒋

　　蒋介石杀害邓演达,又破坏十九路军淞沪抗战,使我同他的矛盾发展到一个新的阶段。当时,我同蒋介石的斗争是曲折而又复杂的。开始时,是同蒋介石、胡汉民和汪精卫之间的派系斗争交织在一起。我曾联合冯玉祥、孙科、李济深等人,在蒋介石重新上台后的政治危机中,利用国民党若干元老,包括蒋介石的亲友如张静江、宋子文等人,企图用政治压力来制止蒋的独裁政治,胡汉民到香港后,反蒋调子很高,对蒋、汪合流的政府公开表示反对说:"今日的南京政府等于朝三暮四、暮四朝三,于国何补？于党何益？"汪精卫虽然当上了行政院院长,但同蒋之间仍有矛盾。因《淞沪停战协定》,未经立法院讨论通过,即行签字,引起立法院的责难,揭露并提出弹劾。汪精卫提出辞呈,一气之下跑到上海。我同李济深去看他,他向我们表示了对蒋的不满。我再次对他说:"蒋介石是靠不住的,也决不会相信你,你还是向西南去,先同胡汉民合作吧。"在他未同蒋介石合作以前,即烟霞洞会议前,我也对他说过同样的话。可我当时对汪的认识不深刻,也是无知的。后来我到欧阳予倩家去商量出国问题时,因予倩约请邻舍唐有壬(即他的姐夫),他是汪的亲信。在我与予倩的谈话中,偶尔涉及唐之为人,予倩很严肃地对我说:"唐有壬这种人同汪精卫一样,在紧要关头,他不仅可以出卖朋友,且可以出卖国家民族。"至此,我才后悔不该对汪存有任何幻想。孙科对改任立法院院长一职是不满的,对蒋介石的芥蒂也很深,在"一·二八"抗战时,公开谴责蒋介石的按兵不动,后又提出取消党政、推行民治的主张,加之孙科又同我有一度合作的经历,故我们双方的见解更为接近。至于宋子文、张静江等人和蒋介石之间,因某种利害关系,也有矛盾,他们曾向我吐露过对蒋的不满情绪。于是我便策动拆蒋介石的台,即在南京政府任职的人员都一起辞职,他们都表示要跟我走。其后孙科南下,表示不就任立法院院长一职;宋子文亦以财政无办法为借口,

辞去财政部部长职而回到上海。

在我的活动尚未取得多大效果的时候,蒋介石已先我一步,首先撤销了京沪卫戍司令长官公署;同时下令将十九路军分别调往各地,企图分而治之,此事遭到了全军将士的坚决反对。蒋又改令十九路军调往福建"剿共",借以实现他使我军与红军两败俱伤的阴谋。

我在十九路军起程的同时,于6月初即向行政院辞去交通部长及军事委员会常务委员等本兼各职。在我的辞职书中,叙述了我离粤入赣奔走和平等经过之后,引用了王夫子的"害已成而不可挽,挽则横流"之语,公开表示对蒋介石独裁政治的不满。同时,我又另函国民政府主席林森及蒋介石、汪精卫等人,写有"与其进而招尤,毋宁退而获咎"的话,表示自己辞职的决心。我辞职后,汪精卫派黄绍竑来沪挽留,我表示决不回南京。后来,林森、汪精卫均曾来沪劝驾,我亦不为所动。6月中旬,在我上海寓所门前发现一个手榴弹,幸未爆炸。事后蒋介石、汪精卫派吴铁城前来慰问,蒋介石的这种两面派做法我当时就看透了,不过此后我的行踪就更加秘密了。

8月初,汪精卫又突然辞去行政院院长职,电责张学良误国,要同张一同下野。这是表面文章,确系同蒋发生摩擦所致。当时我知道得很清楚,可惜现在都忘记了。当时,李济深也辞去军委会驻皖行省主任及右路军司令职,曾到上海和我商量反蒋事宜,并同访汪精卫。12月10日他辞去本兼各职南下。

我所策划的反蒋计划,均因过于幼稚和过早暴露了意图,均被蒋介石所一一击破。

此时,十九路军进入闽西后,正在永定、长汀等地与红军作战,蒋光鼐愤而回到原籍东莞,意态萧然,不问政治;戴戟尚任淞沪警务司令,没能随军去福建。蔡廷锴统率全军,负担甚重,而我在上海策划反蒋计划,一时也难以脱身。获此讯息后,即派我的秘书长孙希文会同办理军需的邓瑞人以及范其务三人,分别到广东、福建同蒋光鼐、蔡廷锴联络,征求他俩对十九路军今后应付时局的看法,并传达我的意见。8月下旬,蔡廷锴由闽来沪后,立即赶来同我见面,与戴戟、徐名鸿、范其务等人商讨十九路军今后的方向问题。虽没有作出任何决定,但问题总算是提出来了。接着蔡廷锴乘飞机,去武汉见蒋介石。9月初旬,蔡由汉返沪时,蒋光鼐亦乘轮船来沪,即同我商谈此事,旋又在蒋光鼐寓所同我和蔡、戴等人共商一切,当时,我虽有腹稿,但尚未成熟,自己决定出国,并已做好了准备。鉴于蒋光鼐已接受福建省政府主席的任命,即向他们提议,十九路军暂时维持原状,不卷入国民党派系斗争的漩涡,专心致力于整顿全闽,作为将来反蒋的基地。此议获得了他们的一致同意。

  蒋光鼐来沪期间,蒋介石从武汉派飞机来接他。蒋光鼐到武汉后仅留一天,旋即回沪向我说明,蒋介石已提升蔡廷锴任福建省"绥靖"主任。"绥靖"主任掌握全省的军政大权。可见蒋介石的打算是使蒋光鼐与蔡廷锴发生矛盾,从而破坏我同十九路军的深厚历史关系。我同蒋、蔡等再次会商后,他们俩同去福州。

  他俩走后,我在蒋介石的逼迫下,于10月下旬即偕欧阳予倩乘轮船经香港去欧洲。在我动身前后,汪精卫也请假去欧洲"养病",其目的何在?我弄不清楚。在这次出国的旅途中,我与汪从未见面,也没有任何联系。旅欧期间,欧阳予倩一直在我身边,他对我的多次启示,使我终生难忘。

  我是在10月下旬偕欧阳予倩乘德国邮轮科勃仁士号经港赴欧的。途经菲律宾时,受到华侨各团体代表的欢迎,并参加了该地国难后援会,广东会馆国民党支部、中华商会及各行业商会联合举行的公宴,到者有四五百人。离开菲律宾后,经印度洋,于11月抵马赛即转往巴黎,在彼处逗留了一段时间,又经柏林玩了些日子,然后到伦敦。在伦敦会晤了许多旧交,如王礼锡、罗长海等,还结识了许多有理想的新朋友。罗是中山大学学生,曾做过我的家庭教师,后由我资助留英。当时留英学生也有两派,一派是反动的,是国民党官费派出或为政府官吏子弟;一派是进步的,特别不满于蒋介石的对日不抵抗政策。我通过王礼锡和罗长海的关系,结识了后一派留学生。一开始,有些人认为我是亲蒋介石的人,不敢向我接近,经他俩解释,知我因主张抗日,已同蒋决裂。这些青年陆续来访,并经常到我寓所讨论问题,参加者还有欧阳予倩、王礼锡、罗长海、程希孟、彭道真(为程的爱人)、陈锡襄(福建人,现在上

海教书)、郑震宇(江西人,后发现是个特务)等多人。

我们几乎天天接触,气氛十分融洽。我坦率地对他们说:"我同蒋介石已再也不能合作了,他的对内独裁、对外不抵抗政策是不得人心的。在国民党内反对他的人很多,包括一些地方势力和许多元老派在内。"我还对他们说过:"我在国民党内有号召力,只要发动反蒋,许多人都要跟着我走。"继而又说,"十九路军从高级将领到下级军官都有爱国主义思想,他们同我都很有感情,现在我虽然脱离开队伍,但他们仍然是要听我的话的。现在的问题,是应该怎样进行?"大家根据我的谈话,对当前国内、国际形势作了分析,一致认为反蒋的目标是正确的,但仅依靠十九路军和国民党内部的力量是不够的,首先必须发动民众,特别重要的是要联合共产党一起行动,才能负起这个任务。我告诉他们说:"十九路军已委派徐名鸿在闽西试办土地改革,为以后发动民众做准备。至于联合共产党问题,在蒋介石下野时,我在南京国民党中央党部讲演时说过,最低限度要恢复民国15年国共两党合作时的状况,明确要求同共产党合作。"并说明,"在广州、上海方面,我还有一些共产党朋友或接近共产党的人。只要我们拿出办法来,这两个方面将来都可以做到。"我还说:"十九路军的部下本质上大都是好的,只是缺乏政治训练,高级将领又不喜欢读书,我曾经要他们读马克思著作,相信他们会进步。"如此这样的天天谈论,便谈出了建立新党、建立新政府等系列方案来。这与我在上海、在旅途中酝酿的腹稿基本一致,到此则是更加具体,更加全面了。我在伦敦的两三个月中,深觉收获很大,勾勒出一幅未来活动的蓝图,建立新政权的方案一旦确定,我便动身回国。

3.2.2 政治思想的进步

在此以前,我的政治思想水平是十分可笑的,差不多还停留在旧民主革命阶段,与我的同学叶希夷(叶挺)自然不能相比拟,就是同邓演达相比也相差甚远。我参加同盟会较早,在国民党元老派中,包括左派的前辈中,许多人都与我相契颇深,因我掌握着一支具有战斗力的、有历史渊源的军队,故在一些人的心中总认为我是国民党的正统的实力派,因而捧场的人很多,有几个中央委员都争着欢迎我到他们的桑梓去当省主席。我从小是读线装书长大的,深受儒家封建思想陶冶,继又学佛习禅宗,把大乘教奉为圭臬,因它同我的政治生活并无矛盾,且为我不受任何约束的习尚找到了理论基础。我虽是军人出身,但身在军中又讨厌军队,常把军务托诸蒋慨然去处理,而自己则任意从事其他所爱好的活动,当然对政治也绝不是就此而感到满足。我同意有个朋友对我的看法,他说我是"手挥五弦,目送飞鸿"。我在国民党从中央到地方,交游甚广,但在政治上我是独来独往,自己有自己的主张,从来都不是被动的。

早年同我交游的大都是"士大夫"型的人物,他们的封建意识都相当浓厚,彼此都有共同语言,也易于发生感情,建立友谊。如我同熊十力、梁漱溟等人,虽然彼此的思想不尽相同,但在封建的"大同"思想上却是一致的。因此我便认为自己已得到了立身处世、安邦定国之道的真谛,故目空一切,不求进步,回想起来,真是惭愧,且又后悔莫及!只有在淞沪抗战前后,经受了许多现实生活的教育,加上王礼锡发动的"中国社会史论战"的影响,才使我认真思考,并开始阅读由日文翻译的马克思主义政治经济学和其他哲学书籍,开阔了眼界。但我生吞活剥式的读书,当然没能消化,更说不上运用。我还具有旧知识分子的通病,喜欢用马克思主义来同自己学过的知识相附和。理论上的理解如此,在实际行动中也是如此。记得大革命时代的广州,马克思主义也风靡一时,我居然用佛家的"因明"学来比附革命的辩证法,还写了篇文章在《青年军人》杂志上发表。在政治实践中,因没有打破阶段偏见,常常阉割马克思主义的阶级斗争的学说,总想调和阶级矛盾。如我在淞沪抗战后的政治主张,实际上也是福建人民政府的政治力量,依靠工农大众,恢复国民党改组时的政治局面。我曾在国民党中央政治会议上公开发表过上述主张,但在当时,我尚未放弃国民党领导的"法统"观点。1932年11月,我在出国途中为《十九路军抗日血战史》写的序文中,概述了我对中国前途的看法,其要点为:

一、我们认为中国是半殖民地国家,无论从半殖民地把民族资本解放出来,或者直接走社会主义道路,都必须反对帝国主义。

二、我们认为三民主义不是以它的静止的内容来领导革命,而是以

它的逐渐前进来适应革命的需要。

三、我们认为必须在民族利益上谋统一,即阶级利益服从民族利益。

四、我们认为在经济上要有统一的组织,要以国家的统制,有计划地来发展社会化生产,并实现"耕者有其田"。

五、我们认为反对帝国主义需要民众起来,组织民众,武装民众;这样可以使军阀战争不可能延续,并且保障民众的反帝大众政权。

六、总之,我们认为日本帝国主义最凶残的相貌暴露以后,应当以反对日本帝国主义作为目前唯一的任务,组织并武装反帝民众作为斗争的主体,以统一下的政权、统制的经济作为斗争的准备和手段。

由于上述内容的腹稿业已成熟,我才中止旅欧,急忙回国。

在此,为能清晰地理解我的思想之所以转变——放弃和破除对国民党的"法统"观点,要叙述一下王礼锡和神州国光社予我的重要影响。神州国光社虽是我投资经营的出版事业,但它是属于十九路军的集体事业,也可以说它是十九路军的政治部门。王礼锡是神州国光社的主编,当年,出版的书刊和王礼锡本人,都不自觉地带有社会民主主义倾向。有人说它是"社会民主党的机关",在国民党元老派中的人则说"'神州社'同共产党有联系"。蒋介石的特务机关报《大陆晚报》,首先载文说王礼锡在神州国光社搞社会民主党。

而实际的情况是,首先,当我接办"神州"时,正是国际共产主义运动展开第二次大论战时期,斯大林领导的苏联共产党和第三国际,正在同托洛斯基派和布哈林派等集团进行着激烈的斗争;同这场论战交织在一起的中国共产党内部,也在进行着反对"左"、右倾机会主义的斗争。这场斗争不能不在中国各阶层的知识分子中引起极大的反响。特别是"九一八"事变前后的中国社会,正处于内忧外患、天灾人祸相继而来的困境之中,"中国往何处去"这个问题,迫使人们要求得到解答。王礼锡乘时而起,他以神州国光社为基地,创办《读书杂志》,以"中国社会史论战"为主题,向当时不同政见的学术界权威——顾孟余、陶希圣、梅思平、陈独秀、郭沫若等人发起挑战。王在他的《中国社会史论战序幕》一文说:"中国的经济问题,现在已经逼着任何阶级的学者作出解答,任

何阶级的学者为着要确定或者辩护他自己阶级的前途,也非解答这个问题不可了。"他就此提出了以下三个问题:

一、中国社会的革命高潮是否到来?

二、中国革命的性质,是资产阶级革命,还是社会主义革命?

三、中国革命的对象,是否是帝国主义与封建主义?

王礼锡在文章中认为:"要解答第一个问题,就得了解革命的条件是否具备?要解答第二个问题,就得了解中国社会是封建社会,抑是资本主义社会?要解答第三个问题,就得了解帝国主义在中国所产生的作用,与封建社会是否存在?"

其实,这虽是一个极其复杂的问题,但这些问题早已为斯大林所解决,并在中央"六大"会议上也业已确定。由于我生吞活剥的读书方式,并没有多少了解。相反,倒是王礼锡挑起的这场论战和他提出的问题,给了我极大的影响,使我逐渐改变了政治倾向,走向福建事变。

其次,在"一·二八"淞沪抗战初期,王礼锡曾有过组织"市民抗日政府"的主张,并见诸文字。与此同时,他还在书刊上公开提出:"一、武装全国民众作持久的抗战;二、全市罢市、罢课、罢工,来反对日本侵华暴行,威胁各帝国主义在上海的统治;三、市民自动起来,组织'市民抗日政府'。"

王礼锡的上述主张在当时得到过我的同意,并在我旅欧途中形成的腹稿中,起了相当的作用。

再有,"市民抗日政府"这种新型的政权形式能够建立起来吗?我在和王的几次谈论中,王礼锡断言说:民族资产阶级和无产阶级的力量同样薄弱,将以哪一个阶级来主持这个"市民抗日政府"呢?又以哪个阶级的利益为内容呢?这个问题解决不了,新的政权便建立不起来。由于他知道民族资产阶级力量薄弱,又不承认无产阶级的领导权,所以他最后只能得出一个失败主义的结论说:"所谓'市民抗日政府'者,不过是梦呓而已,虽然明知是梦呓,无妨借以麻醉而已,虽然明知是镜中花,无非借以欺骗自己。呜呼!孤立的知识分子的悲哀!"

当时我过分自信能够联合多数的抗日反蒋的派别,又深信全国军民能够结成军民一体来共同抗日。但自从福建人民政府成立后,他的

这段话不啻是现实的写照,同时,在我和蒋光鼐的心情中,也都笼罩着这个阴影,不过那只是后来的事了。

3.2.3 为建立新政权而努力

1933年5月,我离欧回国,抵达香港时,蔡廷锴会同陈济棠的代表香翰屏与张惠长、欧阳驹等多人来接。次日,即同蔡廷锴、香翰屏专程赴广州,即与陈济棠举行会谈。考虑到我有被陈逼出广东的这段情节,一见面,立即声明完全支持他的反蒋主张,并称赞他同蒋光鼐与蔡廷锴的亲密合作。再三声明,我此行回来,绝无权利地盘思想,仅以在野之身,帮助你们几位进行反蒋抗日活动。在谈及国际形势和国内形势时,我明确而又坚定地向他说明非反蒋不能抗日、非抗日不能图存的道理。这时,南京国民党正将召开第七次全会。我说:"这种会议,无非是挂羊头卖狗肉的会议,我决不去参加。"陈济棠只是唯唯诺诺,并无鲜明的表态,只把事情推到他搞的西南政委会和西南执行部去。第二天,这两个机构联合举行公宴,邀我同蔡出席。席间与陈济棠、李宗仁及胡汉民派来的人边吃边谈。我说:"我们今后在政治上拥护胡先生,军事上拥护伯南(陈济棠字),至于如何具体进行,我还要到福建去同憬然(蒋光鼐字)商量后再说,目前没有什么具体的决定。"席散后,我又赶回香港,相继联络了黄琪翔、章伯钧、龙云、刘湘、冯玉祥、方振武、李烈钧、韩复榘和杨虎城等人,谈了我为打倒蒋介石、建立新政权,实现继续抗日的原委,争取他们的支持。冯玉祥明确表示,坚决支持。

我心里有了底,再次去见胡汉民,再三说明十九路军和陈济棠、李宗仁一致拥护胡先生出来领导。后来,有人在《文史资料选辑》中说我曾对汪精卫说过"福建人民政府如果是先生来领导,就不会失败"等语。我记得很清楚,我经常对人说:"福建人民政府成立时,胡汉民因胆子小不敢来参加,若是换了汪精卫,他如能抽开身是会来的。"但不管是胡汉世民或汪精卫,不来参加便罢,如果来,也要按我们自己的意图行事,不会听凭他们来主宰。胡汉民是不会不想到这一点的,因而他虽口头答允,但未付诸行动。

在这段时间里,我又电约当时在广州任职的梅龚彬速来香港。他

来后,我将我的计划告诉了他:

一、争取与陈济棠合作,利用当时业已形成的粤、桂、闽的三省联盟,以西南执委会与执行部两机构为基础,拥护胡汉民与陈济棠,以福建及十九路军为核心,建立新的政党,联合共产党,发动民众,实现我们业已酝酿很久的政治路线。这是上策。

二、陈济棠如不愿意干,就请胡汉民与李宗仁合作,要求他们出兵威胁湖南,等我们干起来,陈最后也会跟着我们走。此为中策。

三、如胡汉民还不愿干,就请李济深出来领导,哪怕仅有十九路军,也要孤军奋战到底。这当然是下策。

我要梅龚彬立即起身赶往上海,去同中共中央联系,谅解我们的苦衷,传达我的计划,务求达到十九路军和红军之间的停战与合作。

在梅龚彬离港去沪前后,本来就对陈济棠没抱多大的希望。因为我深知陈的为人一贯是"扮猪吃老虎"。而且他当时已踌躇满志,一方面奉胡汉民以自居,以西南的上述两机构为工具,以桂、闽为其屏障,生怕别人染指他的既得利益。尤其是我同李济深都曾是他的老上司,他的部属中如军长香翰屏等许多人,同李和我都还存在有深浅不同的友谊,生怕我们对他的部下发生影响。

再有,李济深既同桂系有深厚的渊源,又与陈济棠有很深的芥蒂。李济深从上海南下困居香港时一筹莫展,想去趟广州都遭遇到了陈的闭门羹。李济深在无可奈何之下,派他的参谋长张文到广州,要求陈济棠每月支给他5万元,作为抗日力量的支援。陈济棠不但分文不给,还要和他算老账——算自粤军第一师起和第四军、第八路军总部时的公积金的账。广东成立国防委员会时,委员有陈济棠、林云陔、李宗仁、白崇禧、蒋光鼐、蔡廷锴,就是没有李济深;蔡廷锴曾极力建议应有李济深为委员,遭到陈的反对。而且我还有十九路军做后盾,一进入西南,那"西南王"就不是他的了。更何况陈济棠不愿意把一个已被遗弃多年的"家婆"再迎接回来,受其管束。

我在广州同陈济棠的一次谈话中,业已看出隐藏在他胸中的这些黑心病,故而在第二天就返回香港,但想到他和蒋介石的矛盾,以及他部下要求抗日的愿望,于是在6月8日那天我又同蒋光鼐、李宗仁等一

起,在广州列席了西南政委会的例会,讨论粤、桂、闽三省的共同行动问题。由于陈济棠掌握着实际决定权,因而多数委员都要看陈的脸色表态,但陈济棠表示模棱两可。大家都认为问题性质重大,要我们从长计议。当晚,我同蒋光鼐住在东山蔡廷锴寓所里,李宗仁、陈济棠、邹鲁、萧佛成前来回访,我再次同他们分析了国内形势及反蒋的必要性。鉴于白天会上的情景,我特地强调说:"如果诸位不干,十九路军也要在福建干,到那时,要希望你们不要在我后门捣乱。"陈济棠当即拂袖而去。第二天陈约李宗仁、蒋光鼐、邹鲁、林云陔等人,到他的梅花村公馆去会谈。当时,他还想与我们恢复会谈。这次会谈,双方见解相距甚远,怎能合作。我虽也接到约请,但因已在前一天的会上看透了他决不会与我们合作,故也不愿与他继续周旋,于是当天只身一人先行回港去实施第三步计划。

我同蒋光鼐于6月上旬再次入粤,原是为争取实施中策计划去见胡汉民的。我对他希望很大,认为胡汉民与李济深既有师生之谊,又有被蒋介石囚禁的共同遭遇,而我又是经过和李济深商量后去见他的,当时的胡汉民虽以陈济棠为凭借,但他们两人之间有矛盾,胡亦不能行其志;且当时的桂系很窘,李宗仁在广东亦等于寄人篱下,他们没有陈济棠那种"持盈狩秦"的野心,只是亟于打破现状,以壮其志,现把机会给他送上门去,壮其千里之志,他哪会拒绝。因而我们一到广州,先同胡的亲信邹鲁、邓泽如、萧佛成等交换了意见后,即协同蒋光鼐去见胡汉民。理由说了一大串,由于胡汉民已知道陈济棠的态度,且他的胆子本来就小,任我们怎么说,也不愿同我们合作。我同蒋只好乘兴而来,败兴而退了。

我回到香港同李济深会面,李济深深谋远虑,劝我同他再次赴粤去访胡汉民,向他提出,只要求他到福建去,并与桂系一致行动。胡汉民终于采纳了这种进退两全之策。

我在上述的种种情况下,只能执行第三步计划,即实施下策。对此,我认为最有把握:李济深同我的主张是一致的,好像抬轿子,一个愿坐,一个愿抬,于是一说就成。蒋光鼐同我的主张和看法也比较接近;可是蔡廷锴的看法却不尽相同,他在迟疑之间不同意起义搞政变。其中的因由相当复杂。十九路军自淞沪抗战以来,在国内外广大群众的热烈赞扬声中各级军官逐渐产生骄傲情绪,革命意志开始衰退。我常对人说十九路军"盛名之下,其实难副",就是由此而产生的。同时,在我旅行欧洲期间,想拉十九路军走反共反人民道路的人,不仅有蒋介石,还包括宋子文等一些人,一面委任蒋光鼐当福建省主席,一面委任蔡廷锴为掌握福建军政大权的中央驻闽"绥靖"公署主任,使蔡脱离蒋光鼐的控制,便于指挥和宰割十九路军,而陈济棠也在拉蔡。陈济棠自以为蔡廷锴曾是他的老部下,因而每月给20万的"协饷"作诱饵,企图拉过去仍作他的部属。更为严重的是,在蒋介石的控制下,十九路军不能不参与"剿共"战争,蒋介石的南昌行营还特派督战官蔡启与驻在总部监视,十九路军的命运岌岌可危。当时的蔡廷锴既是十九路军总指挥、军长,又是驻闽"绥靖"主任,并为浙、闽、赣、粤、湘的南路军总指挥四大职务,故而蔡廷锴已成为福建人民政府能否建立的关键人物。

形势如此之严重,但我与蒋光鼐之间并不过分担心蔡廷锴,我们始终相信蔡廷锴在大节上是站得稳的,他终究是会同意我们的意见的,当时我同蒋光鼐、蔡廷锴有一个共同的担心,即十九路军如不服从命令,不愿"剿共",必为蒋介石所消灭;如服从蒋介石的命令进行"剿共",官兵不愿打,孤军深入,后无援兵,也必为红军所消灭。归根到底,都能达到蒋介石要消灭十九路军的目的,即"剿"也败,不"剿"也败;打也完,不打也完。这是我们所不甘心的。但蔡廷锴不主张公开反蒋而另觅对策,这便是分歧与关键之所在。但十九路军危在旦夕,故而我与蒋光鼐一致决定,不计成败,竭尽全力也要做到十九路军能保持光荣历史——继续坚持抗日战争,即使失败,也不让十九路军的名誉毁灭。于是,我在继派出梅龚彬之后,又派刘剑米(伯垂,当时我仅知其为共产党,不知是托派)和刘叔模去上海,代表我同中共中央谈判合作问题。经过一个月商谈,没有结果。后闻秦邦宪(博古)还骂我们"比蒋介石更反动"。同时,我通过蒋光鼐与蔡廷锴之间鱼水相依、甘苦共尝的亲密关系,说服了蔡廷锴之后,在香港的李济深家中进行了一次重要会议,讨论发动成立福建人民政府的具体事宜。参加这次会议的有冯玉祥派来的代表余心清,及章伯钧、黄琪翔、徐谦、李济深和我等诸人。

其时,蒋介石正在发动五次"围剿",并对十九路军施加种种压力,

要它出兵打闽北的红军。正在这时,闽北连城方面的彭德怀部,又同十九路军发生接触,消灭了七十八师的一个营,并俘去了一个营长。这就引起了一部分官兵的怀疑,他们说:"不是说我们已同共产党合作了吗?为什么又打起我们来了呢?"我曾同刘、梅等人说过:"我们要求合作是诚意的,若共产党不同我们合作,将来是要受历史裁判的。"其时十九路军处境困难,蒋、蔡要求一致合作,抗日反蒋,早具决心,甚至牺牲整个部队,亦在所不惜。在这种情况下,故仍一面严格约束部队,防止再发生冲突;一面催我迅速同中共谈判,以免夜长梦多,发生意外。我当时在香港,只得请陈公培前往江西一行,由我写信交他到福建延平与蔡廷锴洽商。他见蔡后,通过彭德怀部与瑞金取得联系。

反蒋政变的大事一旦决定,我即同蔡廷锴于11月由港乘船入闽进行筹备活动,我在福州住了十多天,在此期间,蒋光鼐亦由港入闽。此时,红军亦派叶挺住在蒋的家中,协助筹划。我不知此事,故派我与邓演达之间的秘密联系人徐名鸿、陈晓航(罗稷南)作为十九路军正式代表速赴瑞金,与中共中央商讨十九路军与红军携手共同抗日反蒋的大计。据徐名鸿事后说,他曾见到毛泽东和朱德等领导人,但未见到当时掌权的王明和博古,仅同他们派出的代表举行会商,虽签订了十九路军与红军共同抗日反蒋的协定,但还没有签订军事和边界协定,达到攻守同盟的目的。这是"福建人民政府"之所以迅速失败的重要原因之一。

在福州的十多天内,蔡廷锴已急急赶回"剿共"前线,派人与红军直接联系,双方已处于休战状态。故我除同蒋光鼐反复磋商外,曾到南台及团训所等处与大家讨论并举行公开演讲会,演讲的主要内容是:"要图中华民族的生存,就非抗日不可,要抗日,就非先打倒蒋介石的卖国政权不可!"

此后,我又同蒋光鼐一起入粤,去争取李宗仁一致行动,但李宗仁已去广西。我以李济深和我的名义,派尹时中到广西与李宗仁、白崇禧联络,并委托陈召悟入闽、赣同红军联系。我自欧洲回来后,蒋介石对我是有戒心的。他曾派段锡朋到香港来刺探情况。我同段在南京时期,一度共事,我当总政治部副主任,段任组织处处长,且有私交。但我对他的来访已有警惕,同他见面时,只表示了自己的政治见解与蒋有根本分歧,不能谈什么合作。至于我们的具体做法,则丝毫没有透露。段回去后不久,黄绍竑奉蒋介石之命南来活动,黄与李济深关系甚深,同我也是老熟人。他此时已逐渐疏粤桂系,靠近蒋介石。但我和李济深对他的到来并无顾虑,因为他投蒋有其个人考虑,所以,他还不会出卖老朋友,那样对他并无好处。我还有一个打算,把他拉过来,利用他为我们做点工作。故我同李济深商量后,三人共同签了一个盟书,把我们后来的政治主张记录了进去。有人说黄后来出卖了福建人民政府,我是不相信的。

1933年11月22日,十九路军联合李济深、冯玉祥等一部分进步人士,以及从国民党分化出来的中华革命行动委员会——第三党和其他各方面的反蒋势力,在福州成立了中华共和国人民革命政府(简称福建人民政府),在成立的当天,宣读了作为对内对外各项政策基础的《人民权利宣言》,并改变国号,制定新国旗,公开宣告同以蒋介石为代表的南京国民政府彻底决裂。

举事后不久,组织成立了以我为主席的生产人民党,试图以此为核心来领导各项革命事业,实现同中国共产党的合作。在此之前,十九路军已同中国工农红军签订了抗日反蒋协定,坚定地公开反对蒋介石的"宁忘九一八,毋忘赤祸"的战略决策,号召全国军民继续抗日战争。

事后我从情报中获悉,当时正在南昌指挥围剿红军的蒋介石,面对我们发动的抗日反蒋运动急得连声低呼:"糟了,糟了!"认为若不迅速扑灭福建人民政府,将严重地动摇他的统治地位。于是,他和熊式辉、顾祝同、陈诚、林蔚等人连续几天商讨对策,调动卫立煌、张治中和蒋鼎文的10个师兵力向福建疾进而来,并命令原驻南京的两个最好的炮兵团——第一和第五团赶往建瓯集结。当我从红军发来的电报中得到已有两个师的兵力经过江西黎川向我方推进时,认定江西境内红军可以把蒋军击退,于是劝大家不必顾虑。但我忽略了当时十九路军和红军合作的具体条件尚未订立,红军没有义务代我挡击蒋军,从而延误了战机。因而当蒋介石到建瓯设立行辕,亲自指挥10倍于我的兵力,从东、西、北三路环攻我们时,我们坚持了近两个月而最终被镇压下去。福建人民政府存在的时间虽短,却是中国近代史上一个独具特色的政治事

件,它的经历,有必要留给后人研究。

福建人民政府失败后,我与李济深、蒋光鼐、蔡廷锴、陈友仁、徐谦、李章达等人均亡命香港,受到国民党政府的通缉。我是十九路军所公认的"历史领袖",又是福建人民政府的主要负责人之一,自始至终都参与了这一义举,经历的种种事情也都较其他诸人为多,而且复杂,举事之成败,和我都有重大关系,特别是对其失败所应负的责任,也较其他诸人更为严重。我深深记得,自失败后不久,我在香港曾委托福建人民政府的文化委员王亚南撰写一篇福建人民政府史稿,名为《福建人民政府的产生和失败》一文,对其失败作了初步的总结,由于当时的种种原因,未能发表。近年来我常思念此事,但因稿件原存香港我的寓所,后来一直未寻获,故而就记忆所及,并参考曾写过的一些史料,撰成此文,希冀能为史学界提供一份真实可靠的有价值的研究史料,并能由此实现教育青年、教育子孙后代的愿望。

(作者注:1965年5月14日,陈铭枢在一次座谈会上突然发病去世,回忆福建人民政府的工作就此中断。)

3.3 蔡廷锴回忆福建事变①

我率领的十九路军,是由于"闽变"失败被蒋介石所消灭的。其中经过的事情相当错综,时间已过三十多年,有些已模糊不清。现就回忆所及的记述如下。

3.3.1 十九路军调闽前后

3.3.1.1 "一·二八"淞沪抗日战役前,十九路军的历史情况

该路军的名义是在一九三〇年中原会战时发表的。它的根源是从粤军第一师产生的。一九二五年国民党与共产党合作,在广东创立国

---

① 蔡廷锴.回忆十九路军在闽反蒋失败经过//中国人民政治协商会议全国委员会文史资料研究委员会编.文史资料选辑(第五十九辑).中华书局,1979:71-113.

民革命军时,以粤军一师为骨干扩编为第四军,由李济深任军长,该军所辖的第十师陈铭枢部(副师长蒋光鼐,参谋长朱绍良,所辖二十八团蔡廷锴,二十九团范汉杰,三十团戴戟等三个团)和第十二师张发奎部由副军长陈可钰率领参加北伐。该军的第十一师陈济棠部则由李济深率领留成广东。一九二七年一月间,陈铭枢的第十师联合友军,先后击败吴佩孚、孙传芳军阀部队之后,在武汉扩为第十一军,辖第十、二十四两个师。陈铭枢升军长,蒋光鼐、戴戟分任师长。是年春,宁、汉分裂后,陈铭枢拥蒋投宁,陈及蒋光鼐、戴戟脱离部队,该军军长由张发奎兼任(后由叶挺继任)。我则继蒋任第十师师长,继续参加北伐,在河南和张作霖军阀作战。是年七月东开江西,八月一日南昌起义,我因政治方向不明,当贺龙、叶挺等率起义的部队南下时,我则率第十师东开河口,迎十一军副军长蒋光鼐回部,继续东开入福建,将何应钦所部新编第一军谭曙卿部缴械,恢复二十四师番号,以我的副师长黄质胜升师长,重建第十一军,欢迎陈铭枢由日本回来任军长(陈铭枢从一九二七年冬迄一九三三年在政治上的一切活动,就是靠我重建的第十一军作为资本)。一九二八年该军回粤,陈铭枢拥蒋参加新军阀混战。在广东五华击败汪精卫系张发奎、缪培南的第四军后,即回南路,在李济深指挥下参加反人民的"清剿"工作。一九二九年全国整编,广东部队取消军的番号编为五个师,蒋介石扣留李济深实行讨桂,以新编第四军军长陈济棠任广东编遣区特派员,随又改为第八路军总指挥统率全省军队。原十一军军长陈铭枢改任广东省主席。原十一军缩编为六十、六十一两师,由我和蒋光鼐分任师长。陈铭枢从此有了广东地盘,同时并间接控制这两个师的武力作为后盾。

一九二九年冬,桂军第七军、第十五军联合粤系另一支反蒋部队第四军张发奎部犯粤。蒋介石派第六路军朱绍良率三个师来粤支援陈济棠的第八路军,在广东花县赤、白坭和新街一带进行堵击,激战几天,终将张、桂军击败,陈济棠命蒋光鼐为前敌指挥官率六十、六十一、六十三等三个师,追击进至广西北流西山、民乐地区,再度将张、桂击败。一九三〇年李宗仁、冯玉祥、阎锡山(即原国民革命军第二、三、四集团军)联合反对蒋介石,是年五月间,张、桂军北上与阎、冯联合作战,前锋已抵

湘北,陈济棠命蒋光鼐率六十、六十一、六十三等师由桂回粤转湘尾追,于衡阳附近决战,第三次将桂、张军击败。双方伤亡惨重。衡阳战役之后,当时阎、冯联军在豫鲁战场占优势,打得蒋军焦头烂额,蒋介石命蒋光鼐率六十、六十一两师增援津浦线作战,于七月底占领济南,将阎锡山在山东战场的部队击败。八月间,蒋光鼐升十九路军总指挥,我升第十九军军长。随后转战河南平汉线,在新郑、郑州地区联合友军,将冯玉祥主力击败,结束了中原会战,稳定蒋政权的统治。十九路军几年来成为拥蒋的忠实有力工具。

一九三〇年冬,甫结束军阀混战,蒋介石即开始镇压人民的"剿共"战争,驱使十九路军入江西。由一九三〇年十二月迄一九三一年九月止,十九路军参加了一、二、三次"围剿",由于蒋光鼐多病,不愿参加反共战争,部队由我率领。一次"围剿"未赶上,二次"围剿"没有主力战斗,三次"围剿"由于蒋介石扣留胡汉民事件造成宁、粤分裂,陈铭枢被迫离粤,接受蒋介石委任江西右翼军总司令,直接指挥十九路军。当时蒋光鼐在沪治病,部队由我率领在兴国高兴圩和红军打了三天两夜,所属六十、六十一、七十八三个师伤亡达三千。三次"围剿"结束不久,即爆发了"九一八"日军侵略我东三省的沈阳事件。国难临头,我率师回至赣州整补时,开始认识连年内战,枪口不能对外,是造成日本帝国主义想灭亡我国的主要原因。决心从此不再反共,主张一致对外,我在赣州体育场,曾率领全军举行庄严宣誓。

一九三一年冬,陈铭枢因促进宁、粤合作,被蒋介石调任为京沪卫戍司令长官,因此十九路军调戍京沪。由于南京政府以国防未准备好为借口,采取消极抗日政策,助长日寇的步步入侵,转瞬辽、吉、黑三省只有马占山打了一下,即告沦陷。一九三二年一月中旬,日寇在各地到处寻衅的同时,竟以上海作为压制抗日运动的重心,企图以军事控制淞沪,迫使南京政府屈服。我和蒋光鼐、戴戟商量决定淞沪抗日计划。那时蒋介石被迫假下野,在幕后指挥,指示何应钦、朱培德来电迫我于一月二十七日退出市区,以免冲突,我抗不交防。一月二十八日,日舰队司令盐泽竟向我军通牒,要我退出闸北,我不予理会,严阵以待,是夜十一时即爆发"一·二八"抗日战役。十九路军在全国人民支援下打了一个多月,伤亡万余人,最后为蒋介石叛卖而结束。战后,我受到蒋当面痛责不服从命令之过,淞沪停战协定后,以"剿共"军事告急,要将全军三个师分割使用到皖、鄂、赣地区参加内战,全军官兵闻之痛心。嗣后经我们力争,在人民爱护下,蒋介石才打消原议,适福建反共失利之机,十九路军才免于支解,而集中调到福建,迫使我军继续执行反共卖国政策。蒋介石仇恨抗日部队及抗日将领的态度昭然若揭。

3.3.1.2 十九路军抵闽时的割据形势

一九三二年五、六月间,十九路军先后开抵闽西南,当时福建的形势四分五裂,省主席方声涛只知吸大烟享受腐化,对地方政治毫不关切,乃一个典型官僚。地方政权土劣横行,互相攻讦,当时的苛捐杂税达二百多种,宗族派系间的械斗迄无宁日,造成民不聊生的景象。在军队方面,福建全省没有蒋介石嫡系军队,大都是地方土著及杂牌部队割据称雄。以建瓯为中心的刘和鼎所部五十六师,割据闽北地区;以邵武为中心的周志群独立旅,割据闽西北地区;以仙游为中心的陈国辉独立旅,割据闽东南地区;以漳州为中心的张贞部四十九师,割据闽西南地区;以尤溪为中心的卢兴邦部新编二师,割据闽中地区;以福安为中心的陈齐瑄独立旅,割据闽东北地区。其中以陈国辉部号称六个团,军纪最坏,跋扈横行,掳人勒索,无恶不作。卢兴邦(闽北王)盘踞尤溪、永安、大田多年,自设兵工厂,设卡抽税,该部有多少人枪无从知悉,是匪是兵也无所区别。

关于当时红军的情况,在十九路军未抵闽前,闽西北及闽西南许多地区已解放,并建立了苏维埃人民政权。十九路军抵闽后,红军第一军团已退出漳州、漳平、龙岩地区。上面所述这些杂牌土著军队,大都先后吃过红军的败仗,损失相当严重,对红军作战如惊弓之鸟,多采保存实力的观望态度。

3.3.1.3 十九路军抵闽初期活动

在我们部队开闽时,蒋介石即将陈铭枢的卫戍长官部撤消(销),将该部改组为驻闽"绥靖"公署,升蒋光鼐为主任,以我继任十九路军总指挥兼十九路军军长。我率部抵闽后,蒋光鼐不愿就职,回到广东原籍,表示不愿再干。绥署虽设在福州,只有参谋长邓世增处理业务,等于虚设,对福建全省军政的整理无从开展。福建的军队如此复杂,政治又如此腐败,我是一个军事指挥官,既无权指挥行政,又无权指挥其他友军。十九路军抵闽,我将部队分驻闽南、闽西地区,以六十师进出龙岩,六十一师集中泉州,七十八师进出漳平,除龙岩前线与苏区接壤地区彼此对峙戒备外,其余的部队则进行整理补充。淞沪抗战后,十九路军另在广东成立一个补充旅,尚在广东未归建。当时我感到蒋光鼐迟迟不肯回闽就职,久拖下去,"中央"另派员接充,则陷我军极为不利地位。同时,如蒋不回闽,让我独力维持本军,也很棘手。抵闽以来,官兵不满于内战的心理与日俱增。对部队生存,对抗日事业,我颇失信心。因此我在八、九月间,乃亲到广东,约陈济棠手下的第二军军长香翰屏到东莞南栅访蒋,我以辞职要挟,香翰屏代表粤省当局相劝,蒋乃打消辞意,同我一道回来。从此福建军政主持与策划有人,这是日后"闽变"主要关键之一。

蒋光鼐回闽后,我们计划一方面在闽西对红军采取守势,安定防区的秩序,针对官兵不想打内战的思想情绪,防止各部队可能兵变的措施。特别是对"一·二八"战役后,在湖南、河南各地招募来的新兵万余人加意防范。一面将留置在广东的补充旅数千人,调回福州归"绥靖"公署直辖,以巩固闽东防务;一面计划"绥靖"闽东南泉州迄福州地区,作为十九路军的后方基地,决定将横行闽东南永春、大田、仙游、莆田等地自由行动的陈国辉部用武力解决。先将陈国辉扣留,在当地人民请求下,加以处决,并派兵将该部数千人彻底肃清,使福建东南"绥靖"一方,为福建开辟新局面打下一点政治基础。

一九三二(三)年一月,蒋介石调蒋光鼐为福建省主席,命我升任驻闽"绥靖"主任,当时陈铭枢在"中央"也已被迫辞职。"靖绥"主任是指挥全省军政的,以一个多年领导我的上级长官,一变为受我领导,十分不便,我当然不愿干,蒋光鼐要我以大局为重,力劝就任。蒋介石把我提拔上来脱离陈铭枢、蒋光鼐的控制,以便利他的指挥与宰割阴谋是非常明显的。约在二月上旬,蒋介石在武汉来电要我到汉口见面,当面询问十九路军进入闽西的情况,并告诉我福建人事极为复杂,宜多用闽省人帮忙,对军纪尤当切实整饬,办过福建事的人,方知办福建事的困难。他查问我两次回广州关于陈济棠、李宗仁等人对"中央"态度怎样？我借词搪塞,他得不到要领。最后他告诉我对待两广事情,我不及他们的策略,不可太率直轻信外间一切谣言等语。此行明确两个问题,一是知蒋介石重用我,为的是调动福建全力西犯苏区;一是知道蒋介石怕我和广东、广西互相勾结。

约在是年四月间,五次"围剿"行将揭幕,当时南昌行营已发表顾祝同为浙、闽、赣、粤、湘五省北路军总司令,陈诚为北路军前敌总指挥。同时蒋介石又派黄绍竑南下与粤当局洽商"剿共"诸问题。我也被指派回粤参加,粤方则请桂省李宗仁、白崇禧等人来广州讨论关于"剿共"及拥护政府等问题,提出一个方案:桂军(称为第四集团军)允派兵六个团,粤军(称为第一集团军)允派兵二十个团开赣南,每月由"中央"资助广西三十万元,广东一百万元,以陈济棠为浙、闽、赣、粤、湘五省南路军总司令,以我为五省南路军前敌总指挥。黄绍竑北上复命,我即回闽,不久"中央"任命的关防颁到。当时蒋介石为利用我作反共工具,我一身担任五省南路军前敌总指挥、福建"绥靖"主任、十九路军总指挥、十九路军军长等四职,位高身危,面前虽有道路两条(作为抗日的十九路军如不愿"剿共",必为蒋介石消灭;如服从蒋介石命令积极进行"剿共",官兵不愿打,孤军深入,后无援兵,也必为红军所消灭),归根到底,两条路变成一条路,"剿"也败,不"剿"也败,打也完,不打也完。我当时在这样恶劣环境下,和蒋光鼐商量,为求一时的安定,在政治上军事上作出如下对策:

(1)为了十九路军有个后方,决定和广东搞好关系。广东物力丰富,每月接济本路军二十万元之钜。所谓西南政务委员会实际是半独立的政权,我曾三次回粤观察粤当局所采的策略是不拥护"中央",亦不完全反对。它对十九路军的态度,是希望我们在福建能稳定下来,万不可侵入粤境危及它的统治为原则。我们基于这个特点,在三月间,由蒋光鼐派秘书长李章达回粤和西南政府拟订粤、闽、桂三省联防草约,企图在政治上、军事上、经济上互相支援,彼此和平相处。粤、闽间关系尽

管不是真诚合作,但双方以抗日救亡名义初步达成协议,闽方以我为代表,粤方以黄任寰代表陈济棠,在漳州签了字,十九路军师长以上均署了名。虽然后来在闽变开始时,陈济棠不守信义,但在闽变前,闽粤边防曾起了一点安定作用,闽变后,多少尚留有一点余地。

(2)为了稳定闽西政权,采取耕者有其田的改良主义办法。福建闽西地区不少县分被红军解放了几年,我军入闽后,红军主力退出龙岩、永定以西地区。我与蒋光鼐认为红军处处得到农民支援是得力于打土豪分田地的政策,于是我们决定成立一个闽西善后委员会,将闽西有关各县政权,暂归驻闽"绥靖"公署直辖。以六十师师长沈光汉、四十九师师长张贞、地方人士傅柏翠等为委员,我自兼主任委员,并派秘书长徐名鸿兼该会秘书长,草拟该会施政方针,以实现三民主义,实行孙中山的"耕者有其田"的计口授田政策,红军曾经分过土地给农民的地方,重新分配。凡是被苏区打过土豪分过田地的地方不许土豪报复,但也不许农民再斗争土豪。采用和平手段解决土地问题。所谓耕者有其田,即能耕田就给土地,不能耕,即不给土地。所谓计口,就是住在农村的人不分男女老幼,不问出身成分,有一个人就算一口,所谓授田就是分配土地问题,由政府重新分配,不许阶级斗争。后来,这个办法实施几月,在曾被红军土改过的地方,地主势力已被打倒,容易推行,贫苦农民得到一点好处,上杭、永定、龙岩等地有了成效,博得农民支援拥护。但其他地区,如在漳平进行时,地主、富农联合中农起来反对,污蔑十九路军是变相的共产党,处处遭到破坏。有部队驻扎时,地、富尚不敢猖狂,而部队离开就闹变天。我们对闽西的政策原来是想对抗共产党打土豪分田地政策的,但这种恩赐式改良主义,动员不了农民起来组织自卫军保卫政权。闽变后,在地主进攻下农民受害,很快就失败了。

(3)为了保存实力消极执行进犯苏区的计划,蒋介石既不许十九路军抗日,自然更不许该路军不"剿共"。一九三二年六月甫抵闽不及一月,南昌行营即来电要派兵往龙岩、永定、闽西等属,所幸红军主力已由闽西转向江西作战,在长汀、龙岩、新泉以西,在闽北邵武、将乐以西地区,只有一部守备苏区部队,没有进攻企图,前线虽接触频仍,但没有大战斗。从一九三二年八月迄一九三三年春是相安无事。我们对蒋介石的对策只有用谎报敌情与虚报战果来应付。南昌行营当时派督战官蔡荣驻在总部监视。这些特务耳目却增加我不少麻烦。约在一九三三年四五月间，南昌行营一再来电要十九路军派兵八个团进占连城、朋口、芷溪之线，限期到达具报。我无法阳奉阴违，于是命令七十八师区寿年部由南靖、永安西进连城，并以长汀的保安团马鸿兴部拨归该师指挥。我并指示该师取守势，万不可孤军深入，将兵力分散无法驰援。不料该师抵连城不久，即遇红军彭德怀的第三军团主力东进。七月间，我在福州鼓山接到该师师长区寿年急电"红军主力向连城进攻，外围部队均被包围，请援救"等语，我复电着其死守，苦战不足三天，该师即弃城东撤，损失达两团部队，行营来电申斥，我乃令六十师沈光汉由龙岩进至永安。连城失守，永安频（濒）于危险，当时将乐、归化又失，刘和鼎的五十六师火急求援，我乃又令六十一师毛维寿部主力由泉州经大田向沙县集中。我亲率补充师进至水口、尤溪口西岸地区。当时红军有进攻延平模样，我六十一师的郑为楫团在延平、青州附近又被击败。我认为红军有决心消灭十九路军企图，蒋介石留在江西的部队几十师，而福建方面兵力如此薄弱，如此分散，军事失败，一味追究责任，却无援兵调来，我所指挥的杂牌部队也无法调动。我感到积极反共固然败，消极反共也难于立足，面对当前的严重情势，保持十九路军这点本钱很不容易，蒋介石想假手红军来消灭我们，可以肯定无疑了。当时陈铭枢回国初来福州，我质问他："你口口声声说已和共产党拉拢有几个月了，如今红军全力东向，想歼灭我军，这是合作吗？"他说："没有合作成功，当然不会停止敌对行为呀！"在红军进攻下，在蒋介石申斥下，我自己站在十字路口非常苦恼。这是一九三三年八月下旬的情况。

3.3.2 "闽变"前的种种酝酿与措施

3.3.2.1 派兵援热河与反对《塘沽协定》

一九三二年春，日寇侵淞沪后不到一年，由于南京政府对日本步步屈服，导致日寇于一九三三年春，又出兵攻占热河，并猛攻我华北长城各口，当时在河北地区国民党部队第二师、二十五师、八十三师与宋哲

元的二十九军,及长城内外的义勇军均奋起抵抗。当时我在福州和蒋光鼐研究,我军是"一·二八"抗日部队,为打乱蒋介石不抗日政策,应向"中央"请缨北上援救热河,继续抗日,苟使"中央"不肯以我军全部北调,也应以一部先遣策应,以资鼓励前方士气。一再请示,始允许我军由各师抽调志愿官兵编成十九路军援热先遣队两个纵队北上。我回漳州召集各师长会议取得一致同意,推定以补充旅旅长谭启秀为第一纵队司令,以六十一师副师长张炎为第二纵队司令,共抽出步兵六个团,粤、桂两省各编成一个师援热。当时广州西南执行部并推我为援热联军前敌总指挥。蒋介石对我此举不满意,但碍于形势,允予北上。当我先遣纵队出发由闽西进入粤境时,却受到地方阻碍,于是我乃回粤和陈济棠商量,准十九路军援热先遣队迂回至广东老隆出源潭乘火车北上,当前锋抵湖南之耒阳时,热河及各关口相继失陷。蒋介石不敢坚持抵抗,在五月间,日寇逼近北平、天津,何应钦正在负责军委会北平分会,他公然和日寇签订《塘沽协定》,事实上就是承认日寇占领东北,又把冀东、察北、绥东划为非武装区。从这个协定看出,南京政府在淞沪协定以后一贯的忍让辱国,真正的目的乃是为对内加紧"围剿"。《塘沽协定》后的几天,蒋介石来电给我,令援热军火速回闽,此次忍痛回师,白白花去军费二十万元。蒋光鼐命秘书长孙希文草拟一个反对《塘沽协定》出卖华北主权的反动措施的通电,蒋和我签字之后即发出,引起南京政府来电相责。至于六月间,我为了安置援热部队要求扩充两个师番号,蒋介石被迫同意将援热第一纵队改编为补充师,由谭启秀任师长,将援热第二纵队与四十九师合并,将原来的师长张贞撤职,改由张炎升充。这种情况下,我才把这个闽南土著的蒋系军队加以彻底解决,使闽西南无异己部队。这算是援热先遣军归来的一点收获,也算是为"闽变"铺平一条小小的道路。

3.3.2.2 对付蓝衣社的颠复(覆)与蒋介石的收买

十九路军自"一·二八"战役后成分日趋复杂,中上级军官已有趾高气扬享受腐化倾向,久战之后,一旦有了一个地盘就想安逸,过去长期流动,一旦停止下来,成立家室的风气很普通。下级官兵认为打过日寇之后，不想再打自己同胞的观念很重。当时南京有蓝衣社（复兴社）组织，我为防止部队分化，想树立一个核心，特接受秘书长徐名鸿建议，秘密成立一个改造社，我兼总社长，徐名鸿任书记，各师成立一个分社，由各师长兼分社长，分社之下设支部，社员以选拔优秀的中下级军官，特别是在本军服役时间较长者，有一定知识的为对象。口号是对外主张团结抗日，对内防止腐化，发扬十九路军光荣历史。实质上，在一九三三年春成立该社的主要目的，是利用该社社员秘密防范蒋介石派人暗中渗入我军策动叛变，并防范蓝衣社渗入军队内部分化，作为上级将领的忠实耳目的一种小组织。是年夏，改造社在厦门市查获由南京用化名汇来一笔款，侦察结果是汇交本军去年送入南京中央军校军官训练班受训毕业回部人员的津贴费用，遂逮捕收款人黄汉光、周邵棻等。据供，蒋介石决心在十九路军搞颠复（覆），毕业学员已多数加入蓝衣社组织，其主要任务是"拥护领袖，复兴中华民族""奉行要抗日必先'剿共'政策""谁敢违抗领袖，反对政府就要制裁"（杀害）等。我得悉这个严重情况，下令各师改造社以黄埔军校及中央各军校毕业的军官，均作为嫌疑对象，进行调查研究。当时黄埔生在军中任团长以上的有范汉杰、张君嵩、吴康南、汤毅生、云昌材、廖子明、刘世炎、梁为焊等人，团长以下的军官二百余人，其中由军校训练班毕业回军后发展为蓝衣社组织的达百余人，我下令一律逮捕，将其中情节较重的数十人，加以秘密处决，以免后患。自把这次蓝衣社恐怖运动清洗后，军中的团结，军官的反蒋心理日益高涨，骄满腐败风气得到一定程度的纠正。是年秋，全军改造社进一步发展，蒋介石想迅即瓦解十九路军的阴谋诡计得到进一步证实。这一案的破获加强了我的反蒋决心。

至于改造社的上层分子对蒋介石的态度，绥署参谋长邓世增，十九路军参谋长黄强，这两个人，都是陈铭枢的老参谋长，对反蒋一向不大积极，生活很腐化。师长之中，沈光汉、区寿年、谭启秀三人思想保守，但都是我罗定同县人。蒋介石对此三人未曾直接搞收买工作。只在后来听说宋子文曾对谭启秀很拉拢。其中毛维寿是江西人，事前我曾据报此人和蒋介石拉上关系。远在一九三〇年夏秋间，毛任六十一师第八旅长时，途经归德附近，蒋介石直接召见，送过他一笔钱。一九三一

年十月间毛升六十一师师长不久,蒋介石通过南昌行营参谋长江西人熊式辉策动毛脱离十九路军建制,并送特支费一笔。何应钦并派云南人赵锦雯为六十一师参谋长,作为策划毛维寿亲蒋的拉线人。我发觉此事后,在"一·二八"战役前特令该师归建,蒋之阴谋未逞。来闽之后,我认为六十一师和我关系较浅,非粤籍军官颇多,但毛是戴戟、蒋光鼐一手提拔起来的,总不至叛变团体,倒戈相向。因此我未做人事调整,只暗中防范。结果在反蒋时,毛在退兵集中泉州时迫我离开部队,公然投敌。另一个师长是张炎,此人在"一·二八"抗日战役中作战勇敢,据报蒋介石的秘书长杨永泰曾想以其长女杨璿(懿)熙嫁他,杨和张炎都是广东高州人,所以张、杨之间拉上关系,为蒋介石所收买。一九三三年夏,我升张炎充四十九师师长时,曾想过,张炎之兄张世德和我患难相随,一九三〇年充任旅长阵亡之后,我蓄意把张炎提拔起来,他不知感恩图报,也不会叛变我,所以未加处理。结果在"闽变"时,张随毛维寿一道降敌了。毛、张两人为蒋介石所收买,颠覆(覆)我军阴谋得逞,除了说明蒋介石手段毒辣外,也说明了我组织的改造社,还不足以对抗蒋介石的颠覆(覆)。

在一九三三年十一月间"闽变"开始后,我们脱离了国民党,陈铭枢另行联合第三党和神州国光社分子组织生产党时,我即解散改造社,所有成员大都转入生产党,十九路军失败之后生产党即无形解体。

3.3.2.3 领导层的内部矛盾

上面谈过十九路军的内部复杂情况,现在再谈谈酝酿"闽变"中我和陈铭枢的一些矛盾。陈铭枢是一九三三年一月在南京政府蒋介石、汪精卫等压迫下因无法立足而出国的,约在苏联及欧洲各地考察了半年,在七月间由巴黎来电准备回国,我去电赞成。他一九二〇年在粤军充任营长时,我就在该营当排长,十三四年来他是我的直接上级,彼此相依,陈铭枢主政治,蒋光鼐主运筹,我主督战。连年转战,才把十九路军这支部队发展壮大。但陈长时期以家长自居,把军队看作私人资本,领袖欲强,野心勃勃地不体念官兵牺牲奋斗的艰难,多疑善变,遇事投机,总想侥幸作孤注一掷,这些是非、成败、利害上我和他有重重矛盾,在私情上彼此也有隔阂,不如我和蒋光鼐做到鱼水相依,甘苦共尝。在"闽变"酝酿过程中,如不是蒋从中调解就搞不起来。记得陈回到香港,我不避外界闲言亲往迎接,以示敬意,我和他联袂到闽,他即以太上自居,办事专断,不按手续,不择手段,不顾我的威信,今日在某团体演讲,明日又到某军某师讲话,大有不谈革命、不谈抗日民族就不能自救,自身就不能保的神气。陈表示应迅速组织政府倒蒋,最好是联广东、广西一道合作,如广东不合作,即和广西合作,否则两广都不合作,也要单独干。我和蒋光鼐则主张当前不应公开反蒋,只有维持现状,搞半独立来聚积力量,联络四方训练干部等待时机,有了充分准备再干。八月间,蒋光鼐应约赴粤,和陈济棠商量合作反蒋事,得不到要领回来,他却接受陈铭枢与各党各派联合组织民主政府,推李济深出来主持反蒋抗日大计,劝我答应这个主张,不计成败。我看到蒋光鼐既如此,我明知军事、财政毫无办法,搞起来只有失败,也不坚持反对的意见。随即回到漳州召各师师长开军事会议,征求他们的意见,但他们均无政治头脑,心里纵有不满,也不敢吐露半点,也不表示任何意见。我看到这种情景,深感处境甚苦,很想挂印逃官,但念我一旦离军,各师师长论资格论战功,互相伯仲,无人可以统帅,有些师长表示"你不干我也不干",经过长时间考虑乃打消此意。

  陈经过此次来闽活动勉强取得一致意见后,即匆匆回香港,随又派陈公培来闽研究和红军如何联系问题。当时红军主力尚在延平外围,仍有进攻延平企图。这证实陈铭枢所谓半年来和共产党拉了关系之事,仍不能落实。因此为了部队生存我和蒋光鼐商妥,两人联名派人和红军直接联络,表明十九路军及福建省政府的政治态度。此时我和陈铭枢的矛盾虽有蒋光鼐的调和,有些问题得到解决,有些问题直至"闽变"失败前仍保持下来。

3.3.2.4　与中共中央签订军事和边界协定

  在未述签订边界和军事协定前,先叙述一下十九路军和红军三军团联系的点滴情况,因为派员进瑞金联系是在和红军直接联系好之后进行的。我记得一九三三年九月上旬的前方战况,延平城区归五十六

师刘和鼎主力守备,补充师谭启秀部在水口、延平之间闽江南岸与红军对峙,在延平、尤溪之间,新二师卢兴邦部也加入战斗受到损失。在八月下旬红军一度进攻延平,并佯攻水口,刘、谭两部均有一些损失。六十一师梁世骥旅郑为楫团,在延平以南地区也一度被袭,六十师沈光汉部控制在永安、沙县间,全部取守势。七十八师新败之余,除留云应霖旅在沙县外,余部撤回莆田整补。十九路军当时除新改编的四十九师张炎部留在闽西南守备外,几乎全部动员来对付红军这次东征。整个福建蒋军主力七、八万人都动员,始将战线稳定下来。但防广兵单,捉襟见肘。在此情况下,我和蒋光鼐密商,采用秘密方式,请陈公培亲到延平前线与红军初步联络,当时我对陈公培的历史不明白,只知北伐时代在第四军工作过,和共产党有过来往,认为陈铭枢介绍来,一定靠得住。此时十九路军又派不出适当的人来,在军情紧急下商得陈公培同意,用绸子写了一封给红军的联络信,化装成农民,将绸子信装进衣内,另搞好一份密码本交陈公培带在身边,我亲带陈到达水口,并打了一张放行条,告诉陈从延平西南进入苏区,令补充师第一旅旅长司徒非派人护送。九月中旬,陈公培果然和红军在延平西南六十里之王台联络上,带回彭德怀的回信。我在尤溪口指挥所接到之后,内心很喜欢,彭的回信内容记不清,其中大意:十九路军响应共产党一九三三年一月宣言和红军合作,表示欢迎,惟其中对十九路军有不少教育责备之措词(辞)。

  约在中秋节前几天,陈铭枢接蒋光鼐电报,知道我和彭德怀在前线联络上,前方已入休战状态,请我继续派人至瑞金和中共中央联络,于是我选派秘书长徐名鸿前往,陈铭枢又匆匆由香港二次来闽,说他半年来派梅龚彬等人联络中共得不到要领,却由我在前线打成交道。他又布置仍要陈公培陪同徐名鸿一道去瑞金。此次陈铭枢来闽住了几天,又匆匆回香港分别策划去了,关于联共之事,便由我和蒋光鼐全权进行。徐名鸿等人约在十月初到达瑞金后,见了中共中央领导人,据徐名鸿说曾见到毛泽东、朱德等领导人,但没见到当时当权的王明、博古。中共中央派代表具体和徐商谈,主要谈判闽西苏维埃区与闽西善后处(即闽西善后委员会)双方划界而治的问题。我希望徐名鸿谈判十九路军和红军共同抗日反蒋大计,能与红军取得一致意见。惟中共代表人对我们的意图不够了解,却很少谈到这些问题(和红军没有达到攻守同盟,是"闽变"迅速失败的原因之一)。于是在十月间草草地订立一个临时划界协定,我即调徐等回闽,另请中共派代表来福州商谈,约在十一月上旬中共代表即应约到达福州。

十一月下旬,中共军事委员会加派张云逸为驻十九路军军事代表。未到福建前,中共于一九三三年十月二十六日基于徐名鸿在瑞金所协商的基本精神,和我们签订一项重要协定,全文记忆不清,主要是双方划界地点在闽西的永定、上杭地区。中共派张云逸代表中华苏维埃共和国临时中央政府,我和蒋光鼐派陈晓航代表福建省政府及驻闽"绥靖"公署闽西善后处在龙岩签订协定。双方根据一九三三年十月二十六日协定,规定闽西边界及交通条约,将闽西上杭四、五两区划归闽方,长乐、当风坳、司前等地应归苏方,另将上杭华家亭(北三区)划为中立区,双方均不驻兵。中村、邹坑、黄土畲、华家亭、大竹坪、小和康、苏塘、丘坊各地政权属于闽方,坪上、葛坊、碗窑、高地、矶头等地政权属于苏方。

永定河西,除虎冈、龙冈依协定由十九路军驻兵保护交通安全。协定签订后,福建省府及驻闽绥署,十九路军均无后顾之忧。我方解除依南昌行营一九三三年春规定的经济封锁,向苏区供应盐、布、西药、器材等特需品,中共代表来闽后曾具体谈判物资交换问题。

3.3.2.5　扩编基本部队收编杂牌土著

扩编十九路军。一九三三年九月间,十九路军和红军停止敌对行动后,我即令各部悉数将损失缺额迅速补足,加急训练,十月间,我分别调整团长以上人事。十一月上旬召集各师长在福州开会,计划将全路军所辖五个师十个旅扩为五个军十个师的番号。在师的番号中,仍保留历史较深的六十、六十一、七十八及后来改编的四十九等四个师的番号,取消补充师名义,其余改名一、二、三、四、五、六等师。当时这样做取得蒋光鼐、陈铭枢的一致意见,我们的目的想借以壮大声势,鼓励高级将领的情绪。惟限于军费筹措不易,在兵力上没有得到适当增加。只在装备上,我曾计划加强,以十九路军淞沪抗日慰劳金项下向捷克自购一部分武器加以补充(后来这批武器未运到即失败)。这个扩军腹案策定后,"闽变"即开始付诸实施。

兹将当时序列记要如下(作者注:个别人员或有错误):

(1) 以六十师扩充为第一军("闽变"时全衔是:人民革命军第一军,以下各军同),原任该师师长沈光汉升军长,原副师长李盛宗升副军长,原师参谋长陈心萫升军参谋长,以原一二〇旅旅长邓志才升第一师师长,以原一一九旅旅长刘占雄升第六十师师长。原六十师所属各团番号取消,另赋予一至六团的番号,以黄茂权、陈生、梁佐勋、谭忠、汤毅生、华兆东等人按序分任各团团长(营长以下略,以下各军同)。

(2) 以六十一师扩充为第二军,原任该师师长毛维寿升军长,原副师长张励升副军长,原师参谋长赵锦雯升军参谋长,以原一二一旅旅长梁世骥升第六十一师师长,以原第一二二旅旅长庞成升第二师师长,原六十一师所属各团番号取消,另赋予七至十二团的番号,以邱昌朝(朱炎晖)、郑为楫、吴康楠、石抱奇、廖起荣、黄镇等人按序分任各团团长。

(3) 以七十八师扩充为第三军,原任该师师长区寿年升任军长,原副师长黄固升副军长,原师参谋长李扩升军参谋长,以原一五五旅旅长应云霖升七十八师师长,以原一五六旅旅长张君嵩升第三师师长,原七十八师所属各团番号取消,另赋予十三至十八团的番号,以丁荣光、云昌材、黄瑞能(林卓炘)、邹融、钟经瑞、赖茶荣等人按序分任各团团长。

(4) 以四十九师扩充为第四军,以原该师师长张炎升任军长(原副师长缺),以原任师参谋长余仲麒升军参谋长,以原九十七旅旅长阮宝洪升四十九师师长,以原九十八旅旅长谢琼生升第四师师长,原四十九师所属各团番号取消,另赋予十九至二十四团番号,以谢鼎新、杨昌璜、周力行(士第)、谭光球、杨富强、梁美南等人按序分任各团团长。

(5) 以补充师扩充为第五军,以原该师师长谭启秀升任军长(原副师长缺),以原任师参谋长沈重熙升军参谋长,以原第一旅旅长赵一肩升第五师师长,以原第二旅旅长司徒非升第六师师长,原补充师所属各团番号取消,另赋予二十五至三十团番号,以孙兰泉、郑星槎、萧组、蒋静庵、廖木云、曾涤平等人按序分任各团团长。

(6) 为加强全路军的政治教育,除漳州派余华沐开办军官补习班训练军事、政治干部外,并拟将各师的政治训练处一律改为各军的政治部,以魏育怀为第一军政治部主任,陶若存为第二军政治部主任,林一元为第三军政治部主任,郑丰为第四军政治部主任,谭冬菁为第五军政治部主任。各军政治部直隶十九路军总政治部领导,以徐名鸿兼主任。并拨补了一批第三党干部加入政工系统工作。

(7)向广东空军司令张惠长调用刘植炎、邓粤铭等数十个航空人员,以接收原四十九师航空队为基础,另由华侨捐献飞机几架及向法国购买飞机六架,合编为十九路军航空第一、二两队,由刘植炎、邓粤铭分任队长。("闽变"行将开始时,才发现这些飞机只能供侦察运输,不能参加战斗,据报承购人员十九路军参谋长黄强系留法学生,与法商有串通作弊之事。)

拉拢杂牌土著军队。福建的杂牌土著军队约四万人,表面上归我指挥,但关于人事、经理过问不了,就是指挥部署也多阳奉阴违。我们计划反蒋抗日时,也先后和刘和鼎、卢兴邦、兴荣兄弟、周志群、陈齐瑄等师旅长联系过,他们也派代表或驻福州办事处人员和我们周旋。当时曾计划在扩编十九路军的同时,拟以刘的五十六师扩为十四军,卢的新二师扩为十五军,周的独立旅扩为独立第一师,陈的独立旅扩为独二师,争取他们中立,不以我们为敌。但这个争取计划失败了。("闽变"时刘和鼎不接受番号,向蒋介石告密,被蒋介石升为三十九军军长,作为进攻延平的先遣军;周不接收番号,被蒋介石升为新十一师师长,掩护蒋军由邵武进入闽北;陈虽接受番号,随又被蒋收买升为新十师师长,该师进至浙、闽边之寿宁即行倒戈;卢虽接受十五军军长职,但按兵不动,只交换一些蒋军情报,敌军攻占延平时,也倒戈接受蒋的命令,虽没有升官,但也得到个正式五十二师番号,响应卫立煌所部敌军截击我军。)

整顿闽西地方武装。自与红军订协定后,我即令闽西善后处负责人傅柏翠、徐名鸿等人,将连城保安团华瑞延,龙岩保安团谢兆麒、罗凤岐,上杭保安团钟绍葵,长汀保安团马鸿兴等部加以整顿加强装备与政治训练,作为闽西善后处的武装部队,使十九路军无后顾之忧,切实监视粤军在闽、粤边的活动及清剿在边区的特务散匪。其中以马鸿兴战

斗力较强，特改编为十九路军独立团。"闽变"后，上述这些地方部队曾英勇地抵抗反击蒋军，保卫闽西政权。（马鸿兴部提高觉悟后，在掩护十九路军总退却时，在闽南洛阳桥抵抗蒋军卫立煌部有卓著战功。）

收编所谓"民军"。福建有一类地方武装叫作"民军"，但非人民武装，又非纯粹的土匪，它一面抗拒当地政府，一面又向防区农民横征暴敛以养活这些武装，对外设卡抽税，对内却不掳人勒赎。当时在闽南大田、永泰、永春、泉州地区有七八千人。我为扩充实力，是年夏，原任十九路军七十八师旅长翁照垣后调往张学良所辖东北军任一○（一）七师师长被撤职回闽，我特发表他为兴泉警备司令，收编该辖区洪文德、余承尧两部"民军"，编为两个支队，计划改造后扩建正式部队，编为第六军，以翁为军长，以巩固闽南治安。后来因"闽变"发动过急，未能集中，即告失败。

组织农民自卫军。闽西南龙、漳地区十余县，在十九路军的秘书长兼闽西善后委员会秘书长徐名鸿与第三党杜冰波、陈卓凡、段炳炎等人及六十师政工负责人魏育怀、田竺僧等组训之下，农民组织已具规模，尤以闽西漳平、龙岩、永定、上杭四县较好。我电徐名鸿编组农民自卫军，每县编成一个支队（或一个大队），计划将闽西南编一个农民师。（"闽变"后，龙漳省编有一个约千人的农民师，归徐名鸿指挥，和土顽特务部队作过战。）此外我在闽东闽中与沿海各县曾委派一批农民自卫军指挥。全部人事记不起，只知闽、浙边委范铁民、范振等，闽中地区委黄铸、余伯良等，闽海地区委高诚学、方清湘等，闽、粤边区委余伯群等为农民自卫军指挥。惟这些武装缺乏训练，武器不足，只有其中范铁民部二三千人在闽变后于泰顺、庆元各地对蒋军曾抵抗月余，对叛将陈齐瑄起牵制作用。

3.3.2.6 "闽变"序幕前鼓山会议的最后决策

鼓山是福州东郊三四十里外一座名山，十九路军将领和"闽变"几个策划人在这里开过一次决定性的秘密会议。这是"闽变"前最后一次重要会议，其中经过乃是十九路军内部最尖锐的一次斗争。

约在一九三三年十一月上旬，蒋光鼐由香港回抵福州，传达陈铭枢、李济深等所召开的香港会议的情况,决定十一月间即成立人民政府,所有参加政变人士迅即来闽集中。这是一件成败存亡的大事,这样草草决定,我心中有所疑惑,我反复考虑,将如何担负这个责任。十一月十五日以前,李济深的旧班底主要幕僚徐景唐、张文、舒宗鎏、张酦村、尹时中等人;陈铭枢多年罗致的搞政治、文化的一批人梅龚彬、何公敢、胡秋原、王礼锡、刘叔模、陈碧笙、程希孟、林崇墉、林植夫等(其中以具有社会民主党色彩的神州国光社同人为骨干);第三党人黄琪翔、彭泽湘、彭芳草、章伯钧、麦朝枢、郭冠杰、刘伯垂、王亚樵等;"八一"起义将领叶挺也应蒋光鼐之约来到福州帮助策划。在十一月十七、十八日李济深、徐谦、陈友仁及冯玉祥的代表余心清等也相继到来。在这种情况下,我即火速分电沈光汉、毛维寿、区寿年、张炎、谭启秀等五个师长及马江要塞司令云应霖、绥署参谋长邓世增、十九路军参谋长黄强、秘书长徐名鸿等来福州开军事会议。首先由我宣示十九路军要革命,决心反蒋抗日,不反蒋抗日,十九路军就会被南京反动政府所消灭。宣布十九路军扩军计划,改称为人民革命军。提出要各师长表示政治态度,报告部队情况。征求有利于反蒋的一切意见,作好战争的准备。另外由政治部主任徐名鸿对当前国内形势作了详细报告,但各级将领还是同今年九月间在龙岩开会的情况一样死气沉沉,沈光汉、区寿年、谭启秀三人只表示回去传达作准备,军人对命令当然要服从,而毛维寿、黄强、张炎、邓世增等人面带笑容不开口,对同红军和平相处,对反对南京政府之事一无表示。这样重大的事,他们如此轻忽,我目击时艰,非常不满,平日我带兵,力讲"命令之下不讲理,规定之下不通融",用在打仗的绝对服从是好的,如今讲政治,而部下如此反应,等于没有灵魂一样,将何以对敌?因此使我发生犹豫,认为非整顿将领,不足以反蒋。但积重难返,又非假以时日,则难以奏效。

在开这次会议前,十九路军掌握财务后勤负责人员邓瑞人、曾謇等也由上海赶来,他们不直接对我表示,据间接传闻,他们在政治上不同意即行反蒋,也不同意与红军合作,似有破坏起义的企图。此外尚有已离开十九路军的老将领戴戟,最后来闽,也不同意此时发难,他对六十一师毛维寿等人尚有一定影响作用。

福建形势如箭在弦的时候,蒋介石仍寄我以幻想。先是在十月间,陈铭枢来闽活动时,来电一再查询陈铭枢来福建的具体活动,派飞机来福州接我到庐山会晤,我托病不能前往,婉言将飞机打发走了。几天之后,蒋介石又由庐山来电特别说明,如不能离开军中,可另派亲信代表来晤,于是我为了解蒋介石对待十九路军及对待陈铭枢的企图,当时福建的前方人员选不出来,乃电令十九路军驻京办事处主任黄和春(广东梅县人,是我在护国军讲武堂时代的老同学,相随多年,为我办后勤的得力助手)同陆文澜、宋子文一道往庐山见蒋介石。蒋在庐山召见黄和春之后,即着宋子文送我五十万元交黄和春带回。我得悉此情之后,知蒋介石的手段毒辣,认为我兵权在手,我不同意起义,陈铭枢即无所作为,故寄我以幻想。我随即电黄和春将款及南京全部物资全部运闽(这笔款也是蒋送十九路军的最后的一笔)。迨十一月上旬蒋介石通过陆文澜要黄再上庐山会晤,黄请示我后拒绝前往。

十一月中旬(约十六、十七日),蒋和我几次通长途电话之后,并亲笔专函,又派徐康良驾飞机来福州接我前往南昌。此函大意是说十九路军东征北伐以来,十余年中建树雄伟,勋绩彪炳,实党国忠勤奋斗有光荣历史的军队,岂能为一二人之私产。值此颠危震撼之际,当必能本爱国保民之精神,而矫然有以自立,断不能以私害公,致供任何人叛党乱国之牺牲。尤不应因一二人反复而盲从附和,举已往出死入生所造之勋绩光荣随之毁灭等语。企图挑拨离间,动摇我的信念。自忖我与陈铭枢做法上有矛盾,但抗日、反蒋、联共三点基本上一致,我更不能出卖团体自荣;也自忖我是福建军事领导人,福建的一切变革,容许陈铭枢在闽活动及十九路军与红军妥协之事,我应负全责。我往南昌自投虎口,无补团体于万一,大家相劝之下,我即将飞机扣留,飞行员令空军队长刘植炎看管。蒋介石这一阴谋便宣告破产。

十八日陈铭枢提议在鼓山开一次紧急会议,参加会议的有李济深、陈铭枢、黄琪翔、徐谦、陈友仁、李章达、蒋光鼐及各军军长、总参谋长和我十余人。终日开会,都是讨论成立人民政府的时间和有关修正政纲政策问题,同时讨论有关废弃青天白日党国旗与有关军事、财政等问题。在会议上主要讨论发难时间花费时间很长。陈铭枢和我的意见不一致。当时陈看到蒋介石先后两次派飞机来福州接我,怕我变卦,强调组织政府的人员已集中,各方代表已将到齐,时间迫切刻不容缓。他一面分析发难后蒋介石在江西的"围剿"部队抽不出来,义旗挂出,西南、西北、华东、华北必然有人响应。因蒋介石七八年来的政治已弄得天怒人怨。一面又过高地分析十九路军力量,假使敌人以十个师的兵力来犯,我军一个师可以击败敌人两个师,加上红军的沿途阻击,也有战胜希望。即使失败了,我们是抗日反蒋的,失败也是光荣等语。我不主张在十一月间发难,力主再拖一、二个月看看情况,迨明年一九三四年一月间再动。主要理由从蒋介石迭次函电的语气,认为蒋介石一定要用武力解决,两广半独立形势不可能出现,因为我们联络了红军的关系,既无和处希望,当前部队未调整,防务未部署,财政未筹措,后方防御工事未构筑,杂牌部队未就范,内部敌人未肃清等等,引起会上七嘴八舌,议论纷纷,辩论不休。最后陈铭枢耍政客威吓手段,表示要革命就不怕牺牲,"丢那妈几大就几大,尽地一煲"(粤语拼命之意),如再拖下去,不同意立刻通电的话,只好把我们送南京立功去等语。我当时压制情感,不予争辩,认为事已至此,为顾全团体,明知败亡,只可同意提前发难。最后继续讨论了一系列难以兑现的政纲(这些宣言、政纲早由陈铭枢的智囊团王礼锡、胡秋原、梅龚彬、彭芳草等拟好),我认为成败在于军事,我不重视这些冗长的条文。深夜散会,十九日下山匆匆准备,十一月二十日召开临时代表大会,发出通电。"闽变"就是在这样筹备未周和特别是蒋介石派飞机来接我,竟将飞机扣留的情况下,陈铭枢排除一切,一意蛮干地发动了。

3.3.3 十九路军在闽反蒋战败经过

一九三三年十一月二十日召开中国人民临时代表大会,发表人民权利宣言,即日选出李济深、陈铭枢、陈友仁、冯玉祥、黄琪翔、方振武(方未到改选戴戟)、蒋光鼐、蔡廷锴、徐谦、何公敢、李章达、萨镇冰等十二人为委员,公推李济深为主席。二十二日成立人民革命政府,改元为中华共和国元年,废除原来的青天白日党国旗,使用公历。政府委员会之下设三会两部一院一局。军事委员会由李济深兼主席。经济委员会由于冯玉祥未到任，改由冯的代表余心清代理主席。文化委员会由陈铭枢兼主席。财政部由蒋光鼐兼部长。外交部由陈友仁兼部长。最高法院由徐谦兼院长。政治保卫局由李章达兼局长。在军事委员会之下设参谋团，由黄琪翔兼主任。将福建"绥靖"公署撤消（销），改组为人民革命军第一方面军总司令部，保存十九路军番号，将该路军扩为一、二、三、四、五等五个军，总司令由我兼任。将福建改建为四个省；以何公敢兼闽海省长，戴戟兼兴泉省长（戴未就由陈公培代），另聘华侨人士许友超为龙漳（汀）省长（许不就，由徐名鸿代），海军著名宿将萨镇冰为延建省长（因战事未就）。当时中华苏维埃共和国临时中央政府派来的代表张云逸等也来到福州，住在人民政府内办公。人民政府成立只有两个多月就在强敌进攻下失败了。

兹将我亲身经历的人民革命军第一方面军（十九路军）在"闽变"中作战失败被消灭经过纪要如下：

3.3.3.1 "闽变"揭幕后的不利形势

"闽变"开始，我电告各师扩为军的番号命令下达，同时电饬各军官兵取下青天白日帽徽及孙中山遗像，停止每周的总理纪念周，取消党国旗。平时没有说服宣传工作，一旦说出反对南京政府之事，当时据报官兵颇为惶惑。事变后仅三日，在闽北沙县一、二两军的部队原修建的野战据点工事遭到蒋机轰炸，造成不安情绪。原归我指挥的杂牌土著军队，除卢兴邦、兴荣及陈齐瑄尚保持电台联络外，其余各部电台呼应不灵，据报部队已撤离原防，后来得悉他们受到蒋介石的升官之后，对我们已采取敌对态度。两广原是与我们有盟约的，我们一再去电争取合作，但他们看到我们联共放弃党国旗之后也起来反对，特别是陈济棠受蒋介石的收买获得一百万元的补助金，实行封锁闽、粤边各陆地交通，封闭十九路军驻粤各机关，当时我曾以"本是同根生，相煎何太急"之语责备陈济棠的背信弃义。关于陈铭枢和各省（包括湘、黔、滇、川、康、鲁、陕）原来是有友好联系的，由于形势不对头，也没有一省通电支持。原来方鼎英准备在湘西起义的也策动不起来。我记得在国民党中，除李烈钧在上海来电声援及陈博生来闽表示张学良在欧洲来电支持外，几乎别无他人。平时在国外的闽、粤籍华侨是热烈支持十九路军的,这次华侨支持的也寥寥无几。而蒋介石一面利用其御用的国民党中央政治委员会通电各军政机关对"闽变"实行镇压,限令克日平定,一面在"闽变"后第二天,以蒋中正个人名义发出告十九路军将士书,侮蔑陈铭枢卖国叛党,煽动官兵反对福建人民政府。二十二日上午用飞机在福建全省散发,在沙县一地散发就有数万件之多(我曾下令严查销毁这些伪书),同时由御用的国民政府下令通缉李济深、陈铭枢、陈友仁三人,及撤销我及蒋光鼐的本兼各职。从以上的情况,清楚看出福建事变是孤立无援的,原来政见相同的由于取消党国旗之举也反颜相讥;蒋介石决心调兵进攻的企图已十分明确。形势发展的不利大大出于我们意料之外,因而造成匆匆应敌、处处被动的局面。

3.3.3.2 对在闽境的蒋系陆、海、空军的处置

福建东临海滨,海防辽阔,可以登陆的地方达二十余处,特别是马尾、厦门两个军事要港,在战略上颇为重要,在事变的当日我即密令七十八师师长云应霖(当时兼马尾要塞司令)、厦门警备司令黄强,分别派部队将马尾、厦门两个要塞司令部、马尾海军造船厂、厦门海军航空处、长门炮台、长门海军练习营、弹药库等加以接收。但马江要塞司令李孟斌所率的舰队江贞、江元、楚观三舰在二十夜脱逃,仅截获海鹄、星星两舰。至于驻闽的海军陆战队一、二两旅曾接受福建绥署指挥,"闽变"开始,这些部队表示拥护人民政府,我即将该两旅编为人民革命军第一方面军海军陆战队,以原任旅长杨廷英、林秉周分任正副司令,企图利用这些海军艇队及陆战队巩固沿海口岸。我随即将收编的陆战队调往三都担任闽东防务。结果这些部队到达三都之后,又被南京海军部长陈绍宽所争取,叛变脱离闽境。

福建境内的杂牌陆军部队,表示拥护人民政府的陈齐瑄部,一向驻扎闽东,他接受我的委任独立第一师师长后,即令该部调寿宁布防闽浙边,但该部甫抵寿宁即通电叛变。我于是即发表邱兆琛为闽东警备司令,率原十九路军总部的李金波、马鸿兴、聂进龙等几个独立团进驻闽东罗源、宁德。原驻扎邵武的周志群部不接受人民政府命令,但鞭长莫

及,无法解决。驻扎尤溪、永安的卢兴邦部接受我方十五军军长新职后,即将部队集结内调,不受调遣。在"闽变"前几天,蒋光鼐建议我应火速解决刘和鼎部,但事变后,该部秘密北撤建瓯及顺昌,与我前线部队相距百里以上,该部虽不就范也无法解决。

3.3.3.3 放弃闽北守福州

"闽变"开始时,一方面军所辖各军(即十九路军所辖各师),散布在闽东南西北,布防千余里地区。其地点大致如下:

第一军沈光汉部,全部集结在闽北沙县及其以西地区。

第二军毛维寿部,一个师在闽北沙县、延平间,军部及另一个师在闽南之泉州、惠安地区。

第三军区寿年部,一个师在福州及马江地区,军部及另一个师在闽东南之莆田、涵江地区整训(连城战败后)。

第四军张炎部,全部集结在闽西的龙岩、永定地区。

第五军谭启秀部,在福州以西水口、延平间地区,一部在古田。

总部直辖的特种部队,有部分驻在漳州、厦门两地。

福建乃是四战之地,除与红军有约无西顾之忧外,其他诸方面都要设防,七万多人的兵力,若散在四方,即无机动作战能力,处处设防,则处处薄弱,特别是广东背约投蒋之后,整个战略上没有后方根据地,当时闽西善后处所辖各县虽做一些计口授田工作,但作为一个后方也不牢固。

在"闽变"后的第三日,闽北沙县被炸,"闽变"后的第十日,闽南的泉州被炸(泉州市民在开庆祝人民政府成立大会,无辜被炸死伤百余人)。之后,我们已判定蒋介石的南昌行营决心用武力来解决我们,大家均不再存在能偏安的幻想。军事委员会在十二月中旬召开一次紧急会议,由李济深主席,除各军军长兼委员缺席外,其余军委会委员陈铭枢、蒋光鼐、蔡廷锴、黄琪翔、邓世增、李章达,高级幕僚张文、舒宗鎏、张醁村均参加,主要讨论作战方针问题。关于敌情,据报南京政府已下令对我人民政府进行所谓"讨伐",计划抽调二三十万兵力分批入闽,其第一批部队约十万人,分别由浙江南进,由赣东东进中。我第一方面军基于当前形势应采取如何对策问题,当时分为三案,由我提出集中主力在闽北采取主动,先行消灭狡猾多端危害我军最大的刘和鼎的杂牌部队,继续迎击南下,与东进之敌在建瓯以南、顺昌以东地区,将敌第一批先头部队击败,争取有利的战略形势。

蒋光鼐则提出,敌人既决心使用军事来进犯,迎头痛击即便胜利了还不能解决战场问题,因敌军后续部队力量强大,如过早使我军主力激战,损失我有生力量之后,等于不攻自破,全局失败。他力主将各军主力撤至闽西南,背靠红军作持久抵抗,不然即将主力使用在闽东方面,乘敌人之虚进入浙东,打乱敌军进攻计划。

陈铭枢、李济深、黄琪翔等人则认为福州是人民政府的首都,乃军事、政治、经济、文化的心脏,非万不得已,决不放弃。我军力量有限,不宜分散,应集中主力守福州,只要福州能确保,我们的政治影响就会逐渐扩大。他们认为我的迎击敌人的主张和蒋东出浙东的战略行动,都过于冒险;过早撤至闽西的行动,又过于消极,影响革命士气,人民政权就难于确保。

对以上三案展开了辩论,结果军委会和参谋团成员的大多数主张守福州,于是通过了放弃闽北守福州案。大家既然如此,我亦不力争。

由于这个错误的决定,闽北原建宁府属的建阳、建瓯、浦城、崇安、邵武、松溪等县,原延平府属的顺昌、将乐、泰宁、永安、清流、沙县、宁化等县(这些有部分是苏区)即不战而失,所剩下的只延平一个孤城。

我基于军委会的决定,在十二月二十日左右即变更部署,随即乘飞机至漳州、泉州、龙岩等地区与二、三、四军的部队指挥官作动员处置,传达作战计划,记得当时兵力部署要旨命令是:

命第五军作为前方战略据点守备部队,以该军军长率兵一团及直属部队守水口。以该军第五师师长赵一肩部(欠一团)守古田,以该军第六师师长司徒非部守延平。水口、古田、延平三个战略据点务须贮足一月粮弹,构筑半永久式坚固工事死守,以确保福州外围安全。

命第一军放弃沙县、顺昌、洋口地区,将延平防务移交谭军之后,火速东下集结福州西北附近。

命第二军以第二师师长庞成率兵一团及军直属队一部留戍泉州维

护闽南治安,担任沿海要点戒备外,其余部队沿福泉公路北进,集结福州以北地区。该军在闽北的六十一师将防务移谭军后,直接开回福州,归还建制。

命第三军以一个团留成闽东南莆田、仙游地区,担任福泉公路护路及涵江、海口等沿海口岸戒备外,主力北进集结福州附近地区,该军之七十八师仍担负守备马尾要塞之任务。

命第四军以一个团(周士第团)留成闽西龙岩、永定外,主力取道漳州、泉州,沿福泉公路北进,限十二月底到达福州作本方面军的总预备队。

命闽东警备司令部率一方面军总部独立团马鸿兴、聂进龙等部,特务团李金波部(该团留下一营守厦门,归漳厦警备司令黄强指挥)仍留置于罗源、宁德地区警备闽东北安全。

一方面军全部兵力三十三个团,除留置前方后方守点守线,散在东南西北及沿海各港口占去十一个整团之外,实际集结福州的部队虽号称四个军,实有兵力只二十一个团。把主力集中起来和当时蒋军犯闽的兵力比较,悬殊甚大。尤其福建地形南北有闽河相隔,兵力调用困难,加上福州三面环水一面靠山,我方空军处绝对劣势,在漫长海岸线上又无海军巡逻,在这种情况下,确有捉襟见肘之感。

3.3.3.4 临敌变卦驰援古田、延平

一九三三年十二月下旬左右,各军依照我的命令除第四军路远在途中未到达外,其余主力先后利用水路输送陆路行军,到达福州附近。

是时,敌军陆军方面分几路从闽北进攻,海军方面由陈季良率领在沿海扰乱,不时炮击我海防部队。空军方面从十二月二十二日起于二十三、二十四、二十五、二十六几日中,除轰炸福建全省重要城市,如泉州、漳州、龙岩、南平、古田、莆田各地,尤以福州是更番不断地扰乱,弄得人民政府各机关工作受到严重影响,商店只有下半天才能开市,日本浪人及特务分子又在南台公然捣乱,秩序有些混乱。中共中央的代表张云逸等当时住在我总部里,曾向我及陈铭枢、李济深等建议,为了分清敌我界限,应在福州附近进行土改,才能把造谣惑众的土豪劣绅铲

除；在城市也应进行一次肃反运动，才能安定人心。李济深同意这个意见，希望我采取有效措施。惟我当时忙于指挥作战，又鉴于福建沿海的日本第三舰队球磨、时风、安云诸舰，英国兵舰白宫号，美国兵舰杜沙尔号，以护侨为名，在闽江口及厦门等地进行威胁；在厦门的鼓浪屿、福州的仓前山俨如租界，帝国主义分子、国民党反动特务分子横行其间，聚蛇蝎于一窝，一时想肃清坏分子也不容易，所以未采取行动。["闽变"失败后听说当时蒋介石派特务头子郑介民在仓前山、戴笠在鼓浪屿设情报站进行破坏活动。总部上校参谋黎庶望是特务，黄埔一期生，利用广东罗定同乡关系钻进十九路军来当坐探，译电科长李道生（作者注：这个名字或有误）也被收买。]

约在一九三三年年底迄一九三四年一月三日，据各前线指挥官来电，及红军三军团彭德怀司令员来电，与各方面提供的情报，所得知敌军的进攻部署是：

（1）蒋鼎文所率的第二路军，辖第三师李玉堂、第九师李延年两个师，由赣东窜入闽境后，经崇安、建安、建阳，通过建瓯南进中，先头已抵延平附近。

（2）张治中所率的第四路军，辖第八十七师王敬久、八十八师孙元良两师，由浙江窜入闽境，经仙霞岭、浦城、建瓯，前锋已迫近古田附近。

（3）卫立煌所率的第五路军，辖三十六师宋希濂、第十师李默庵、第八十三师刘戡三个师，由赣东窜入闽境后，经邵武、顺昌等，先头三十六师已抵延平附近。

（4）被蒋介石所升三十九军军长刘和鼎部，所辖五十六师已由建瓯南进到达延平以北地区，有进攻延平模样。

（5）敌军后续部队汤恩伯纵队，所辖的第四师冷欣、八十九师王仲廉两师，由赣东窜入闽境后，已经邵武向顺昌前进中。

（6）据报蒋介石已乘飞机抵达闽北建瓯坐镇，直接指挥进犯我军。

（7）据红军三军团战报，蒋军卫立煌部进入闽西北苏维埃区域，特别是在顺昌地区曾给以有力阻击。

当时我就这些敌情分析过，从兵力来比较已超过我军一倍以上。而且这些敌军指挥官是蒋的嫡系将领。这些部队除刘和鼎部队外，都是蒋的起家、看家、护院的亲信武装。"一·二八"战役中,张治中曾带所部参加淞沪战役和我军并肩作过战,卫立煌部以支援沪战为名到达上海外围,蒋鼎文部也是以支援沪战为名曾到达沪杭线上,该部在军阀混战时,于平汉线和我军并肩作过战,尤以在三次"围剿"中,蒋鼎文在赣南老营盘被红军包围,十九路军曾尽死力救他出重围。这次蒋介石驱使这些嫡系王牌来进攻我们,使我格外体察出蒋介石自"一·二八"战役以来,想利用这些部队歼灭我军,可谓蓄谋已久。

约是一九三四年一月二日晚,守古田的第五师师长赵一肩来电云前线已开始接触,当面敌人确是过去在上海抗战时归十九路军指挥过的第五军。三日起古田外围已发生前哨战。与此同时,接到过延平的第六师师长司徒非来电云,刘和鼎部及卫立煌的先头部队三十六师已开始炮击延平外围工事。(此时卢兴邦虽投蒋介石,但对我仍保持联系,以十五军军长名义向我汇报敌情,没有进犯我军行动。)一月四日古田、延平两地敌军同时发动进攻,集中守福州外围各军自一九三四年元旦以来,由总部参谋长邓世增率领各军幕僚人员现地侦察地形,策定守福州外围计划,分别构筑工事中。

在此情况下,我深知前线守不住,福州也难确保。我和蒋光鼐、陈铭枢等人密商,决定派邓世增回广东和陈济棠接洽,如十九路军退回闽西南时,请陈允让闽、粤边八县作为防地,并希望陈派粤军进入闽南,支援掩护,以策安全。同时我派军需处长黄和春回广东提款至闽西,作为我军退守闽西时的经费。另一面,我感到我方和红军主力联络不确实,不能并肩作战,曾于去年底与李济深、蒋光鼐商量,取得中共中央及工农红军代表张云逸等协助,派出我军参谋处长尹时中前往瑞金求援,希望红军主力给我方支援,免孤军作战招致失败。

一月五日,古田、延平两地激战甚烈。是夜军委会李济深、陈铭枢等人召开会议,变更原定计划,认为只要古田、延平守军可以支持下去,我方兵力就可以击败张、卫、蒋等部敌军。未征求我同意即行决定,要我火速率部驰援古田、延平,希望在前线将来犯之敌击破,以保福州安全。我虽为方面军统帅,只有服从这个新决定,于是即变更战略部署:

命毛维寿为右路军指挥官,指挥该军及第三军之一部,即沿大湖经雪峰向古田急进,解赵师之围后加以确保。

命沈光汉为左路军指挥官,指挥该军及第三军之一部,即沿白沙、甘蔗经水口向延平推进。陈铭枢、蒋光鼐、黄琪翔随我总部行营离福州向白沙前进。

以第四军为总预备队,限令该军于一月七日到达福州待命。

一月八日(或七日)古田赵师苦战几天,受到张治中部八十七、八十八两师围困,在张治中诱骗下,由该师副师长陈任之出城接洽,停止抵抗,向张军投降。延平司徒非师所守九峰山阵地,被敌军三十六师宋希濂部攻破后,司徒非在刘和鼎的诱骗下,也向刘师投降。这时我左右两路军尚在途中。在一月八日夜守水口圩第五军谭启秀的军部及守备部队(不足两团)被蒋鼎文部所属第三、第九两师之一部,沿延平东下进行袭击。谭军在水口背水作战,不足一昼夜,水口随即失守,谭本人只身乘木筏逃出重围。第五军全军等于复(覆)没。此时驰援古田、延平各军的情况:援古田之右路军毛维寿部情况不明,援延平之左路军沈光汉等部也无战斗意志。一月八、九两日,我先后接到彭德怀司令员来电:敌军卫立煌部在闽江以南活动,有趋永泰模样。是夜我由甘蔗到白沙与陈铭枢、蒋光鼐、黄琪翔等人召开一次白沙会议。陈铭枢力主逐次抵抗退守福州。我建议火速向闽南撤退,否则后方联络被遮断,全军陷入重围。蒋光鼐表示同意。惟陈铭枢舍不得福州,不信军心已乱难以作战的事实,也不信敌在闽东南行动如此迅速。我条陈种种利害,说明留得青山在才能有柴烧。福州在强敌进犯下无法防卫,若再迟延即很难撤出等语相劝。最后陈铭枢被迫放弃原议,同意撤兵。陈偕同蒋光鼐、黄琪翔等人星夜乘轮船回福州,通知政府撤退,我即令前线各部火速撤回福州。

3.3.3.5 撤出福州,退兵闽南

约在一月十日至十三日三天之中,李济深、陈铭枢等匆匆布置解散政府人员,在福州召开会议,说明放弃福州择地再战,重要人员可先回香港等军事稳定后再来,不必随军转战以策安全。于是人民政府便纷纷解体。李济深、陈铭枢、蒋光鼐、黄琪翔等乘飞机,陈友仁、徐谦、余心

清、许锡清、章伯钧、彭泽湘、胡秋原、梅龚彬、张文、张醳村等多人乘海轮，闽海省府人员何公敢则乘车行动，于一月十三日先后离开。未足两月的人民政府就是这样的结局，面对这种情景真是百感交集。

一月八日左右，我以张炎为福州戒严司令，当时即召各军、师长以上开会，决定向泉州退却部署。

以区寿年率第三军首先渡江南撤，以急行军进占仙游，掩护方面军总撤退。该军之七十八师在马尾监视敌海行动。俟主力退出福州后继续南撤。

第二军在三军之后行进，在区军掩护通过仙游、莆田地区后，即在惠安、泉州间派出掩护部队，更番掩护主力退泉州。

第一军在二军之后跟进。总部在第一军之后跟进。区军之七十八师在总部之后跟进。第四军掩护主力渡过乌龙江后即继续跟进。以原闽东警备司令兼先遣纵队司令邱兆琛率所部为总掩护，俟第四军撤退完毕后继续南撤。

部署定后，我在福州作如下处置：

(1) 当时渡乌龙江船只甚感困难。几万大军渡江需船甚急。我约请福建耆老萨镇冰及福州士绅、商会理事们开会，要海军公所通知海军要爱护福州人民的生命财产，不可乘我军撤退之时进犯福州，以免市民遭劫，同时要海军派船掩护我军撤退。海军同意，一面向天空开炮，表示进攻，以欺骗蒋介石；一面派了不少船只协同福州商会所雇的船只，自十三日下午起昼夜抢渡。这是海军陈绍宽所部暗中留情，不想坚决与我军为敌有关，不然全部渡过乌龙江就不容易。

(2) 下令将库存不撤走的军需物品及部分枪弹，加以彻底破坏，以免资敌。

(3) 下令戒严司令在撤退期间，有坏人乘机捣乱、抢劫、骚扰治安，一律枪决。

(4) 将一方面军全部存粮数以千担，交萨镇冰转给福州商会赈济被敌军飞机炸伤炸死者的家属。

我十五日早晨离福州，到达福州以南乌龙江渡口附近之峡兜时，第一军第二团陈生部被敌机炸死炸伤数十人，我令人掩埋救护。此时心情激动,很想令各军回头和蒋军决一死战,以报此仇,可惜主力已南撤,无法集中了。我离开福州时,满城贴有"欢送十九路军""十九路军虽败犹荣"等标语。我是败兵之将,沿途触景深有愧对父老之感。惟这里证明福建人民对反蒋抗日,是寄予无限同情与支援的。我离城的当日,敌军蒋鼎文部先入城,福州便陷入敌手。

十六日我抵莆田,得悉敌军卫立煌部截击我军的先头部队,已在仙游以南(距福泉公路约二十里)和第三军张君嵩师接触半天以上,战斗日趋激烈,张师长为了掩护各军南撤,进行英勇反击竟日,伤亡颇大,卒挫敌锋。据俘虏供称:当面之敌军刘戡部,其余主力向南前进等情。我原想集中兵力先行在仙游将卫立煌主力击败后再南下,但遭到沈军第一师邓志才及第二军毛维寿的反对,未能实行。于是乃令三、四两军及邱兆琛纵队统归区寿年指挥,一面堵后,交互掩护西(两)侧继续南进。令第二军到达惠安后,以一部占领涂岭要点,掩护该军主力昼夜兼程到达泉州布防。

十七日晨泉州派车几辆来枫亭相接,我即弃马率卫士排乘车先行。警卫部队由李以劻率领急行军南进。车行不久,路经涂岭,被敌军卫立煌部(后来据查是李默庵的第十师)袭击,我的坐车中弹数处,向前急驰,乃离开火网,由李以劻率领警卫部队占领涂岭北高地进行猛烈抵抗,随后第二军掩护部队赶到,即行进行反攻,付出颇大伤亡,将来犯之敌压迫至公路以西。就是这样互相掩护下,且战且走。敌军在空军更番轰炸下,追截部队数万人,在战场上仍未能给我军主力多大危害,而先后安全到达泉州。

3.3.3.6 被迫离军,毛维寿在泉州降敌

一月十七日(或十八日)下午率领少数幕僚人员到达泉州。毛维寿及其参谋长赵锦雯先我而到达。毛的部队是留在此地的,原留下的守备部队有庞成的第二师一部,翁照垣的兴泉警备司令部和陈公培的兴泉省政府。此时二军先头陆续到达,一军亦可以依时到达,三、四军尚在途中,须于十八日或十九日才能到达。我在泉州所得各方情况如下:

(1)十九路军由福州退兵后,广州西南执行部胡汉民曾表示对闽善

后态度,提出只要十九路军恢复中国国民党的关系,只要陈铭枢、李济深离闽,其余可以免究,双方应停战,保持十九路军抗日光荣番号的主张。

(2)广东陈济棠也提出,请蒋介石保留十九路军名义,划闽西南为该军防地,由戴戟、陈维远收编的主张。

(3)敌军蒋鼎文部也由福州乘海轮在厦门登陆。另一部敌军汤恩伯部先头向安溪、同安前进,作包围我军模样。

(4)我军漳厦警备司令黄强在厦门已降敌。

(5)闽南沿海有海军舰艇游弋。

我基于以上紧急情况,假第二军军部开一次紧急会议,除在行军未到者外,已抵达泉州的军、师长及参谋长均参加。

在开会前,我曾与毛维寿面商今后大计,着其火速派兵往洛阳桥(泉州东西十里)布防,他态度暧昧。谈到今后转进方向,他表示后退困难。谈到应敌,他则表示已陷重围。我深知毛早有通敌嫌疑,在今天形势下迫我出走,由他另谋出路的叛变动机,已十分明显。此时我基本上掌握较确实的一、三两军尚未到达,泉州部队全在毛的掌握中。我即对他说:"我们做事为团体为革命虽败无憾,请你放心,十九路军除谭启秀的第五军被击破不能存在外,其余四个军损失不大,我全交你带领。在敌军未合围前应冒险向西急进,徐图再举,否则就干脆投降,受敌人宰割。我今晚决飞漳州,退龙岩,作最后反对独裁的措施。"毛看见我在他压迫下有离军决心,当即眉飞色舞洋洋得意。兴泉警备司令翁照垣、毛的参谋长赵锦雯等在旁也无表示。

随即召集开会,匆匆就敌我双方情况作了研究,认为再作有计划的抵抗蒋军已不容易,为保存力量,希望部队火速分路西进,到达闽西。宣布一方面军部队归毛维寿军长代理指挥。我即离军飞至龙岩等待部队,筹备补给,布置防务。如各部队指挥官怕牺牲,不愿西进继续革命,即由你们自决等语。随即作如下措施:

我一面自草一函交由毛维寿转达在途中的各级指挥官。详细内容记不清,主要意思是:我与十九路军将士十余年来,东征北伐,转战南北,抗日御侮,同生死共患难,何啻百战,此次福建起义目的是为了挽救民族垂危,惟目下形势险恶,泉州被围。我决心先至闽西与红军为伍,各军行动,由毛军长召集大家商量决定。

一面下手令派副参谋长范汉杰率高级参谋陈心菉(原曾充第一军参谋长)立赴厦门,找敌军总指挥蒋鼎文商洽,说明我已离军,要求保存十九路军番号,进行和平改编,保存部分抗日力量。当时我派范汉杰作为代表的动机,由于范和本军在一九二六年北伐时代就有历史渊源,他是蒋介石最早赏识的门生,一九二七年冬就任浙江警备师师长,为黄埔生中最早任师长的一人。"闽变"中,十九路军将领曾怀疑他是和蒋介石私通人员之一,加以防范,故特派他前往谈判较为便利。后来了解范等到厦门,并未会着蒋鼎文进行这一任务。

十七日近黄昏,我布置完毕,即乘飞机到漳州,令驻漳州的军政学校(军官团)员生,原总部的直辖两个炮兵营,及第四军周士第团官兵,归余华沐教育长率领即开龙岩,并通知龙漳(汀)省代省长徐名鸿率政府人员及农民自卫军,也火速离漳,因当时敌军李玉堂部,已由厦门迫近石码(距漳六十里)。我十八日(或十九日)飞抵龙岩。在龙甫三天,突接到毛维寿降敌消息。他们打给国民政府及国民党四中全会的电报,表示一致脱离人民政府,拥护"中央",促李、陈、蒋、蔡先行离开,并推戴戟出来维持,除停止军事行动外,静候和平处理等语。

毛等的叛变,我在意料中,不足为奇。可惜随我多年的沈光汉、区寿年两部竟不能自拔于庸俗,令人痛心疾首。再过几天,在闽西善后处得悉毛维寿、张炎两人通电,就东路军第七路军正、副总指挥职。一方面军所属各军番号取消,原十九路军所属各师番号保留,惟营长、团长、师长各级正、副主官全部撤换。新任师长陈沛、杨步飞、伍诚仁、文朝籍等尽都是蒋介石的学生。毛维寿、张炎等降敌的结果,仅是一时受利用的傀儡而已。

据"闽变"失败逃回的师长们向我汇报,在我被毛维寿压迫离泉州后,次日毛召各军、师长以上会议,拿出我留给各军、师长的函件宣读之后,即强调说明后撤不可能,区区十九路军对抗天下大兵安得不败。在此前后包围之下,即使到达闽西,背靠江西,也无法生存,唯一生路只有接洽和谈。听说当时沈光汉、区寿年等人竟辜负我的期望,贪生怕死,不敢突围，被迫低头不语，只有云应霖师长一人敢于直言，鼓励大家率兵突围，被毛维寿派兵扣押，加以鞭打，全场于是噤若寒蝉。由毛维寿、张炎派赵锦雯为代表，向追击我军的敌军总指挥卫立煌接洽投降。这也是蒋介石多年收买的结果，但也是我姑息养奸之过，才招致十九路军这样的败亡。

3.3.3.7　残部退抵闽西，最后失败

一九三四年一月十九日，我退抵龙岩，二十日左右漳州的后方部队及家属先后到达，沿途因受所谓"讨逆"军闽南总指挥杨逢年的特务武装袭击，颇为凌乱。由于我得悉泉州方面我军主力被毛维寿率领降敌消息，不胜懊恼。随即清点退集龙岩部队计：第四军周士第一个团一千五百人左右，军官团学员八百人，炮兵营、工兵营、高射炮队等部队约一千二百人，各军留守官兵约五百人，徐名鸿所带的地方武装不计在内，四千余人。当时我军与红军有边界协定，没有西顾之忧，闽、粤边之永定有粤军黄任寰师盘踞，但尚无进攻企图。东边的敌军则进抵南靖，不敢深入西犯，我很想和傅柏翠合作，利用闽西善后处的基础作基地，继续反蒋抗日。于是下令彻底破坏漳龙公路，便将部队撤至大池、小池地区整理；加以犒赏官兵，并对残部讲话说明十九路军虽败，我志未馁，决与全体官兵共患难，同蒋介石作最后斗争。

约在一月底，得悉蒋介石宰割十九路军时，有廖启荣、石抱奇、黄镇、谢鼎新等团长，抗命率部西逃突围来闽西，已被蒋军截击消灭。我原派参谋处长尹时中赴瑞金，尚未回来。

当时虽大势已去，今后出路曾计划有如下三条：(1)入江西参加红军行列；(2)回广东去；(3)留在闽西打游击。关于入江西，红军张鼎丞司令员曾派代表在大池和我磋商过，表示欢迎。但我误会在"闽变"过程，红军未能全力支持，才失败这样快，今残部无多，进入苏区，怕也难立足，所以迟疑未决。后来我的参谋长邓世增由粤回来，危言相劝，竭力破坏此举，故中止进入苏区计划。关于在闽西独打游击之事，我曾到蛟洋，在傅柏翠处小住几天，他很同意此举，表示全力支持。但鉴于大敌当前，蒋介石知我在闽西，必然全力来犯，没有红军这样打游击的本

领,在粮弹补给困难条件下也难生存,故未作决定。关于回广东这一企图,在我初退至闽西时,陈济棠来电想收编我的残部,我电参谋长邓世增和他接洽。约在二月初,邓世增带同军需处长黄和春回到闽西大池,黄并遵我命带款十二万元接济经费。邓告诉我,陈济棠拟将十九路军残部编为广东第一集团军独立第三旅,归驻粤闽边的独一师长黄任寰指挥。我几经考虑,为保存十九路军最后一点种子,带回广东去徐图再举反蒋大旗,便同意此案,为人事相宜,特选派黄和春任旅长,这个旅编成后,即移防永定。我便去香港。

到港后不久,忽闻该旅被陈济棠缴械,团长周士第几遭杀害,幸单骑脱险逃入苏区,我的秘书长徐名鸿则被陈济棠误认为是共产党人,派兵逮捕杀害于大埔。我电责陈不守信义。据其答复是因蒋介石不许十九路军残部存在,更不容许广东收容,才有此举。蒋、陈乃一丘之貉。我闻之痛心,异常后悔。"闽变"中徐名鸿对联共反蒋方面有很大贡献,他的牺牲至今还使人悼念。

"闽变"自一九三三年十一月二十日开始,迄一九三四年二月中旬止,历时三个月。由于淞沪抗日名闻海内外的十九路军就是这样地为反对独裁统治而遭到消灭了。

3.3.4 结束语

我于一九三四年二月下旬失败回到香港后,知道李济深、陈铭枢、黄琪翔等多人,业于上月底先后安全到达。他们去闽匆匆,离闽也匆匆,所谓搞革命,对十九路军的牺牲,似无多大足惜。惟我和蒋光鼐多年相率这支部队,据报被蒋介石、陈济棠所遣散的官兵数以千计,有些行乞归来,抵粤走投无路,闻之心有余痛,随即派遣军需处长叶少泉,携款至广州维持。并将"一·二八"战役国内外同胞捐献慰劳金,如数公布,以昭无私。经过一月时间的善后安排,自念闽变失败原因复杂,除发难过急,政策偏左,政治孤立,做法陈旧,内部混乱,脱离群众,兵力悬殊外,我自己指挥无方,学识浅陋,缺乏政治眼光,难辞其咎,故决心出国学习,并借机答谢爱祖国的旅外侨胞在淞沪战役时的解囊捐献、爱护十九路军的情谊,以备将来再干于国家有利之事。在出国前后,据我先

前派往瑞金联络的参谋处长尹时中回到香港汇报,他在瑞金多次见着红军军委副主席周恩来,在十九路军失败残部退抵龙岩时,周曾叫他打电报给我"打起红旗继续革命"(这个电报我未收到),尹临别瑞金时,苏维埃临时中央交给尹带出来给福建人民政府领导人以后和苏维埃及红军联系的电台呼号和密码,以及周恩来副主席代表苏维埃中央殷切希望福建事变诸领导人继续和红军合作反蒋抗日的指示。

十九路军联共、反蒋、抗日的事业虽失败,但失败后十年,伟大的中国共产党和毛主席领导红军打败了日寇。失败后十五年,共产党和毛主席领导全国人民又继续打败了蒋介石的统治,解放了全中国。个人自"闽变"失败逐步跟着共产党走上革命道路,继续参加抗日反蒋工作。自忖对人民贡献绵薄,新中国成立后享受殊荣,引为愧怍。

(一九六四年蔡廷锴述·李以勤记)

3.4 蒋光鼐回忆福建事变①

一九三三年十一月二十日发生的"福建事变"(简称"闽变"),我自始至终参预(与)其事,也是主要策划人之一。

"闽变"成立"中华共和国"及"人民革命政府",改元换旗,与蒋介石的南京卖国政府分庭抗礼。它的割据地区号称四省,实际上是由我领导的福建省区域分开来的,它的武装力量在福建境内虽有兵力约十一万人,但实际听指挥的也只有十九路军的六、七万人。

陈铭枢、我、蔡廷锴等人,七八年来先后都指挥过十九路军这个部队;福建人民革命政府(简称人民政府),是靠十九路军来维持它的存在。所以我们三人在当时被人们称为所谓"核心人物",原因即基于此。

人民政府从成立到瓦解,只有两个月的短促时间,它的失败也即是十九路军的消灭。其间有联共反蒋抗日的爱国意义,关于此次事变的酝酿与失败经过情况,已有蔡廷锴撰文详述,本人就回忆所及再作一些

---

① 蒋光鼐.对十九路军与"福建事变"的补充//中国人民政治协商会议全国委员会文史资料研究委员会编.文史资料选辑(第五十九辑).北京:中华书局,1979:114-123.

补充以供参考。

3.4.1 签订《粤桂闽三省联防草约》

一九三三年春间,我继方声涛任福建省主席,李章达任省府秘书长。是年夏,我约蔡廷锴、李章达等研究,在粤宁合作御侮的幌子下妥协,胡汉民释放出来了,广州国民政府虽然撤销了,但后来广州又成立国民党中央委员会西南执行部和国民政府西南政务委员会,形成半独立的割据局面。我们在福建反蒋,在战略上必须以广东为后方,因为福建外临滨海,内有闽江南北之隔,战略形势易攻难守。我们如和广东有了同盟,则进可攻,退可守,因此决定请李章达为福建军政代表赴粤。由于李是同盟会会员,早年随孙中山、廖仲恺、朱执信时,和西南政委们萧佛成、邓泽如、邹鲁、古应芬、林云陔等人早有认识,在军事上和广州陈济棠,广西李宗仁、白崇禧等也有来往。李抵广州之后,西南方面很想拉福建参加西南政务委员会的组织,我们不同意,几经磋商,才由李章达起草一个《粤桂闽三省联防约章草案》(当时江西有粤、桂军队之一部驻扎)。这个草案分军事、政治、经济几方面,它的内容记忆不详。主要精神是为了抗日反蒋,粤桂闽实行军事互助,任何一省被敌军侵犯,其他各省应全力援助。草约签订后,徒具形式,还是貌合神离,难于实施。由于陈济棠实权在手,以保持半独立为满足,和我们订约还是怕十九路军回粤占它的地盘。粤桂当局并无真正反蒋的决心,对于抗日也是作为口号喊喊了事。后来粤方利用这个草约,常派代表来闽联络,实际上是打听虚实,是年八、九月间,他们发现十九路军有和红军妥协的可疑,很不放心。迨陈铭枢回国来闽后,更加防范。陈济棠私人对我比较有好感,对陈铭枢一向勾心斗角,互有戒心。广西方面因为没存直接利害冲突,对闽方的同盟,只是利用它壮壮声势,在军事上守望相助、在经济上互相支援是不可能的事。这一密约总的说来,在"闽变"中没有起过有效作用,而在"闽变"前却增加了蒋介石对福建方面的防范。

3.4.2 派代表三到苏区和红军联系

一九三三年春间,江西红军发表宣言,向一切进攻革命根据地和红军的国民党军队提议,在三个条件下订立停战协定,联合抗日。即停止进攻革命根据地和红军;给予人民以自由权利;武装人民。我获悉之后,寄以新的希望。我和蔡廷锴商量过,蒋介石对十九路军采取两种手段,一是他亲手动员来歼灭我们;一是驱使该路军"剿共",孤军深入,让红军来歼灭我们。如今红军敞开大门,我们迫切需要和中共建立密切的关系。是年七月间,陈铭枢由欧洲回到香港,派陈公培来福州会我,才知陈和共产党的联络尚未搞好。于是我和陈公培商量,请他为代表,火速赴水口镇,到前方去直接和红军联络。陈答应后,我便秘密写了一封信给前方红军表示和谈愿望,主张共同抗日,双方先行停止战争行动。另由蔡秘密写了一张放行条,由谭师长派员护送至延平西南地区进入苏区。陈公培于八月间见了彭德怀、袁国平等人于王台,带回了彭德怀一封信,从此闽北前线才缓和下来。

我们将这个消息电告香港陈铭枢,他十分高兴,来电希望我们再直接派代表到江西瑞金去会见中央红军领导人,他随即也由香港回到福州。蔡廷锴和我商量,派他的秘书长徐名鸿(当时在闽西善后委员会负责)就近前往。因为徐在大革命时期,曾任过十一军政治部主任,和中共可能联络便利些;以当时所担任的职务也较合条件。在取得徐的同意后,陈铭枢回来,仍要陈公培一同前往。约在九月间到达瑞金,见到红军领导人,初步谈判了十九路军与红军的防线和福建政府与苏区政府划界事宜,取得了协定。我记得徐名鸿回来之后,苏维埃中央也派代表前来商谈进一步的同盟行动和协商物资交换之事。

第三次派代表进入苏区,是福建人民政府成立之后,蒋军全面进攻之下,由李济深和我们商量,派人民革命军一方面军总部参谋处长尹时中前往,请红军大力支援。听说尹时中在瑞金曾见到了红军领导周恩来、刘伯承等人,但由于前方失败过于迅速,未能达到挽回战局的有效措施。

3.4.3 "闽变"前筹组人民革命政府的活动

"闽变"是以陈铭枢为首的。关于陈铭枢过去的政治路线,从一九二七年宁汉分裂起,迄一九三二年宁汉由分裂到合作,是拥蒋的。如果说"一·二八"抗日战役是十九路军从拥蒋到反蒋的分水岭的话,那末(么)陈铭枢的分水岭也是如此。由于"一·二八"战役前后利用粤宁的矛盾,陈一度代理行政院长,孙科组阁时,又任副院长兼交通部部长。他利用十九路军及结交一些进步文人作为政治资本,提出停止"剿共"、一致抗日的意见,多少有和蒋介石、汪精卫等争取权力的野心。因此不容于蒋、汪政权,被迫愤而出走。出国后受到苏联政府礼待,研究了苏联政治制度,懂得了一些劳动人民当家作主的道理,同时受到欧洲当时反法西斯的人民阵线运动的启发,一九三三年六、七月间回到香港,就想联合第三党、国民党内反蒋派系的民主人士和神州国光社一批知识分子,组织反对独裁的人民阵线,企图推翻蒋介石的统治。

陈铭枢在出国前,原想推选宋庆龄先生出来领导这一次运动,宋不同意;回国后,又想推胡汉民出来在广州组织独立政府,由于陈济棠以保持广东半独立为满足,胡不愿出来;于是乃就商于李济深,通过李济深拉李宗仁、白崇禧和福建一道反蒋。七月间,李济深曾派亲信幕僚尹时中为代表,携带政治纲要到南宁进行联系。据闻,李、白鉴于陈铭枢的作(做)法过左,就以广东不愿合作没有后方为词,不愿参加。李济深和陈铭枢取得一致意见后,在香港利用西南政务委员会联络西南各省实力派,湖南何键、贵州王家烈、云南龙云、四川刘湘等派驻广州及香港的代表也挂上勾(钩),对山东韩复榘、陕西杨虎城也直接有联系。至于在野同情反蒋的如泰安冯玉祥、天津方振武、上海方鼎英、(江西)李烈钧等也派有专人联系。第三党的领袖邓演达和陈铭枢私交颇好,邓被蒋杀害后,该党黄琪翔、章伯钧、彭泽湘等人和陈也有来往,并支持十九路军。一九三三年春,就由该党介绍大批干部到福建搞农村工作,并帮助十九路军办军官训练班,取得一定成绩。是年九月间,李济深、陈铭枢等已邀该党负责人黄琪翔、章伯钧、麦朝枢等到香港商量反蒋之事,该党成为陈铭枢可靠的支持者。虽然各有各的一套,然而在反蒋抗日,对农村采用计口授田的纲领,基本上是一致的。

陈铭枢是以十九路军起家的,有了该路军才有福建这一块地盘。他认为政权有了我,军权有了蔡廷锴,当会事事如意,由他支配。其实还是矛盾重重,内部斗争是尖锐的。陈回国后,到过福建三次。一到福

建,即以家长自居,直接插手到各机关部队去讲演、训话,俨然架在主席、总指挥之上。他的企图过早暴露出来,引起我们反感。蔡廷锴曾对我说:"十九路军是中华民族的军队,不是私人军队呀!"陈到闽就表示已联合各党派反蒋,主张速即组织独立政府,我和蔡则认为抗日反蒋是我们的主张,但急于组织政府则不同意,应加忍耐,以待时机。当时蔡看到陈铭枢的作风,加诸军队内部未能整饬,处境困难,有挂印离部的思想。后来由我一再和蔡商量,非同心协力不可,十九路军靠两广不成,不打起反蒋旗子,也终为蒋介石收买利用,自行瓦解,我们军力、财力虽不足,但孙中山手无寸铁也敢干。以此相勉。经多次研究,我们才取得组织政府的统一意见。蔡廷锴分别在漳州、龙岩各地召各师长开会传达这个意见。十九路军参谋长黄强、福建绥署参谋长邓世增公开表示不同意联共,其他后勤、军需中坚人员如邓瑞人、曾謇等人认为力量对比过于悬殊,不同意此时反蒋。据蔡廷锴当时谈及所属几个师长对联共反蒋问题,不表示态度,中下级人员一般讨厌打内战,想苟安于现状,反蒋作战思想基础很薄弱,谈不上同仇敌忾心理。八月间,陈铭枢在闽取得初步公开讨蒋一致意见后,即匆匆回香港策划。当时粤方派何某来闽,邀我回广州协商闽粤联防事情,我回到广州,但仍未取得合作诚意。九月间,我和蔡派员到闽北前线和红军接上了头后,陈铭枢又来闽和我们策划派员到江西瑞金和中共中央拟订协定,他认为时机成熟,即匆匆回香港筹备一次重要会议。地点在李济深的家中,参加人有冯玉祥的代表余心清、软墨林,第三党代表黄琪翔、章伯钧及徐谦、陈铭枢、李济深和李的老参谋长张文等多人,讨论即赴福州组织反蒋抗日的人民革命政府事情。陈铭枢在会上说明要图中华民族的生存,就非抗日不可,要抗日就非先打倒蒋的卖国政权不可,要倒蒋政权非有革命精神不成,现在时机成熟,不能有所迟误。在会上有人主张不掀起人民革命招牌,以便聚集反蒋的力量;有人主张先埋头训练人才,从改造旧军队和革新福建政治起,以作长期斗争准备;有人却认为我们各党派联合阵线有号召力量,通电一出,蒋介石就会下野,不必顾虑等等。此外讨论了一些军事、外交、政治、财政有关问题后,即匆匆决定在香港参加政府人员分批乘轮至福州筹备。当时我对香港会议的决定没有发表意见,但看到陈铭枢草率行事,急急发难,作孤注一掷的样子,颇为担心。

十一月上旬,我和蔡廷锴根据香港会议的决定,分别通知省府及"绥靖"公署人员许锡清、邓世增等人,准备作接待工作。我的老朋友叶挺也来到福州,住在我家代为策划。由香港来到的首批人员我已记忆不全,其中有梅龚彬、程希孟、胡秋原、王礼锡、章伯钧、张文、张醁村、麦朝枢、舒宗鎏、尹时中、彭泽湘等。十一月中旬,各方代表应陈铭枢之邀陆续来闽,有余心清、陈友仁、徐谦、陈铭枢、黄琪翔、李济深、李章达、何公敢等,筹备工作十分忙碌。当时凡属重要文件,陈铭枢多交他的智囊——神州国光社主要人物胡秋原、王礼锡执笔主稿。约在十一月十日左右,有关借民意召集全国临时代表大会办法及代表名单、各项宣言及政府组织纲要都有了定案(在香港时已拟了一个初稿),我虽草草看过,但未经审慎研究开会讨论过。有关组织新国家改换新国旗之事,当时意见纷纷,各省代表有些表示难于接受,未作决定。以上是事变前酝酿所谓"人民革命"的复杂过程。

3.4.4 与蒋政权决裂前夕的几件内幕

蒋介石对陈铭枢的回国和往来于香港福建之间,特别是在福建各地的活动已十分注意。蒋介石于十一月中旬曾两次来电,由我译转陈铭枢。主要内容是劝陈勿受他人挑拨离间,为一时误会所隔阂;阐述今日中国非"剿共"不足以抗日,非先安内即无力御外,希望和衷共济,一本六七年来同甘苦共患难的宿望,盼即到南京中枢共负国家大事,云云。以此动摇陈的反蒋决心。陈铭枢则严词拒绝,电责蒋坚持反共惧日政策,当世自有公评,千秋当有定论,所见不同,惟各行其是,以尽国家兴亡匹夫有责之旨。约在事变前几天,蒋介石又来最后一电,责陈铭枢组织"社会民主党",企图利用十九路军反叛中央的错误,陈则复以十九路军抗日功在国家,岂能厚诬。最后并促蒋在国人共怒之前,自决进退等语。自此之后,蒋、陈之间再无电报来往。

与此同时,约在十一月中旬,蒋介石请国民政府主席林森来闽调停。由于陈铭枢和林森有私交,林以回闽探亲为名,约陈由香港来福州见面。林劝陈到中央供职,打消在福州发难计划,免遭自相残杀之苦。

陈婉言拒绝,随即乘永安号兵舰离闽。林森来福州,并未邀我及蔡廷锴见面。我也佯作不知,未与往来。

蒋介石对我及蔡廷锴的手段和对付陈的阴谋诡计不一样,目的在分化利用,孤立陈铭枢,企图使酝酿中的"闽变"胎死腹中。自陈铭枢回国由香港来闽活动之后,当时宋子文派有亲信陆文澜常来福州联络。福建省府委员高登艇、郑贞文、林知渊、孙希文等都是蒋介石派来的耳目("闽变"前夕均弃职投蒋)。关于福建事变前的种种情况,在特务如毛的福建地区(据破案了解,福建省党、军、政中已有复兴社活动),蒋介石了如指掌,在陈铭枢往返福州、漳州发表不满"中央"言论时,蒋已有函电相询。迨十一月间来电相劝,要我以十九路军光荣历史为重,勿以一二人反复无常而盲目附和,举已往出死入生所造之光荣勋绩随之毁灭相威胁,我对此置诸不复。在这期间,蒋以同样手段对待蔡廷锴,尤以蔡掌握兵权,蒋对其更为重视,曾迭次电蔡到江西庐山会晤,在九、十月间曾派飞机来接,蔡托故不能行,随又要蔡派亲信代表去见,蔡乃派黄和春随宋子文前往庐山,询问福建真相,蒋想以重金收买未果,在"闽变"前两日,蒋又派自坐飞机携函来接蔡往南昌会晤,蔡在我相劝之下决定不自投罗网,随即将飞机及飞机师扣留,交由十九路军空军队长刘植炎处理。蒋介石收买利用我们的阴谋,宣告破产。

十一月十七日左右,在发难通电的时间问题发生了矛盾。当时主要人员在福州鼓山开了一次会,我认为集中兵力很不容易,因而主张先行派兵在南平附近解决了刘和鼎部才行发动;蔡廷锴主张与蒋政权决裂时间应拖延一二个月,以便解决全省杂牌部队及调动十九路军兵力,来应付蒋介石陆、海、空军的进攻;陈铭枢等则坚持迅速发难,不能再有新变更。因我方人员已到齐,敌方对我方企图全部了解,不容许我们维持现状赢得裕余时间。在会上各抒所见,互相争持,直至午夜,最后才勉强取得一致意见,随于次日匆匆准备,即宣告成立人民政府。

关于改变国家名称问题,原来意见也很分歧,我认为中华民国是推翻清朝由孙中山一手缔造的,国民党人不应因蒋介石政府反动而加以废除。陈铭枢则认为中华民国已名不符实,国民党已变质,应取消国旗党旗。后来决定改名为中华共和国,取消青天白日满地红国旗,采用了国家主义派分子翁照垣设计的上红下蓝中嵌一颗五角黄星的新国旗。我是非常不满意的。十一月二十日揭幕升旗时,我一看到就非常生气,由于事前没有讨论过,也没有见过这张旗的式样,这旗的式样从何而来,也不知道(翁是国旗设计人,是后来了解的)。

3.4.5 人民政府成立后的措施

鼓山会议决定于十一月二十日揭开反蒋旗子,召开中国人民临时代表大会。二十二日成立人民革命政府,在政府领导下的各部会进行具体措施。主要国民党人宣布脱离党,第三党人宣布解散该党联合无党派人士组织新政党。除有关公开宣布过的宣言政纲有案可查外,兹将当时点滴措施举要如次:

3.4.5.1 新政府的组成

中国(全国)人民临时代表大会是在福州南教场召开的,时间是十一月二十日上午九时左右,有各党派和我们私人所约来的各省代表百余人。十九日由福建省会公安局挨户通知福州市民参加,十九路军抽调驻福州卫戍部队七十八师也参加,当时党、政、军、机关、团体计二三万人,由蔡廷锴命十九路军驻福州的师长云应霖任会场总指挥。公安局长邱兆琛、丘国珍等人维持秩序,防范特务破坏。因为事前筹备很不周到,开会前临时推选主席团十七人,黄琪翔为大会主席,由黄致开会词,随由李济深、陈友仁、冯玉祥的代表余心清,方振武的代表姚褆昌,东北代表王凤起,蔡廷锴、李章达、何公敢讲话,大都简简单单没有很好准备。演说后,即由大会主席宣读临代大会宣言,历述南京政府媚外残民的罪状,宣布中国为中华全国生产人民之民主共和国,中国最高权力属于生产的农工及共同支持社会结构的商、学、兵代表大会,在宣言中否认南京国民政府,号召全国反帝反独裁的革命势力组织人民革命政府,于最短期间召开第一次全国生产人民代表大会,制定宪法,解决国是等主张。宣读完毕,即讨论提案,议决十二项纲领,全场通过之后,随由皖、闽两省代表提议建立人民革命政府,请主席团接受。经主席团会商同意后,由黄琪翔宣布大会决定接受,于是把原提案交付表决,大会又一致举手通过,最后升起中华共和国新国旗,全场向国旗致敬,大会完毕,游行示庆。这就是"闽变"第一日的景况。由于陈铭枢怕事情有变,匆匆假借民意来发动,我们都是军人,缺乏政治斗争经验,所以举行大会时,福建省府、福建绥署人员都筹备不及,关于制作新国旗之事,由于事前秘密不敢宣传,临时要市民开会,警局与市民之间有矛盾,也闹出了笑话。这场庄严的大会开得很马虎。尤以我个人对改元换国旗之事,认为陈等把国事视同儿戏的作(做)法,的确有些惶惑。

是晚八时左右,临时代表大会主席团按程序,假原福州绥署蔡廷锴的指挥部召开主席团会议,计有黄琪翔、梅龚彬、彭泽湘、李章达、何公敢、程希孟、章伯钧、余心清、林植夫、关楚璞、刘剑米、陈耀焜、翁照垣、钟喜焯、姚褆昌、徐名鸿等人参加,议决接受提案,成立人民政府,推定李济深、陈铭枢、陈友仁、冯玉祥、蒋光鼐、蔡廷锴、黄琪翔、徐谦、方振武、李章达、何公敢等十一人为委员,又推李济深为主席,决定十一月二十二日成立人民政府。

人民政府委员会假原福建省府为办公地点,成立后即作如下措施:

(一)发表政府对内宣言:揭露蒋介石背叛革命,造成民族危亡以及"九一八"以来降日辱国,对内镇压人民的事实,并宣布五点使命:(1)求中华民族之解放,形成真正独立自主之国家;(2)消灭反革命之卖国政府,建立生产人民之政权;(3)实现国内各民族之平等权利;(4)保障一切生产人民之绝对自由平等权;(5)排除帝国主义在华势力,打倒军阀铲除封建残余制度,发展国民经济,解放工农劳苦群众等。

(二)发表对外宣言:反对今日中国一切亲日亲英美的卖国的陷民族不能独立自主的政策,为救中国及维护中国独立计,则非铲除蒋氏政权,刻不容缓,忠告各国万勿再予蒋氏南京以财政及军械之援助等语。

(三)发表人民政纲:废除不平等条约;没收危害民族利益的外营企业;整理新旧外债;实行外贸统制;厉行关税自主;开放政权;国内民族平等;确定人民人身、居住、言论等八项自由;废止苛捐杂税;实行耕者有其田,银行、交通为国营;以国家资本扶助农民生产;严禁高利贷;取缔奸商;制定农工法;改良农工生活;厉行教育普及;实行征兵制。

(四)制定人民政府组织大纲:组织大纲共有九条,规定政府职权与人民政府之下的部、会、院的组织法。

当时依据需要,在人民政府委员会之下设三会、两部、一院、一局。它的人选:军事委员会由李济深兼任主席,经济委员会由冯玉祥兼任主席,冯未到,由余心清代理,文化委员会由陈铭枢兼主席,外交部由陈友仁兼任部长,财政部由蒋光鼐兼任部长,最高法院由徐谦兼任院长,政治保卫局由李章达兼任局长,人民政府委员会另设秘书处,由彭泽湘任秘书长。

3.4.5.2 新政府的点滴措施

新政府成立后的头几天委员会开会忙,所属各会各部也为制定规章制度忙,后来由于沿海受到日、英、美各国兵舰以护侨为名不时威胁,蒋介石从杭州航空署派来飞机轰炸之后,工作受到严重影响,政府各部具体措施我了解不够全面,我个人所了解的只是一个片断(段)。

军事方面:军事委员会由李济深负责,下设委员十余人,该会辖一个方面军,改名为人民革命军,由蔡廷锴任第一方面军总司令,将十九路军五个师改组为五个军。另辖一个政治部,由陈铭枢、徐名鸿任(正副)主任。一个参谋团,由黄琪翔、徐景唐兼正副主任(即等于军委的总参谋长)。另设一个办公厅,处理编制、装备、训练、运用等日常文电,由张文、张醁村、舒宗鎏、华振中等人负责。该会在事变后忙于事务,对于敌情估计不足,没有及时的紧急措施,定不出攻守计划。由于李济深等多是新到福建来的,对全盘形势和部队情况不明,处处疏于防范,原定人民自卫军的编组,由于基层发动不起来,基本上没有很大成效,面对当时的防空、防特的措施均没有良好对策,特别是遇到空袭就手忙足(脚)乱。

经济方面:经济委员会由余心清代理,设委员十余人,该会系管理全国人民经济设计,兼管不属予(于)财政部之经济行政,大体属于实业、农工、建设均属之。该会内设秘书、统计两处处理会务,另设土地、商务、劳动三个委员会。我记得章伯钧当时是土委会主任,计口授田的大事由该会负责,由于各地地主捣乱却无法设施。余心清当时提倡冯玉祥式的艰苦作风,提倡实行厉行节约的运动,由李济深带头,凡属政府人员一律穿蓝布中山服,头带工人帽,一时蔚为风气。该会对保护工商业案,特别是金融、粮食等力主与商人合作,但当时敌人造谣说我们是共产主义，商人对政策怀疑，奸商乘机投机倒把，尤其敌机轰炸后商店关门，李济深为保护商业事，一再召集商人代表解释，才稳定一下，至于劳动福利、劳资关系等问题，当时也没法进行解决。

文化方面：文化委员会由陈铭枢负责，设委员十余人，大都是陈铭枢自一九二七年任南京军委会政治部代理主任及主持神州国光社时期所结交的文人，有少部分是当年出国时在国外结交的。该会设教育行政委员会以程希孟担任主任，设民众训练处以梅龚彬担任主任，设文化宣传处以胡秋原担任主任（胡另兼人民日报社社长）。教育方针以政治、军事、劳动三点并重，陈铭枢在新政府成立初则重视发动群众工作，当时在福州、漳州、泉州各地相当活跃，但自十二月各地遭受敌机轰炸后大都停止下来。

外交方面：外交部由陈友仁负责，他住在南台，该部徒有名义，实际上工作少，陈友仁同我研究过应联苏联，但苏联当时对"闽变"反映不良好，因而得不到支持；在与中共联系及派员入苏区问题上，该部曾与中共驻闽代表接触多次；对日本、英国、美国派兵舰在闽江口海面进行威胁的事，也曾向驻在各地的领事们交涉过，但在福州撤退时，陈友仁与徐谦却匆匆乘外国轮船先行走了。

财政方面：财政部由我负责，并以许锡清担任次长。财政工作我是外行，在当时乃是巧妇难为无米之炊，新成立即以十九路军经理财务人员分别接收税收机关，以邓瑞人管福建盐运使，麦韶接管福州统税局，麦英俊接管福州关，庄伟刚接管厦门关，叶少泉接管中央银行。最初估计福建军政费每月约计三百六十万元，而福州、厦门关税每月不足一百万元，统税收入亦不足一百万元，过去每月靠粤省补充费五十万元，因陈济棠背盟投蒋，即行停拨，因此相差甚巨。当时为了节流，对文职人员薪金曾作了相当减薪，一等一级二百元，一等十级一百一十元；二等一级一百元，十五级三十元。二等一级至一等一级属县市长、秘书、科长，各省市长、秘书长，各部会委员。人民政府主席、副主席、委员列为一等一级。至于二等二级至八级，则为各县市科员和中央级科员。二等九级至十五级为雇员。至于武职人员薪金，除士兵保留原饷略作提高外，由于十九路军薪饷过去过高，原来少将三百二十元,少校一百四十元,少尉四十五元,中将五百元,中校一百八十元,中尉六十元,上将八百元,上校二百四十元,上尉八十元。政府决定相应减低,将官不得超过一百六十元,校官不得超过一百元,尉官不得超过四十元。

十二月份起财部库存空虚,为了开源,政府不采举外债或发公债(的)办法,拟在煤油、火柴进口税项下增收,并决定向地方借款一百万元,分配福州二十万元,厦门六十万元,龙岩、漳州各十万元,以资维持,但这些款尚未借到即告失败。福建财政困难为新政府生存的致命伤,比诸敌人军事进攻尤甚。有人建议仿效苏区的供给制,我们根本办不通,在举义前蔡廷锴曾注意于此,陈铭枢却叫苦反对,造成事变后面临这些难关,均无法解决。

此外,在对外援助之事,我曾派许锡清和中共代表面洽关于物资交换和苏区所缺乏之盐、布、西药等物品应如何支援问题,其中特别是运盐做出一些有效办法。

司法方面:最高法院由徐谦负责。福建省的最高法院则由十九路军选派军法处长陈权接收,该院在新政府成立不久即依据人民政府的大赦令,做了一宗(大)快人心的事。凡属政治犯及普通刑事犯,除强盗、杀人、放火、掳人勒赎的罪犯外,一律赦免。当时福建各地监狱几乎为之一空。在法律上旧律与新政纲有抵触之处,由人民政府委员会会议决定推徐谦根据一九二七年武汉政府所颁之司法条例加以修改。新政府成立,南洋闽籍华侨胡文虎曾捐献二十万元,作为改善福建监狱犯人待遇费。听说徐谦在撤退时私人将此款提出,乘外轮先走了。另外存在法院的押金六七万元,在闽局紧张时也被徐谦提出不知下落,这案是否属实,当时虽无法弄清,但后来失败回到香港也无法弄清真相,于是不了了之。此外福建省最高法院听说也办了几件镇压反革命间谍案件,破获经过,我则不知道。

保卫方面:国家保卫局由李章达负责,由于事变后粤桂两省不愿合作,我们特请李回粤商量善后对策,该局并未做出任何具体措施。

3.4.5.3 组织生产人民党

陈铭枢想脱离国民党,联合反蒋党派另组新政党的企图酝酿颇久,

由于人民政府标榜消灭反革命的卖国政府,建立人民政权,于是决定新党的名称叫生产人民党(简称生产党),由陈铭枢担任总书记。其间经过,我(知道的)不够详细,所知的只是一些情况。

新政府委员兼保卫局长李章达,认为国民党已失尽人心,蒋介石宣称奉行孙中山的主张,也是欺骗,同时认为国民党内部汪精卫所组织的改组委员会(即改组派),胡汉民所组织的新国民党,也是一丘之貉,没有作用,建议我们应进行根本改革,立即脱离国民党。经过磋商,我们同意之后,即推李章达起草脱党宣言,由李章达领衔发出。我记得当时一道脱离国民党的有李济深、陈铭枢、蔡廷锴和十九路军所属各军长沈光汉等人。在我们脱离国民党的同时,黄琪翔也宣布解散第三党,并以中国革命行动委员会中央干部名义发表宣言,说明该党一九二七年开始组织,一九三〇年在邓演达领导下宣布的政纲,内容与中华共和国的基本原则之人权宣言根本相同,无独立组织之必要,故正式宣布解散一切组织,一致参加生产人民革命运动,与其他政治主张相同的革命势力,共同担负中国革命任务等语。于是由陈铭枢重新发起组织生产人民党。当时在福建地区,我们这些脱离国民党分子,已解散的第三党人和神州国光社成员,部分脱离汪精卫的改组派分子,少数曾参加过共产党的脱党分子,以及十九路军中级以上军官大都参加了这个组织。这个党匆匆组成,迨人民政府败后随即转到香港,存在一个时期之后即行解体。至于生产党的党纲是由于文委会基于一、二次对内宣言的精神为依据而起草的,具体内容记忆不起。

3.4.6 在强敌压迫下惨痛的收场

中华共和国的出现,岁尾年头号称纪元二年,实际时间只有两个月就彻底失败了,除财政无来源、内部不团结等不利因素外,其中在政治上的完全陷于孤立,在军事上兵力悬殊过甚,乃起决定性失败作用。

3.4.6.1 政治上的孤立无援

"闽变"揭幕由于取消党国旗放弃三民主义,蒋介石与我们势不两立是意料中,预想不到的是粤系党政人员,不论在"中央"与地方的都群起而攻。

首先是汪精卫在南京对我们的咒骂，说"闽变"是继袁世凯以来所谓洪宪，张勋复辟，苏维埃，伪满之后第五次变更国体制度的叛国行为，提倡最高权力属于农工的政策，乃是主张以一部分人对另一部人的任意屠杀。孙科在南京叫嚣，对陈铭枢非用军事镇压不足以打击其野心。

两广原和我们是订有盟约的。在"闽变"次日，李济深、陈铭枢、蔡廷锴和我曾联名电西南政府胡汉民、邓泽如、萧佛成、陈济棠、李宗仁等人述明嬴秦无道陈涉发难于先，定国安邦沛公继起于后，望本历来主张一致行动。他们却复电"斥责"我们是背叛党背叛三民主义。特别是陈济棠派杨德昭为代表到庐山谒蒋，领得巨额补助金，一面陈兵粤闽边，一面封闭十九路军在粤机构，并停止了协饷。我和蔡廷锴联电劝止未果。云、贵、川、湘、鲁、陕各地原有联系的，在蒋介石压力下均不表示支持。

因此在政治上陷于孤立，而蒋介石对"闽变"的处置手段非常毒辣。在十一月二十二日一面派飞机散发告十九路军将士书，鼓励官兵"大义灭亲"，搞垮人民政府；一面发表告"剿共"将士书，宣告坚持"围剿"不许动摇，并历述陈铭枢在福建人民政府的种种措施，决定短期内加以消灭。一面以国民党中政会名义，通电全国各党政机关，迅予处置即行戡乱；一面下令缉拿李济深、陈铭枢、陈友仁三人。并下令革除蔡廷锴及我的本兼备职（我和蔡后期也遭通缉）。

十一月下旬，敌机在闽北开始轰炸沙县前线阵地，十二月一日，又在闽南的泉州进行轰炸，伤亡颇大，这时已表现不安。迨十二月中旬以后，闽东地区及临时首都福州连续被炸，秩序有些混乱。陈铭枢等人平日所谓通电一出、四方响应和蒋介石不敢用兵的幻想，便烟消云散。在此同时，据报当时蒋介石还派了一批所谓军事特派员张贞、谭曙卿、方声涛等潜入闽境。这些人都是军阀政客，是过去和十九路军作对多年的老手。（如张贞的四十九师是被十九路军并编的，谭曙卿的新一军是被十九路军前身第十师缴枪的，方声涛的福建省主席是我接替的。）这些人在福建都多少有些潜力，后来还听说宋子文也曾派莫雄来闽策动谭启秀。这里看出蒋介石所谓敉平"闽变"是蓄谋已久的。

在福建的地方政治方面，事变后虽然将福建分成闽东南西北四个

省,闽东称为闽海省,属闽侯、长乐、福安等十五个县;闽北称为延建省,属延平、沙县、建瓯等十八个县;闽南称为兴泉省,属莆田、德化、晋江等十一县;闽西称龙漳(汀)省,属尤溪、龙岩、长汀等十二个县。以闽侯、延平、晋江、龙溪为各省省会,将福州、厦门改为直辖市。我力主起用当地人士以萨镇冰、何公敢、李清泉、许友超为省长,以便了解下情,便于发动民众,但后来只有何公敢就闽海省长职,延建省因接近前线,萨镇冰无法就任,兴泉省长李清泉不愿就,乃改派戴戟接充,戴也不就,乃由副省长陈公培代理,龙漳(汀)省长许友超也不就,由副省长徐名鸿代理。各县县长一级人事根本上未变动。行新政必须用新人,而新的干部却未有培养出来,在漳州我们曾将十九路军军官补习班改办为军政学校,企图训练一些基干,但已无济于事。在事变前,我们希望贯彻耕者有其田的政纲,曾延用第三党干部来闽,并在闽西办了一点计口授田工作,"闽变"后也曾希望在闽东进行。由于各县地方土劣破坏,没有武装强制执行办不了。因农民动员不起来,所谓人民革命实质上名不符实,地方政府还是老一套,颁布的十八条政纲无法实现一条。只有上层建筑,没有下层基础的福建人民政府,在敌人破坏进攻之下难以坚持下去是必然的。

3.4.6.2 人民政府的瓦解

一九三四年一月十一日左右,前线除第五军谭启秀部两个师被歼灭外,其余四个军八个师基本上未与敌人接触即开始撤退,当时福州在敌机及乌龙江口海军骚扰下秩序尚好,当人民政府决定撤退前几天,我和蔡等商量特派参谋长邓世增回粤,请陈济棠派兵进入闽南策应十九路军撤退至闽、粤边之事,尚未得回音,政府人员有些人埋怨匆匆撤退,认为谈革命又怕死,对陈铭枢不满,有些人却看到战局不利,就想急急逃跑。约在一月中旬由十日至十五日几天中,一部乘轮船由海道离开,一部由福泉公路陆地乘车走,一小部却乘飞机从空中走。我和陈铭枢、李济深、黄琪翔,在十三日由航空队长刘植炎驾机护送至泉州,听说有部分人员星散在福州不走。一月十五日蔡廷锴最后率部离开福州,人民政府即宣告瓦解,随我们到闽西的没有几人。

约在一月二十日左右,我们一行百余人,到达龙岩,沿途曾被特务、匪徒袭击几次,幸得傅柏翠派掩护部队及时增援始解除威胁,当时龙岩附近的部队只有张炎的第四军留下维持后方的周士第一个团,主力是否能撤出重围尚难逆(预)料,人民政府闽西善后处与苏区接壤及与粤军联防的几县归傅柏翠负责维持尚称安定。当时广西李宗仁拍来一电,希望我们坚持几个县或几个点作为根据地,惟各人没有到苏区参加真正革命的决心,又怕厦门登陆的敌军深入站足不住,正在犹豫中得悉十九路军主力在毛维寿诱骗下已向蒋介石前线部队投降消息,由于大势已去,决定回香港,步行至永定,与粤军第三军军长李扬敬接洽,粤方准许我和李济深乘机至汕头降落,其余陈铭枢、黄琪翔不准入境。我约于一月二十六日左右到达香港,不久得悉陈铭枢、黄琪翔、何公敢化装潜入粤境,未被查出,也安全到达香港,而最后率部撤退的蔡廷锴在主力失败后,他本人率闽西残部约四千人编成一个独立旅作为十九路军的种子,派黄和春率领归入陈济棠建制,蔡本人也于三月间回到香港。不久闻该旅也被陈济棠接受蒋介石指示,不许收容而加以缴械。十九路军这一点残部除团长周士第冒险逃入苏区参加红军外,其余官兵尽被遣散。福建人民政府联共反蒋抗日运动,就是这样惨痛收场。

(一九六四年)

3.5 宋希濂等回忆福建事变

3.5.1 我参加"讨伐"十九路军战役的回忆[①]

3.5.1.1 蒋介石对闽变的决策

1933年8月,我奉命由八十七师副师长调升为第三十六师师长。这个师是以驻在南京附近的八十七、八十八两师(这两个师的前身为国

---

① 宋希濂. 我参加"讨伐"十九路军战役的回忆//中国人民政治协商会议全国委员会文史资料研究委员会编. 文史资料选辑(第三十七辑). 北京:文史资料出版社,1963:108-123.

民政府警卫军第一、二师）的四个补充团编成的，下辖一〇六、一〇八两个旅，每旅两团。部队编成不到一个月，即奉命开江西抚州，于9月中旬全部到达，派出一部到上顿渡、浒湾两地担任守备，主力集结在抚州附近。那时北路军总司令部刚刚成立，亦设在抚州。总司令为顾祝同。蒋介石的行营设在南昌，但他有时常来抚州小住，住在抚州中学的后花园里。因此，我又被派兼任抚州警备司令。10月间曾与红军第三军团部队在浒湾一带打了一次小仗，关于这次战役，另文叙述。

1933年11月20日李济深、蔡廷锴等以十九路军为基干，在福建组织"人民政府"，取消国民党，换了国旗，并发表反蒋宣言。同时听说派人与红军接洽，谈判停战和合作等问题。

闽变发生时，蒋介石在南昌，他根据所获得的各方情报和审度了当时的整个国内形势，认定非迅速扑灭这一事变，将会严重地动摇他的统治地位。他和熊式辉、顾祝同、陈诚、林蔚等人进行了几天的商讨后，决定立即从各方面抽调部队入闽讨伐十九路军。其作战指导大要如下：

一、以蒋鼎文为第三（二）路军总指挥，率李玉堂的第三师，李延年的第九师，由赣东进入闽北，集结于建阳、建瓯一带。

二、以张治中为第四路军总指挥，率王敬久的八十七师、孙元良的八十八师，由南京、杭州地区经浙赣路运到衢州，进入闽北的浦城、建瓯一带。原驻闽北的刘和鼎的三十九军，亦归张指挥。

三、以卫立煌为第五路军总指挥，率冷欣的第四师、李默庵的第十师、宋希濂的三十六师、刘戡的八十三师、汤恩伯的八十九师，按第四、三十六、第十、总指挥部、八十三、八十九等师的顺序，经金谿、资溪进入闽西的邵武、顺昌一带集结。

四、派毛邦初为空军指挥官，集中当时蒋军的大部分战斗机及轰炸机于建瓯，侦察十九路军的调动情形，并轰炸福州等地。

五、将原驻在南京的最好的两个炮兵团——第一、第五两团（这两团各有德造卜福斯山炮三十六门，装备齐全，系经由德国顾问训练出来的）的大部分，运到建瓯集结。

六、派海军舰队到福建海面活动，进行侦察和威胁。

七、俟各部队大体集结完毕后，蒋介石亲自到建瓯设立行辕，指挥各部队开始攻击。

从上述概要的部署,可以看出两点:(1)抽调入闽的兵力,全系蒋介石的嫡系部队,并集中了海、空军及炮兵的优势力量。(2)蒋介石当时在福州、厦门等地有其情报网,加上刘和鼎军在闽北一带敷衍蒋、蔡,实际上效忠于蒋介石,因此蒋介石对于十九路军的兵力位置及李济深等人计议的政策方针了如指掌,乘李、蔡等议论纷纷、部署未定之际,迅即兴师入闽,取得了先发制人之利。

3.5.1.2 部队经苏区进入闽西

大约是闽变发生后第九天的早晨7点多钟,蒋介石亲自从南昌打电话给我,问我部队的装备情形和部队的战斗力如何。我一一答复了他,并以自信的口吻对他说:"官兵的战斗意志是旺盛的,部队是有战斗力的。"过了两天,他乘汽车到抚州,立即召见我,又问了一下部队的情况,随即下一手令,发给三十六师轻机关枪二百挺、驳壳枪三百支,叫我立即派人到南昌军械库去领取。同时他嘱咐我,将在抚州附近的队伍于明天上午9时集合,听候他的检阅。当天我就派军械官乘一辆大卡车持蒋的手令前往南昌领运武器。翌日上午8时半部队在飞机场集合完毕,蒋介石于9时偕顾祝同、林蔚等乘汽车到场,随即乘马巡阅一周。当时三十六师官兵精神颇为旺盛,服装也相当整洁,因之军容颇盛。蒋介石检查后,显得很满意,笑着对顾祝同、林蔚说:"看来这个部队不错。"继而集合官兵讲话,说的是勉励大家要英勇杀敌、保家卫国、严守军纪等那一套。下午4时,蒋介石叫我带各旅、团长去他那里开会,参加的有旅长伍诚仁、傅正模,参谋长钟彬及4个团长。会上蒋介石首先宣布李济深、蔡廷锴等公开"叛党叛国",在福建组织什么"人民政府",国民政府已明令授权于军事委员会负责讨平叛乱,随即说明讨伐十九路军的重要意义;继而命令三十六师归卫立煌指挥,日内由抚州出发,经金谿(溪)、资溪进入福建。他反复叮咛,此行要经过共军区域,也可能与共军发生战斗,务要特别小心戒备,行进时两侧要多派搜索队伍,宿营时必须把兵力集地,不可过于分散,宿营前要先做好工事,布置好警戒,夜间要严密巡查等语。最后他下一手条,发给各旅、团长特别费1 000元,

师部特别费1万元。

三十六师部队于1933年12月上旬自抚州出发,到金谿(溪)停留了两天,主要是充分地准备粮食,因离金谿(溪)后一两天就要进入苏区,筹集粮食是很不容易的。规定每个官兵必须自带粮食5天,非万不得已时,不准食用,团的输送连和师的输送营,均以携带粮食为主,弹药次之。自离金谿(溪)后,规定每日行程不超过60华里①(一般都是以每天行军50里为限度),并尽可能地将部队集结于一个地区为原则,规定了各团的宿营地域。因此,部队于每日上午7点多钟由驻地出发,到下午3时左右就到了宿营地;到达后立即侦察地形,配置警戒,构筑工事,大家忙碌约2个小时,才准入宿营地吃晚饭和休息。所有这一切措施,都为的是防备红军的突然袭击。离金谿(溪)进入苏区后,在路上很少看到老百姓,就地征发粮食和找人带路都感到困难,尤以所经过的地区绝大部分都是崇山峻岭,羊肠小道。自金谿(溪)到邵武,在将近20天的行军中,真是提心吊胆,这说明当时蒋军官兵对红军的畏惧心理。但是说来也很奇怪,我们除了在资溪附近与地方武装稍有接触外,几乎没有发生过什么战斗。为什么当时红军不拦腰截击我们,我当时觉得不解。

部队大约是在1934年1月10日到了邵武,大家大大地松了一口气,因为这里是蒋军管辖的地区,记得好像是福建部队周志群旅驻在那里。地方人烟稠密,物产相当丰富,蒋介石已先派出后勤人员在这里设立补给站,准备了大批粮食和副食品,部队已不再感到补给的困难了。我们在邵武休息了2天。

3.5.1.3 攻略延平

我师奉命由邵武向洋口(洋口在顺昌东边约1天的行程)前进,到达洋口后,接蒋介石电令开往延平(又称南平)以南地区,协助刘和鼎军攻击延平,尔后暂由蒋直接指挥。这时蒋介石已到了建瓯。

最先到达邵武的第四师和最后到达邵武的八十九师,蒋介石派汤恩伯为纵队司令,指挥这两个师经将乐、永安、华安和闽南方面活动。

---

① 1华里=1里=500米=0.5公里,后面出现不再标注。

卫立煌率第十、第八十三两师沿着三十六师行进的路线于元月中旬到达顺昌后,奉蒋介石电令向沙县附近集结,待命作第二步的行动。

延平城位置在闽江的上游,是建溪、富屯溪、沙溪三江的汇合点。江面水深流急,险滩暗礁甚多。闽西北地区盛产木材,就是经由这些河流放到延平,再由延平结成木筏后运到福州去的。延平城高出水面数十公尺,东、南、北三面的大部分都是江水环抱,西北面一带是高山,南面为九峰山,形势雄伟险要,为易守难攻的要津。

1931年刘和鼎的五十六师驻在这里,害怕红军进攻,曾以全师兵力并征调一部分民夫及大量木料等,在西北面的一线高山及南面的九峰山构筑坚固工事,将山地的好些地方削成陡壁,于工事周围设置了铁丝网、竹鐵(签)、鹿砦等副防御障碍物,轻重机枪全有掩盖工事,挖了许多交通壕将阵地连贯起来,并设有掩蔽部及储水设备。

当时守备延平城的为十九路军的教导师,是新近由一个旅扩充的,师长为司徒非,全部兵力五六千人。

蒋介石到建瓯后,刘和鼎向他报告了敌情和地形,特别强调工事的坚固,蒋介石根据他的报告,决定集中全部炮兵的火力及空军的大部队力量,协助刘和鼎部向靠近延平西北的一带高地进攻,蒋介石亲自写一手令派飞机空投给我,说九峰山工事坚固,不宜猛攻,只要派相当兵力相机攻击,以牵制敌军兵力,俟正面攻击奏效后,再共同歼灭延平之敌。同时他命我派一个团开往下道、吉溪(这两处都在延平下游,约1天行程),防备十九路军由水口派兵前来增援。我当即令派二一二团团长李志鹏率部前往下道、吉溪布置。在预定攻击开始的头一天(确定的日期记不清楚,大约是1月20日),我率各旅、团、营长对九峰山的地形及敌军阵地的构成、工事的强度等,进行了详细的侦察。九峰山紧靠延平城对岸,以有九个山峰而得名,自河边西南端起向东北延伸,山峰一个接着一个,一个比一个高,到最高的一个峰,有如狮子的头一样。靠河边的一段,山形陡削(峭),不易攀登,最高峰(第八、第九)工事最坚固,有如一个堡垒。中间一段,即第四、第五峰间,虽地形也很险要,但树木茂密,易于接近,看来工事亦不如东面一段那样强固。侦察完毕后,我叫各营长先回去,随即与各旅、团长在一个山头上开会,决定以二一一团

担任第八、第九两峰的攻击,所以各团的迫击炮、平射炮均集中起来支援二一一团,主要先摧毁敌军工事,步兵相机进攻而不要猛扑,以避免过多的伤亡;以二一五团(这是全师中老兵较多的一个团)于夜间运动先开到九峰山麓,第二天利用树林逐步接近第四峰第五峰间地带,行动必须十分隐秘,不要使敌军发现;以二一六团为总预备队。部署大体完成后即电蒋报告概要。

第二天对延平的攻击正式开始了。上午8点多钟,大炮数十门以猛烈的炮火向延平西北一带高地轰击,到9点多,飞机十余架亦向那一带投弹。大约11点左右,刘和鼎部的一个旅开始冲击,但守军十分顽强,利用地形及工事,多次打退了刘军的进攻。听说司徒非部还举行局部的逆袭,刘军的一部溃退下去了。这样,从正面的攻击顿挫了。要到下午才能再组织第二次进攻。

三十六师的二一一团于是日上午9时开始行动,先以猛烈火力向敌阵地射击,并利用平射炮对准敌军的机关枪口射击,制压了敌军的一部分火力,到10点多钟,来了两架飞机低飞向第八、第九峰的敌军工事投弹,颇多命中。这时,二一一团得用敌军混乱之际立即冲锋,攻下了敌军阵地的几个支撑点,伤亡达六十余人,敌军仍顽固地据守着主阵地。我当命暂停进攻,将平射炮迫击炮向前推进,以便更好地摧毁敌阵地和制压敌军火力;同时命二一五团以极秘匿的行动,更向前接近敌军阵地的中间地带。到下午1点,发动了第二次进攻,迫击炮等射击约半个多钟头后,二一一团以两个营猛力冲击,大声叫喊"冲锋""杀"……敌军误以为我师是集中全力攻击第八、九两峰,战况白热化的时候,我二一五团看破了敌军中间地带的薄弱,立即发起冲锋,仅仅遭到微弱的抵抗,不到十分钟就占领了第四第五峰。不久,敌军有组织的抵抗就瓦解了。除毙伤的外,在阵地上俘虏的有三百余人。有一百多人逃到江边,企图逃过河退到延平城内去,多被灭了。九峰山紧靠河边,而河幅并不宽,在山上俯瞰延平城内敌军行动,清清楚楚,步枪机关枪都可以射击城墙上的守兵。敌军失此屏障,显然无法继续顽抗了。下午2点多钟,来了四架飞机在上空盘旋,我师在九峰山上用对空连(联)络布表示已完全占领了九峰山,一架飞机立即飞回建瓯向蒋介石报告去了。同时我亦将作战经过及攻占九峰山情形,用无线电向蒋报告,并认定延平守敌将无法继续顽抗,建议派人劝其投降。到下午4时左右,来了一架飞机在九峰山上低空盘旋三圈后,投下了一个布口袋,我们拾起打开一看,是蒋介石亲笔写的一封嘉奖三十六师官兵的信,大意是:顷据飞机侦探报告,三十六师已攻占九峰山,使余喜出望外。……原以九峰山地形险峻,工事坚强,故只要三十六师助攻以牵制敌军兵力,因此我没有叫炮兵支援你们的攻击,而你们的英勇奋发,竟一举攻克九峰山要点,此种精神,实堪嘉奖等语。同时,蒋介石又于当天晚上发出一个给全国军队的通电,也是表扬三十六师的,大意谓三十六师是一个新编成的部队,由于士气旺盛,英勇奋发,竟一举攻占敌军的坚强阵地,于讨伐叛乱战役中首建奇功,为平定闽变奠定了基础等语。

十九路军延平城守将司徒非因九峰山屏障既失,自知难以固守,遂于翌日晨派军官向刘和鼎军接洽投降,刘部的桂旅于当日进入延平。至此,"讨伐"十九路军的第一仗,是胜利地结束了。

3.5.1.4 开往古田

延平是闽北的要津,而古田、水口则是屏障福州的两个要点。这两处如不能保,福州是不能守的。十九路军派其新扩充的一个师(番号弄不清楚)守备古田,师长为赵一肩,在上海抗日时,他是总指挥部的参谋处长。

蒋介石到建瓯亲自指挥刘和鼎军及三十六师攻打延平的同时,命张治中指挥八十七、八十八两师经玉山街、西溪向据守古田的赵一肩部攻击。部队到古田附近后,得知古田城池的防御工事做得很坚固,张治中估计如果攻坚,纵能攻下,必须伤亡很大。因此,他亲自写了一封信,派人送给赵一肩,以大义相责,以利害相劝,望他悬崖勒马,及早归顺"中央"。赵一肩原则上同意和平解决,派其副师长陈任之出城来接洽。在洽商的进程中,在张部右翼的第三路总指挥蒋鼎文,一再责问张为何屯兵城下,迟不攻击。蒋鼎文并直接命令八十七师师长王敬久进攻,张治中力阻王部开枪,说:"没有我的命令,不准开枪,一切由我负责,上面要砍头,砍我的头……"张仍坚持和平解决。由于时间的迁延,蒋介石感到不快,乃嘱蒋鼎文传达给张治中一个命令,限即刻攻克古田。其时适值延平已经克复,蒋介石命我师立即开往古田受张的指挥,协助攻取古田。延平克复后仅半天,三十六师便向古田前进。到达后,张及八十七、八十八师官兵都很高兴,因为三十师和八十七、八十八师是姊妹师,也都是张的旧部。这时,张一方面电蒋介石力陈和平解决之利;一方面加紧谈判,派其参谋长祝绍周入城见赵一肩,反复陈说利害。延平攻下后,不用说,对赵一肩部走向投诚是起了一定的推动作用的。赵部感到援兵无望,而蒋军兵力不断增加,孤城困守,终非长策。于是,赵一肩接受了张治中的劝降,于某天早晨亲自来到张的总指挥部。张对他很客气,要他把部队撤出城外,到指定的地点驻扎,赵接受了。这样,古田问题解决了。随后蒋介石命令张将赵师解除武装。听说蒋介石以后送了赵一肩一笔钱,叫他出洋考察。

延平克复后,蒋介石命蒋鼎文指挥第三、第九两师沿闽江北岸东进,进攻水口。水口由十九路军谭启秀(听说他那时是军长名义,"一·二八"淞沪抗战时,谭是吴淞要塞司令)带一个多团在那里驻守。当时因蒋军声势浩大,防守水口的部队相当惊慌。据第九师师长李延年亲自告诉我说:"我们拿下水口,是一个通讯兵的功劳。我们部队到达水口附近后,我率第九师干部正在一个山头观察形势,忽然一个通讯兵跑来报告,说在长途电话线里可以听到敌军的通话。于是我立即叫一个参谋去窃听,不久那个参谋回来报告,说听到那个团长和谭启秀通话,十分恐慌,一再要求增加部队,谭则说无兵可派等语。我利用了这个有利消息,立刻派一个团开始攻击。敌人在桥一边,我军炮兵只打了几十发炮弹,刚开始向前冲,敌军就动摇了,纷纷向福州方面逃窜。本来以为要费很大的力气才能拿下的水口,结果只伤亡十余人,不到一个钟头就解决了。"

3.5.1.5 向闽南追击

古人说:"谋定而后动。"依我看,福建事变的组织者们,可说是动而后谋。例如在政治上最首要的问题,是否与共产党合作,一开始并无确定的决策,听说只是事变发动后,才派人去苏区接洽。对各地方势力,如桂系、西南及北方各军阀势力，事先亦未派人切实接洽过。因此，当他们的所谓"人民政府"组成并发表反蒋宣言后，各地方军阀势力，皆存观望无一响应。至于抓住人心，发动群众，更谈不上。所以在政治上几乎完全处于孤立。军事上，十九路军原有的基本部队为六十、六十一、七十八三个师，"一·二八"淞沪停战后扩充两个师，共为五个师，实有力量不足五万人。事变发生后，发表了五个军的番号，而实力并无增加。在当时那种力量对比悬殊的情况下，即单从军事观点而言，十九路军应将主力控置于闽南地区，第一步与红军达成停战协议，第二步进而与红军密切合作互相支援。这样，才能保存自身的力量，并逐步得到发展。但从事变的发生到消灭这一短促的过程中即可以看出，闽变的首脑人物在军事上也是毫无计划的。他们过高地估计了自己部队的作战能力，以为蒋介石不可能于很短时期内调动大批部队入闽，即来了也以为在闽北的延平、古田、水口一带可以支持相当时间。在这种错误的计算下，结果几乎没有什么（怎么）打就全部（被）消灭了。当他们得知蒋介石已抽调大批部队集结闽北并准备向延平、古田一带进攻时，乃下令将原在闽南一带的部队向福州附近集结，而那些队伍刚刚开到福州附近时，蒋军已攻下延平，围攻古田，水口亦告紧。在福州的军事首脑部想派部队往援古田，尚在踌躇未决之际，而古田的赵一肩投降了，水口失守了。与此同时，原集结在沙县附近的卫立煌部（第十、第八十三两师），正向闽南仙游方面前进。这样一来，所谓福建人民政府，已经陷于蒋介石的军事包围中，弄得惊惶失措。首脑人物如李济深、陈铭枢、蒋光鼐、黄琪翔、陈友仁等及其他一些要员，均仓皇由海道乘船逃往香港。仅由蔡廷锴亲自率十九路军主力向闽南的泉州方面撤退，几万人均沿着由福州通往闽南的一条公路走，拥挤不堪。

蒋军攻下水口后，蒋介石命蒋鼎文率第三、第九两师迅即向福州前进，十九路军已向南撤，未经战斗，即占领福州，至此福建"人民政府"宣告垮台。时间为1934年1月底或2月初，我记得正是过旧历年的时候。

我师随第九师之后到了福州北边的一个市镇——洪山桥，那时蒋鼎文正在那里，我去见他。通常在打了胜仗的时候，总是兴高采烈，但十分出我意外的，蒋鼎文却一点欢乐的面容也没有。他板着面孔懒洋

洋地对我说："十九路军大部队离开福州才一两天,委员长已命第三师由马尾乘船,在海军舰队的掩护下,到厦门登陆后直取漳州,第九师暂留在福州附近。三十六师应即由峡口(峡口在福州东边二十多华里)过江,沿公路向南追击。"我看他态度不好,接受任务后就退出,心里感到很纳闷,便到党政处去找顾希平。他是我在黄校第一期的同学,彼此见面很热情,聊了一回,我就问他:"我刚才见蒋总指挥,他好像很不高兴的样子,懒洋洋地对我说了几句话。我看他态度不好,没有说什么就出来了,难道我有什么地方得罪了他吗?"顾希平连忙摇着手对我说:"老宋,你不要误会,我们一路来,在路上他常说你能干,从未说过什么不好的话。蒋铭公的生气,是为了福建省主席的问题。在江西出发前,委员长(指蒋介石)叫蒋铭公的总指挥部设立一个党政处(其他两个总指挥部是没有的),并授权于他,沿途可以委派地方行政人员。因此,蒋总指挥认为打下福州后,一定会发表他为福建省政府主席,所以带来的人很多,单是党政处就有二百多人,许多都是蒋铭公的亲友推荐来的。但昨天晚上收听中央广播电台的消息,行政院已决议派陈议为福建省政府主席,蒋总指挥听了后,气得暴跳如雷,一脚把收音机都踢翻了!……"这是本文中的一段插曲。可以看出蒋介石集团中是一些什么样的人物,可说一切就是为了升官与发财。

三十六师到达福州附近后,又值旧历年节,大家满以为可以休息几天,但结果是进福州城去看看的机会都没有,在微雨中立即开往峡口去渡闽江。这里离马尾很近,已是闽江口了,所以江面颇宽,一师人马渡过去,需要相当时间。我命以营为单位,一个营渡过江集结完毕后,立即向前追击。全师花了一天的时间才渡完。先头部队过福清后,便和十九路军的后卫部队接触上了,一路都有小打。这次追击相当勇猛,我叫参谋人员和政工人员沿途在墙壁上或树上大书"劲者先,疲者后"六个字,凡两腿能走的,都拼命地向前赶。大约是2月中旬,三十六师的主力部队到达了莆田县属的涵江。涵江在莆田县城北二十华里,是一个很繁华的市镇,有四层楼的大旅馆,三十六师指挥所就设在这个旅馆里。到涵江后,得知十九路军的最后一个师离开涵江只有几个小时,我们从地形上判断,认为这个后卫部队可能要据守莆田县一个时期来掩护其主力的撤退,因此命各部队均在涵江附近休息一夜,恢复体力,准备明天可能发生的战斗。

第二天一早,部队继续向前追击,先头的二一六团行抵离莆田五华里的一个桥口,便遭到十九路军后卫部队的抵抗。团长王作霖听到前面发生枪声,便亲自跑到前面去侦察,并指挥一个连向右翼去包抄。由于过于接近,他又不隐蔽,被敌军用机枪扫射,命中要害,抢救不及,仅半小时,这个王团长就牺牲了。我得报后,对王的阵亡殊为伤感,同时立命该团中校副团长胡家骥代理团长,指挥部队继续攻击。扼守这个桥口的是敌四十九师的一个连,经过两三个小时的战斗,二一六团攻过了桥,并俘虏了这个连的大部分,继续向莆田攻击。在俘虏的口供中,得知四十九师师长为张炎。过去的上海抗日时,张炎是六十一师的一个旅长,从那时起我便和他建立了相当友谊,他到福建后我还和他通过一次信。由于这种关系,我便写了一封信,劝张炎赶快归顺中央,交被俘的四十九师的一个排长带回去。这时,一〇八旅正在攻击莆田,并派两个营取小道绕到莆田南边去。据守莆田的敌军后卫部队恐被包围,便弃城向南撤退,我师于是日正午进入莆田。在莆田休息午饭后,继续向南追击。到下午4点多钟,前卫部队送来一封信,是张炎给我的回信,并附有致杨永泰的一份电报,长千余字,是用密码翻好了的,托我代发。当天晚上我就交无线电台代为拍了。当时杨永泰是蒋介石南昌行营的秘书长,是政学系头号人物,以后我才知道杨永泰和张炎是小同乡(都是广东高州人),杨永泰并有将其女嫁给张炎的意思。十九路军还在江西时,蒋介石就叫杨永泰对张炎做工作了。同时听说蒋介石也早就叫熊式辉对十九路军的另一个师长毛维寿做工作(十九路军所有团级以上干部绝大多数都是广东人,只有毛维寿是江西人)。十九路军主力退到泉州后,蔡廷锴离开部队到香港去了,群龙无首,毛维寿、张炎两人力主接受中央提出的改编条件,和平解决,就可见绝不是偶然的了。

当十九路军大部队沿着公路向泉州方面撤退时,卫立煌所指挥的第十师的先头团已赶到仙游、惠安间的涂岭附近,在公路西北侧一带小高地设伏截击。适蔡廷锴率其警卫部队乘大小汽车多辆蜿蜒向南行驶,该团以重机枪数挺向之猛射,蔡廷锴下车步行,得免于难,有汽车数

辆被击毁。十九路军当(即)抽出有力部队开展攻击,勇猛冲杀,该团招架不住,稍向后撤。又卫部的八十三师二四九旅行抵仙游南面公路一个山口附近时,与十九路军的侧卫部队张君嵩师遭遇,张部战斗力强,横冲直闯(撞),将该旅打得落花流水,纷纷向后撤,幸八十三师主力赶到加入战斗,空军亦协助作战,才把张师的攻势挡住了。在这里激战了一天多,张师便向南撤去。卫立煌率两师尾追,到达惠安县以南十多华里的洛阳桥,便成了隔河对峙了。洛阳桥相当长而(且)宽,全系大块石头砌成,做得坚固而又美观,相传宋仁宗南巡时曾到过这里,说此地风景似洛阳,因此几百年来这个桥一直就叫洛阳桥。由洛阳桥再向南去四五十华里,就是泉州了。

我率部队沿着公路继续南进,大约是2月20日前后到了惠安,又和第十、八十三师会师了,重归卫立煌指挥。卫命我率部于当夜出发,尽走的一些山径小道,绕到泉州西面约四十华里的一个市镇去,在那里布防,防备十九路军向西突围。第二天一大早就到了那里,立即作了必要的部署,追击任务,至此基本上结束了。

3.5.1.6 结局

占领福州后,蒋介石发表蒋鼎文为东路军总司令,所有在福建的部队,均归他节制。张治中所指挥的八十七师开入福州,以后即担任福州及闽东地区的警备任务。蒋介石以南京一带防务空虚,命八十八师开回南京驻防。张治中辞去第四路军总指挥,仍回中央陆军军官学校任教育长原职。蒋鼎文率第九师继第三师之后,乘海船到了厦门,第三师已先到了漳州,原在漳州的十九路军总指挥的特务团(即警卫团),听说实际还不到一团人,离开漳州经龙岩逃入广东境内去了。归汤恩伯所指挥的第四、第八十九两师部队,有一部分到了同安附近(同安在泉州的西南方向)。这样,就把十九路军退集到泉州的部队完全包围住了。蔡廷锴看到局势已毫无希望,便只身离开了部队。蒋介石每天派飞机到泉州上空散发传单,指明中央军到的位置,告诉他们已完全陷于重围中,要他们派代表到厦门或惠安向蒋鼎文或卫立煌接洽投降,如果拒绝的话,便将大举围攻,并派飞机轰炸等语。同时卫立煌派八十三师参谋处长符昭骞前往泉州劝说。符为广东人,与十九路军的一些中上级干部熟识,经过几次会谈,尤以毛维寿、张炎等力主和平解决。最后,接受了中央提出的改编条件,照原番号缩编为师,所有师长团长均由中央另派人接充,原十九路军的高级干部由中央资遣出洋留学或考察,中级干部依其志愿送入陆军大学或高级教育班学习。

协议达成后,十九路军部队离开泉州开到仙游、莆田一带去整编,我奉到蒋介石的密令,嘱妥为布置,收缴他们的武器,以免发生意外。我依据蒋介石的意旨,作了适当的安排,在莆田附近布置妥当后,当他们部队开到后正在休息时,即宣布解除武装的命令。这时,十九路军已无一个高级军官在军中,真是群龙无首,所以未鸣一枪,便完成了收缴武器的任务。随后,这些队伍便(被)陆续运到河南等地去整训,听说营长以上的军官全部换成了军校出身的,以后这几个师变成了蒋介石的嫡系部队。

"一·二八"淞沪抗战,十九路军誉满全国,受到国人的敬仰,他们开到福建后,突然举起反蒋的旗帜,组织了所谓"人民政府",由于政治目标的不鲜明,并未获得他们所预想的同情和支持,加以军事上没有整个计划,结果,不到一百天,他们组织的"人民政府"便消失了!曾一度英勇抗日的十九路军被彻底消灭了!

3.5.2 蒋介石消灭十九路军战役的经过[①]

符昭骞原系第十四军(军长为卫立煌)第八十三师(师长为刘戡)的参谋处长,郑庭笈系该军第十师(师长为李默庵)第五十八团(团长为龙其伍)的团附,在当时所谓"闽变"的历史事件中,我们二人自始至终皆亲与其役。"闽变"迄今,虽已事隔二十八年,然对于当时情况则记忆犹新。爰不揣浅陋,将其经过情形详述如次。

3.5.2.1 蒋介石的军事部署

当"闽变"初起时,蒋介石误认为十九路军既与红军签订抗日协定,

[①] 符昭骞,郑庭笈.蒋介石消灭十九路军战役的经过//中国人民政治协商会议全国委员会文史资料研究委员会编.文史资料选辑(第三十七辑).北京:文史资料出版社,1963:124-132.内标题是编者加的。

该军一经发动,则红军必将大举反攻。尤其使蒋忧虑的是,各方面反对他的人很多,如广东的陈济棠、胡汉民,广西的李、白,四川的刘湘,北方的阎、冯,等等,都和他们发生过摩擦和战争,假如他们在这时全部或数部联合起来,则他的处境必将更为恶劣,难于应付。因此他终日彷徨,莫知所措,常常自言自语地说:"糟了!糟了!"其内心的苦恼和恐惧是可以想象的。及至十九路军正式宣布取消国民党并换了国旗,但无积极的行动,仅在福州发表反蒋宣言,空喊口号;而江西红军亦无反攻迹象,其他反蒋势力复毫无反应。蒋介石看到问题并不那么严重,才转忧为喜,乃对陈诚、熊式辉、林蔚等人说:"这一下子可好了,形势缓和了,敌人孤立无援,闽变不足平矣。"

当时蒋接到刘和鼎及其潜伏在福建的特工人员的情报,得知十九路军的概略部署如下:延平、古田各有一师据守,水口(延平、福州中间地区)仅有部队一团,其主力(原为五个师,刻已扩编为五个军,共十二个师,每师三团)集结在福州及其附近,无积极行动模样。蒋基于上述情况,乃决定其作战指导大要如下:(一)以卫立煌为第五路军总指挥,统领抚州(临川)警备司令宋希濂的第三十六师、李默庵的第十师和刘戡的第八十三师共三个师,由抚州经金谿(溪)、资溪、光泽、邵武,先集结于洋口、顺昌附近,俟与刘和鼎及中路友军取得联系后,则以宋、刘两部强袭延平,其余两师隐蔽于顺昌、沙县地区,依情况推移,再作第二步使用。(二)以张治中(南京中央军校教育长)为第四路军总指挥,指挥两个师,即孙元良的第八十八师、王敬久的第八十七师及在闽的第三十九军刘和鼎部,从浦城、建瓯一路进军,左与卫军取得联系,于强袭延平的同时围攻古田,尔后向福州挺进。(三)以蒋鼎文为第三(二)路军总指挥,率第三师李玉堂部及第九师李延年部为后续兵团,续向福州挺进,待机行动。其他对海、空军亦各有指示,并抽调若干舰队和编队协同陆军作战。

上述的情报和部署,我们是在大军出发前两日,蒋介石召集第十四军在抚州飞机场检阅时的训话和对军官讲话时听到的。

3.5.2.2 双方战事与蒋军追击

卫立煌是蒋集团中最能打仗的一员战将,他虽非蒋的嫡系,但因一向对蒋绝对服从,俯首听命,遇事既不畏难又不怕苦,亦不讨价还价,故取得蒋之欢心和信任。且卫系行伍出身,久经战阵,打起仗来,行动敏捷,犹如生龙活虎。很多人认为他是老粗,不学无术,看他不起,然也有很多人誉卫为曾国藩的鲍超。

卫于1933年冬12月受命后,立即令其所辖的李默庵和刘戡两师由宜黄、新淦一带抽出,集结于临川附近,经蒋亲临检阅并对该军训话和面授机宜之后,即于某日(具体日期已记不清,但记得宋希濂师先行在途,他是在铁牛关过新年的)以宋希濂师先行出发,以轻装强行军急进致延平以西之洋口集结,任本军主力之掩护及侦察敌情地形,并与刘和鼎部和中路友军取得联系,俟各军会齐,则向延平强袭。与此同时,张治中军亦向古田围攻。

卫率军主力循宋师经路急进,于1934年1月初旬到达延平以西之顺昌集结完毕,并秘匿企图隐伏于顺昌以南及沙县各附近地区,俟机再作第二步之行动。

张治中之第四路军,行抵建瓯附近准备围攻古田时,卫立煌即令宋希濂、刘和鼎两部出动强袭延平,刘部在建江以东,宋部在建江以西,分两路向延平围攻。仅打了两三天,由于宋师将"一夫当关万夫莫开"的要点九峰山首先夺占,十九路军的司徒非师望风披靡,全部被歼,司徒非本人亦投降,延平遂入于蒋军之手。

张治中部的孙、王两师正在围攻古田鏖战甚烈之际,卫为使古田之攻击易于奏功,遂令宋师乘胜急向古田助攻。宋师甫抵古田,而守军赵一肩因孤立无援,已向张军投降了。

这时,蒋鼎文之后续兵团的第三师的一个团亦攻占了水口镇,张、蒋两军及宋希濂部会师后,分头向福州挺进,正拟再作围攻福州的部署时,十九路军已将福州放弃,退往闽南去了。

福建人民政府对蒋军情况尚未判明,而延平、古田已相继失陷;且蒋军来势极猛,矛头指向福州,前锋并已逼近水口。他们又看到各方反蒋势力既无动静,自觉孤立无援,大势已去,于是这个刚刚成立未久的政府便很快地垮了台。李济深、陈铭枢、黄琪翔、蒋光鼐、陈友仁等以及其他各要员,均仓皇逃往香港。仅由蔡廷锴贾其余勇亲自率十九路军

向闽南泉州撤退,企图保全这部分实力。但是他没有采取分路分途撤退的办法,十个师的人马,仅走一条公路,拥挤不堪,甚至互相践踏,加以蒋空军之袭扰,益增困难,故行动甚为徐缓。

当围攻延平、古田时,卫军已由顺昌派第十师向闽清前进,拟乘虚袭攻福州。陈铁(第十师旅长)深恐该师孤军深入,虑被十九路军所歼灭,乃向卫建议仍循闽江右岸出仙游、涂岭截击,较为稳妥。卫立即将李师星夜调回沙县隐蔽,然后分路取捷径直趋仙游、涂岭截击,准备活捉蔡廷锴。由于卫军行动敏捷,且又隐蔽在山地,十九路军事前未知情况,故又遭到意外之打击,士气更为沮丧。兹再简述仙游、涂岭之战斗经过如下:

1934年2月上旬,刘戡师先头部队(是日前卫是陈武的二四九旅)行抵仙游南郊闽泉公路北侧山口附近(离县城三四十里),突与十九路军侧卫部队张君嵩(十九路军第三师)部遭遇。张师战力较强,横冲直闯(撞),陈旅先头团长(四九四团)蔡凤翁已感抵挡吃力,旋由陈武以后续曾宪邦部(四九三团)加入,始将前方要点稳住。战况复渐趋激烈,蔡凤翁受轻伤,刘戡、陈铁均亲莅前线督战,空军亦参加地面战斗,不时轮番向张师扫射投弹,该师攻势乃稍受挫。但张以掩护任务未完成,仍续行酣战,至其主力,则在我先头部队射程以外继续向公路以南之野地续退。此役先后共打了两个昼夜,十九路军大队撤完,张君嵩乃整队且战且退。当张将行撤退时,又来一次反扑,其势锐不可当。张撤退后刘戡始率部跟踪追击,然憷于张师之勇猛,尚有戒心,在追击中,一遇到后卫小部队阻击,刘戡必俟将其打退始敢前进。盖十九路军战斗力强而器械精,实较"中央军"为优,如兵力相等,摆开来打,恐"中央军"终非十九路军之对手也。

李默庵师先头部队原为三十旅彭杰如部,彭率龙其伍团(五十八团)在仙惠(仙游至惠安公路)段涂岭(惠安东北)以南之公路北侧的小高地带设伏。值蔡廷锴率卫队分乘大小汽车多辆蜿蜒向西南疾驰而来,及汽车驶至重机枪有效射程内,龙团骤以重机枪数挺集中猛击,当即将汽车击毁。蔡下车逸去,其卫队则展开占领阵地还击,嗣复由其行军大队中抽出有力之侧卫,占领掩护阵地,向龙团猛扑,双方对公路以北之小丘陵地带争夺极烈。龙团一面顽强抵抗,一面请求彭旅以黄团大部增加,仍未能挫其攻势;后赖空军助战,俯冲扫射和连续投弹,始将该部阻于公路以南,形成双方对战姿态。龙团最先头之第九连,因陆空联系欠妥,竟被空军当作敌人,轮番轰炸,致该连伤亡殆尽。十九路军撤退之大队,仍在公路南侧(在龙团有效射程以外)继续南撤,空军则以小编队沿途追击扫射,给予了一定的损害。俟该军大部撤完,李默庵始另派陈沛的二十八旅为追击部队,继续向西南穷追。陈旅追至惠安附近某小镇(已忘其名),又遭该军后卫阻击,苦攻不下。陈乃派兵一连,乘船从海上绕攻其侧北,该部感受威胁,乃被逼撤走。陈旅一直追至洛阳桥,又被河东桥头附近的掩护队所阻击,嗣经派队增援和空军之助攻,乃占得桥东端之一部,因桥上设有堆积沙包的重机枪和小炮掩体,陈旅无法前进。以后连续从海中徒涉,绕攻洛阳桥,复因阻于敌火,且淤泥甚深,徒涉困难,致未能得手乃入于对峙状态。后值海水涨潮,进攻更无法进展。

蒋军因京沪防务空虚,孙元良的第八十八师首先复员开返南京,王敬久的第八十七师则任福州警备。蒋鼎文令宋希濂师对南撤的十九路军衔尾穷追,至莆田,遇到后卫部队阻击,宋部打了半天,始将该敌击溃。宋师复循公路继续南追,至惠安才和十四军会师,嗣又奉调往晋江以北某小镇集结,整理待命。

当十九路军在福州南撤前,蔡廷锴、蒋光鼐等恐其部队徒受牺牲,曾抱有向蒋介石妥协以保存实力之幻想。当时已派总部副参谋长范汉杰前往厦门,拟向蒋鼎文进行商洽。因范乃黄埔一期生,蒋鼎文曾在该校当过区队长,蒋、范有师生关系。不料范抵厦门后,蒋鼎文已往福州;及范辗转赶至福州时,和平解决的问题已由符昭骞、赵锦雯二人斡旋成功。

3.5.2.3 和平商谈及十九路军被收编

和平商谈的经过是这样的:刘戡师在洛阳桥以东某镇(小地名已记不清)集结待命时,有一天中午,刘戡同文朝籍(师参谋长)、符昭骞等谈及"中央军"与十九路军自相火并之非计,深为惋惜。符首先提出:"如能设法收编,则将来对日作战可增加力量不少。"刘接着说:"老符,你有

此胆量吗?"文朝籍毫不思索地说:"老符于1927年冬季北伐时,围攻杜凤举残部于苏北宿迁,曾由他一个人缒城入宿迁,劝降了杜凤举,收缴了全部六个团的三千多枝(支)枪,现在不妨要他去泉州试试。"刘立即以电话请示总指挥卫立煌,经卫许可,并叫符昭骞马上到军部一晤。符抵军部后,值郭寄峤亦在座,寒暄后,卫询符:"招降十九路军有何把握,究应用何方式进行商谈?"符答:"先往看看情况,然后见机行事。"卫说:"那好,请你辛苦一趟,看着办,务必小心谨慎。"同时把他的印有全衔的几张名片交给符,并催符就走。符抵洛阳桥时,已将届黄昏,过桥后经警戒部队一再盘查留难,到前哨营时已是夜间8时左右。

符用电话与欧剑城取得联系。欧是十九路军四十九团的中校副团长,他和符是海南岛文昌县的小同乡,又是从前粤军李扬敬军部的老同事,而欧和十九路军第四军军长张炎交谊颇深(欧到十九路军是张邀去的)。由于欧的斡旋和帮助,符曾和张炎通过多次电话。据欧剑城说,张认为"闽变"是上了长衫客(指穿长褂的政客)的当,颇为懊悔,表示愿向"中央"立功赎罪。张炎年虽三十余,但野心很大,他以为蔡廷锴已离开军队,群龙无首,拟向"中央军"投诚,继蔡收拾残局。张从前反蒋时,表示很积极;现在表示拥蒋,也很积极。

张炎分头与沈光汉、毛维寿、区寿年等多次计议,已取得大家的同意,于是在一天的上午9时召集了一个师长(原来的师)以上的和平会议。欧剑城迎符到会场,并介绍与张炎、沈光汉、毛维寿、区寿年等见面。开会时由张炎主持,他简单致开会词后,就请符发言。符首先赞扬了十九路军在上海抗战的功绩,其次便说到团结御侮、共赴国难的意义,以及此来所负的使命。大家听罢,都异口同声地说:"今后一定不会再打咯,重自己打自己咩!再打再就打日本鬼。"(粤语,意思是:将来一定不会再打了,还打自己吗?要打就打日本鬼子。)符认为和平解决已无问题。不料忽有一个通讯员跑来,大声报告:"请区军长听电话。"区寿年随即离席,约十几分钟后重返会场,面带怒容,声色俱厉地对大家说:"现在我有一个不幸的消息向大家报告,蒋鼎文已派两团兵力从同安渡河向洪濑猛攻,我看和谈仍是问题。"区同时指着符大声问:"喂!符先生,你既来讲和,怎么蒋鼎文又向我们进攻呢?你此来莫非有诈?

你是否想来此侦我虚实,或是施行缓兵之计,要使我们上当!"区接着又说:"在我看来,你既没有证明文件,而且地位极不相称(其时符昭骞仅为一上校级),目前和议可不必再开,等到蒋鼎文撤退以后方可再议。最好请符先生在陆军俱乐部休息数日(其意就是将符看管起来),以后看情况再说。"于是大家交头接耳,喋喋私语,会议无结果而散。区寿年和张炎私语片刻,先后离开会场,符亦有口难分。未几,有一车卡车开来,将符送至陆军俱乐部。

符到俱乐部后,以电话找张君嵩谈话,商得张的同意,写了一张名片,请他转送给总指挥卫立煌,请卫与张君嵩将电话架通,以便直接联系。当夜双方电话线路接通。符立即请文朝籍通话,两人讲的是海南土话,无人听得懂。符对文说:"蔡廷锴已走,群龙无首,各将领皆无战意,上午进行和谈,本极顺利,不料正在商谈之际,因为蒋鼎文派兵两团由洪濑向区寿年军攻击,故和议暂行中止。请你立即向卫总指挥报告,如能转请蒋委员长(蒋介石当时在建瓯)立即命蒋鼎文军撤出洪濑,和平解决决(绝)无问题。"第二天中午,蒋军撤走,于是十九路军又找符进行协商,并公推赵锦雯出来奔走和议,符则留在泉州为质,数日后终得顺利解决。

当时商谈的条件大致如下:

(一)十九路军所属各军须按原番号缩编为师,即第六十师、六十一师、七十八师、四十九师,照原编制名额呈报听候点验。

(二)师级以上如愿深造者,资遣出洋留学;不愿出洋者,给资遣散或调相当工作。

(三)团长以上将校,应由"中央"遴员接充;营长以下仍供原职。

(四)团长级愿深造者,可分别送陆军大学特别班或中央军校高级班学习。

(五)编余官佐士兵,分别补充入闽部队缺额,其余年老体弱者给资遣散。

上述条款,经双方同意后,立即移防整编,七十八师移驻莆田,其他各师则分别在惠安、仙游等地整理。

和议既成,蒋介石乃派毛维寿为十九路军总指挥,令其负督导整训之责，同时并重新派蒋系亲信的闽、粤籍军官（多为黄埔生）充任师、团长，其人选是：

第六十师师长陈沛，第六十一师师长杨步飞，第七十八师师长文朝籍，第四十九师师长伍诚仁。符照骞亦调任七十八师四六八团团长。

十九路军原有官兵，对于新任师、团长极不尊重，当符昭骞随同文朝籍到七十八师师部时，特务营士兵就大声说："你看那个满面胡须的，是蒋介石的一等走狗。"文等只有一笑置之。及符昭骞到团部到差时，集合全团官兵行布达式，士兵尚鼓噪不安；解散后，仍有向空中鸣枪的。数日后，宋希濂找七十八师三个团长谈话，告以"奉委员长的命令，十九路军纪律不好，盗卖武器，应即将武器收缴"。宋已预先在操场埋伏部队，要七十八师士兵架枪做柔软体操，伏兵一拥而上，很顺利收缴了武器。再过数日，七十八师北开河南归德，六十师移驻开封，由河南"绥靖"主任刘峙负责督导整训。六十一师及四十九师则仍留在闽南归福建"绥靖"主任蒋鼎文督导整理。分别移防以后，又派来大批军校出身的干部，将原有营连长一律撤换，至此，十九路军被彻底消灭。

（北京市文史馆供稿）

3.6　蒋介石涉事文档摘录[①]

1933年11月20日，福建事变爆发，对中共是机会，对蒋介石，却也未必全出意料。

福建的十九路军是淞沪抗战后进驻福建的。1932年蒋介石重掌南京中央后，作为粤陈（铭枢）势力的十九路军戍守南京势难继续，粤桂方面提出将十九路军调驻福建。对此，蒋介石内心并不情愿，在给何应钦的电报中谈道："近日李黄陈诸兄急欲派十九路赴闽，其势似不可阻止。汪院长亦已赞成，其事必实现。如此恐怕南调赣南部队回粤，又碍中央

---

① 黄道炫.张力与限界：中央苏区的革命(1933—1934).北京：社会科学文献出版社，2011.

剿匪计划。故中迟迟未肯下令也。前日罗师长回赣时托其面述此情,并派其往见余幄奇,最好留余部在赣南完成剿匪使命。但其直辖于伯南,如我方往留,则于公于私皆有为难。"①

虽然心有戚戚,但蒋介石当时没有其他安置十九路军的办法。十九路军的抗日英名,蒋介石自身刚刚复职的脆弱,使其最终不得不同意十九路军赴闽。十九路军到闽后,迅速控制福建局势,并与粤方谨慎接触,双方关系若即若离。蒋介石对十九路军以拉拢为主,但也不无搞垮十九路军,将福建收为己有的心思。1933年2月,陈立夫向蒋介石报告福建和粤桂形势,透露出南京中央图闽的隐秘动机:"蔡对闽省客军极仇视,而于卢兴邦部为尤甚,常欲伺机解决之。(1)闻中央接济卢部机枪五十挺迫击炮八尊之讯为蔡所悉极度不安。(2)刘珍年之调驻浙东与闽北,配之以卢兴邦与刘和鼎诸部在蔡视之为中央对十九路军之包围。(3)中央此次调六十师赴赣剿匪在蔡视之为有分散其兵力。西南中心系于陈济棠之一身,陈如效忠中央,则西南风云可以消,盖无广东则西南活动将无经济基础。陈氏乃解决西南问题之锁。"②

1933年5月,十九路军的老上司陈铭枢游欧回国,开始积极筹划反蒋。参与陈铭枢策划的梅龚彬回忆,陈提出上中下三种方案:"第一种方案(上策)是联合粤桂反蒋;如果陈济棠不肯参加的话,就执行第二种方案(中策),先搞闽桂联合倒陈,再发动反蒋;如果陈济棠和李宗仁都不肯干,那只有采取第三种方案(下策),争取与红军合作反蒋。"③

陈铭枢的活动,南京方面迅速得到讯息,与粤方有千丝万缕联系的汪精卫早在6月15日就电蒋报告广州方面的异动,提醒蒋"恐将有军事行动";17日,更直接点出浙江有被犯之虞:"浙省空虚,不肖生心,乘虚冒进固愚妄所为,但天下乱事往往由愚妄之人所造成。不如益兵为备,使之知难而退,弟固确有所闻故力言之,并非欲轻启兵衅也。"汪精卫在

---

① 蒋中正电何应钦近日陈济棠等欲派十九路赴闽听其自决枪械暂勿送去(1932年5月13日),蒋中正文物档案002010200066033(以下文档编码省略).
② 陈立夫电蒋中正缕陈西南问题(1933年2月7日),蒋中正文物档案.
③ 梅昌明.梅龚彬回忆录.北京:团结出版社,1994:82.

此故作玄虚,并未点明具体的犯浙者,但衡诸时、地二势,有可能对浙江构成威胁的,必为福建无疑。①

其实,陈铭枢的活动,蒋介石多有掌握。在陈铭枢接触陈济棠、胡汉民未取得进展时,蒋介石在日记中记有:"陈铭枢等联合反动,似告失败,则西南渐稳。"②17日,他致电吴铁城时表示:"西南一切酝酿,一切误解,应恳切劝导,设法消弭,必尽其在我。如仍逞私见,害大局,吾人职责所在,固不容瞻顾畏缩也。"③虽然对广州方面和陈的活动有所警戒,但蒋的判断还是偏于乐观,认为其一时难成气候。8月,吴铁城也致电蒋介石报告:"粤闽军事联络恐难实现。"④

作为长期在内部混战中摸爬滚打出来的实力派人物,蒋介石当然不会对陈铭枢的活动完全掉以轻心。虽然按照蒋介石惯常的坐观其变处事方式,他未对福建方面和陈铭枢采取积极行动,但并不意味着对此无所作为。准备第五次"围剿"时,蒋在浙赣闽边区部署警备部队5个师另4个保安团,这样的重兵配置,极具防备闽方的意味。尤其是1933年9月,蒋介石令国民党军进攻位于闽赣边境的黎川,应为一石二鸟之举,既防范赣南和赣东北红军的联系,对其后来的进兵福建也大有裨益。

1933年10月,陈铭枢活动益繁,陈济棠曾电蒋介石,请其适当安置陈铭枢、李济深,以免引起异动,但未得到蒋的积极回应。⑤ 稍后,蒋介石又接到戴笠的报告:"陈铭枢前来闽用意在与蒋蔡密商联络桂系倒蒋,以求西南切实联合,反抗中央。"⑥江汉清为戴笠化名。对此,蒋介石仍然没有明确反应。11月9日、10日,朱培德连电蒋介石,告以福建陈铭枢等"谋不轨"的消息,建议其速劝时在福州的国民政府主席林森"回

---

① 汪兆铭电蒋中正西南分离运动已成熟旬日内必实现其自立政府(1933年6月15日)、汪兆铭电蒋中正浙江省应益兵为备(1933年6月17日),蒋中正文物档案.
② 蒋介石日记,1933年6月17日.
③ 蒋中正总统档案·事略稿本第20册,第592页.
④ 吴铁城电蒋中正顷接港讯现陈铭枢拟扩充十九路粤闽军事联络恐难实现(1933年8月23日),蒋中正文物档案.
⑤ 陈济棠电蒋中正李济深陈铭枢恳给以名义(1933年10月3日),蒋中正文物档案.
⑥ 江汉清电蒋中正转报陈铭枢赴闽联络蒋光鼐蔡廷锴意图反抗中央(1933年10月18日),蒋中正文物档案.

京坐镇"。① 此时,坐以观变的蒋介石方才出手。11日,蒋介石致电林森,望林"即日回京"并代劝陈铭枢"回中央襄助一切"。② 12日,蒋介石在日记中自我安慰:"陈铭枢入闽作乱,消息渐紧,但无妨耳。"15日,得到福建将有事变的确实消息,蒋当夜"几不成寐";次日仍"对闽事,思虑入神,不觉疲乏"。③ 16日,他做最后的努力,拿出惯常的封官许愿招数,致电蒋光鼐:"许陈军事总监或参谋总长,内政部长亦可。"④但这样的表态,未免失之太晚。

事变既起,在判断其将局限于福建范围内后,蒋介石迅速确定军事解决闽变的方针。十九路军原辖3个师,1933年6月扩充2师,总共有5个师10个旅,每师4 000～4 500人,加上直属部队,实际兵力5万人以上。⑤ 事变之初,戴笠即向蒋介石报告,闽方"新兵多,逃亡众,能作战者不上三万五千人"。⑥ 据此,蒋介石致电汪精卫表示:"总计逆军号称六军十二万人,实际能作战者最多三四万人。"⑦对于蒋介石而言,这样的实力并不足以构成致命危险。何况十九路军"此次师出无名,其军心必动摇,干部钱多,必不如前之肯牺牲"。⑧ 1933年12月5日,在给驻日公使蒋作宾的电报中,蒋介石乐观判断:"闽变必可速平,饶有把握。"⑨而陈诚早在12月中旬对事变的趋势也作出了准确预测:"闽变当不难解决,报载军事行动多不确。现我军早至建阳,且建瓯尚有刘和鼎所部,闽军决不能北进。以现在情形观之,彼只能守延平附近。将来在延平或有一场恶战,此一战之后胜负即决定。再进一步,即闽省善后问题

---

① 朱培德电蒋中正接黄实来电陈铭枢等谋不轨(1933年11月9日)、朱培德电蒋中正转报陈铭枢等谋不轨闽将先发,蒋中正文物档案.
② 蒋中正电林森可否劝陈铭枢回中央襄助一切,蒋中正文物档案.
③ 蒋介石日记,1933年11月12、16日.
④ 蒋中正电嘱蒋光鼐探询陈铭枢任职意愿及其反抗中央之传闻(1933年11月16日),蒋中正文物档案.
⑤ 闽方逆军新编部队番号及各级逆首姓名调查表,中华民国史档案资料汇编第5辑第1编军事(5),第806—807页.
⑥ 江汉清电蒋中正十九路军逃兵众多请速发兵戡乱,蒋中正文物档案.
⑦ 蒋介石致汪精卫等电(1933年12月13日)//中国社会科学院近代史研究所藏.福建人民政府与共产党合作反蒋史料.
⑧ 电呈预防西南异动及应付闽变之刍见(1933年12月24日),陈诚先生书信集·与蒋中正先生往来函电(上),第120页.
⑨ 蒋中正总统档案·事略稿本第24册,第21页.

耳。所可虑者，或因此引起他方之变动，及日帝国主义者之再侵扰，而'共匪'亦得苟延也。"①

1933年11月24日，军事委员会南昌行营制定北路军作战计划："入闽军应以较匪优势之有力部队集中赣东，以主力猛烈压迫匪第三、第七军团，乘机推进闽北，以迅速之行动，向南进展。"②12月初，进一步确定攻闽方针为："以有力之国军一部编成数个纵队，由赣、浙边区分道入闽，先击破逆军之主力，并将其余逆部，由南北两方夹击，一举歼灭之。"③具体攻击部署是：以第二路军两师从浙赣边界的上饶、广丰入闽，第四路军两师从浙西入闽，加上总预备队两师于12月15日前集中闽北浦城，准备分由建瓯、屏南攻击延平、水口；第五路军四个师加上总预备队一师由金溪、资溪入闽，于12月20日左右集中光泽附近，负责掩护攻击部队侧翼，并由邵武、顺昌抩十九路军之背；第三路军主动向德胜关方向出击，牵制中共部队，掩护第五路军入闽并配合其确保攻闽军右侧背安全；海军陆战队准备进攻福州、厦门。这一部署将进攻重点放在闽北方向，欲乘十九路军主力"未集中以前，迅速击破其现驻闽北之部队"。④

而在闽西北由于顾忌到红军的威胁，以保持警戒状态为主。应对红军威胁是蒋介石平定闽变不能不考虑的一个重要因素，虽然蒋判断"'赤匪'未必急助伪闽……必在闽北赣乐间地区，以阻止我对闽行动，而以消极助逆"，但在抽调10个师左右兵力入闽时，仍然不敢大意，自我警醒曰："'匪'主力既在黎光之间，我军动作极应慎重也。"⑤国民党军在江西保持了强厚的兵力，留在江西及赣浙边境的第三路军辖7个师的进攻部队及6个师的守备队，加上赣西第一路军部队，兵力仍数倍于红军。对浙江后方地区，也多有部署，事变发动当天，蒋就致电浙江省主席鲁涤平，提醒其"闽乱既起，浙防应从速准备"；后又电示浙省："在龙泉、庆

---

① 德胜关工事已完成此后"匪"在赣南与赣东北完全隔绝此举实其致命伤(1933年12月19日)，陈诚先生书信集·家书(上)，第248页.
② 赣粤闽湘鄂北路"剿匪"军第三路军五次进剿战史(上)，第五章，第4页.
③ 中国现代历次重要战役之研究——"剿匪"战役述评.台北：史政编译局编印，1983；127.
④ 蒋介石致蒋鼎文电(1933年12月11日)，蒋中正总统档案·事略稿本第24册，第76页.
⑤ 蒋介石日记，1933年11月29日、12月12日.

元、泰顺、平阳各县对福建之松溪、政和、寿宁、福鼎之各要隘,从速派员负责,专员修筑闭锁堡并囤积粮秣,以防万一。"①

由于江浙一带为其基本区域,实力坚强,他甚至十分期望闽方攻浙。11月26日,蒋计划研究"如何使闽逆来攻浙",晚间有闽方攻浙消息传来时,他更"不禁转忧为乐"。② 为使自身在宣传上居于主动,蒋电告陈布雷等:"自即日起即宣传闽逆进攻浙边庆元、泰顺之消息,逐渐发布使国人注意闽逆开衅之罪恶。惟宣传方法应须有系统与计划,不可使人知为虚构也。"③深悉内幕的陈诚在家书中说得很明白:"闽逆军事行动与报纸所载完全不同,现已处被动,我军已过建瓯、邵武,即可知报载所谓犯浙,不过以祸首予闽逆耳。"④

12月10日,蒋介石亲向第五路军入闽先头部队训话,强调:"你们第十四军这两师人此次同走一路出发,力量非常雄厚,而这一路兵又是土匪和叛逆所料不到的,敌人一定想不到我们能够有这样一个实力雄厚的部队,由我们所决定的这个路线出去,你们这两师人的目的是要占取此后战争的中心要道,这一点对于'剿匪'讨逆战争最后的胜利,实有最大的关系。"⑤

随后,为防止由赣东入闽时遭遇红军阻拦,蒋先发制人,要求第三路军"由黎川向东南德胜关泰宁方向进展,协同第二路军堵截伪三、七军团,冀歼灭其实力,并竭力掩护第二路军之推进"。⑥ 闽变期间,国民党军序列调整较大,这里所谓第二路军,实际即由金溪—光泽一线入闽的第五路军。希望通过攻击赣闽边境红军,将其逼向建(宁)、泰(宁)地区,敞开入闽通道,使入闽军进展顺利。根据这一计划,12月11日,黎

---

① 蒋中正电鲁涤平俞济时闽乱既起浙防应从速准备(1933年11月20日)、蒋中正电鲁涤平在龙泉等各县对福建之福县等各要隘筑堡屯粮等蒋介石致俞济时电(1933年11月26日),蒋中正文物档案.

② 蒋介石日记,1933年11月26日.

③ 蒋中正电陈布雷俞济时廿日起发布闽逆开衅消息惟宣传应有系统计划(1933年12月1日),蒋中正文物档案.

④ 此次胜利确足以慰劳非但为"剿匪"之关系实开讨闽逆胜利之基础也(1933年12月25日),陈诚先生书信集·家书(上),第251页.

⑤ 蒋介石.为闽变对讨逆军训话——说明讨逆"剿匪"致胜的要诀.

⑥ 赣粤闽湘鄂北路"剿匪"军第三路军五次"进剿"战史(上),第5章,第5页.

川一带国民党军奉命沿团村向闽赣边境的德胜关地区进攻,寻找红军主力决战。16日,国民党军进占德胜关,红军被压往泰宁方向。17日,蒋介石又指示:"为防'匪'由泰宁绕道北窜,扰我第五路军后方起见,第五纵队应即占领金坑。"①该部随即向东北方向的熊村、黄土关、金坑一线推进,截断建、泰红军往光泽一带的去路;同时加紧构筑碉堡,打通、巩固至光泽方向联络,此陈诚所谓"决先完成黎川至德胜关,及黎川至金坑、东山至熊村之封锁线"。② 这样,在由金溪、资溪入闽通道东南方向,国民党第三路军构筑了一条环形防御带,确保其入闽通道安全。由于浙赣边界和浙西国民党军入闽部队本身就受红军威胁甚小,因此,当闽赣边境入闽通道基本被打通后,国民党军入闽事实上有了相当的安全保证。对于德胜关的占据,陈诚在家书中更揭示出另一层意义:"德胜关工事已完成,此后'匪'在赣南与赣东北完全隔绝,此举实其致命伤。尤以黎川附近之丰富资源,现被我掌握,对'匪'之物资补充更感困难,实可致其死命也。"③

随着第三路军的顺利进展及第五路军的入闽,蒋介石对红军威胁的提防逐渐减小,原计划主要用于警戒的自光泽一带的入闽部队除留一部分继续执行警戒任务外,有3个师部队投入前线,南京政府军兵力使用更为充裕。25日,蒋介石抵闽北浦城就近指挥作战,"虽一团一旅之众,亦亲临训话,砥砺士气";④同时确定攻击计划,以延平、古田、水口作为首期主攻对象。

延平、古田、水口互为犄角,是控扼福州重要外围据点,直接关系福州乃至整个闽东南地区安危。十九路军在此却只是布置了新编的谭启秀第五军,分由该军第六师守延平,第五师两个团守古田,另一团及军直属部队守水口。而蒋介石布置的围攻部队是:第四、第三十六、第五

---

① 蒋介石1933年12月17日电,赣粤闽湘鄂北路"剿匪"军第三路军五次进剿战史(上),第5章,第17页。

② 电呈构筑封锁线计划(1933年12月21日),陈诚先生书信集·与蒋中正先生往来函电(上),第119页。

③ 德胜关工事已完成此后匪在赣南与赣东北完全隔绝此举实其致命伤(1933年12月19日),陈诚先生书信集·家书(上),第248页。

④ 闽省残局收束中.国闻周报,1934-12-29(6).

十六3个师攻延平,第八十七、八十八两师攻古田,第九师及第三、第十师各一部攻水口,仅从编制而言,就均为闽军3倍,至于实际兵力和战斗力更远远超出。因为"抽调入闽的兵力,全系蒋介石的嫡系部队,并集中了海、空军及炮兵的优势力量"。① 而谭启秀部是十九路军原补充旅(1933年6月改为补充师)基础上成立的新军,战斗力和战斗意志都有限,这样的接战态势使闽方一开始就处于十分不利的境地。1934年1月3日,蒋介石在日记中写下其攻击计划:"微日攻击延平城,八日攻击水口,十日占领闽清。十三日占永泰。十六日占莆田。廿日占泉州、漳州。"

1月5日,战事刚一爆发,延平守军就告不支,南京政府军第三十六师、第四师、第五十六师分从城南、城东、城东北展开攻击,守军退路也被切断,被迫于次日缴械,延平易手。7日,包围水口、古田的南京政府军发起总攻,当天即占领水口。此时,位于三城犄角顶端的古田已成孤城,蒋介石对古田引而不发,欲以古田作为诱饵,围点打援。攻克水口当天,他致电前方:"蔡逆决率其主力来援古田,并言十日可达古田附近,逆军出巢来犯,正我军求之不得者,现决对古田城逆暂取包围监视之姿态,不必猛攻。"② 张治中在回忆录中一力说明是他冒着违背蒋的命令风险坚决主张缓攻古田以争取守军投降,③ 证之上述电报,似不可靠。次日,蒋再次强调:"古田城逆,只可包围,昼夜佯攻,一面严密监视,不许其逃遁,亦不必留缺口,但不可攻破,务使蔡逆主力仍来增援古田。"④

9日,当十九路军一部前出准备北上往援古田守军时,蒋介石更信心满满地指示卫立煌:"逆军已倾全力来犯古田水口之线,刻已进至白沙以西地区,望兄迅速准备在白沙洪山桥间地区,选择多数之渡河点,

---

① 宋希濂.我参加"讨伐"十九路军战役的回忆//文史资料选辑·第37辑,第109页.
② 国民党陆军第八十八师古田围城之役战斗详报,中华民国史档案资料汇编第5辑第1编军事(5),第764页.
③ 张治中.张治中回忆录(上).北京:文史资料出版社,1985:92-95.
④ 国民党陆军第八十八师古田围城之役战斗详报,中华民国史档案资料汇编第5辑第1编军事(5),第764页.

设法渡河,袭击逆军侧背,整个包围而歼灭之。"①其一心期望以古田为诱饵,吸引十九路军主力于古田、水口地区实施歼灭。但是,十九路军并没有足够勇气与蒋在闽北对垒,1月12日,北上往援的沈光汉部与南京政府军第三师稍有接触,虽然政府军根据蒋的指示后撤诱敌,但沈部并未乘势前进,反而见其"不战而退,更致狐疑",②当晚即向白沙方向退却。其实,根据蔡廷锴的回忆,1月9日,蔡与陈铭枢、蒋光鼐等放弃福州向闽南撤退,这时的应援行动更多的只是一种姿态。12日,孤处敌后的古田守军投降。

上述电文、战报体现出的是蒋介石一意诱敌而十九路军不敢应战的过程,此中的蒋介石可谓运筹帷幄、信心满满。然而,如果对照蒋介石日记,却会发现档案、电文中无法反映的另一面,看到作为一个人的蒋介石心态的复杂变幻。战事爆发后,蒋在日记中对福建方面是否将主力出福州,在闽西主动出击一直高度关注。就军事常识言,单纯防御福州几无可能,水口、古田为福州防御必守之地。因此,蒋在全面攻击即将展开时,密切注意:"我军攻击水口时,逆部主力由省来袭否?"③1月6日攻克延平后,他全力注视闽方军事动向,猜测"福州逆军,其或反守为攻乎"?④ 当时,由于担心日方借事变有所动作,蒋对进攻福州没有信心,多次在日记中写道:"对倭只有避战,如不得已,则不攻福州,以延平为省会,成立政府";"对福州叛逆,如果集中负隅,则以封锁之法处之。"⑤如果闽方出福州在闽西决战,对蒋而言,不失为一个一举解决闽省的机会,前文中说到的蒋的诱敌之计盖出于此。但是,十九路军的战斗力毕竟不可小觑,两军正面交锋,成败也未可料。所以,1月7日,当蒋得到事后证明并不确切的消息,报告"蔡逆果率主力来援古田"时,当时的反应却并非"吾计已售"的得意,而是令览史者感慨万端的"喜惧交

---

① 国民党军卫立煌部镇压"闽变"战斗详报,中华民国史档案资料汇编第5辑第1编军事(5),第833页。
② 国民党陆军第三师参加镇压"闽变"战斗详报,中华民国史档案资料汇编第5辑第1编军事(5),第747页。
③ 蒋介石日记,1934年1月14日。
④ 蒋介石日记,1934年1月6日。
⑤ 蒋介石日记,1933年12月29日、1934年1月1日。

集"。① 喜的自然是闽方出击,其计可售;惧的则是决战结果,事前难有绝对把握。

古田不守,福州外围防御据点尽失,南京政府军开始向福州推进。与此同时,南京政府海军早在12月下旬就先后占领长门、马尾两要塞,时时威胁福州安全。1月9日,海军在厦门市长黄强配合下接收厦门,威胁漳州地区,对十九路军后方形成巨大威胁。在不利形势下,闽方向南京提出三项停战条件:"海军守中立""中央军在距福州十英里之线停止""福州治安交由海军陆战队接收",②欲以此退让换取蒋介石息兵。对此,汪精卫认为"逆军能如限撤退,如能做到仍为有利",③但信心满满的蒋介石根本不为之所动,反而加紧对十九路军的攻击。四面楚歌声中,十九路军撤出福州,向闽南退却。16日南京政府军进占福州。

在进攻福州外围据点(的)同时,蒋介石已经开始部署从闽西北插向十九路军后方。1月4日,战事尚未打响,他在日记中标列的注意事项就有"进取闽南利害之研究"。④ 7日,鉴于水口已下,蒋介石考虑:"卫第五纵队挺进闽南计划是否实施,当注意之。"⑤次日,电卫立煌令其分兵南下永泰,"但须隐秘中央军兵力队号为要"。⑥ 10日,再电卫立煌,令其渡河南下,行动须守秘密,"不可使逆军发觉我有渡河企图"。⑦ 永泰地处福州西南部,由此前进可扼住十九路军退路,蒋的一系列动作旨在于此。因此,《蒋介石日记》明确记有:"逆军如向闽南撤退,则第五路仍照原计划向永春、漳州急进。"⑧12日夜,在确知十九路军将全线后撤时,蒋介石命令"主力明日速向永泰急进。除留一旅守永泰外,其余主力再向仙游沙溪急进,以行截击"。⑨ 如计占领永泰后,蒋介石大感得意,在

---

① 蒋介石日记,1934年1月7日。
② 汪兆铭电蒋中正闽逆托日方提出停战三条件(1934年1月12日),蒋中正文物档案。
③ 汪兆铭电蒋中正闽逆托日方提出停战三条件(1934年1月12日),蒋中正文物档案。
④ 蒋介石日记,1934年1月4日。
⑤ 蒋中正总统档案·事略稿本,第24册,第174页。
⑥ 国民党军卫立煌部镇压"闽变"战斗详报,中华民国史档案资料汇编第5辑第1编军事(5),第830页。
⑦ 蒋中正电卫立煌所部在闽清须极端隐秘(1934年1月10日),蒋中正文物档案。
⑧ 蒋介石日记,1934年1月10日。
⑨ 国民党军卫立煌部镇压"闽变"战斗详报,中华民国史档案资料汇编第5辑第1编军事(5),第835页。

日记中写道:"本日我军已占永泰,此心为之大慰,从此必可如计截击,在莆田海滨歼敌,使之片甲不返也。"①

由于蒋在准备围点打援、诱敌实施歼灭战的同时,已有展开追击战的腹案,因此,当十九路军沿着沿海公路南撤时,南京政府军从侧翼对十九路军展开所谓"行动之艰苦与神速,俱达极点"②的超越追击,东路军总司令蒋鼎文指挥四路大军以莆田、仙游、安溪、同安、漳州等为目标,直插十九路军后方。蒋介石要求前方将领:"我军只要正面稳固,尽可多抽部队,到达惠安以东或以西地区,分组截断公路,节节袭击,横断其退路,总须达成一网打尽之目的,以为我战史创例也。"③在南京政府军快速推进下,全线溃退的十九路军不断遭到追击部队的堵击,狼狈不堪。17日,南京政府军第八十三师已进至仙游,次日,第九、第十师到达。南京政府追兵和夺路而逃的十九路军在仙游、涂岭一带激烈交锋,虽然南京政府军未能在此完全堵截十九路军并予以消灭,但十九路军"蒙受巨创,士气沮丧,致入于不堪再战之境地"。④ 20日,莆田被南京政府军占领,十九路军大部纷纷向泉州退却。21日,南京政府军第三师由厦门嵩屿登陆,对泉州一带的十九路军形成南北夹击态势。蔡廷锴见大势已去,被迫离开部队,所部随即向蒋介石请降,轰轰烈烈的闽变从大规模交战开始到失败不过半个月时间即告瓦解,确如军事发动前蒋介石所言:"闽乱不逾一月,必可戡平。"⑤

迅速镇压福建事变后,蒋介石顺利将福建纳入自己手中,对其"剿共"军事的继续展开,大有裨益。

---

① 蒋介石日记,1934年1月14日.
② 国民党军卫立煌部镇压"闽变"战斗详报,中华民国史档案资料汇编第5辑第1编军事(5),第862页.
③ 国民党军卫立煌部镇压"闽变"战斗详报,中华民国史档案资料汇编第5辑第1编军事(5),第846页.
④ 国民党军卫立煌部镇压"闽变"战斗详报,中华民国史档案资料汇编第5辑第1编军事(5),第863页.
⑤ 蒋介石致汪精卫电(1933年12月11日),蒋中正总统档案·事略稿本第24册,第80页.

第4章 专 论[①]

1933年11月20日,被派往福建"剿共"的十九路军,在陈铭枢、蔡廷锴、蒋光鼐的领导下,联合部分反蒋势力,在福州发动了震惊中外的福建事变。参加福建事变的各方面人士,在福州南教场召开中国全国人民临时代表大会,由大会主席团总主席黄琪翔主持,通过了由彭泽湘等起草的《人民权利宣言》。11月22日,成立中华共和国人民革命政府。据南京21日中央社电:"此次事变为第三党所怂恿。"当时,第三党(中国国民党临时行动委员会时已改为中国革命行动委员会)大部成员云集福建,在许多方面,中央干部会实际上代替了福建干事会的作用。在为福建事变做准备的最初日子里,第三党在一系列事件中起了主导作用。所以,《人民权利宣言》发表后,《大公报》发表社评:"观前日大会通过之政纲,显以第三党之主张占十之八九,是目下闽局,实在第三党支配之下。"胡秋原后来也回忆说:"在起事前的各党派中,农工党(即第三党)是最有力量的,他们决定了几乎每一件事。"根据樊振提供的研究成果,现简述福建事变中的第三党。

4.1 第三党与计口授田

实现"耕者有其田"是孙中山先生的遗愿,但孙中山未曾对其方案进行详尽的阐释。邓演达把孙中山的主张具体化,并将之写入中国国

[①] 内容摘编自樊振.中国农工民主党历史研究(1930—1935).北京:华文出版社,2015:148-223.

民党临时行动委员会的行动纲领。为实现"耕者有其田",以"计口授田"为主要内容的土地改革,在中华共和国人民革命政府未成立前、十九路军入闽时就已在闽西推行,十九路军是通过徐名鸿而涉入闽西的这些改革活动中去的。长期以来,徐名鸿一直担任十九路军的秘书长,本身就是一名第三党成员。1932年10月,十九路军从红军手中收复闽西龙岩一带后,徐名鸿就在那里发起成立了善后委员会。徐名鸿启发了蔡廷锴的政治觉悟,鼓励他去读马克思主义的理论书籍和邓演达的著作,所以蔡廷锴热情地支持了这项事业,并接受了善后委员会主席这一头衔。他说:"福建的人们正努力实践着革命的精神,而国民党中其他人则将他们的时间耗费在争夺对党的控制权上。"虽然十九路军给了闽西善后委员会积极的支持,但在其中起着关键作用的还是第三党人。土地改革采纳的方案出自第三党的意识形态,该党许多成员加入了这项改革之中。闽西善后委员会的核心工作是制定第三党的土地改革方案,口号为"计口授田"。

1932年10月18日,闽西善后委员会(简称"善后会")在龙岩县适中镇成立,直属十九路军总指挥部领导。该委员会由徐名鸿、魏育怀、刘侠任、吴光星、谢仰麒、郭醒民、傅柏翠任委员,谢仰麒为主任委员,大部分委员于10月22日在龙岩县城宣誓就职。蔡廷锴于1933年1月接替谢仰麒兼任该委员会主任,并先后加委沈光汉、区寿年、张贞、邓世增为委员。另有文献资料显示,1932年12月,在龙岩成立闽西善后委员会,委员会以徐名鸿、周力行(周士第)、傅柏翠3人为核心人物,3人均为第三党党员。

1933年7月15日,闽西善后委员会正式改为闽西善后处,魏育怀任龙岩分处处长,徐名鸿任永定分处处长,田竺僧任漳平分处处长。闽西善后处作为地方的最高政权机构,负责闽西行政事务,具体事务主要由第三党党员徐名鸿负责。周力行于1932年底在漳平县担任善后分会委员兼保卫科长,1933年初兼该县常备队总队长,7月中旬调离漳平到重组的第四十九师任师部参谋处长。周力行被蔡廷锴任命为十九路军闽西善后处特派员,协助徐名鸿工作,以肃清国民党反动派在闽西的反动部队、民团,摧毁反动政权。原在福建其他地方工作的第三党党员陆续到达闽西,参加了十九路军在闽西上杭、永定、龙岩和漳平等地开展的以"计口授田"为主要内容的土地改革运动。

福建事变后,12月30日上午,漆琪生、章伯钧出席经委会土地委员会临时会议,刘竞渡列席,主席为章伯钧,记录为何世琨,修正通过驻连江办事处规程、连江县计口授田暂行条例。议决刘竞渡委员为人民经济委员会土地委员会驻连江县办事处主任。为解决农村土地问题,发展农业经济,顺应民意,争取民心,闽西善后委员会把计口授田作为一项重大施政举措来实施,徐名鸿为此奔走、操劳。在谈到徐名鸿与计口授田时,陈铭枢回忆录中写道:我曾多次同他交换意见,最后实施前,我曾叫他到香港来详细讨论过,十九路军已委派徐名鸿在闽西试办土地改革,为以后发动民众做准备。

计口授田的实施,分两个阶段进行。第一阶段从1932年10月到1933年11月,主要由闽西善后委员会主持和领导。第二阶段从1933年11月到1934年1月,主要由1933年11月成立的人民政府土地委员会领导。起草文件、宣传鼓动、培训工作人员等分田的具体工作则由第三党人主持进行。其分田具体情况为:

一、制定政策,培训干部

闽西善后委员会成立不久,即着手准备计口授田、分配土地的工作。按照孙中山"耕者有其田"的思想及邓演达提出的土地革命理论,由第三党成员负责起草,陆续颁布了一系列关于实行"计口授田"的政策法规。如1932年11月17日颁布的《拟定实行耕者有其田步骤》,12月7日颁布的《计口授田暂行法》,以及随后颁布的《计口授田细则》《计口授田纪律》《计口授田技术》《计口授田宣传纲要》等。

1933年11月,中华共和国人民革命政府成立后,又颁布了人民政府施政纲领十八条。其中关于土地方面(十一)明文规定:"立行耕者有其田,实现计口授田,森林、矿山、河道完全国有。"人民革命政府还专门成立了土地委员会,由第三党领导人之一的章伯钧出任主任委员,具体领导分田工作。善后委员会和后来成立的土地委员会都认为,进行农村改造,尤其是实行孙中山"耕者有其田"的工作是一项重大的农村变革,必须严肃认真地进行,而具有一大批懂得三民主义基本理论和善后委员会制定的各项"计口授田"具体政策法规的工作人员,是这场土地

改革得以顺利进行的保证,"如非有干练人才,不足以资工作"。1933年1月,善后委员会举办了"闽西农村工作人员训练所",培训了"龙岩、漳平、武平、上杭、永定等县派来的学生"。学习的主要内容有:孙中山的三民主义学说,邓演达的土地革命理论政策,善后委员会制定颁布的《计口授田暂行法》等文件,以及怎样组织、宣传、发动农民之办法等。至12月12日,人民革命政府尚有"农训所学生,则派赴农村办理计口授田"的议决。12月11日至17日,文化委员会聘请专家逐日演讲,使民众了解生产人民革命意义,章伯钧讲《农民运动与计口授田》。12月22日上午,章伯钧等出席土地委员会临时会议,记录为何世琨,议决积极开始计口授田。

二、宣传发动,做好各项准备工作

在制定法规、文件、培训人员的基础上,闽西善后委员会进行了大规模的宣传准备工作。将接受训练的工作人员派回各县农村,向农民广泛宣传:十九路军将长驻闽境;善后委员会将在十九路军的支持下进行土地改革——"计口授田",实行孙中山的"平均地权"主张,闽西农民应协助善后委员会搞好"计口授田","特派员是代表十九路军与善后会来授田予农民的","民众有什么要求、疑问都可以向特派员陈述"。

1933年12月,《人民日报》记者在人民革命政府采访第三党党员、军委会政治部副主任徐名鸿,叩询"计口授田"之政策。徐名鸿答"谈计口授田三大步骤":一、发展农民组织;二、转变农民政权;三、转变农民武装。将如何实现?据谈如何"计口",如何"授田",苟非有经验者或熟悉当地乡土之农民自身。"盖目前农民之政权,农民之武装,犹把持于豪绅土劣之手,苟非健全农民之组织,无法推翻土劣之把持,农民如不自身把握政权,亦无由取得武装,农民苟无政权,无武装,则无法施行计口授田,故欲实行计口授田之前提,当先进行以上步骤,目前或将先划一二县区,提前实验,再逐一推进。"

在宣传发动群众的同时,做好各项准备工作:第一是调查户口。善后会制订好了户口调查表,表内有每一农户的家庭人口,以及人口姓名、性别、年龄、文化程度等栏目,此外还有土地数量、产量、农具、耕牛等项。工作人员帮助没有文化的农民填写户口调查表,同时向农民解释:做此项工作的目的在于为计口授田分配土地做好"计口"之准备,然后再进行"授田"。第二,成立授田委员会。村级授田委员会由"各村民大会选出的有经验而公正的老农三到五人",加上一名监督委员(亦由村民大会选出),再加上"乡或区政府土地课的代表一人"共同组成,负责授田工作。

三、实施分田

在做好各项准备工作的基础上,闽西善后委员会所辖各县开始实施分田,具体步骤是:

第一,调整乡界。原则上按原来的乡村界线划分。因为要使邻近各乡每口分得的土地数量相差不太大,如有甲村与乙村每口分得的土地数量相差太大时,则将乡界予以调整,以使邻近各乡所得田亩数量接近平均。

第二,丈量土地。根据统计时农民自报的原耕地数量,让农民自制小旗插在本人田中,旗上写明耕田人村名、姓名、耕地亩数、产量。授田委员会估计农民自报土地情况与事实基本相符,就在授田委员会通过的竹牌上标明亩数、产量。如果农民自报数量与授田委员会的估计相差较大,则由授田委员会丈量估计,再将数字标在竹牌上,把竹牌插在已估定的田地上。

第三,划分土地等级。一般将土地划分为五个等级。水源足、土质好、产量高、没有旱涝威胁的土地列为一等;土质好、产量高,但在大雨或大旱中可能发生灾情的,列为二等;地势太低,产量较高,但易受涝的以及地势高,产量较高,但水源不充足的均列为三等;坡地列为四等;山地列为五等。分田时按土地的划分,原耕地一般不动,抽多补少,好坏搭配,以生产数量为标准,不以土地亩数平均分摊。

第四,召开群众评议会。由授田委员会主持召开群众评议会。会上,由群众讨论通过每户应分得的土地数量和土地所在地,以及留做公田的数量,公田公耕的办法等(公田是为照顾鳏寡孤独、残疾无劳动力者而设置的)。

第五,分配土地。按照村民评议会的公议,由授田委员会最后决定各户所分得的土地数量,然后发给农民分得土地的"授田证",作为土地所有的凭据。同时宣布过去所有的土地契约一概无效。分得的土地可以租给别人耕种,如不自耕又不出租者,其土地没收为公田,追回"授田证"。凡出租的土地,按二五减租的原则,由承租人将生产的粮食交

给出租人,5/7自用。

土地分配完毕后,为使分配尽可能合理,又专门成立了一个"土地审查委员会"。其组成为:乡委员会土地课一人,授田委员一人;耕农代表五人;民众代表一人。由该委员会"审查所属各村授田情况"。该委员会"有决定土地等级、面积之权","有审查各村授田实况并决定土地产量更正之权","有呈请没收及处罚匿报或不报田地面积及产量者之权",等等。由于土地委员会对已分配的土地状况复查,因而在土地分配过程中出现的一些隐报土地产量或分配不合理现象得到纠正。

计口授田,首先在闽西善后委员会所统辖的原苏区进行。由于共产党已在这一地区进行过打土豪分田地的土地革命,农民经历过分田锻炼。因此,他们能较快接受第三党、善后委员会所推行的"计口授田"。尤其得到原来在苏区曾受到打土豪对待的地主、富农的支持。据何公敢回忆:"我到连江后,召集县城群众宣布实行计口授田。当时地主们都在场旁听。听到宣布分田,自然失望,但闻我说只分田地,农具、耕畜、其余浮财不分,地主们表示,同样是分田,宁可由人民政府来分。"因此,闽西善后委员会所辖的原苏区诸县计口授田工作所受阻力小,进展也较为顺利。福建的其他地区在人民革命政府成立后也开始着手分田。但由于新政府成立不久,自己的地位尚在风雨飘摇之中。因而,一些原来表示宁可由人民政府分田的地主们和蒋介石围剿人民革命政府的军事进攻相呼应,开始起来反对计口授田。有的还派人暗杀主持分田的第三党干部。第三党党员冯峻五在闽西土改中遭地主袭击,壮烈牺牲。1933年7月,由上杭丰捻市到永定县善后分处联系工作的第三党党员丘弼琴在返回时,途经峰市被黄任寰部营长黄承典捕获,黄任寰下令将其处决于蕉岭,并陈尸5日。

1934年1月4日下午5时,人民政府经济委员会召开第十次会议,余心清、丘哲、漆琪生、章伯钧、杨建平出席。通过临时提案:(甲)连江计口授田暂行条例,及授田细则,授田宣传纲要;(乙)土地委员会驻连江办事处简章;(丙)授田工作人员训练班案(章伯钧提)。1月9、10日《人民日报》专载刘竞渡文章《关于计口授田的我见》。

在闽西等地推行计口授田,是第三党的政治经济主张在福建地区的一次具体实践。由于种种现实原因和历史局限,没有得到完全贯彻实施,但是在一定程度上赢得贫雇农等民众的拥护和支持,使闽西善后委(处)管辖的闽西地区成为十九路军一个比较稳定巩固的战略后方基地。这也正是后来十九路军主力在泉州等地被消灭后,蔡廷锴等人仍能依托闽西龙岩一带坚持1个多月斗争的重要原因之一。

计口授田,用非暴力革命手段,即以恩赐式改良主义和公正和平的手段解决土地这一中国基本问题,实现孙中山的"耕者有其田",求得农民的真正解放,达到农村根本改造,这一做法在当时国统区是件新鲜事,产生了一定的社会影响。1933年10月10日,闽西善后处利用双十节,在龙岩召开了有2万多人参加的庆祝大会,检阅计口授田所取得的成就。大会专门邀请漳州、厦门等地的一些机关、学校组团前来参观考察,并将大会现场实况拍成新闻纪录片,轰动一时。会后,厦门大学经济系教授张果率领的参观团,对计口授田后农民按照实际收获缴纳土地税百分之十的情况及生产生活有所改善等,作了详细调查。著名女作家谢冰莹和柳亚子女儿柳无垢知悉后,特意为此赴龙岩参观、考察。后来,谢冰莹把这段经历写入《女兵自传》一书。

闽西善后委员会下设政务委员会、财政委员会、农村复兴委员会,总管闽西八县,徐名鸿实际负全部责任,主持闽西善后处的工作。1933年7月,善后委员会改组为闽西善后处,直辖属"绥靖"公署,由蔡廷锴兼处长,邓世增为副处长,并委区寿年、徐名鸿、魏育怀、田竺僧、傅柏翠为连城、永定、龙岩、漳平、上杭各县分处长,兼理县政事宜。善后委员会在闽西采取一系列改良主义的措施,主要工作有:调查户口、编制保甲;点验民团、组建守望队;执行计口授田、解决土地问题等3项。当时军队集中在龙岩,徭役繁重,办理善后事宜以财政最为困难。盖以地方残破已极,而百孔千疮,又非财莫治。龙岩以一县之收入,供全闽西善后区域之政费,收入已绌,支出浩繁,故财政方面时有竭蹶之象。南京当局对福建军政费用屡加限制,十九路军只好多方自筹,进驻闽西不久,即以善后委员会名义先发行辅币流通券(俗称"龙岩币")3 000元,流通后供不应求,1933年2月间,"再印发一万元,同时收换旧票"。

为稳定社会秩序,调剂闽西金融,发展生产,复兴农村经济,在发行辅币流通券的基础上,闽西善后委员会从3月份开始筹设闽西农民银行,并将此举列入农复会1933年度龙岩县施政计划。农村复兴委员会3月份工作报告,将筹备闽西农民银行作为经济方面首要任务,指出:本会鉴于农村经济枯竭亟应设法救济,拟订印纸币二十万元,交财委会负责,限四月底筹备完竣。7月,订印的纸币由上海辗转运回,28日闽西农民银行正式开业,行址设在龙岩城铜钵街19号,以十九路军军需处处长叶少泉、原驻京办事处主任黄和春为正、副总经理,办理存款、放款业务,发行纸币。闽西农民银行纸币总印刷量为20万元。资本额国币100万元,由该处陆续筹拨,并指定从其所收20%的土地税中全数拨充,在未征收前,暂由十九路军总部借拨。

该行设理事会和监事会,由闽西善后处派理事5人、监事3人组成。总经理由十九路军总部军需处长叶少泉转任,第三党党员、原驻京办事处主任黄和春为副总经理。内部组织设总务、业务、会计、调查四科。营业伊始,由于事务较简,只设总务、业务、会计三科,另设金柜股长,专司闽西金库事宜兼营该行司库。主要是办理汇兑、定期存款、活期存款、农民及商民活期借款与定期借款等业务,并代理闽西金库,所有闽西全属税收均需向该行缴纳。农民放款,期限最短1个月,最长6个月,月息6‰,款额自5元至20元为止,由良善农民5户担保,并须具有乡委会证明。商民放款,期限分定期、活期两种,定期最短1个月,最长6个月,月息8‰;活期放款日息万分之二百,并须有担保、联号或抵押品。活期存款日息万分之十,定期存款,1个月日息万分之四,往来存款日息万分之三,透支日息万分之七。

闽西农民银行所发行的纸币为可十足兑现的银元票,计有一元、五元两种面额主币和一角、二角、五角三种面额辅币。其中:一元银元票,票幅长147毫米,宽82毫米,证券纸,套色石印。正面褐色,上端从右至左横书"闽西农民银行",左、右两旁加印阿拉伯数字票号,票面正中以绍兴大禹陵为主图案,两侧花纹图案中各署"壹圆"二字以示票额,并加印有徐名鸿、叶少泉的签名,下端书以小字"凭票即付国币壹圆""中华民国廿二年印",左、右椭圆形边框内分署"闽西"二字,四边角花纹图案中各标"壹"字;背面蓝色,复套印淡绿,除署有与正面同一内容之英文外,正中及四边角花纹图案中各标"1"字,左、右两侧套印红色"壹圆"二字,加盖两个篆书印章,右侧为"总经理印",左侧为"闽西善后处政务主任",底边以英文标明印刷时间。除以其基金充兑现洋外,还以闽西全属税收为担保,同时在厦门、漳州设代理兑现处,以便流通。

闽西农民银行从农村金融这个侧面反映了十九路军领导集团同南京当局的离心倾向。其宗旨见于《农复会二十二年度龙岩县施政计划》,在谈到"第二期自四月至八月"的农村建设方面时明确指出:"筹设农民银行,农民银行专为辅助农业之发达和地方公共事业之振兴而供给农民低利长期资金,及减少农民典当抵押高利借贷之困苦而设。"及至9月,《闽西善后委员会施政大纲》更进一步说明"筹设农民银行以调剂农村金融,并藉(借)农民银行的资力以开发各种生产事业"。关于闽西农民银行的资本金来源,主要参照江苏、浙江两省农民银行的办法。"吾国江浙两省,各县已成立不少。其股本县行暂定为十万元至二十万元,其来源则由各县在田赋正税项下,就地丁每两、抵补金每石各带征银一角至五角而得。"

中华共和国人民革命政府成立后,接管了境内的中央银行,宣布南京政府的"中央"银行钞票、航空奖券、公债票、库券等一切有价证券,禁止在新政府管辖区内流通买卖,违者以通敌罪论。而闽西农民银行及闽西券不仅继续营业和流通,而且还成为新政府拟议中的人民银行的篙矢。

4.2 全力参与策动事变

十九路军前身是邓铿为师长的粤军第一师第四团,在北伐战争中有过战功,平时注重训练,能走善战,有"铁脚夜眼神仙肚"之称,部队精锐,邓演达曾为这支部队的成长立下汗马功劳。师长李济深曾说:"没有仲元师长的伟大和毅力,就不可能有革命的粤军第一师,并为其他部队的模范;没有择生(邓演达)同志的忠贞和热诚,就不能有团结巩固的粤军第一师,并坚定地为革命事业效命。"在参加福建事变之前,凭借官兵的爱国热情,在军中散发邓演达的著作《邓择生集》,宣传第三党的主张。

邓演达与十九路军将领陈铭枢、蒋光鼐、蔡廷锴等曾经是同学或同事,黄琪翔也曾经是他们的上级,利用这些关系进行上层活动。第三党在十九路军中宣传自己的政治主张,开展活动,许多官兵受第三党影响加入第三党组织。正如陈铭枢所说:"在当时,十九路军确有一些第三党党员,有的是比较重要的骨干。"如十九路军总部秘书长徐名鸿、旅长云应霖都是第三党党员。十九路军上下一向视邓演达为同路人,故对第三党党员从不排斥,没有一点隔阂。当时的《世界日报》报道说:十九路军之中坚将校,殆全部与第三党发生关系矣。故十九路军、黄琪翔、陈铭枢等,乃能共冶于一炉。

1932年,丘学训化名丘适生,周士第化名周力行,经人介绍给十九路军参谋长,继而被引荐给蔡廷锴。丘学训在军部任秘书,周士第任军部特务团团长。虽然蒋介石严令"剿共",但十九路军并不积极反共。蔡廷锴知道丘学训的来历后,更器重他,还每月给他500元的活动经费。丘学训用这笔钱派陈雪华等2名第三党党员到闽南搞农民运动,着手建立一支农民武装。蔡廷锴曾答应丘学训,等参谋长黄强从法国购回军火后,给3 000支新枪,但后来却变卦,只给了300支旧枪。但不管怎样,第三党在闽南的农民武装建立起来了。

1932年上半年,十九路军淞沪抗战后,蒋介石设置圈套将其调往福建"剿共",蒋光鼐被任命为福建省政府主席,蔡廷锴被任命为"绥靖"主任。时黄琪翔打算利用这个机会,与蔡廷锴等建立反蒋联盟,并将福建作为第三党进一步恢复和发展的基地。1932年冬至1933年春,第三党的成员从四面八方来到福建,加上原在福建的,有200余人,绝大多数党的骨干分子都集中到了福建,并在中山社成立了干事会。这些人经蔡廷锴、蒋光鼐同意,并由十九路军秘书长徐名鸿安排、介绍,分别在福建各地参与或担任行政工作、农村工作以及协助十九路军开办军官训练班等。原在十九路军担任军职的,尚有旅长云应霖、团长周力行、团副汪志道、师参谋沈奎、营长何自坚等,在地方团队担任军职的,有钟绍奎(葵)、马鸿兴等若干人。

1933年8月,十九路军被红三军团击败,黄琪翔深为关切,乃于31日晚在上海寓所宴请刘伯垂、章伯钧、彭泽湘、麦朝枢、何公敢,共商闽局,认为:在座各人和十九路军都有着或多或少的关系,无论在公在私,必须设法挽救十九路军。席间彭泽湘提出:十九路军只有和中共取得联系,商谈合作,才有立足生存之可能。经一致认可,遂由黄琪翔写信向在港的陈铭枢征求意见,然后请陈公培在上海找中共联系,没有结果,陈公培再从福建延平西南进入苏区,与中共初步交换了合作的意见,前线形势始缓和下来。9月间,黄琪翔、章伯钧、彭泽湘等到达香港,同李济深、陈铭枢等商议以"反蒋抗日"为号召,联络各方面力量在福建组织人民革命政府,经与各方面联系,于11月初达成协议。11月中旬,李济深、陈铭枢和冯玉祥的代表余心清,以及第三党的大部分负责人黄琪翔、章伯钧、彭泽湘、彭泽民、郭冠杰、丘哲等,相继到达福州。

福建事变的发动如箭在弦,迫在眉睫,可此时十九路军高级将领的意见尚未完全统一。在福州的军事会议上,政治部主任徐名鸿对当时国内形势作了详细报告。11月18日,在福州东郊鼓山,李济深和陈铭枢主持召开紧急核心会议,蒋光鼐、蔡廷锴,第三党的黄琪翔、彭泽湘、彭芳草、章伯钧、麦朝枢、郭冠杰、刘伯垂、王亚樵、徐谦、陈友仁、李章达、余心清(第三党联系的人士)等人出席会议。这是事变前最后一次会议。讨论成立人民革命政府的时间和有关修正政纲政策问题以及军事问题、财政问题。在发难的时间问题上,与会者争论十分激烈,会议从上午一直开到深夜。最后,决定事不宜迟,马上发动,福州戒严。终于决定了发动事变的日期和一切有关重大事宜。

4.3 巩固漳州等地策应事变

自邓演达被捕后,临委会中央干事江董琴[①]即在沪参加营救工作,

[①] 江董琴(1888—1933),原名栋卿,福建省永定县高头乡高北村人,第三党创建人之一。1908年毕业于漳州简易师范,因参加反清革命事泄,于1910年只身逃往南洋,流亡马来西亚加入槟榔屿华侨殷商、同盟会,追随孙中山从事反帝反封建斗争。1917年,孙中山在广州组织护法军政府组织北伐,江董琴任军政府咨议随军出征。1923年,江董琴出任广东梅县县长。1924年,参加国民党第一次全国代表大会。1925年春,国民党福建省临时党部成立,他任执委会主任委员。年底,赴广州参加国民党第二次全国代表大会。1926年4月,国民党福建省党部成立,江董琴任国民党福建省党部主席。7月,调广州参与商议北伐战争,任北伐东路军(第三军)政治部主任,入闽作战和开展相关工作,尔后随北伐军前往上海。1927年春,他到上海,仍主持东路军政治部工作。蒋介石"四·一二"反革命政变后,江董琴弃职前往武汉参加"左"派国民政府,任汉口公安厅厅长。1928年初,参与成立中华革命党(第三党)。1930年8月,参与创建中国国民党临时行动委员会,江董琴担任中央干事。1931年邓演达被蒋介石杀害后,江董琴迁居漳州.

多方奔走。及至邓演达殉难后,为了继承邓演达遗志,又能得到较为自由的环境,江董琴便利用与张贞的关系,把漳州作为活动据点,将在沪眷属迁往漳州醒民东路某号居住。由于当时他一手栽培起来的唯一亲信张贞及其所率一个师——四十九师驻扎在闽西一带,师部设在漳州。因此,江董琴想利用他的势力在福建故乡搞出一点名堂来,拟把永定县一地先建设好。那时江董琴生活过得很平淡,他家中除夫妻俩和两个儿女、一个保姆外,只有一个随员江豪庆。此后,江董琴除了回上海与章伯钧等人联系外,大部分时间留在福建。往还于家乡、漳州、厦门和上海之间,他对漳州和家乡的建设事业都出了大力,想把闽西南经营成第三党的一个根据地,以便重整旗鼓,东山再起。

本来江董琴对漳州建设素极关心,在此之前即已有所贡献。漳州旧府城南门外洋老洲有座石桥叫作"老桥",横跨九龙江上。该桥中段不知何时早已为洪水所冲垮,多少年来,行人至此只得望江兴叹。江董琴随东路军到达漳州后,即倡修这座老桥,并拨款8万元为整修费。桥修好后,行人无不称便。1931年底,江董琴重到漳州后,决定再为当地人民做更多的事。

在经济方面,倡议设立民兴银行有限公司。资本由江董琴、张贞、杨逢年和漳州商会会长蔡竹蝉等人筹借,计5万元。发行1元、5角和1角等各类钞票,在龙岩设分行,便于流通。在漳州嵩屿筹建商埠。漳州至厦门对岸的嵩屿,原有一条铁路,计划延伸至龙岩,当时已由华侨集资百万元先筑至漳州,据说由于主持人贪污,把资金中饱私囊,所以只筑至江东桥。江董琴认为这条铁路是闽南与闽西的重要通道,应予以修复。因当时已有公路相通,故建议先建嵩屿成为商业区,并开辟港位,建筑可以停靠千吨客货轮数艘的码头。海轮可以直接在此卸下客货,由火车运至漳州,然后分别运往闽西南内陆各地。

在培养军政人才方面,江董琴在漳州设立过军政训练班,这是邓演达牺牲后,根据北伐时的政治经验设立起来的训练班,意在继承邓演达的遗志。

在发展教育事业方面,江董琴在漳州有许多永定同乡从事各种行业,尤其是皮丝烟行和打铁店,人数众多,子女也多,先辈曾在龙眼营街建有"龙岗会馆"。江董琴在此基础上修缮一新,又在里面设立"永定同乡会"。他被选为会长后,在会馆内创办永定小学,他兼任校长,聘请龙溪女师毕业会说客家话的张美如为教师,采用复式教学。学生以招收说客家话的学龄儿童为主,共有60~70人。为解决经费问题,江董琴特地在厦门路201号开办一间永定条丝烟转驳出口商号,每一笼条丝烟附加1角大洋的手续费,作为小学经费。由于这一烟号生意兴隆,手续费相当可观,小学得以维持。

江董琴与十九路军领导陈铭枢、蒋光鼐、蔡廷锴等人早有往来。这时有许多第三党党员在十九路军中工作。所以,从这个时候起,江董琴与十九路军领导人往来密切,在政治上抗日反蒋,意见一致。据江董琴的儿子回忆,那时他全家都住在鼓浪屿内厝沃N字某号房内。自十九路军入闽后,江董琴经常到福州与陈铭枢等老友联系,意在将旧部张贞与十九路军的关系拉好(1934年春,张贞师部仍在原漳州府衙门内,而十九路军的司令部即设在东门外,彼此相安无事)。江董琴不仅做好了十九路军与张贞之间的联络工作,使彼此成立了密契,还把十九路军的联络工作做到广东,欲争取陈济棠对中华共和国人民革命政府予以响应与支持。

1933年11月间,江董琴再一次出现在上海,在与老友江文新相见时说:我想改组福建省政府,把政权弄到手,好继续革命,不过这样做没有实力是不行的,我想以张贞的代表的名义跟陈济棠商量,请他出兵入福建与张贞合作共同攻取福州,夺取福建省政权。为此,江董琴专程前往广州,以谋求广东当局陈济棠对十九路军行动的支持。不料,他的行踪被陈济棠的宪兵司令缪培南获悉,而缪培南的父亲系梅县恶霸,10年前被出任梅县县长的江董琴处决。这时,缪培南为报宿仇,蓄意加害。11月29日,江董琴未及见到陈济棠,即遭缪绑架,旋被杀害灭尸,时年46岁。

为了控制十九路军,及时得到有关情报,在1932年"一·二八"淞沪抗战后,蒋介石就从十九路军中抽调过一批军官受训,将其发展为特务组织蓝衣社的骨干。然后,又把他们派回十九路军担任更高级的军官,并指使他们暗地在十九路军中从事颠覆、破坏活动。为防止部队分化,蔡廷锴根据徐名鸿秘书长的意见,秘密成立改造社。蔡廷锴自兼总社长,徐名鸿任书记,在各师成立分社,由各师师长兼任分社社长,分社下设支部,以防范蓝衣社搞策反活动。

为防蒋介石暗算,十九路军总指挥蔡廷锴请黄琪翔协助了解漳、厦一带的军事形势。黄琪翔电令在福建的陈祖康急速赴沪汇报漳、厦军情。陈祖康感到事关军事要情,不敢独担重托,赶到上海面请黄琪翔另派军事专员下去视察,黄琪翔决定派周士第入闽。因邓次侯与驻漳中央军第49师副师长邬汉屏是同乡且交谊很深,对开展工作较为有利,于是陈祖康又向周士第建议,再请黄琪翔派邓次侯同行。陈祖康、周士第和邓次侯即一同赶赴厦、漳。三人抵厦后,先到鼓浪屿邬汉屏住所,谎称来厦、漳旅游,邬便用49师师部的小汽车,带领邓、周、陈三人去游览厦、漳的"名胜古迹"。先在厦门参观了厦门海军陆战队驻地和海军炮台,两三天时间看遍了厦门各个军事要塞。之后,便又随着邬再到漳州参观"名胜古迹",看清了刚刚被红军击溃的张贞49师所属部队的营地和武器装备。

邓次侯三人通过厦、漳的秘密视察,将所掌握到的军情共同分析后,电告黄琪翔:转告十九路军,可以安全入闽。黄琪翔复电称"周、邓暂留漳、厦,等候十九路军入闽,然后再议工作"。1932年6月,十九路军全部安全入闽。

1933年夏,改造社在厦门查获一笔从南京用化名寄来的汇款,并很快查明此款就是汇给潜伏在十九路军中蓝衣社成员的。蔡廷锴根据这一线索,查明蓝衣社在十九路军中的组织情况,还意外获得蓝衣社准备在军中策反和暗杀蔡廷锴、蒋光鼐等的秘密计划。蔡廷锴下令逮捕了100余名蓝衣社成员,将其中情节较重的数十人加以秘密处决,以免后患。1934年1月9日,军事委员会黄琪翔委员函送蓝衣社分子傅立平到福州公安局,经审讯:傅立平由上海蓝衣社干事刘冠世介绍加入蓝衣社,先后加入蒋介石组织的流氓集团复兴社、筹安社,担任组长,曾充任该社《民众之路》与《兴报》的宣传工作,此次奉蒋介石之命前来闽地捣乱。由公安局将其枪决。

1933年秋,周士第受蔡廷锴指派,协助张炎解决亲蒋的十九路军49

师张贞部,将该师缴械并编于永定。张炎为师长,周士第为师参谋处长。

10月初,杨虎城派遣机要秘书王子安以探亲名义经上海往福州。首先会见徐谦,向徐说明杨虎城支持福建事变的来意。接着,又见了李济深、陈铭枢等人,希望得到指导。五六天后,王子安从福州回到西安,将了解到的情况向杨虎城作了详细汇报:说明福建事变是以十九路军为核心,同邓演达、谭平山等人组织的第三党合作,其中第三党的领导人之一黄琪翔在福州同江西的红军有联系,他们接受了共产党"抗日救国、一致对外"的政治主张,以军事行动发动了这次事变,但在政治上还没有大的改革措施。还向杨将军转达了李济深等人的希望。杨虎城听后非常满意,并准备积极反蒋抗日。据童陆生(杨部宪兵营副营长)回忆,杨虎城听说童与蔡廷锴的师长邓志才是云南讲武堂的同学,蔡廷锴的副官长谢东山也是童的朋友,11月又派童作为他的代表去福建进行联系,表达闽陕两地加强合作、共同抗日反蒋的意愿。

1933年11月上旬,黄琪翔同章伯钧、郭冠杰、麦朝枢、彭泽民、丘哲等积极联络第三党在闽成员,章伯钧对黄农说:"福建就要成立新政权,我党亦参加;凡属本党党员,均须来福州集合。"于是,黄农通信到全省各地,召集闽籍同志来榕,李含阳、汪盈科等分散各地的第三党成员100多人先后聚集到福州,准备举事。临时委员会中央恢复福建干事会由丘锦章负责组织,余遇时负责宣传,黄农负责训练,郑少雄驻会。干事会会址设在中山社12号。

在此之前,第三党在福建就已经有比较多的活动。在漳州,第三党设立宣传机关,出版《漳潮日报》《荒洲》等刊物,鼓动反日废约,抵制日货;提出八小时工作制,改善工人生活等主张,成立工会、农会组织,办了工人夜校等。此外,许多第三党干部被派到各地农村,如上杭、永定、龙岩、漳平以及闽南等地,开展计口授田运动。

在漳活动的第三党党员郑静安、欧阳平、陈雪华、欧阳煊、林义民等互相联络,并建立了漳属各县组织。适值国民党县党部正进行改选,组织上决定暂时利用县党部作为外围,以取得公开组织民众团体的合法地位,遂派郑静安参加竞选,郑静安当选为常务委员。于是,郑静安立

即安排陈雪华、林义民、柯祖平等分别负责组织农会、工会等团体。1933年夏季,蒋介石欲改组国民党各县党部,派一批CC(中央俱乐部)来闽接收。十九路军暗中支持和鼓励各县原国民党党部反对,一时间发生了闹党潮,当时第三党在漳州的组织决定,由郑静安代表漳属各县,丘锦章、黄同昌代表闽北各县赴省城出席组织驻省代表团,目的是制造国民党内部纠纷,打击CC(中央俱乐部)派来监视十九路军的耳目。代表团要求:国民党南京政府撤回新任委员,由党员自选,正式成立省党部。尔后,代表团又推出郑静安、丘锦章、刘世仁等3人前往南京请愿,结果无功而返,但新任的委员也无法接收各县的原国民党党部工作,造成僵局。

第三党文士派首脑罗任一带领干部,到福建创办训练班,一方面函召留置上海的高级干部,一方面训令闽西、南、北等特委挑选的优秀党员,酌给路费,遵时到达厦门受训。谭平山没有赴闽,但专程从上海到香港,设法与共产党取得联系,争取对人民革命政府的支持。章伯钧后来谈到这段历史时说:这时革命者纷纷赴闽,谭平山在香港指挥其事。1933年北平大学医学院肄业的李健生也参加了福建事变。

第三党充分利用当时的主观和客观有利条件,在福建各地积极扩充组织。如黄农等在福州,杜冰坡等在厦门,杨逸棠、陈卓凡等在闽西南,丘锦章、李得光等在闽北,都以群众运动和发展组织相结合,工作很有基础。特别在闽西,以马鸿兴为团长、邓次侯为指导员的一支地方武装共有2 000余人,总部设在连城。以连城为中心,整个闽西各县的地方武装,马鸿兴均可指挥,成为第三党在福建的一支重要武装力量。第五师师长云应霖、特务团团长周力行(周士第)、特务团第一营营长何自坚均为第三党党员。第三党的主力已经集结于福建,据当时的《老实话》杂志说:第三党自季方、章伯钧赴平,黄琪翔赴粤以后,其活动的中心已不在上海,所留在沪者多系二号同志。

1933年冬,黄琪翔派吴建东、戴剑青秘密赴北平,任命不久前被吸收入党的原冯玉祥部军长苏体元为第四方面军总指挥。苏当时有旧部4 000多人,黄琪翔令苏尽快集中在冀南豫北一带的旧部,迅速渡过黄河,到鄂皖边区待命。

4.4 维护事变发展变化大局

1933年秋,第三党的朱蕴山、刘伯垂、彭泽湘等通过杨度、胡鄂公与中共上海党组织进行联系。彭泽湘和胡鄂公会谈过一次,当谈到停止军事行动、合作反蒋的事情时,胡鄂公说:"你们先动,一旦举起反蒋旗帜,红军自然不会打。"彭泽湘认为这个答复没有解决双方的具体问题,要求会见中共中央负责同志,但遭到拒绝,没有取得结果。彭泽湘于是建议派代表直接去江西苏区见毛泽东同志,要求联合共产党和红军,并且建议十九路军和其他派别也采取这一行动。

陈公培在上海设法转告江西中央苏区,并秘密通知在福建的蔡廷锴。蔡廷锴感到积极反共固然失败,消极反共也难于立足,遂派陈公培携带蒋光鼐的亲笔信到延平前线与红军联络。遵照周恩来的电示,彭德怀在王台与陈公培会谈,并给蒋光鼐、蔡廷锴写了回信,告以反蒋抗日大计,请他们派代表到瑞金进行谈判。毛泽东起草的协议纲领,其内容大致含有以下几点:一、共同反蒋抵抗日本之侵略;二、实行民主,包括释放政治犯、言论自由、结社自由;三、耕者有其田、减租、废除高利贷;四、反蒋的军事合作及为抗日力量做准备。

10月,十九路军的全权代表、第三党人徐名鸿等抵达瑞金,受到毛泽东、朱德、周恩来的热情接待。通过双方努力,取得比较一致的认识。10月26日,福建省政府及十九路军代表徐名鸿与中华苏维埃共和国临时中央政府及工农红军代表潘健行(潘汉年)签署了文件《初步协定十一条》。主要内容包括:双方立即停止军事行动、恢复商品贸易,福建方面立即释放政治犯、发表反蒋宣言、进行反蒋反日的军事准备,互派全权代表、由双方政府负责代表安全等内容。这个协定的签订,使联共反蒋抗日的政策得到落实,解除了十九路军的后顾之忧,为发动事变创造了有利条件。汪精卫11月21日告诉记者:"此次'闽变',乃第三党与共党联合,向本党进攻,与以前党内纠纷不同。"

积极推动蔡廷锴与红军合作的周士第,还受蔡廷锴之托,把红军代表张云逸、潘健行接到福州会谈。11月27日又签订了《闽西边界及交

通条约》。该条约生效后,对双方的安定以及红军突破蒋介石的经济封锁起了较大作用。十九路军与红军取得合作,周士第做了大量工作。

《华北日报》南京12月13日通讯《联共经过》刊登了脱离十九路军某军官目睹的情形:由第三党黄琪翔介绍,得与"共匪"妥协,前月该军派总部秘书长徐名鸿赴瑞金,与"共匪"商定两个不侵犯条件,先由该军供给"共匪"大宗粮秣、食盐、弹药,而后一齐出兵攻击中央,"共匪"向南昌前进,该军向浙方进犯。《时事月刊》福州消息:人民革命政府开会之日,曾公然接济"共匪"九十万元,列诸议案,其中有现款三十万,枪械三十万,物质三十万。据北平《晨报》(12月6日)上海特约通讯:此次"闽变"中之分子颇形复杂,参加者除第三党外,国家主义派,以反对联共,并未加入,现在之在闽者,不过以个人关系参加而已。至联共一节,实由黄琪翔促成之,察其合作程度,亦只以经济、军事为止,尚谈不到政治的合作云。

人民革命政府履行《初步协定十一条》,发布大赦令,先后全部释放包括中共党员、共青团员范式人、马立峰、蔡明善等在内的152名"政治犯"。同时,对革命和进步组织予以认可。但是,由于当时的中共临时中央犯了"左"倾关门主义错误,在军事上没有给十九路军以应有的支援。

人民革命政府成立后,在博古和共产国际派来的军事顾问李德把持下的中共临时中央,仍把中间派看成最危险的敌人。11月28日,中共中央在《给福建党的书记的信》中否定《致福州中心市委与福建全体同志信》的正确主张,改变与人民革命政府进行合作的方针;并且拒不接受毛泽东、周恩来、张闻天、彭德怀等人的正确意见,坐视国民党军对十九路军的围攻。中共福州《工农报》更是发表评论文章,错误地认定:"谁也懂得:十九路军军阀们在淞沪战争的时候是屠杀抗日士兵的刽子手,是签订《上海停战协议》出卖淞沪的卖国贼,是在漳、厦、泉州活埋、遣散数千革命士兵的反革命军阀,是进攻苏维埃红军的败将,是剥削民众、惨杀反帝领袖的罪人,是帝国主义瓜分中国的清道夫!他们卖国与屠戮民众的滔天罪恶,和蒋介石的南京政府没有二致。然而,在今天,他却摇身一变,恰恰变成了'人民政府'的支柱,变成了民族利益的保护者。普天之下,当然不会有这种'奇迹'发现。'人民政府'是个什么东西?总起来就是:他是帝国主义进攻中国革命的一只新的走狗,特别是在五次'围剿'中是企图挽救垂死的反动统治的一个社会法西斯蒂的反革命集团。它的每一条纲领都是与工农劳苦利益相违背的,不能兑现的,欺骗的口号。"

直到1934年1月,中华苏维埃共和国中央执行委员会才作出决定:批准上届中央执行委员会主席团与人民委员会所采取的对于福建十九路军与人民革命政府的一切步骤,并决定公布下列3个主要文件。署名是中华苏维埃共和国中央执行委员会主席毛泽东,副主席项英、张国焘。《中华苏维埃共和国临时中央政府及工农红军与福建人民革命政府及人民革命军的外交文件》包括:(一)反日反蒋的初步协定(潘健行,徐名鸿,1933年10月26日);(二)中华苏维埃临时中央政府致福建人民革命政府与十九路的第一电(毛泽东、朱德,1933年12月20日);(三)中华苏维埃临时中央政府致福建人民革命政府与人民革命军第二电(毛泽东、朱德,1934年1月13日)。

反日反蒋的初步协定

中华苏维埃共和国临时中央政府及工农红军与福建省政府及十九路军双方为挽救中华民族之垂亡,反对帝国主义殖民地化中国之阴谋,并实现苏维埃政府及红军屡次宣言,准备进行反日反蒋的军事同盟,因此订立下列初步协定,条件如下:

(一)双方立即停止军事行动,暂时划定军事疆界线(如附件),各在该线不得控置(制)主力部队,同时十九路军,必须运用各种方式排除或消灭存在福建与苏区接壤地间妨碍贯澈(彻)本协定之一切障碍势力。

(二)双方恢复输出输入之商品贸易,并采取互助合作原则。

(三)福建省政府及十九路军方面立即解(释)放在福建各牢狱中政治犯。

(四)福建省政府及十九路军方面赞同福建境内革命的一切组织之活动(如民众抗日反帝团体及革命民众一切武装组织),并允许出版、言论、结社、集会、罢工之自由。

(五)在初步协定签订后,福建省政府及十九路军即根据订立本协定原则发表反蒋宣言,并立即进行反日反蒋军事行动之准备。

(六)初步协定签订后,互派全权代表常川互驻,应由双方政府负责,保护该代表等人员之一切安全。

(七)双方人员有必要往来时,由各驻代表要求签发护照通行证,双方负保护安全之责。

(八)本协定在福建及十九路军方面反日反蒋军事佈(布)置未完成前,双方对于协定交涉应严守秘密,协定之公布须得双方之同意。

(九)在完成上述条件后,双方应于最短期间,另定反日反蒋具体作战协定。

(十)双方贸易关系,应依互助互惠之原则另定商业条约。

(十一)本协定在双方全权代表签订草约后即发生效力,正式协定共计两份,经双方政府军事机关正式负责人签名盖章后,各执一份存照。

中华苏维埃共和国临时中央政府及工农红军
全权代表　潘健行
福建省政府及十九路军
全权代表　徐名鸿
公元一九三三年十月二十六日

对于人民革命政府与中共合作关系问题,日本政府殊为关切。据第三党党员何公敢回忆:日本驻闽领事当时仍在福州。1934年1月11日,福州日本领事某忽来电话说,台湾"总督府"秘书长某及陆军武官某和海军武官某等三人,要来找何公敢。何说一切外交关系统由外交部陈友仁部长主持。何不愿与他们见面。但该领事纠缠不已,遭何数次拒绝后,又说那位秘书长是当时何赴台湾调查农业时与何公敢认识的,想以私人关系晤见,仅限他们二人,别人不来,何公敢只好答应。

但相见时仍是四人,陆、海军武官也跟着来了。何公敢怫然不悦,他们道了歉乃开始谈话。起初这个秘书长和陆、海军武官说,福建和日本在国际关系上有特殊关系,福建有所动作,日本不能不关心等。语涉威胁,何严词峻拒,请他们向外交部接洽。以后,他们转了话头,询问"人民政府"和中共的关系,何说"中共是中共,我们是我们;但同是中国人,当然有关系,至于关系如何",一凭他们推测。

何公敢回忆说:"他们乃抓住我们实行土改,说这就是实行中共的主张。我说,我们是主张'计口授田'的,这是因为农民有这种要求,不但中国有此必要,日本也有此必要。接着,我便专就日本政友会是地主联合的政党,农村困苦异常,债台高筑,抵押女儿为妓等来说,证明日本也有'土改'必要,并征求他们的意见。他们觉得所答非所问,便辞走了。"

4.5　主持"全国人民临时代表大会"

1933年11月,闽局变化之前夕,陈铭枢、蒋光鼐等连日有秘密会议。《世界日报》报道第三党在福州遍贴"打倒地主"标语,第三党借机扩大组织。多家媒体报道:此次开幕主持者为第三党及社会民主党,关于第三党之组织,大约除原有之组织、宣传、训练三部外,添设农工、青年等部,内定徐名鸿负责农工,徐翔穆(神州国光社编辑)负责青年。徐翔穆组织"福州文化总同盟"满街贴"打倒地主""打倒买办阶级"等标语。

11月19日,福建省会福州公安局挨家逐户通知福州市民参加大会,十九路军抽调驻福州卫戍部队78师参加,驻福州的第三党党员、旅长云应霖任会场总指挥。公安局局长丘国珍等维持秩序,以防范特务破坏。

20日上午9时,"中国全国人民临时代表大会"在福州体育场举行,到会10万余人(编者注,多数资料分析确认为3万人左右),出席大会的有26个省、市和华侨代表。

第三党到会代表,广东:黄琪翔、李章达、徐名鸿、张文、麦朝枢等;安徽:徐谦、余心清、王亚樵、章伯钧等;福建:何公敢、丘哲、吴仲禧等;湖南:欧阳予倩、彭岳渔(泽湘)、陈公培等;湖北:梅龚彬、刘剑米(刘伯垂)等;浙江:张荔英等;河北:万灿;华侨:陈友仁、黄琬等,20余人。9时40分,由会场指挥丘国珍宣布开会。陈铭枢并不曾到场,而大会上最有力的指挥者却是前第四军副军长黄琪翔。《人民权利宣言》是黄琪翔宣读的。闽皖代表提出了"建立人民革命政府"的提案，黄琪翔即宣称大会决定无条件地接受此项提案。这提案当然无条件的一致通过了。

全体推举黄琪翔、徐名鸿、戴戟、方振武（代表姚褆昌）、陈耀焜、何公敢、刘剑米（刘伯垂）、章伯钧、彭岳渔（泽湘）、梅龚彬、李章达、钟喜焯、翁照垣、林植夫、程希孟、关楚璞、余心清等17人为主席团成员。主席团互推黄琪翔为总主席。由黄琪翔致开幕词。黄琪翔演说后，萨镇冰、李济深、余心清、陈友仁、蒋光鼐、蔡廷锴、姚褆昌、戴戟、李章达、何公敢、关楚璞、翁照垣、徐谦、陈耀焜、王凤起等相继演说。

黄琪翔报告开会宗旨，曾与宋庆龄、邓演达在莫斯科共同发表《对中国及世界革命民众宣言》的陈友仁，因语言原因授意黄琪翔代表其演说："余以最诚挚的热情，希望大家站在革命的立场上，努力打倒南京政府，打倒蒋介石，解救中华民族！成功革命事业的成功。"大会通过由彭泽湘等起草的《人民权利宣言》，提出谋求中国自由独立的13条基本主张，号召全国反帝、反南京政府的革命势力立即组织人民革命政府，于最短期间召集"第一次全国人民代表大会"。通过《制定新国旗案》，随即举行升旗礼。

下午，云应霖旅接收马尾海军要港司令部及所属长门炮台、海军学校等机关。

当晚，黄琪翔主持召开主席团会议，决定成立人民革命政府，推定李济深、陈铭枢、陈友仁、蒋光鼐、蔡廷锴、方振武、黄琪翔、徐谦、李章达、冯玉祥（余心清代，第三党）、何公敢（第三党）等11人为政府委员，李济深为主席。政府名称为中华共和国人民革命政府，定1933年为中华共和国元年，首都设在福州。

1933年11月20日，在福州南教场召开中国全国人民临时代表大会时，第三党很多党员在骆众亲等带领下，因印发和高呼"邓演达先生精神不死"的口号，陈铭枢便借端派人当场逮捕他们，被捕者12人，入狱3人。捉人的警察每人得一元报酬。

据丘国珍后来回忆："第三党的活跃表现更令陈铭枢不安。有第三党成员登台讲话，叫了两句口号：'邓演达精神不死！''第三党万岁！'还有第三党成员在会场上积极宣传鼓动，散发小传单，宣传第三党政策，这些都显得不合时宜。因为当时各党各派来参加革命,是以'革命大同盟'的名义来参加的,规定了各党各派不能单独活动。这时候,第三党的单独活动犯了'革命大同盟'的规约。"蔡廷锴见状,在会场上就大肆咆哮,即刻叫黄琪翔、李章达等到三桥俱乐部提出质问,并要他们取消第三党。他说:"现在局势严重,而我们内部斗争尖锐,他人没有党,只有你们有党,我们重组一新党,就是为了团结内部,共度时艰,否则我们分家,看将来的政治责任应归谁负?"黄琪翔等当时表示不能答复,请求给3天时间,让他们召开干部会议研究、决定后再答复。对此,黄琪翔召集在福建的成员进行讨论,并征求各方面的意见,漆琪生等几乎所有成员皆痛哭流涕,拒不接受;在上海的季方、罗任一,在广州的李伯求等人也坚决不同意。

福建事变中的党派关系复杂,为集中革命力量,陈铭枢提出各党派与原组织脱离或解散,另组生产人民党作为革命政府的领导核心。第三党参加了这一活动。为统一革命力量,1933年11月21日,由第三党党员李章达领衔发表《宣告脱离国民党》通电,参加署名的有李章达、陈友仁、李济深、徐谦、陈铭枢、蒋光鼐、蔡廷锴、戴戟。《人民日报》所载全文如下:

人民革命领袖李陈蒋蔡等昨通电宣告脱离国民党

自中山逝世后整个国民党为蒋中正所把持操纵。

不忍民族沦亡尊重人民意见,自动的(地)实行脱党!

国民党自经蒋中正把持操纵,竟成为蓝衣化之蒋贼御用机关,驯至本身自救已无能,殊不适于实际需求,人民革命领袖,李章达、李济深、陈铭枢、陈友仁、蒋光鼐、蔡廷锴、戴戟、徐谦等,业以(已)前日通电全国,宣告实行自动的(地)脱离国民党党籍,兹觅录通电原文如下:

全国各报馆,转全国民众公鉴:慨自国民党总理孙中山先生逝世后,南京政府成立以来,整个国民党为蒋中正所把持操纵,于是蒋氏乃得肆行其残民卖国之手段,使我人民陷于悲惨凄惶之境,蒋中正既甘为孙中山之叛徒,竟悍然实施其法西斯之恐怖幽暗政策,而国民党遂成为蓝衣化之蒋氏御用机关,驯至国民党本身,无由自救,举世所知,无可为讳,章达等不忍民族沦亡,并尊重全国人民真正意见,谨以最光明之态

度,绝对自动的(地)于一千九百三十三年十一月二十日,宣告实行脱离国民党党籍,凡我同胞,尚祈鉴察。

李章达、陈友仁、李济深、徐谦、陈铭枢、蒋光鼐、蔡廷锴、戴戟叩

随后,陈铭枢找第三党的何公敢,谈及另组新党之意,争取意见说:我们这些人已经放弃了国民党,现在都无组织,处境不利,我们另组新党如何?何公敢表示同意。陈铭枢还委托他自己所主持的、以第三党党员梅龚彬为秘书长的文委会起草《生产人民党总纲草案》,征集各方面人士加入。1933年11月24日,生产人民党正式发起,发起人签名的有:许锡清、陈友仁、李章达、蔡廷锴、胡秋原、沈光汉、毛维寿、谭启秀、张炎、徐名鸿、钟喜燽、黄艮庸、罗长海、梅龚彬、蒋光鼐、李济深、戴戟、程希孟、林崇墉、陈公培、区寿年、何公敢、陈铭枢、林一元、魏育怀、谭冬菁、林植夫,共27人。

第三党参加签名的不足三分之一,尤其是主要负责人并未参加发起。因此,陈铭枢和许多人表示不满。12月2日,《人民日报》发表胡秋原的《何谓第三党》的社论,指责第三党不该继续存在。3日,《人民日报》又登出《非解散第三党不可》的文章,对第三党进行严厉的要挟。据何公敢回忆说:举事不久,他去看望感冒卧床的陈铭枢,陈铭枢说:"第三党在十九路军中有活动,有发展,我们这些人已经放弃了国民党,现在却无组织,处境不利。"

第三党骨干负责人杜冰坡在军官团生产人民党支部会议上曾公开表示:官可以让给他们做,党的领导工作则不能放弃和让步。因此,黄琪翔与章伯钧、彭泽湘、郭冠杰等领导层反复商议了10多天,并召集在福建的干部和成员进行讨论,决定于1933年12月11日,以"中央干部委员会"名义(避用中国国民党临时行动委员会名称,推说:邓演达遇害后,为表示与国民党割断任何联系,故名)在《人民日报》第一版上登出《中国革命行动委员会宣告"解散启事"》。同时,该报第二版刊登《第三党正式宣言解散,一致参加生产人民革命》特讯。

《中国革命行动委员会宣告"解散启事"》全文如下:

全国各报馆转中国革命行动委员会全体同志公鉴,本党初因1927年中国革命之失败,由于军阀(、)官僚及买办资产阶级(、)地主(、)豪绅

等反动势力,勾结帝国主义,背叛革命,破坏农工平民革命战线,使中国民族地位陷于危亡之境,农工平民群众,不但丧失政治上之一切自由,而其经济生活上之痛苦,更与日俱增,本党不忍中国革命之中断(、)革命群众无所依归,爰于是年之冬,开始组织新党运动,其目的在集合全国革命势力,建立代表中国农工平民群众利益之革命政府以解放农工阶级之压迫,争取中国民族自由平等,及建设社会主义社会为斗争目标。1930年本党在邓演达先生领导之下,始宣布正式政治纲领与举行正式清党以前述之革命原则,号召全国革命运动,先后奋斗数年,牺牲无数革命战士,而后本党之政治主张,始为全国所认识,惟本党始终认定中国革命之发展与完成,必须循着革命客观形势之演进、力谋政治主张之切合与革命势力之扩大,决(绝)非某一派系之宗派主义者所能包办,因此本党始终主张一切为农工谋解放、为民族争自由之真实革命力量,须于共同纲领之下,扩大革命组织,消灭宗派主义之成见,以共同担负中国革命。最近中国生产人民革命运动之发展,已由全国一切民族革命中坚势力,协定《人民权利宣言》所揭载之革命基本原则,建立生产人民政权为中心之中华共和国,适与本党素所主张之政治原则根本相同,而一切革命势力之汇合以增厚革命力量,又为本党历年之志愿,因此本党在极端慎重考虑之下,认为本党之革命精神既有所寄托(托),已无单独成立组织之必要,兹特正式宣告解散中国革命行动委员会之原有组织,一致参加生产人民革命运动,以与其他政治主张相同之革命势力,共同担负中国革命任务,谨此宣言,中国革命行动委员会中央干部委员会全(同)启。中华共和国元年十二月十一日。

解散启事发表后,黄琪翔亲自带领在福州的第三党成员前往人民政府的一个密室,签名参加生产人民党。受解散影响,部分地方组织仍以临时行动委员会的名义活动,有的另组新的组织,也有的离散了。当时的《生产人民党党员花名册》由林植夫保存了下来。据林植夫回忆:上面名单中有好些是华侨。所列人名都办有入党手续,全部有入党表及介绍人。由林植夫带到闽西加以整理登记后,只留下发起人名单,其余均焚毁。

后人回忆这一短命的生产人民党是由几方面人员组成的:一是参

加"闽变"的国民党党员都全部退出国民党而加入这个党;二是第三党(即后来的中国农工民主党)也如是,至于他们何时又恢复则不知道;三是国家主义派,如翁照垣、罗吟圃等都是,当时还有一些人;四是以徐翔穆为首的进步文艺团体——白杨社成员全部参加,如邓铁夫、郑梅笙、赵修蒙、赵修履、李光裕、周问苍等。

由于当时种种的历史局限,生产人民党实际上只设了2个基层组织:一个是闽西南分部,由徐名鸿负责;另一个是漳州军官团独立支部,由余华沐领导。实际上,"第三党虽经解散,然实黄琪翔之一种障眼法",第三党的下层组织,仍相当完整地保持着,该党在福建龙岩训练特务队100人,专为暗杀政敌之用。《晨报》12月1日评论说:"故亦启十九路军军事负责者之忌,第三党在福州所贴之标语,多被警士撕去,故第三党与十九路军之暗潮,初不因该党宣言解散而消释。""脱离第三党,但似不过一种策谋,拟即掌握十九路军实权。"

4.6 共建中华共和国人民革命政府

1933年11月22日,《大公报》报道:"闽人民政府成立,通电已发出,人民政府主席为李济深,其下设军事委员会,主席蔡廷锴,政治委员会,主席陈铭枢,外交委员会,主席陈友仁,财政委员会,主席许锡清,教育委员会,主席章伯钧,其所标榜之政策为(一)联共剿乱、(二)平均地权、(三)关税自主、(四)山林矿地收归国有、(五)废除不平等条约,刻已废除青天白日旗,新制之旗为红蓝两色,中绘一颗五角黄星,方振武、陈友仁、徐谦等均已抵福州。"11月22日,中华共和国人民革命政府成立典礼举行。人民革命政府中央委员会举行第一次会议,出席委员陈友仁、徐谦、李章达、黄琪翔等,议决:陈友仁兼任外交部部长,军事委员会委员为黄琪翔、李章达。

徐谦兼任最高法院院长,李章达任政治保卫局局长。章伯钧任经济、文化委员会委员和土地委员会主任,丘哲任经济委员会委员,彭泽湘任人民革命政府秘书长,麦朝枢、万灿、詹显哲为秘书,政治部下设3个处,丘适生任处长。何公敢任福建省省长。陈公培任兴泉省副省长

（省长戴戟未就任）。徐名鸿任龙汀省代省长（省长许友超未到任）、军事委员会政治部主任。郭冠杰任延建省副省长（省长萨镇冰未到任）。云应霖兼任马江要塞司令。彭泽民任侨务委员会常委（共5名）。杨逸棠任诏安县县长。吴仲禧任参谋团高级参谋，李得光任少校参谋，叶粤秀任参谋团参谋。黄农任顺昌县县长、陈卓凡任尤溪县县长、兰应燮任平和县县长。李述中任财政厅课长。杨建平为人民革命政府秘书主任。上述人员，除未到任者外，均为第三党党员。在人民革命政府的第三党党员尚有许多。余心清代经济委员会主席。

11月23日，黄琪翔、陈友仁、徐谦、李章达等10人出席人民革命政府委员会第二次会议，通过《政府组织大纲》以及政委会议规程、《最高法院组织大纲》。11月24日上午，人民革命政府举行盛大就职典礼，人民政府各部会委员就职，黄琪翔、陈友仁、徐谦、李章达等10余人出席。由人民革命政府委员徐谦主席监督，布达命令，授印毕，各部会长官举手宣誓。加委冯玉祥为经济会主席，由余心清暂代，戴戟辞参谋团主任，黄琪翔兼。

徐谦任最高法院院长后，在前高等法院检察处内设最高法院临时办公处，"因前此法律与新政府抵触不合之点颇多，亟应重新订定，已有徐谦负责草拟新法律草案，系根据民国十六年（1927）武汉政府所颁布之司法条例加以修改，俟修改完毕后，即提会通过施行，检察制度现已宣布取消，此后由刑庭直接办理"。11月27日上午，文化委员会派梅龚彬、徐名鸿等11人到教育厅接收。经济委员会，亦于同日上午10时，特派该会委员兼主任秘书杨建平等人乘汽车前往建设厅接收。12月4日，最高法院释放政治犯38名，5日约56名，尚在继续释放中。

人民革命政府提出的经济方案，绝大部分是按闽西善后委员会提供的模式制订的。计口授田制度被采用，森林、矿藏和航道也国有化了，甚至关系到人们每天生活所需的商家店铺也将由国家管理。这是一个本质上与邓演达在1930年所拟定的第三党党纲性质相同的基本纲领。

新政府将原十九路军军官补习所改为人民革命政府军事政治学校（又称"军官团"），蔡廷锴兼任校长，黄琪翔为副校长，设置政治部及政

治总教官室,以第三党人段炳炎为政治部主任、杜冰坡为政治总教官,为十九路军官长的民主政治教育做了许多工作。增加《南京政府反动内幕》和《蒋介石罪恶史》等政治讲课,出版反蒋专刊。在生产人民党支部宣布与中国共产党合作反蒋,传达由徐名鸿等代表与共产党订立军事、政治、经济联系等内幕情况,并提出将来在部队中建立党代表制,本期学员毕业后主要分派各部队担任党代表等消息时,一时使学员兴高采烈,咸以开国元勋自许。同时为适应形势迫切需要,将教育时间缩短为半年,实际上在漳州撤返前,一部分学员已先后调出到省、县警卫团队工作。在漳州撤退时,全校已以全部武装参加了保卫江东桥及掩护撤退等战斗。

11月22日出版的《大公报》《益世报》发表社评:第三党本站在国民党与共产党中间,标榜平民政权,自谓系大多数劳动群众的代表者。从政的立场观察:因党的立场,各个不同之故,政的立场,亦夫诡异支离。即如前日福州成立之新组织,称为"人民革命政府",固不失为第三党与国家主义派共同之称号;惟查第三党标榜其所代表者为直接参加生产的各种工厂工人、手工业者、自耕农、佃农、雇农及设计生产、管理生产与担任运输分配者,及其他帮助社会生产的职业人员,故在经济上主张视国家主义派为绵密,观前日大会通过之政纲,显以第三党之主张,占十之八九,是目下闽局,实在第三党支配之下,然亦第挂出招牌,聊以快意而已。殊如以"耕者有其田"为号召,诚为第三党之土地政策,然如何施行实系一大疑问,而所谓林矿收归国有一节,尤非仓促可办,然则号为各党合作,岂非尽代第三党受过?《世界日报》也评论:其所揭竿之政权中,所谓恢复关税自主权,撤废不平等条约,以及土地革命等,究竟能实行至何种程度乎?殆一系于联络十九路军而撮指导人民政府实权之第三党,共产军一派,是否始终保持其优势之地位。

《重心旬刊》发表《福建事变详记》一文,认定:福建事变的起因,一般人都认为社会民主党在起煽动领导的作用,实质所谓社会民主党者,只在闽西一带由傅柏翠领导稍有活动,陈铭枢固没有参加,即在"闽变"当中,亦只起附带的作用,生产人民政府的政纲政策,所谓计口授田,由生产人民建立生产人民政府,等等,不过是抄自第三党。当时参加的分子属于第三党的主要人物有黄琪翔、章伯钧、丘适生、夏叔次、徐名鸿、漆琪生等。政治委员会,负责政治的领导及一切应兴应革事宜,参加的是徐名鸿、陈友仁、丘适生、夏叔次、章伯钧等,完全是第三党的清一色。所谓计口授田等等,完全是若辈的主张。至于所谓秘书处则为麦朝枢、徐名鸿,完全是第三党的分子所占。政府组织当中明显的可以看到第三党是占着优势,尤其是第三党黄琪翔、章伯钧时常秘密运用组织打击陈铭枢嫡系神州国光社,企图可利用陈铭枢来做一个空衔领袖,实际由第三党来包办。

1933年11月22日,冯玉祥日记:报载福建已揭开,任潮先生为人民革命政府主席,真如为政委会长,蔡(贤初)为军委会长,友仁为外交委会长,伯钧为教委长,许锡清为经委长。可贺可喜之事已成立,我惟有祝其成功,以救此危险之国家,以救此贫苦无告之人民。11月24日,闽省军事政治均已展开,余心清代我就职。

连瑞琦回忆说:"西北将领派代表来福建接洽者,均任为军事委员会委员兼军职(如总指挥、军长等),所有委任状,都是用白绸子,上面盖好人民革命政府印,由军委会委员长、特派员共同签发。"任命杨虎城为西北人民政府军事委员会委员长、连瑞琦为党(生产党)、政、军事特派员。这些委任状,由罗任一介绍日本人中村农夫(第三党)由福建带往上海,因中国人在上海登岸,蒋介石的特务查得非常严,日本人他们不敢查。连瑞琦在福州住了两个星期,临行时,战争非常激烈。李济深主席安排连瑞琦到达上海后,"要发动群众暴动,这是对我们的战事有利。由我提出任命徐朗西为上海警备司令(委任状由我送去)"。任命杨虎城的委任状和给他的信,由冯润章直送西安。第三党党员罗任一带领干部到福建去实地试验其主张。好在福建有他们的基础,经罗任一等努力之后,颇有起色。

由于原有第三党党员在各地开展抗日宣传活动,工人、农民、学生运动和计口授田都得到更大的发展。全省出现了抗日反蒋运动的高涨气氛。第三党党员柯祖平、曾鸿在厦门大量印发宣传材料,进行反蒋活动。在漳州一带活动的党组织负责人有陈祖康、兰应燮、欧阳平、郑静安、陈雪华、胡西冷、翁慈星、林义民、欧阳煊、柯祖平、黄清怀、郑寿

森等。

黄琪翔作为军事委员会委员和参谋团主任,直接参与了军事策划,如作战方针制订等。他还亲自到前线指挥作战,瓦解敌军,鼓舞士气。为了保护农民利益,保护生产人民政权,人民政府除扩大军队外,还组织农民自卫军。第三党积极帮助这一工作。魏育怀与田竺僧等负责训练龙汀省的农民武装,闽西在徐名鸿、杜冰坡、陈卓凡的组织和训练下,几乎每县都设立了一个支队(或大队),整个闽西组成了一个农民自卫师。事变后,龙汀省编有一个千余人的农民师,归徐名鸿指挥。全省其他各地也成立了这一组织。

1933年12月9日,《世界日报》载:"闽变"发生后,闽方即派遣多人秘密来津,作某种企图,在英租界义庆里租赁房屋,作为发号施令办公处所,并由闽方每月发给办公室2万元应用。省市当局据报后,自昨特派探员秘密会同英租界当局前往抄办,讵意工作人员竟已闻风远飏,现该处已由英工部局派警看守。方振武自秘密前往闽垣后,即派有章伯钧者来津活动,其藏匿地点,传在义租界某处,省市当局除严密防范外,并通知义租界工部局协助查缉。

季方建议到西北去与孙殿英联络,以孙殿英军为基础,组织军分会,他们同意了。于是化装成阔佬,前往天津。何应钦"商定分饬所属,严密防范第三党在华北地区活动"。11月25日,国民政府电华北当局,报告"闽变"事真相,严防第三党在华北活动。谢树英前往四川,同与第三党有联系的川军部队及陕西西北军方面取得联系。原计划待十九路军从福建打到浙江,川、陕部队立即响应。

在文化宣传上,人民革命政府改原福建《民国日报》为《人民日报》,作为政府的机关报,由第三党党员彭芳草等主办。第三党党员徐翔穆被任命为文化委员、青年部长、宣传部副部长兼福州民国日报社社长。文化委员会下设民训处和民运处,由胡秋原和第三党党员梅龚彬分任处长,负责对农民及其他群众的训练和发动,并先后制定颁布了《农民会组织大纲》《农运县区特派员条例》《农民自卫队组织大纲》等文件。分担了一部分土地委员会的工作,并使之成为纯技术性机构。陈祖康办的《回风报》成为当时影响较大的报纸之一。在漳州具体负责出版

《闽南日报》的第三党党员邓次侯、李传薪、陈祖康在《闽南日报》上以大量篇幅进行抗日反蒋宣传,对当时民众拥护人民革命政府有很大的鼓动力和影响力。

原蒋介石国民党教育长郑贞文,12月7日由闽抵沪谈:伪组织教育行政,五花八门,教厅先由伪府文化科接收,旋又被伪文化委员会占领,致起纠纷;而该会为安插大批第三党,曾发出伪令,更换中等以上学校校长甚多。郑定日内晋京,向中央报告。

《世界日报》(上海12月9日上午)闽电:此间由外长陈友仁名义,向各国通告组织已成立。陈友仁谈:关于第三党、社会民主党及其他等,日内将发表一共同宣言,以解决各方面间之相互关系。1933年11月26日,人民革命政府外交部长陈友仁电纽约最有力之 *Nationai press*,解释人民革命目的:在推翻蒋介石及其南京统治之政权,使整个民族献身救护具有广大物质富源与人力之中国,免为附着于南京亲日政策之外人压迫与统治所送。建立一种新社会,此新社会不独使人民享有政治自由,并保障其经济安全。其所抱精神,即在淞沪与日本帝国主义之野兽兵战时所持之精神也。

1934年2月19日,徐名鸿在通过广东大埔时,不幸被粤军查获,7天后以"共产党员、叛国叛党"之名被粤军杀害。临刑时,留下遗书两封,一致国人:人民权利尚未实现,今日以身殉以报十九路军和同胞。二致家属:要求死后归葬汤坑,墓碑请蔡廷锴先生书之,碑曰:社会主义者徐名鸿之墓。在抗击蒋介石大军的围剿和斗争中,第三党成员牺牲的还有翁慈星、颜卧云、周捷榜等人。

4.7 孤立无援战至失败

福建事变的爆发,引起国民党南京政府的极度恐慌。为消灭新政权,蒋介石抽调兵力进攻福建,此时给了红军打破第五次"围剿"的机会,但是中共"左"倾领导者不采纳正确的意见,反把主力调走。由此,孤立无援的中华共和国人民革命政府很快夭折了。

4.7.1 蒋介石大军压境

福建事变一发动,国民党即采取了一系列步骤进行破坏和镇压。11月20日,事变当天国民党中央特开第384次中央政治会议,决议对"闽变"严厉处置,并通电各省政府:"最近江西'剿匪'看着胜利之时,乃陈铭枢等忽于此时,在福州纠合所谓第三党重要分子,自立名目,实行叛乱,同时勾结'共匪',助共肆虐。为此决议,着各军政机关,迅予处置,务使叛乱克日敉平。"21日,国民党政府严令戮平闽乱,着政院军会,饬所属机关迅予处置。22日,蒋介石发表《告十九路军全体将士书》指出:"据报陈铭枢、李济深之徒,窃据福州,假借我十九路军名义,凑合第三党社会民主党之反动分子,倡言联共,背叛中国国民党,反抗国民政府,组织其共产党化身之所谓生产党与所谓人民革命政府……顾陈铭枢辈胆敢悍然发难者,实从其对于赣闽'共匪'已实行妥协,成立互不侵犯之密约,议定接济'匪'区物资及军事互助,彼此策应之计划,证以黄琪翔、章伯钧、彭泽湘等之依附其间,供效奔走……及取消党国旗徽,高叫土地革命政策、农工政策。"蒋介石要十九路军官兵实行自觉自新、大义灭亲。23日,蒋介石再发通电:指陈铭枢等深与第三党结纳,成"聚蛇蝎于一窝",中正自当秉承中央之策略,尽其智能设法消弥(弭)镇压。23日,国民党中常会决议将陈铭枢、李济深、陈友仁等永远开除党籍,并交政府严行拿办。

12月,蒋介石自任"讨逆军"总司令,从江西"剿共"前线抽调十几万嫡系部队,由空军配合,分路向福建人民革命政府发动进攻,同时向福建派蓝衣社队员500名,军事特务数十人,进行破坏,收买动摇分子。蒋介石还联系日本侵略军和原福建省地方军阀共同对十九路军进剿。为消灭新政权,蒋介石于12月1日、10日在江西抚州检阅第36师、第10师、第83师,声称要消灭第十九路军。12月2日,以军事委员会委员长南昌行营名义颁发讨逆计划,派第二、第四两路军进入福建,讨伐发动福建事变的十九路军。12月25日,蒋介石飞抵浦城,指挥讨闽军事行动。

人民革命政府集中一切力量,迎击蒋军进攻。第三党主要负责人黄琪翔作为军事委员会委员和参谋团主任,参与了作战方针和计划的制订。11月26日,驻龙岩梅村之马鸿兴部,调驻小池。11月28日,马鸿兴指派方荣欣由邵武到福州汇报邵武军事部署,请示应对反蒋作战指示。于是,方荣欣找到福州黄巷32号,裴朝慎将方荣欣介绍给黄琪翔,黄琪翔说:"荣欣来的(得)正好,我们正在开会,你讲讲你们那里的情况吧。"方荣欣向黄琪翔汇报邵武地区军事部署情况,黄琪翔就当时形势分析说,明后天前敌指挥部要出发攻占浙江,马鸿兴的独立团参加,还有特务团何自坚的第1营。马鸿兴机智勇敢,是个好同志。黄琪翔对独立团作出指示之后,命方荣欣到何自坚任营长的独立1营任指导员,并嘱:我们是与共产党合作的,你们沿途可能会遇到苏维埃的人,要友好相待,他们也会支持我们。由于当时福州较乱,方荣欣未找到何自坚,仍回长汀独立团,向马鸿兴汇报了福州形势和黄琪翔关于应对蒋介石讨伐的军事指示。因独立团力量单薄,蒋介石第一批中央军约10万兵力进入闽东,方荣欣等人就接到命令,由长汀退向闽西北山区以保存兵力。

在12月中旬召开的军委紧急会议上,黄琪翔与陈铭枢、李济深提出集中主力坚守福州方针,为会议通过。黄琪翔还亲自到前线指挥作战。12月24日,第三党党员、文化委员会新闻科科长季雨时在《人民日报》上发表社评《以铁与血来回答蒋逆飞机之疯狂屠杀行为》。1934年1月3日,蒋军已分路进入闽西,5日,十九路军与蒋军激战于延平、水口、古田一带。6日延平被攻陷,7日水口失守,可是古田仍屹立不动。是因为攻占古田的蒋军87、88两师的高级干部多为第三党党员,黄琪翔早已经与他们有联系。又因在淞沪抗战的时候,两师曾与十九路军并肩作战过,所以这一次攻古田,并不认真打仗。

1月8、9两日,蔡廷锴先后接到彭德怀司令员电:敌军卫立煌部在闽江以南活动,有趋永泰模样。是夜蔡廷锴由甘蔗到白沙与陈铭枢、蒋光鼐、黄琪翔等人召开一次白沙会议。会议分析了形势后,决定撤出福州。

4.7.2 十九路军孤立无援

在人民革命政府十分危险的形势下,担任人民革命政府秘书长的

第三党党员彭泽湘一再提出：请中共驻福州代表电江西红军领袖调派援兵的建议。中共代表把电报拍出，可是当时坚持"左"倾错误的中共中央却认为福建事变不过是一些过去反革命的国民党领袖们与政客们企图利用新的方法来欺骗民众的把戏。他们根本上也是豪绅地主阶级的政权，也是帝国主义的走狗，他们在企图挽救地主资产阶级的统治和剥削制度。因此，拒不派援兵。中共内部毛泽东、周恩来、彭德怀等人关于支援十九路军的建议也被一概拒绝。

1934年1月2日，中革军委发布《对三、七、九军团之动作指示》，决定红三军团再度入闽作战。电报只字未提要援助十九路军，而是命令三军团从3日开始向福建沙县地域移动，并于10日协同七军团进攻与第三党一直有反蒋合作关系的卢兴邦旅，占领沙县。

1月8日，红三军团进入福建归化一带，苏区中央局下达《关于今后任务的指示》，指出在福建形势迅速发展之时，我们的任务是：假装帮助十九路军，在1月内军团要占领漳平、永安做我将来在东北方向行动的根据地，又使我能堵住十九路军入粤的去路。提出：为要争取49师士兵群众，应加紧该师下层工作，并从49师取得子弹枪械。这个指示清楚地表明苏区中央局对十九路军的态度以及再命红三军团入闽作战的真正意图。1月初，中央派张云逸到福州担任军事代表。临行前，博古指示张云逸：此行的目的是设法争取点队伍来，并没有关照如何出兵配合作战，支持他们抗日反蒋之事。

由于当时王明"左"倾关门主义路线占中央苏区的统治地位，中共没能与十九路军通力合作，共同抵御和粉碎蒋介石的军事进攻，使蔡廷锴孤立无援。王明在莫斯科甚至说："这些十九路军军阀政客只是在玩弄手腕和'左'的词句。"他还提出要让十九路军先吃点亏，以增加红军在谈判中的筹码。因此，对待双方协定采取不严肃、不慎重的态度，不去认真地履行义务。他们对派驻瑞金的十九路军代表极不礼貌，当面斥责"闽变"领导人，说比蒋介石还坏，比反革命还反革命。并号召福建各级党组织，防止十九路军撕毁协定向苏区进攻，甚至提出运用挖墙脚的方法来削弱十九路军的力量，搞垮福建人民革命政府。

由于对十九路军的错误认识，当时掌权的中共领导人采取了错误的方法,正如毛泽东所批评的那样:他们认为,如果同蔡廷锴握手的话,那必须在握手的瞬间骂他一句反革命,那才是革命的表述。因而,从指导思想到行动上不可能给予福建人民革命政府有力的支援。可以说,孤立无援是人民革命政府失败的基本原因之一。由此,也导致中共第五次反"围剿"的失败,错失良机的红军被迫放弃中央苏区,进行战略转移——长征。

4.7.3 革命政府撤往漳州

在延平、水口、古田相继失守的情况下,蔡廷锴率部放弃福州,向闽南撤退。人民革命政府的各级领导干部纷纷出逃。1月16日,蒋军占领福州,中华共和国人民革命政府停止办公,迁都漳州,《人民日报》被迫停刊。陈铭枢、李济深、章伯钧、黄琪翔等领导人分赴香港、汕头,黄农和林植夫等日夜兼程,从福州退抵漳州。14日,徐谦、陈友仁等由福州乘海轮撤出福州,17日抵达香港。马鸿兴部在掩护十九路军总退却时,在闽南洛阳桥抵抗蒋军卫立煌部战功卓著,掩守洛阳桥3日,中央军三师不得寸进,泉州固若金汤,军力亦比较完整。

1月15日,蒋介石到延平,福州各官署重悬青天白日满地红国旗。21日,蒋军李玉堂师由海道至嵩屿登陆,攻占石码,直逼漳州,驻防漳州的49师团长周力行(周士第)率领全团保卫漳州。福州、泉州相继失守,李济深、蔡廷锴等退到漳州,周力行(周士第)向蔡廷锴建议带这个团靠近红军,蔡廷锴同意,并率部转移到龙岩以西。下午,蒋军蒋鼎文部攻占了漳州,移都漳州的中华共和国人民革命政府便不幸夭折了。

1月22日,蒋介石由建瓯飞抵南京,南京举行"庆祝国民党四中全会"及"欢迎蒋委员长讨逆凯旋大会"。2月初,第三党党员、军需处长黄和春回到闽西大池,遵蔡廷锴之命带12万元接济经费。陈济棠拟将十九路军残部编为广东第一集团军独立第三旅,归驻粤闽边的独一师长黄任寰指挥。蔡廷锴几经考虑,为保存十九路军最后一点种子,带回广东去徐图再举反蒋大旗,便同意此案,派黄和春任旅长,这个旅编成后,即移防永定。

4.7.4 大势虽去败犹荣

福建事变由于国民党军队的优势进攻和十九路军内部分裂、孤立无援而失败,生产人民党没有起到应有的核心领导作用,自行解体。在十九路军被迫撤离福州时,萨镇冰应蔡廷锴之请,亲赴马尾动员陈绍宽所部海军官兵掩护十九路军撤退。十九路军全部渡过乌龙江撤离福州之后,萨镇冰又回到福州维持地方秩序。十九路军撤离福州时,军纪肃然,市井不惊。1月15日,蔡廷锴撤离福州,中共驻福建代表潘健行(潘汉年)随日本商船潜赴香港,军事联络员张云逸随十九路军南撤。满城贴有"欢送十九路军""十九路军虽败犹荣"等标语。

福建事变中的十九路军于民族危机中,是从国民党阵营中第一批杀出来联共、反蒋、抗日的人。此后,许多人继续走这条路。在时间上,它比西安事变还早3年,孤军作战,虽败犹荣,至今仍为人所称道。毛泽东评价说:"无论蔡廷锴们将来的事业是什么,无论当时福建人民政府还是怎样守着老一套不去发动民众斗争,但是他们把本来向着红军的火力掉转去向着日本帝国主义和蒋介石,不能不说是有益于革命的行为。"毛泽东还曾经对陈铭枢说过:"没有你们的人民政府,就没有今天的人民政府……我们今天的人民政府还是从你们那里学来的。"

第 5 章 评 述

　　福建事变,史称"闽变",它是中华民族生死存亡危机与日本帝国主义侵华战争加剧、国民党地方派别割据与中央政府加强统一、陈铭枢等与蒋介石个人间诸多矛盾发展到一定阶段的必然产物。福建事变虽然是来自全国各地的多方代表集体策划发动的,以粤系地方政治、军事派别的头脑人物为主,但陈铭枢无疑起到了主要的、关键的组织策划、领导决策的作用;十九路军是福建事变的主要武装力量,负责保卫事变的革命成果;第三党、神州国光社等党派、社团是事变的主要政治力量,负责起草、发布和实践革命主张,第三党为福建事变的爆发奠定了一定的思想、组织、军事等方面的基础,神州国光社在福建事变中期开始左右其政治动向,而到福建事变后期直至失败,两者的作用被军事冲突所掩盖,日渐式微。

　　自 1927 年起,陈铭枢已逐步成为亲蒋拥蒋派,在国民党新军阀混战和蒋介石军队围攻红军的反共内战中,陈铭枢的嫡系军队——十九路军为蒋介石立下了汗马功劳。1932 年,"一·二八"淞沪抗战后,十九路军因"违命抗日"被调往福建,再次被编入参与"剿共"的军事行动,陈铭枢亦因主张抗日为蒋介石所不容,被迫辞职,赴欧洲考察。淞沪抗战给陈铭枢一个很大的教育,使他认清了蒋介石对外妥协退让、对内排除异己的真面目,"一·二八"淞沪抗战成为陈铭枢从拥蒋到反蒋的分水岭。陈铭枢在宁粤合作的过程中,利用宁粤矛盾曾一度代理行政院院长,孙科组阁时又担任行政院副院长兼交通部部长,十九路军在此过程中布防京沪沿线,威胁蒋介石集团统治的心脏地带,加之陈铭枢提出了停止

"剿共"内战、一致抗日的主张,与蒋介石产生严重分歧。陈铭枢功高震主,必然为蒋介石所不容,于是蒋介石与陈铭枢之间的矛盾开始激化,发生以"毁党灭国"方式反蒋的"闽变"是必然归宿。

在当时的国内外环境与形势下,福建事变虽然冲击了国民党中央政府行政、军事管辖权威,消耗了相当数量的国家资财,造成了不少人员伤亡,产生了一定的负面影响。但历史地看,福建事变作为中国反蒋抗日运动的里程碑和其后各类反蒋事变、军事抗争的序曲而载入史册,福建事变的正面作用要大于其负面影响。总而言之,福建事变是有着爱国的、进步的、积极的巨大成分,它是爱国的革命行动,在中国新民主主义革命史和中国抗日民族统一战线史上,都具有很重要的地位和意义。根据有关史料和前人研究成果,谨就其历史贡献和意义作以下几个方面的简要评述:

5.1 率先举起鼓舞民众的抗日大旗

20世纪30年代,在短短的3年时间里,针对蒋介石对日本帝国主义侵略中国所采取的不抵抗政策发生了3次震惊中外的政治军事事变:1933年11月20日的福建事变、1936年6月1日的两广事变和1936年12月12日的西安事变。其中,福建事变又称"闽变",两广事变又称"六一事变",西安事变又称"双十二事变"。这些发生在国民党阵营内部的政治军事事变,都是高举抗日大旗的、鼓舞中国民众同仇敌忾的义举。其中,福建事变率先举起鼓舞民众的抗日大旗,引领了"反蒋抗日"到"逼蒋抗日"的历史潮流。

福建事变发生于1933年11月20日,它是在福建发动的反对蒋介石政府的起事,以其成立中华共和国人民革命政府为重要标志,这是一次政治军事事变。起事者为李济深、陈铭枢、蒋光鼐、蔡廷锴、黄琪翔等人,以及他们领导下、原本在福建参与"剿共"的粤系国民革命军第十九路军。由于未得到国内各方各界的支持,于次年1月下旬即被蒋介石以优势兵力击败。失败后,事变高层领导人各自出走,十九路军亦在缴械后被解散收编,取消番号。福建事变是在民族危急关头——面临"是做亡国奴还是做有主权、有尊严公民"和"是卖国还是爱国"要做出选择的时候,揭竿而起、顺应历史潮流之义举。福建事变的行为,在反映了国民党内部、军队内部不断分裂、不断产生矛盾之事实的前提下,既不同于以往国民党内纷争和军阀混战,也不同于马占山、冯玉祥、方振武等一批民族英雄的抗日斗争,有其自身的特点和性质:事变既抗日又反蒋,建立了人民革命政府,要消灭帝国主义在华宰割,扫除一切封建势力,提出了一系列的带有资产阶级民主革命性质的主张。尤其体现在以下之事实:与共产党进行合作,所有国民党党员宣布脱党,组织有原第三党与其他政治团体分子共同参加的生产人民党,几乎遭到了国民党内所有政治与军事实力派的声明反对。

福建事变中的十九路军于民族危急之时,是由国民党将领中第一批杀出来联共、反蒋、抗日的。此后,许多地方实力派受其影响继续走这条路。比如"两广事变",又称"六一事变",它是指于1936年6月至9月发生的广西新桂系和广东陈济棠粤系利用抗日名义反抗蒋介石的政治事件。该事件几乎触发了一场军事内战,但最终以双方达成政治妥协而和平结束。1931年以来,两广地方实力派即处于独立、半独立状态,与南京中央政权相对峙,蒋介石一直处心积虑要消灭两广的割据势力。1936年6月1日,广东军阀陈济棠与新桂系联合举兵反对蒋介石,2日,两广成立军事委员会和抗日救国军,以陈济棠为委员长兼总司令、李宗仁为副总司令进兵湖南。蒋介石一面调集军队入湖南等地进行防御,另一方面做收买、调停和妥协工作。至9月中旬,结束了两广与南京蒋介石政权对峙的状态,这有利于抗日民族统一战线的形成。再如"西安事变",史称"双十二事变",这是一次具有伟大历史意义的军事事变。由于两广事变和平解决,驱使粤桂湘三省伏首听命,蒋介石便将预备征讨两广的中央军悉数北调陕甘地区用来"剿共",蒋介石自信地仅带少数文武官员飞往西安督导"剿共"。1936年12月12日,为了劝谏蒋介石改变"攘外必先安内"的既定国策,停止内战,一致抗日,时任西北"剿匪"副总司令、东北军领袖的张学良和时任国民革命军第十七路军总指挥、西北军领袖的杨虎城在陕西西安华清池发动了"兵谏",扣留了时任国民政府军事委员会委员长、西北"剿匪"总司令的蒋介石,西安事变爆

发。后经中共等多方调停,以蒋介石接受"停止内战,联共抗日"的主张为条件,事变得到和平解决。西安事变的和平解决为抗日民族统一战线的建立准备了必要的前提和基础。

在这三次事变期间,中共中央第五次反"围剿"失败后,主力红军(红一方面军)为了摆脱国民党军队的包围追击,于1934年10月10日被迫实行战略大转移,退出中央根据地江西瑞金等地,进行漫漫长征,于1935年10月到达陕北。1936年10月,红二方面军和红四方面军到达甘肃与红一方面军会师,红军三大主力会师,宣告红军长征胜利结束。1935年8月1日,中共驻共产国际代表团王明等人根据共产国际会议精神的要求,以中华苏维埃政府和中共中央名义发表了《为抗日救国告全体同胞书》(即《八一宣言》),11月,张浩(林育英)向陕北中共中央传达了共产国际七大和《八一宣言》的精神,12月17日,中国共产党瓦窑堡会议确立了抗日民族统一战线政策,实现了中共战略策略转变。1936年1月,毛泽东、周恩来、彭德怀等联名发出《红军为愿意同东北军联合抗日致东北军全体将士书》,2月,中共宣布开始东征抗日,以突破国民党的包围,为红军创造新的生存条件。8月15日,共产国际致电中共,要求中共与蒋介石就共同抗日进行和谈。12月12日,西安事变爆发,在国共双方多次谈判的主导下,最终以蒋介石接受"停止内战,联共抗日"的主张而和平解决,促成了第二次国共合作。西安事变的和平解决成为时局转换的枢纽,十年内战的局面由此结束,第二次国共合作和抗日民族统一战线初步形成,成为国内战争走向抗日民族战争的转折点。

5.2　给第三党实践其政治主张机会

1927年北伐战争失败后,蒋介石建立了南京政府,开始了国民党新军阀的反动统治。这导致了中共和国民党"左"派的反对与抗争,国民党"左"派领袖邓演达就此积极号召广大民众起来推翻蒋介石反动统治,扫除中国发展资本主义的障碍,建立平民政权,以国家资本主义形式过渡到社会主义,即所谓第三党的平民革命理论。这个理论在《中国国民党临时行动委员会政治主张》（以下简称《政治主张》）等文献中有比较全面的论述。

平民革命理论孕育于第三党的中华革命党时期（1927.12—1930.8）。[①] 大革命失败后，国民党"左"派领袖邓演达去了苏联，而后，再去欧洲。在莫斯科，宋庆龄、邓演达、陈友仁于1927年11月1日发表了《对中国及世界革命民众宣言》，即《莫斯科宣言》（下面简称《宣言》），《宣言》认为"三民主义"的真正含义为："民族主义是反对帝国主义到底，要得到中国民族的自由和独立，并使国内各弱小民族能自由独立；民权主义是要推翻封建特权阶级和一切少数宰割多数的反动势力，由大多数劳苦民众自己建设平民的政权；民生主义是要推翻少数剥削多数的经济制度，把中国从贫困惨苦的地狱中拔出，以劳动民众所生产的一切归劳动民众享受。"在国内，谭平山、章伯钧等在得到邓演达同意后，于1927年冬在上海恢复成立了中华革命党，其《中华革命党宣言（草案）》有云："中国革命的方式，是纠合广大的劳动平民群众构成一个伟大的革命阶级，以领导中国革命，更与穷苦的小资产阶级联合，作为阶级斗争的同盟，以达到政治经济的解放，以求民族的自由独立，这是中国革命唯一正当的轨道。"历史地看，平民革命理论继承和发展了孙中山的三民主义思想。

平民革命理论既是邓演达思想的重要组成部分，也是1930年8月成立的中国国民党临时行动委员会的《政治主张》的核心内容。除此之外，邓演达于1931年6月25日写成的《怎样去复兴中国革命——平民革命？》一文是重点阐述平民革命理论的著作。该文论述了三大问题：中国革命失败的原因及南京统治形成的过程、复兴中国革命的手段和中国革命的前途。文章认为中国革命的核心问题是：在经济意义上，在肃清旧残余和清理除治买办高利贷经济的同时，重点改造小农经济生产，以集体的力量构成"计划经济"或"国家经济"，一面使生产力加速度地发展，一面使分配向着平均的路途——向着社会主义的路途。在政治意义上，铲除官僚政治及军事独裁，彻底扫清士大夫地主豪绅专政的

[①] 王夫玉.第三党历史.南京：东南大学出版社，2017（第2版第2次印刷）：48-86.

传统政治形态,由人民直接掌握政权,且使政治组织与经济生活密不可分。在社会意义上,扫除奴役人民的社会意识及社会行为。在平民革命运动中,工农大众是革命政权的核心,工商业者是团结的对象。农工平民的自身组织和武装,实为复兴中国革命、发动平民革命的必备条件。《怎样去复兴中国革命——平民革命?》就怎样去解决农民耕地问题,提出了"耕地农有"和"耕者有其田"的原则,设想了具体的实施方案和操作程序。该文章认为:由国民革命军中忠于农工平民大众且与人民打成一片的分子形成新的革命武装——平民革命军,成为人民——农工平民的武装先锋,是永远为解放中国民族、建立平民政权、促进社会主义而产生而牺牲作战。《怎样去复兴中国革命——平民革命?》彰显中国国民党临时行动委员会的中心主张之一就是建立平民政权,平民政权是由生产者所构成而进行社会、经济、文化的解放,并使之平民化的一种权力机关,其特质在于它是生产者的政权、是反对特殊阶级的政权。复兴中国革命的命运要由中国人民自己掌握,即进行平民革命。

邓演达认为工农群众是平民革命的主要力量,是最坚决的革命者。因为中国工农群众受压迫最重,受剥削最深,最富于革命性。"平民革命是人民群众的革命,故工农是革命的主要成分和主力军"。中国社会性质决定了中国的革命性质是资产阶级民主革命,同时也规定了革命对象必然是封建地主阶级、买办资产阶级、官僚和军阀等反动阶级。邓演达明确提出平民革命的性质是反帝反封建的,反帝反封建是中国平民革命的两大中心任务,反帝反封建必须首先反蒋,只有反蒋才能真正反帝反封建。邓演达认为当时的社会性质和具体情况,不宜直接进行社会主义革命,革命必须分成两个阶段,即首先进行资产阶级民主革命,然后向社会主义过渡,以国家资本主义为其过渡形式。他设想:平民政权下的国家资本主义是运用过渡期经济政策的组织形式,是平民政权建立后必然的出路,然后进入建设社会主义阶段。在第一阶段里,通过平民革命即号召和组织广大平民群众自觉地夺取或接管旧的政权,使其成为平民政权,并以平民政权的力量对社会进行改革,实行国家资本主义,为过渡到社会主义创造条件。第二阶段,实行社会主义的政策,发展社会主义,实行集体经济、土地国有等政策,使其组织化、社会化。土地革命是平民革命的一个重要内容。土地革命也同平民革命进程一样,有两个阶段,即第一阶段"耕地农有",第二阶段"土地国有"。邓演达主张用平民政权的力量,并武装农民,打倒土豪劣绅操纵的武装,并由国民会议规定土地分配方案。

第三党(临委会)的《政治主张》不仅显著地影响"福建事变"的酝酿和发生,也极显著地影响了中华共和国人民革命政府的政治、经济、外交、文化、教育等各项政策,是其政纲和主要政策的来源和参考,两者呈现出一种内在共生、继承发扬的关系,体现了薪火相传的特征,深刻地反映了20世纪30年代中华民族处于危亡的关键时期,以继承孙中山遗志为己任的第三党寻求救国变革之路的不懈努力。[①] 1933年12月13日,《大公报》社评"第三党宣告解散"中也评论说:"'闽变'以后,该党主要分子黄琪翔、章伯钧、徐名鸿辈,在福州伪府,占据重要地位,而闽方各种法令条规,又多与第三党向所标揭者相合,以是该党之名,乃为中外注目。"对照第三党的《政治主张》与"中国全国人民临时代表大会"《人民权利宣言》以及中华共和国人民革命政府的《成立宣言》《对外宣言》《第二次宣言》等,可以发现,从政权性质、政权建立、经济政策、土地政策、对外政策、社会及文化政策等诸方面比较,第三党的政治主张左右了中华共和国人民革命政府的政治主张,两者具有高度的相似性,形成了表里相映的密切关系,共同构成了20世纪30年代中国一种极有影响的政治社会主张。这除了大的历史背景使然外,一个很重要的原因是第三党人直接参与了人民革命政府各项文件政策的起草制定。正如福建事变时,第三党发布《中国革命行动委员会宣告解散启事》所指出的那样:"建立生产人民政权为中心之中华共和国,适与本党素所主张之政治原则根本相同。本党之革命精神既有所寄托,已无单独成立组织之必要。"

在整个福建事变过程中,中华共和国人民革命政府曾经采取的若干措施可谓难能可贵。而这些措施多是在徐名鸿主导下实施的,如"实

[①] 陈巧. 福建人民政府政纲突出体现农工党的政治主张//中国农工民主党与"福建事变"史料研究汇编. 中国农工民主党中央研究室,2012:36-43.

行土地改革以巩固后方"等举措。在福建事变前,为了巩固福建根基、建立战略后方,徐名鸿曾献计于蔡廷锴,成立"闽西善后委员会",由徐名鸿任秘书长,推行"计口授田"的政策,即对农民不分男女老幼和贫富强弱,由委员会将土地统筹后,按人口平均分配土地。此举受到了广大贫苦农民的欢迎。计口授田的实施,分两个阶段进行。第一阶段从1932年10月到1933年9月,主要由闽西善后委员会主持领导。第二阶段从1933年10月到1934年1月,主要由1933年11月成立的人民政府土地委员会领导,负责起草文件、宣传鼓动、培训工作人员等,具体分田工作则由第三党人主持进行。在闽西等地推行计口授田等政策,是第三党的政治经济主张在福建的一次具体实践。由于种种现实原因和历史局限,没有得到完全贯彻实施,但是在一定程度上赢得贫雇农等民众的拥护和支持,使闽西善后委(处)管辖的闽西地区成为十九路军一个比较稳定巩固的战略后方基地。这也正是后来十九路军主力在泉州等地被编撤后,蔡廷锴等人仍能依托闽西龙岩一带坚持一个多月斗争的重要原因之一。

可以说,福建事变及其产生的中华共和国人民革命政府,在政治思想本质上,是邓演达"平民政权"理论在福建特定历史条件下从理论到实践的一次具体探索,是一次失败的政治制度创新的探索,具有积极的历史进步意义。福建事变的失败,不仅使第三党再次遭受巨大损失,而且证明了"团结国民党'左'派,打击国民党右派"的设想是难以实现的。

5.3 事变触动蒋介石战略政策调整

福建事变的失败,除了蒋介石采取重兵压境、双方兵力悬殊、从内部分化瓦解十九路军等军事手段这些决定性的客观因素外,还有许多主观因素。由于事变团体的阶级局限性,政治上既想联共,又不愿依靠中共;既公开打出反蒋抗日旗号,又提不出彻底的革命纲领,因而得不到广大群众的支持,陷于孤立的状态。还有一个很重要的主观原因,就是福建人民政府内部没有坚强的领导核心,意见不一致,行动不统一。由于蒋介石用兵全力镇压,中华共和国人民政府从决定成立到全部撤离福州和福州各官署易帜,仅存在了五十几天,名满中外的抗日劲旅十九路军也随之惨遭解体,被彻底消灭。

福建事变对蒋介石决策影响重大。① 首先,它促使蒋介石对统一全国的策略进行了调整。蒋介石自1927年始逐渐取得正统地位和军政优势后,面对各地反蒋势力,除"赤匪"外,基本采取以下战略:后发制人,绝不先挑起事端和战争。1933年蒋介石依然坚守着这一战略。"对冯逆暂不用兵,对国内军事政治皆取守势与忍辱负重,以全力'剿匪',对闽粤皆主退让,'剿匪'以后,一意经营长江各省,循以进行,或有雪耻之望也。"蒋介石之所以在1933年仍愿采取这一战略,一方面自然是由蒋介石所占据的正统地位和军政优势所决定的;另一方面则和蒋介石"攘外必先安内"政策的策略安排密切相关。在蒋介石"攘外必先安内"政策的策略安排中,肃清江西"共匪"是当务之急,对付国民党内反蒋势力可稍后再行,至于抗日则必须建立在全国统一的基础上。20世纪30年代初,蒋介石并没有消灭十九路军、吞食福建的意图。在他的战略中,首先是剿灭江西"赤匪",继则是统一川黔。不过福建事变的发生,虽然出乎蒋介石的意料,但当蒋介石借福建事变成功统一福建,并最终取得第五次"围剿"红军的胜利后,立足于这一新局面为其解决两广问题奠定的重要基础,蒋介石的目光开始从统一川黔转向两广,并暗下决心:"逆不除,民族不安,非先平两粤,无以定国安民。"

其次,"攘外必先安内"政策发生变化。福建事变的失败是多种因素综合作用的结果,其中最重要的原因是南京方面在军事实力上远远强于闽方,但根本原因却在于福建事变未能获得民众的广泛支持。日本入侵日亟,救亡图存日紧,绝大多数民众将满足自身民族主义诉求的希望寄托于南京国民政府。20世纪30年代初,这一社会政治心理新形势的出现,已经开始影响到中国的政治。众所周知,政治家的成败,往往取决于能否抓住民众心理,迎上前去,获得先机。福建事变过后,蒋介石显然已敏锐地注意到和利用了此种潜藏并正在民众心里勃兴的民族意识。1934年1月25日,蒋介石在国民党四中全会上称:"而此一年

---

① 郑勇.蒋介石与福建事变.浙江大学,2009.5;罗敏.从对立走向交涉:福建事变前后的西南与"中央".历史研究,2006(2):41-61.

中,本党与全国国民之应付此等纷起迭乘之事变者,亦历尽未有之艰苦。然此奋斗之过程,足使吾人获得一重要之启示,即民族意识之伟力,将支配一切国事之前途,本党革命之使命已与民众之祈求相符合。"陈铭枢等因不满蒋介石的对日政策而发动福建事变,在事变的酝酿发展过程中,反蒋战线因在反蒋道路和政略上的分歧无法调和,在最后关头走向分裂。反蒋战线的分裂不仅致使原先预期共同联合反蒋的局面迅速瓦解,而且最终迫使十九路军独自走向反蒋之路。孤立无援的福建事变迅速落败,无疑是对反蒋战线所从事的反蒋运动的一个沉重打击。因反蒋战线的涣散和衰落,蒋介石的"攘外必先安内"政策在国内外所受的掣肘和威胁大为减弱。因此,可以说"闽变被敉平"后的最深远影响,乃是又一次强化了蒋介石对"攘外必先安内"政策的坚持,因为在1934年初福建事变失败后,反蒋战线的涣散和衰落,全国绝大多数民众将救亡图存的民族诉求转向南京国民政府。福建事变虽然未动摇蒋介石的"攘外必先安内"政策,并且从某个角度而言,甚至强化了蒋介石对"攘外必先安内"政策的信心和实施力度,但不能否认福建事变中暴露的日本对中国东南的虎视眈眈,引起了蒋介石的担忧和重视,并促使他开始积极筹划和实施东南国防计划,这表明他对"攘外必先安内"政策中的对日部分开始有所调整。

最后,对全国统一方式进行了调整。不管是陈铭枢等人的"组织反对独裁的人民阵线",走一条不同于国民党与共产党的政治道路——"民族改良主义"(第三条道路)救亡建国方案,还是蒋介石及其主导的南京国民政府以"三民主义"为指导的"攘外必先安内"政策,都是号称为了解决中华民族面临的救亡图存问题。但最终双方却因矛盾无法调和而相见于沙场,由此给国家造成严重损失。这引起了蒋介石的注意和反思,他开始为解决这一类问题进行制度上的反思和建设。据陈铭枢回忆,1937年11月6日,他在南京拜见蒋介石时,蒋介石曾言:"你们前在福建所做的事,反对我个人事小,但国家损失太大了,你们怎样反对我,我亦不至怀恨,当然我亦有不对的地方。"同时,也为了应付各方实力派首领纷纷向中央提出的改革中央制度,蒋介石容纳多方意见和要求。蒋介石开始从巩固国民党政权的角度出发,对武力统一方式进行反思的同时,积极寻找可能的和平统一方式。在1934年1月20日至25日召开的国民党四届四中全会上,南京方面提出改省长制案交中政会斟酌执行,以作为均权制实施的具体办法,企图通过"和平合法"的方式使中央和地方关系产生革命性变革,从而将中央权力扩张至全国各省。与此同时,可能有利于改善中央和地方的关系,推进"和平"统一进程的另一种方式,即四中全会时西南提出的分区促进训政以增加工作效率案,也在此刻引起蒋介石的关注和重视。福建事变后,蒋介石与汪精卫联名通电全国各机关、团体,表明中央今后的工作方针。表示今后统一建国,"决(绝)非专恃政治军事权力之强制,必须与经济文化种种建设通力合作",以使中央和地方"相需相求之程度,日以加增,自然之关系,日以加密,以成为不可分之机体"。蒋介石也在日记中对西南提出的这种"和平"统一建国方式进行了斟酌和思量。

综上所述可知,福建事变对蒋介石影响重大。经过福建事变,蒋介石不仅解决了"抗日化身"的十九路军,完全控制了福建,而且它在强化了蒋介石坚持"攘外必先安内"政策的同时,也促使他对日政策的某些调整。在促使蒋介石对统一策略进行了调整的同时,也引发他对统一方式进行了新的尝试和思考。

5.4 事实证明统一战线极端重要性

福建事变失败,一个重要原因是其统一战线的失败。福建事变的组织者们所谓"通电一出,四方响应"的幻想,在事变发生后,立即烟消云散。事变前与国民党其他派别所做的联络同盟和联合反蒋的承诺均化作乌有。

福建事变的爆发,给蒋介石"围剿"中国工农红军的行动以沉重的打击,搅乱了蒋介石的第五次"围剿"军事部署,消耗了蒋介石"剿共"的军事资财,也给当时红军提供了一次打破敌人"围剿"的十分有利的机会。[①] 事变发生后,蒋介石为镇压第十九路军,急忙从"围剿"中央苏区

---

① 中共中央党史研究室第一研究部.红军长征史.北京:中共党史出版社,2017.2(修订):6-8.

的北路军中抽调10个师,与江浙一带的部队编成"入闽军",由蒋鼎文等率领,分别由江西、浙江入闽,"讨伐"十九路军,而对中央苏区则暂取守势。这样,中央苏区的东面、北面压力大为减轻,形势对红军十分有利。面对这种有利的形势,周恩来于1933年11月24日致电中革军委,建议红三、红五军团侧击蒋介石的入闽部队。张闻天也认为,红军应在军事上与十九路军采取配合行动。特别是毛泽东正确地分析了当时的形势,也及时向中共临时中央提出相关建议,即后来他总结道:"第五次反'围剿'进行2个月之后,当福建事变出现之时,红军主力突进到以浙江为中心的苏浙皖赣地区去,纵横驰骋于杭州、苏州、南京、芜湖、南昌、福州之间,将战略防御转变成战略进攻,威胁敌之根本重地,向广大无堡垒地带寻求作战。用这种方法,就能迫使进攻江西南部、福建西部地区之敌回援其根本重地,粉碎其向江西根据地的进攻,并援助福建人民政府——这种方法是必能确定地援助它的。此计不用,第五次反'围剿'就不能打破,福建人民政府也只好倒台"。①

但是,以博古为首的中共临时中央,不懂得与闽方建立统一战线的重要性,认为十九路军的行为是"欺骗群众",不肯与十九路军在军事上进行配合,拒绝采纳周恩来等的正确建议。在这种错误思想——"左"倾路线(主义)指导下,博古、李德主持下的中革军委没有采取任何积极行动来配合十九路军。结果,孤立无援的中华共和国人民政府在蒋介石的强大军事打击和敌特分化下,很快于1934年1月失败,随机蒋介石又腾出手来全力进攻中央苏区,红军丧失了打破第五次"围剿"的一次大好机会。对于当时的情况,朱德后来回忆说:"当蔡廷锴暴动的时候,应该用全力去打击闽浙赣边。敌如果一来,就会陷死在里面,有进无出,饿也会饿死。当时在闽浙赣边的中央军相当空虚,他们又焦虑,如果打击,可以消灭他几个师,而且牵掣了敌人,可以使福建至少能支持半年。结果只以一个七军团去打,力量少小,当然没有牵掣得着。李德当了军委会顾问,一切我们都没法反对他。我们当那时,却想休息去疲乏,就没有进行。就是同十九路军挨近些打也好些。就是失败了,也不

---

① 毛泽东.中国革命战争的战略问题//毛泽东选集:第一卷.北京:人民出版社,1991:236.

会让十九路军被缴了枪。在五次反'围剿'中最大的关键就在这里,实在太可惜了。"①

1935年12月,中共中央在瓦窑堡召开了政治局会议,决定了建立抗日民族统一战线的决策。其后,毛泽东在陕北瓦窑堡党的活动分子会议上作了《论反对日本帝国主义的策略》报告,②指出:在日本帝国主义要把中国从几个帝国主义国家都有份的半殖民地状态改变为日本独占的殖民地状态的形势下,党的基本的策略任务不是别的,就是建立广泛的民族革命统一战线。他分析:在这种形势下,中国的工人和农民都是要求反抗的,中国的小资产阶级也是要求反抗的,民族资产阶级的态度,总的特点是动摇的。但在斗争的某些阶段,他们中间的一部分("左翼")是有参加斗争的可能的。其另一部分,则有动摇而采取中立态度的可能。由此,可以拿着统一战线这个武器组织千千万万的民众和一切可能的革命友军,向着日本帝国主义及其走狗中国卖国贼这个最中心的目标而进攻前进。他举例说:蔡廷锴等人领导的十九路军是代表民族资产阶级、上层小资产阶级、乡村的富农和小地主,他们同红军打过死仗,后来又同红军订立了抗日反蒋同盟。他们在江西,向红军进攻;到了上海,又抵抗日本帝国主义;到了福建,便同红军达成了妥协协订,向蒋介石开起火来。无论蔡廷锴们将来的事业是什么,无论当时福建人民政府还是怎样守着老一套不去发动民众斗争,但是他们把本来向着红军的火力掉转去向着日本帝国主义和蒋介石,不能不说是有益于革命的行为。这是国民党营垒的破裂。

1945年4月12日,在中共六届七中全会通过的《关于若干历史问题的决议》中,明确指出:在1933年秋开始的第五次反"围剿"战争中,极端错误的战略就取得了完全的统治。在其他许多政策上,特别是对于福建事变的政策上,"左"倾路线的错误也得到了完全的贯彻。"左"倾路线的主要错误是"它过分地夸大了当时国民党统治的危机和革命力量的发展",忽视了"九一八"以后中日民族矛盾的上升和中间阶级的抗

---

① 中央文献研究室.朱德传.北京:人民出版社,中央文献出版社,1993:317.
② 毛泽东.论反对日本帝国主义的策略//毛泽东选集:第一卷.北京:人民出版社,1991:142-155.

日民主要求","并断定中间派别是所谓中国革命的最危险的敌人"等。实际上,"左"倾路线就是否定了全面统一战线的基础。

总而言之,福建事变在中华民族处于日本帝国主义武装侵略和蒋介石独裁统治下,举起了反蒋抗日大旗,提出的"联共、反蒋、抗日"的英勇尝试,不仅沉重地打击了蒋介石的独裁统治,而且促进了全国各阶层抗日反蒋运动的高潮,为其后全面抗战时期建立广泛的抗日民族统一战线,团结一切可以团结的力量,彻底打败日本侵略者,贡献了一个可借鉴的范例。福建事变是中国近代史上一个独具特色的政治军事事件,是抗日民族统一战线发展史上具有标志性意义和重大影响的历史事件之一。福建事变虽遭失败,但其意义是重大的。福建事变领导人明确提出了"联共、反蒋、抗日"的方针,并颁布了一系列民主主义政策法令,同红军签订了《反日反蒋的初步协定》,为后来中国共产党建立广泛的抗日民族统一战线提供了宝贵的历史经验。同时,也推动了国民党革命派之间的进一步团结和将来与中共之间的进一步合作。后来的实践证明,没有福建事变的"反蒋抗日",没有广大人民长期以来的抗日救国的革命活动和爱国热情,没有中国共产党建立抗日民族统一战线的努力,也就不会有西安事变的"逼蒋抗日"的成功。福建事变确实为中共倡导的抗日民族统一战线的提出提供了重要历史依据和历史经验,为促使第二次国共合作的建立、推动抗日民族统一战线的形成提供了有益借鉴。同时,也给我们留下重要的历史启示,可以增进我们对统一战线这一革命"法宝"丰富历史内涵的了解,认识统一战线的极端重要性,这对加强新时代统一战线工作将是大有裨益的。

5.5 启迪中共对敌方针及建国方略

福建事变爆发的这一时期,共产国际与中共临时中央所推行的是下层统一战线政策。下层统一战线是20世纪初共产国际统一战线的一个重要策略思潮,这一策略在中国革命初期曾经起到了积极作用,但在具体处理福建事变中坚持这一策略,却使中共丧失了与福建事变上层领导者进行合作以打击共同敌人的绝佳机会。福建事变后,中共开始反思所实行的统战政策,对下层统一战线策略的转变有了比较明确的认识,开始从单纯的下层统一战线向全面的统一战线转变①。至 1935 年 12 月召开的瓦窑堡会议,中共确立包括上、中、下层的最广泛的民族统一战线策略方针,对其后正式提出抗日民族统一战线产生重要影响,从而在抗日战争爆发后,推动了抗日民族统一战线的形成与发展,为抗日战争的全面胜利奠定了基础。

福建事变除了给予中共提出建立广泛的抗日民族统一战线策略以启迪外,也给予中国共产党在其后的对敌方针以及其建国方略以启迪。促进事变"联共、反蒋、抗日",是中共处理与福建事变关系的方针,事变爆发前,中共开始倡导"合作反蒋抗日"的上层统战新策略,推进了福建事变向"联共、反蒋、抗日"发展;事变爆发后,中共在批判中华共和国人民政府"第三条道路"的同时,也以较灵活的应对策略履行"联共、反蒋、抗日"诺言,努力形成爱国民主运动新高潮;事变失败后,中共坚持历史唯物主义精神,否定自我,实事求是评价福建事变,进一步团结和壮大中国民主革命统一战线的政治力量和阶级基础。

福建事变中成立中华共和国人民革命政府之壮举,无论从事前多方筹备、事中程序操作方面,还是从结构形式编制、文牍内容拟作方面,主要包括拟写召集"全国人民临时代表大会"办法及产生代表名单、起草《人民权利宣言》、制定人民革命政府组织纲要与制定国旗式样等等,所有这些,都或多或少地给 1949 年中共筹建中华人民共和国(建国)提供了可借鉴的宝贵经验,是一次活生生的历史预演。正如新中国成立后不久毛泽东和陈铭枢②谈起过 1933 年成立中华共和国人民革命政府时所说的那样:没有你们那时的人民政府,就没有我们现在的人民政府,我们今天的人民政府还是从你们那里学来的。③④⑤ 1952 年 8 月 19

---

① 欧丽娜. 从福建事变看中共对下层统战策略转变的认识过程. 东南大学学报(哲学社会科学版),2011,13(S1):15-18.
② 一说蒋光鼐. 李友唐. 54 天的中华共和国人民革命政府. 档案天地,2012(4):20-29.
③ 中共福州市委党史资料征集委员会办公室,福建省中共党史研究会福州分会. 朱伯康同志的来函·福建事变期间我党与十九路军关系问题资料剪辑. 1982(油印):170.
④ 杨静南. 1933 年闽变纪事. 领导文萃,2014(17):82-86.
⑤ 胡华.《福建事变——一九三三年福建人民政府》序言. 福州:福建人民出版社,1983.

日下午,毛泽东专门会见了福建事变的亲历者李济深、蔡廷锴、蒋光鼐和国民党南京政府和谈代表张治中、邵力子,进行了愉快的交谈,肯定了他们的历史贡献,并共进晚餐和观看电影。①

---

① 中共中央研究室编(主编逄先知,冯蕙).毛泽东年谱(一九四九——一九七六)(第一卷).北京:中央文献出版社,2013.

附 录

福建事变大事记[①]

1933年5月（中华共和国元年）

1日　国民政府特派陈济棠为赣粤闽湘鄂"剿匪"军南路总司令，蔡廷锴为前敌总指挥。

6日　国民政府委员、原交通部部长及十九路军领导人陈铭枢由欧洲回国，是日抵达香港。蔡廷锴、邹鲁、香翰屏等前往迎接。陈表示：十九路军负民族的使命，继续抗日，分所当然。

△　国民政府核准施行军事委员会蒋介石委员长拟定的《赣闽粤湘鄂"剿匪"各路总司令部组织大纲》。

7日　陈偕蔡、香到广州活动。蒋介石、汪精卫电陈到京，陈未允。

上旬，十九路军援热抗日部队之第一、第二纵队入湘，拟由源潭取道韶关北上。

11日　陈铭枢和蔡廷锴、香翰屏返港。

14日　陈济棠、蔡廷锴联名电何键称：粤桂闽抗日部队开拔入湘，

---

① 摘编自中国社会科学院近代史研究所中华民国史研究室.中华民国史资料丛稿·大事记（第十九辑、第二十辑）.北京：中华书局，1981.8，1986；薛谋成，郑全备."福建事变"资料选编.江西人民出版社，1984；中国农工民主党中央研究室.中国农工民主党与"福建事变"史料研究汇编.2012；樊振.中国农工民主党历史研究（1930—1935）.北京：华文出版社，2015；朱汇森主编.中华民国史事纪要（1933.10～1934.3）.台北：正中书局，1984；郭廷以.中华民国史事日志（第三册）.台北：中央研究院近代史研究所，1984；中共中央文献研究室.周恩来年谱.北京：中央文献出版社，1998.

均先集中湖南郴州。何复电陈、蔡表示欢迎,并电令沿途经过各县妥为招待。

17日　陈铭枢偕蔡廷锴由粤赴闽。

19日　蔡廷锴谕令特务团逮捕福建龙溪民众教育馆馆长林惠元并枪决。31日,宋庆龄、蔡元培分电陈铭枢、蒋光鼐、蔡廷锴要求昭雪。

23日　蒋光鼐、蔡廷锴通电林森、汪精卫、蒋介石反对停战妥协。

26日　蒋、蔡通电于是日晚发往在沪各报,各报不顾禁令,翌日纷纷登载。

△　冯玉祥通电宣布就任察哈尔民众抗日同盟军总司令。

31日,中日签订《塘沽协定》。蔡廷锴电令行抵郴州之北上抗日部队谭启秀、张炎一周内返闽,转赴长汀参加"剿共"。

6月

1日　福州市各界举行罢市游行大示威,反对国民党当局与日签订《塘沽协定》。

3日　中央政治会议召开临时会,通过《中日塘沽协定》。

△　国民党"中央"电蒋光鼐、蔡廷锴,对签订《塘沽协定》一事,要求体谅"中央谋国之苦心"。

△　蔡廷锴电陈济棠,商谭启秀、张炎部取道粤边返闽。

5日　北上抗日部队自郴州耒阳一带开拔回闽。因不愿"剿共",士兵纷纷退伍,由北上抗日4个团(蔡回忆为6个团)于13日到达目的地,仅余半数。

7日　陈铭枢、蒋光鼐由闽抵港,是日偕香翰屏到达广州,出席西南政务委员会谈话会,交换对时局意见。次日,陈赴港谒胡汉民交换意见。

8日　陈铭枢、蒋光鼐出席西南政务委员会谈话会,翌日继续开会讨论。

中旬　闽粤桂三省会商联合未成。

6月19日　蒋光鼐、蔡廷锴在漳州演说,打倒帝国主义和卖国者。

是月　第三党领导人黄琪翔在上海寓所约集章伯钧、彭泽湘、麦朝枢等磋商,认为:"十九路军只有和中共取得联系,商谈合作,反蒋抗日,才有立足生存之可能。"转请陈公培与中国共产党联系。

△ 李济深、陈铭枢密使尹时中携带政治纲领赴广西,洽谈合作事宜。

7月

14日　十九路军援热抗日部队回闽后,经蒋介石同意,将第一纵队改编为补充师,谭启秀任师长;第二纵队与四十九师合并,将原师长张贞撤职,任张炎为师长,是日在永定就职。

15日　闽西善后委员会改组,定名为闽西善后处,直接归闽绥署管辖,蔡廷锴自兼处长,邓世增任副处长。连城、永定、龙岩、漳平各分会同时改为善后分处。

17日　李济深、陈铭枢电汪精卫、居正、于右任、孙科,指责国民党当局派重兵入察哈尔,要求"为国家惜人材(才),为社会留元气"。

18日　国民政府任命戴戟为福建省政府委员兼民政厅厅长,许锡清为福建省政府委员兼财政厅厅长。

△ 行政院长汪精卫复电李、陈,请劝冯玉祥将察省军政归还中央。

28日　十九路军开设闽西农民银行开业,资本100万元,由闽西善后处分期筹拨,委十九路军军需处长叶少泉任总经理,总行设在龙岩。

8月

3日　红三军团彭德怀部占领连城,从7月底起,在朋口、庙前等地重创十九路军七十八师区寿年部,歼其4个营。

6日　陈济棠在广州召开"剿共"军事会议,讨论应援闽西计划,令黄任寰师与十九路军张炎部联系。

△ 冯玉祥通电,将察省军政事宜交由宋哲元负责办理。

29日　原十九路军将领翁照垣北上抗日后返抵福建漳州,谒蔡廷锴。

△ 蒋介石致电蔡廷锴,指示"剿共"方略。

△ 驻福州英、美、法、日等国领事谒蒋光鼐,探询闽边"剿共"军事情况。晚,英、美舰各一艘驶抵福州。

　　△ 察哈尔省政府改组,仍以宋哲元为省政府主席,察省部队随之多数被收编。

　　30日　李济深派麦朝枢到上海联络中国国民党临时行动委员会(临委会),商谈发动福建事变的有关事宜,黄琪翔提出"联共"的建议。

　　31日　晚,第三党黄琪翔、章伯钧、彭泽湘、何公敢、刘伯垂等在上海黄琪翔家聚会,认为:"在座各人和十九路军都有着或多或少的关系,无论在公在私,必须设法挽救十九路军。"

9月

　　3日　福建绥署委翁照垣为福州城防司令。

　　△ 陈济棠、李宗仁和蔡廷锴电中央,提出停止召集大会、公布塘沽协定全案和维持察省抗日部队等要求。

　　4日　蔡廷锴布置福州城防。

　　6日　汪精卫、蒋介石复陈、李、蔡3日电,对其要求进行说明。

　　7日　蔡廷锴由漳州飞抵福州,并调部增防福州。

　　△ 邓世增奉蔡廷锴命到达广州,要求陈济棠派部警戒长汀或急攻筠门岭,以牵制闽北红军。

　　13日　十九路军参谋长黄强率部入延平设行营。

　　本月　李济深派人约彭泽湘、章伯钧到香港谈话,彭等提出十九路军应该立即采取"联共反蒋抗日"的行动,要李济深说服十九路军将领。

10月

　　4日　福建省政府会议通过征收洋谷米入口税,取消全省茶叶出口税。

　　6日　陈铭枢由香港秘密到福州,与蒋光鼐等商谈发动反蒋事变。

　　14日　汪精卫等赴庐山与蒋介石商宋子文辞职、"剿共"经费和福建政局问题。

△ 陈铭枢离闽返港。

16日　徐名鸿、陈公培携带十九路军领导人给毛泽东、朱德等红军领导人的信共赴瑞金，受到毛泽东、朱德、周恩来等热情接待。

△ 在国军、日军夹击下，方振武、吉鸿昌离军赴津，军队被收编。

17日　蒋介石开始对苏区实行第五次"围剿"，并颁发行动纲要和"围剿"计划。部署北路军（总司令顾祝同，28个师、2个旅、1个税警总团）、西路军（总司令何键，9个师、3个旅）、南路军（总司令陈济棠，14个师、2个旅）和浙赣闽边区（警备司令赵观涛，5个师），还有直属总预备队（总指挥钱大钧，5个师）、直属空军5个队"围剿"任务。

19日　蒋光鼐以为子完婚为名赴港粤，到港后分别与李济深、陈铭枢、徐谦及川黔桂等省代表商谈发动"福建事变"。翌日赴广州会陈济棠。

21日　林森以返乡扫墓为名，晚6时半在南京下关乘"永绥"舰离京赴闽，谋劝阻蔡廷锴、蒋光鼐等酝酿反蒋事变。

26日　中华苏维埃共和国临时中央政府及工农红军全权代表潘健行（潘汉年）与福建省政府及十九路军全权代表徐名鸿在瑞金签订《反日反蒋的初步协定》。

△ 国民政府任命原八十七师副师长宋希濂为第三十六师师长。

月底　黄琪翔、章伯钧在香港与李济深、陈铭枢、彭墨林、徐谦、张文等，在李济深家开会，讨论赴闽组织反蒋抗日的人民革命政府事宜，就人民革命政府的政纲取得初步一致的意见。

31日　陈铭枢再次由港赴闽，是日经厦门到漳州，与蔡廷锴进一步商谈发动反蒋事变后，复返港。

11月

1日　十九路军军官补习所在漳州开学，蔡廷锴任所长，制定有《第十九路军军官补习所组织大纲》《陆军第十九路军军官补习所学员选送条例》。设立漳州军官团，蔡廷锴兼团长，委"绥靖"公署参议余华沐任教育长。福建人民革命政府成立后，改为军事政治学校。

9日　陈铭枢、蒋光鼐、黄琪翔由港到厦门，翌日到漳州，与蔡廷锴晤谈发动反蒋事变。

10日　黄琪翔、徐谦等会于福州。这时陆续到闽的第三党成员还有章伯钧、梅龚彬、郭冠杰等人。

11日　陈铭枢、蒋光鼐由漳州到福州，谒林森，林劝其打消发动反蒋事变，陈等未接受。13日，林离闽；16日，林返京。陈等派黄琪翔赴港迎李济深到闽作最后决定。

13日　蔡廷锴自漳州抵福州。

18日　李济深、陈友仁、徐谦等由港到福州，即日与陈铭枢、蒋光鼐等人在鼓山召开紧急会议。

19日　陈铭枢复日前蒋介石劝电，斥责蒋仍坚持"剿共"惧日政策，决意反蒋，发动福建事变。

△黄琪翔由厦门到福州，南北各省代表亦先后到达，筹备召开中国全国人民临时代表大会。

△黄强就任漳厦警备司令职。

△福州戒严，禁止无故搬运物品出境。

△李济深、陈铭枢、蒋光鼐、蔡廷锴、陈友仁电桂省李宗仁、白崇禧，要求贯彻历来主张，及时响应发动反蒋事变。

△晨，陈济棠召集会议会商闽事，决定对闽局暂取静观态度。

20日　李济深、陈铭枢等在闽发动反蒋事变。

△蔡廷锴密令马尾要塞司令云应霖和黄强接收马尾、厦门等军事设施、基地，马江要塞司令李孟斌率江贞等三舰逃脱。

△国民党第384次中央政治会议为"闽变"通电各省市政府"……陈铭枢等忽于此时在福州纠合所谓第三党重要分子，自立名目，实行叛党，……为此决议，着各军政机关，迅予处置，务使叛乱克日敉平"。

△外交部电示驻外各使馆向各国政府解释"闽变"。

△蒋介石电国民政府，要求对"闽变"一面用政治解决，一面调军严防浙粤边境。

△晚，广州因"闽变"宣告戒严。

△上海证券市场因"闽变"大跌。

21日　陈铭枢、李济深等联电粤桂胡汉民、陈济棠、李宗仁等，促其合作讨蒋。

△ 李章达、陈友仁、李济深、徐谦、陈铭枢、蒋光鼐、蔡廷锴、戴戟通电，自11月20日自动脱离国民党。由陈铭枢发起成立生产人民党，陈任总书记。

△ 蒋介石将"闽变"情况连电黄郛，黄郛献破闽方"取消党治、联络共军"之策。

△ 驻闽第五十八师师长刘和鼎自建宁电国民政府，表示服从中央。

22日 中华共和国人民革命政府（以下称"福建人民政府"）在福州成立。主席李济深及陈铭枢等11位委员宣誓就职。

△ 下午，福建人民政府中央委员会召开第一次会议，议决若干事项，包括：一、发表人民革命政府成立宣言和对外宣言；二、政府机构先设军事、经济、文化三委员会及财政、外交二部；三、建立军事委员会；四、任命何公敢为福建省省长、萨镇冰为政府高等顾问；五、更定年号为中华共和国元年。此外，还决定通令12月1日庆祝革命政府成立，赦免一切政治犯；定11月20日为革命政府纪念日。

△ 福建人民政府通电宣布成立。

△ 福建人民政府发布人民政纲——《最低纲领十八条》。

△ 蒋介石发表《告十九路军全体将士书》《告"剿匪"将士及全国各军长官书》。

△ 胡汉民、陈济棠、李宗仁等复电李济深、陈铭枢，不认同反蒋的福建事变。

△ 财政部停拨闽省协饷。陈济棠决定停发粤对闽协饷补助。

△ 国民党诸多省市党部、京沪等社团，通电反对"闽变"。

23日 福建人民政府第二次委员会议通过《中华共和国人民革命政府组织大纲》《中华共和国人民革命政府委员会会议规程》《最高法院组织大纲》。

△ 福建人民政府发布对外宣言。

△ 十九路军全体将士由蔡廷锴领衔通电拥护人民革命政府。

△ 福建工联会通电拥护人民革命政府。

△ 国民党第99次中常会决议：一、陈铭枢、李济深、陈友仁乘外忧

内患国难严重之时,背叛民国,残害人民,应永远开除党籍,并请监察委员会追认,并交政府严刑拿办。其余附从叛乱各犯,请监察委员会查明,分别议处。二、定于12月20日召开第四届中央执行委员会第四次全体会议。

△ 陈济棠会蒋介石于江西赣州,商闽事。

△ 蒋介石致电全国各军事长官,声称:最短期间必能廓清"闽变"。要求"剿共"部队一本原定之计划,照常进击。

24日 福建人民政府军事委员会首次会议,议定军事改(扩)编计划,并即日出师讨蒋。同日,沈光汉等5个军长通电宣布自动脱离国民党。

△ 南昌行营重订北路军"剿匪"计划,并制订讨伐"闽逆"作战计划。

△ 周恩来致电中革军委和博古、项英、李德,报告福建事变后的敌情变化,敦促早作决定,是否侧击国民党入闽部队。

△ 周恩来、朱德致电刘畴西等,抓住机会,集中红七军主力扰乱入闽国军后方。

△ 胡汉民、萧佛成等回复陈铭枢、李济深等21日电。

△ 漳州各界举行拥护"全国人民代表大会暨人民革命政府"成立大会,通过讨蒋等十项提案。

△ 国民党中央宣传委员会为"闽变"发表《告全国同胞及国民党党员同志书》。

△ 陈济棠回抵广州,召集所部将领会议,布防闽变。

△ 海军部电令驻闽浙各舰严密封锁闽江要口。

25日 福建人民政府中委会召开第四次会议,讨论决定11条事项。任余心清、蒋光鼐、章伯钧等10余人为经济委员会委员;决定设置农工幸福委员会,以徐谦任主席;确定官员俸额标准。

△ 蔡廷锴及各军军长就职,会商部队统辖、防务配置及官兵饷额问题。

△ 国民政府训令行政院、军事委员会拿办陈铭枢、李济深、陈友仁。

△ 国民政府电华北当局,报告"闽变"事实真相,严防第三党在华北活动。

290

△ 中革军委发出关于红一方面军行动的训令,强调让十九路军去打击赣东北新的敌人。

△ 山西"绥靖"主任阎锡山、国民党华北军政首领何应钦等、豫鄂皖三省"剿共"军事将领徐源泉等27人以及刘文龙、盛世才、马仲英等专电、通电反对"闽变"。

26日 国民党西南当局代表、桂省代表分别赴赣谒蒋,表明立场和态度。

△ 蒋光鼐、蔡廷锴等电陈济棠:请勿以兵戎相见。

△ 蒋介石派飞机向十九路军投散文告,希望一周内自拔来归。

27日 福建人民政府任命陈铭枢兼任军委会政治部主任。

△ 新编第二师师长卢兴邦自永安防次电贺蔡廷锴、沈光汉等就任新职,并表示愿率部静候指挥。福建人民政府旋任卢为第十五军军长。卢虽接受任命,但按兵不动,后倒戈。

△ 徐名鸿时任龙汀省代省长,主持闽西工作。

△ 国民党西南执行部、西南政务委员会借"闽变"向国民党"中央"、国民政府进言"……使全党全国得以恢复自由,以共同解决当前一切之纠纷,重定今后之国策"。

△ 胡适在《独立评论》发文《福建的大变局》恶评福建事变。12月18日,陈铭枢发表谈话,予以回击。

28日 福建人民政府任命陈铭枢、胡秋原等10余人为文化委员会委员。刘伯垂、徐名鸿、梅龚彬、李章达、彭芳草出席人民政府文化委员首次会议,刘剑米记录。

△ 莫斯科《消息报》指福建事变与真正革命运动无关。

△ 蒋介石令航空署全部飞机待命出发。海军部宣布即日检查进出口船只。西南当局派"海琛"等两舰开汕头拱卫。

29日 外交部照会各国驻华公使,要求转告各该国政府,勿对"闽变"予以任何接济。

△ 为联系陈济棠策应福建事变而赴广州的江董琴,被陈的宪兵司令缪培南杀害。

△ 孙元良第八十八师奉命由苏入浙增防。

△ 粤军黄任寰师撤出上杭、永定等地。闽人民革命军前往接防。

30日 陈济棠召各军事将领商军事,决定仍以巩固粤防治安为原则。同时,拒绝蔡廷锴速发本月30万协饷的请求。

△ 徐谦起草新法律草案。

△ 福建人民政府颁布大赦令,规定政治及普通刑事等犯,凡系本月20日以前之行为者,概予赦免。

下旬 中共中央军委派张云逸为驻福建十九路军军事代表,与闽方代表陈小航在龙岩商谈,依据10月26日所签的《反日反蒋初步协定》具体划定闽西上杭、长乐、永定等地区边界。

12月

1日 举行人民政府成立庆祝大会,黄琪翔、陈友仁发表演说(由黄琪翔翻译)。黄琪翔把新国旗打开,乘风飘扬于公共体育场旗杆上。

△ 人民政府公布组织大纲,共计9条,在人民革命政府委员会下设立:经济、文化、军事3个委员会,内政、外交、财政、农工4个部,最高法院。

△ 福建泉州各界召开庆祝福建人民政府成立大会,遭国民党飞机投弹轰炸,3架飞机向会场投弹11枚,死伤200(一说20)余人。同日,厦门各界也召开庆祝大会,通过多项提案。

△ 废止内战大同盟电国民政府、行政院、军事委员会以及蒋光鼐、蔡廷锴,要求和规劝"闽变"别恶化。

2日 孙科由京到沪,谈闽事用政治解决已绝不可能。

△ 江西"剿匪"中央军第二、四、五路调往福建。

△ 蔡廷锴否认联共。

△ 上海召开讨闽大会,号称到会党政军各界10万人,通电全国一致声讨福建人民政府,并电请"中央"从速讨伐。

3日 福建人民政府发表《告全国武装通知书》,号召认清蒋介石祸国殃民的罪恶,分别革命的战争与内战,共同担负中国革命的责任,在人民革命政府旗帜指导下,联合广大农工群众,对帝国主义者和出卖民族利益者作殊死斗争。

4日　第三党陈友仁、黄琪翔、徐谦、李章达、余心清出席人民革命政府第八次会议,秘书为彭泽湘,记录为麦朝枢。通电全国一致奋起声讨残民以逞之蒋逆。福建人民政府发布命令,阐明工商政策。

△徐名鸿与蔡廷锴自福州飞抵漳州。

△闽高等法院遵福建人民政府令,释放"政治犯"38人。翌日,又释放56人。

△福建人民政府宣布工商政策。

△孙科在沪语"中央社"记者称:十九路军能战者不过三师,中央军8万集中浙边,粤军5个师集中闽边,"讨伐"开始,一月可解决。

△国民党"剿共"军北路将领刘峙、顾祝同、陈诚、蒋鼎文等电请蒋介石对闽"明张挞伐"。

△马来西亚华侨组织中华改进社、越南华侨救国联合会、中国致公堂总部先后致电福建人民政府,表示拥护。

5日　中共中央发表《为福建事变告全国民众书》,认为福建人民政府还不是人民的,也还不是革命的,中间道路必然遭到残酷的失败。

△上午9时30分,第三党陈友仁、黄琪翔、徐谦、李章达、余心清出席中委第九次会议,由黄琪翔、余心清拟定《专门技术人才待遇办法》;10时,彭芳草、梅龚彬、李章达等出席文化委员会第四次会议。下午2时,陈公培、丘哲、章伯钧、余心清等出席经济委员会第三次会议;4时,丘哲等出席第一次劳动委员会议,丘哲被推任督查组长。

6日　福建人民政府布告通缉蒋介石及其党羽。

△日、美舰各一艘开抵厦门"护侨"。

7日　国民党中常会派张继等赴港粤,游说粤桂支持中央对闽军事行动。

8日　第三党陈友仁、黄琪翔、徐谦、李章达、余心清、秘书彭泽湘等出席人民革命政府中央委员会第十次会议,记录为麦朝枢。议决通过:丘哲兼人民经济委员会劳动委员会副主任、杨建平兼经济委员会商务委员会副主任、章伯钧兼人民经济委员会土地委员会主任。

△日舰一艘到厦门、两艘到马江。

9日　上午,人民革命政府经济委员会委员陈公培、丘哲、章伯钧,

文化委员会委员彭芳草、梅龚彬、李章达、徐名鸿及军事委员会政治部正、副主任陈铭枢、徐名鸿举行宣誓就职典礼。最高法院院长徐谦、中委会秘书长彭泽湘、外交部部长陈友仁等四五百人到会。下午,章伯钧、陈公培、丘哲、余心清等出席人民经济委员会第五次会议,议决组织交通委员会,推定杨建平等为委员。

△《人民日报》刊登《徐名鸿谈计口授田三大步骤》:一、发展农民组织;二、转变农民政权;三、转变农民武装。

△广州军事会议,商对闽防务。

△蔡廷锴电陈济棠:十九路军决不作害乡举动,轻率犯粤,请勿信谣。

10日 汪精卫由京到沪,分访孔祥熙、宋子文商时局。晚,汪答记者称:闽事最令人感困难者,在其联共一点,使"剿匪"包围之已成局面转变,其影响实大。

△土地委员会第一次会议推定,临时主席章伯钧为土地委员会主任、法制组组长。

△黄琪翔、余心清等会晤马来亚(即马来西亚半岛)华侨回国考察团代表。

△卢兴邦在永安就任福建人民革命政府军第十五军军长职。

11日 第三党陈友仁、黄琪翔、徐谦、彭泽湘、麦朝枢等出席中委十一次会议,议决通过建立生产人民革命政权步骤,划分福建为闽海、延建、兴泉、龙汀四省,任命章克为外交部参事。

△第三党以中国革命行动委员会中央干部委员会名义发表解散宣言。

△张继一行抵港,答记者"'闽变'能否调和"说:陈铭枢、李济深等改换国旗,变更国体,不但叛党,且已叛国,尚有何调可言!?

△英驱逐舰、日巡洋舰各一艘抵福州。

12日 福建人民政府通过《建筑全国生产人民政权步骤》。

13日 福建人民政府决定将福建区划为四省:闽海、延建、兴泉和龙汀。

△国民党中政会决定处分陈铭枢、李济深、蔡廷锴,"先行明令将该

逆等本兼职递褫革"。

△ 张继一行,由港抵穗,翌日列席西南执行部、西南政务会联席会议,与陈济棠等商宁粤团结、解决"闽变"办法。

14日　国民党中常会通过闽省党务整理办法:一、推林森等7人为党务审查委员;二、军事结束后再正式成立省党部;三、原派省代表大会筹备专员蒋光鼐被撤销。决议四中全会展期至翌年1月20日举行。

△ 陈公培、章伯钧、余心清等出席各部会招待各县商会代表茶话会。

15日　胡汉民发表对时局宣言,批评宁闽双方,"如宁方不能放弃其独裁之政策,闽方不能痛改叛党联共谬举,则无问宁闽,不仅为本党之叛徒,亦且为国人之公敌"。并提出八项主张。

△ 国民政府明令,褫去陈铭枢、李济深、蔡廷锴本兼各职。

△ 第三党党员章伯钧、黄琪翔、郭冠杰加入生产人民党。

16日　孙科由京到沪,语记者称:中央赞同胡汉民主张。

△ 福建人民政府中委会临时会议决定将闽海、延建、兴泉和龙汀四省省会分设在闽侯、延平、晋江和龙溪。四省省府定元旦成立。

△ 副省长郭冠杰、副省长陈公培等第三党党员出席中委临时会议。

17日　张继一行抵达南宁,与李宗仁、白崇禧等会谈。李、白否认同情闽方。

△ 国民党军第十、八十三师协同第四、七十九师,由资溪向光泽红七军团阵地进犯,占光泽。

18日　北平(北京)各界召开讨闽大会,通过"电中央党部、国府,明令讨伐陈铭枢、李济深""电粤桂中委即日出师讨闽"等四件提案。

△ 福建人民政府任命原福建独立旅旅长陈齐瑄为独立师师长。翌年1月3日,陈倒戈,在寿宁就国民党军新编第十师师长职。

△ 参谋团主任黄琪翔出席保卫团训练所第二期学员毕业典礼。

20日　中华苏维埃临时中央政府致电福建人民政府与十九路军,督促落实《反日反蒋的协定》,随时准备订立军事协定。

△《人民革命政府令第肆号》任命李章达兼政治保安局局长。

△ 国民政府令:"闽省府委员兼主席蒋光鼐甘心从逆,背叛民国,应

褫夺本兼各职。"

中旬　福建人民政府军事委员会以国民党军第一批部队约10万人分别由浙江南进,由赣东东进,召开紧急会议,商讨对策,经激烈争论后,确定放弃闽北守福州。会后,蔡廷锴往漳州、泉州、龙岩等地区,贯彻军委决定,变更兵力部署。闽人民军全部兵力共33个团,除留置前、后方守点守线及各港口共11个团外,实有主力21个团均调往福州周围。

21日　国民党西南执行部通电赞同胡汉民时局宣言中所提八项主张。劝"闽省当局宜幡然改图,中央军政当局亦应退避贤路"。

△海军部长陈绍宽到临川向蒋介石请示处置"闽变"办法,是日,返京。翌日,陈语记者称:按蒋指示,海军对闽布置一切就绪,日内下达总攻,海陆空同时并进,以期"一鼓荡平"。

△七十八师师长云应霖在马尾宣誓就职,总司令蔡廷锴亲临训话,中委黄琪翔监誓。

22日　福建人民政府发表第二次宣言。

△上午9时,第三党黄琪翔、李章达、陈友仁、徐谦等出席中委第十六次会议,秘书为彭泽湘,记录为麦朝枢,议决通过中央银行监委人选。上午,章伯钧等出席土地委员会临时会议,主席为章伯钧,记录为何世琨,议决积极开始计口授田。下午3时,徐名鸿、彭芳草等出席文化委员会第九次会议。

△福建人民政府任许锡清为中央银行行长,并通过中央银行组织大纲及章程。同日,文化委员会推陈铭枢兼任人民大学校长。

△最高法院续释"政治犯"58名。

△国民党中央电张继等,表示对胡汉民八项主张"可以酌量容纳",提交四中全会讨论,促胡入京说明一切。同日,张继等再次会晤胡汉民,翌日离港返京。

△国民党空军轰炸漳州,死伤群众300多人,全城大乱。

△日驻南京总领事须磨由沪赴闽活动。

23日　国民党海军马尾要塞司令李孟斌率舰进驻马江,占领长门要塞。同日,海军部正式封锁闽江。

△驻皖第三军王均部奉命开浙江攻闽,先头部队第十二师昨已入

浙,是日,第七师开抵蚌埠,俟令出发。

△ 蒋介石自南昌飞抵杭州。

24日　国民党空军连日轰炸福州,死伤枕藉。

△ 蔡廷锴电请陈济棠仍助十九路军月饷30万元,陈置之不理。

25日　国民党军占闽北屏南县;海军开始掩护攻击,调宁海等三舰在鸭窝沙待命;空军再飞福州轰炸。

△ 蒋介石抵达浦城,指挥讨伐十九路军。蒋是23日由南昌飞杭州,再飞衢州,然后乘汽车到达福建浦城。

△ 第三党陈友仁、黄琪翔等出席人民政府委员会第四次会议,议决章伯钧、丘哲等为经济委员会委员,任命徐名鸿为军事委员会政治部主任。下午,陈友仁、黄琪翔、徐谦、李章达、余心清等出席人民政府中央委员会第十七次会议,秘书长为彭泽湘,记录为麦朝枢,讨伐蒋中正令由彭泽湘秘书长起草。

△ 晨,张继等人由港到沪,当晚返京。翌日抵达南京。

26日　《人民日报》发表(彭)芳草"社评":《拥护政府讨伐蒋贼》。

△ 胡汉民复电何应钦,为"闽变"辩护,为十九路军求情。电末拒绝出席四中全会。

△ 国民政府任命卢兴邦为第五十二师师长,由军部增拨军费至月5余万元。

27日　蔡廷锴委邱兆琛为闽东警备司令兼右翼前敌总指挥,蔡偕邱检阅所部并训话。

△ 陈绍宽由京到沪,召第一舰队司令陈季良等参加会议,布置对闽攻击计划,俟机总攻。

△ 黄郛电蒋介石,建议:"用全力将'闽事'速决,决后续自动在可能范围内容纳各方意见,颁布改弦更张之道,以系人心而安反侧。"

△ 驻闽北第五十六师师长刘和鼎等赴浦城谒蒋介石,表示拥护国民党中央。国民政府为促使闽军分裂,是日任命刘为第三十九军军长,仍兼该师师长,叙中将级,加上将衔。

28日　国民党中常会开会,由张继报告赴港粤接洽经过,略称:西南对中央即有责备,未忘献替"中央党政措施有应改革以求进步之处"

"粤桂地方现在无反中央表现""对'闽变'南中同志认识甚清,持义亦甚鲜明,……于中央之如何严厉制裁,西南方面均表示赞同"。

△ 卫立煌部第10师占领福建顺昌。

△ 周恩来、朱德连电寻淮洲等,要求他们发展闽中游击战争,与十九路军士兵亲善,在反蒋反日的共同行动下进行政治工作。

29日 福建人民政府军事委员会委员沈光汉、谭启秀为左右翼指挥,翁照垣为兴泉永警备司令。

△ 召开革命政府中央委员会第十八次会议,决议:(一)统一各机构公务员工资案,(二)废除刑讯案。

△ 福建人民政府财政库存空虚,除征煤油、火柴进口税外,蒋光鼐电福州(20万元)、厦门(60万元)、漳州(10万元)、泉州(10万元)市县长要求借款充军费,计100万元,限一周汇解,3个月内偿还。

△ 蒋介石以对闽军事镇压开始,为防止官兵对中央苏区第五次"围剿"作战松懈,由行营颁布斩则九项。

30日 国民党中央讨伐福建事变,连日派飞机轰炸福州、漳州、泉州各地,造成人民革命政府机构陷于瘫痪,当地社会秩序大乱,并造成大量伤亡。为此,胡汉民等通电反对武力解决。

31日 陈绍宽派海军次长陈季良离沪赴闽指挥海军作战。

△ 福建人民政府将原十九路军军官补习所改为"人民革命政府军事政治学校"(又称"军官团"),黄琪翔被任命为校长。

△ 日使馆武官会晤黄郛,告三点:一、闽方事前曾派青年党人分赴台湾地区、日本求原谅;二、胡汉民发表宣言之前曾托人间接与驻港武官接洽,谓华南立场不能不标抗日,但反蒋成功后彼此合谋根本亲善之道;三、对张学良回国提出两点要求,其一不来华北,其二不掌军权。同日,黄郛将上述内容电告蒋介石、汪精卫。

下旬 下旬迄翌年初,国民党军队对闽进行军事行动。蒋介石飞抵建瓯坐镇指挥。

是年 十九路军在福建秘密成立"改造社",蔡廷锴兼任总社长,徐名鸿任书记,各师成立分社,由各师长兼任分社长,分社下设支部。夏,改造社逮捕蓝衣社及其嫌疑分子百余人,将情节较重的数十人秘密处决。

1934年1月(中华共和国二年)

1日　蒋军对福建人民革命军发动总攻。第二路军蒋鼎文、第四路军张治中及第五路军卫立煌三部,由顺昌、建瓯、屏南分别出动,布成"品"字阵形向延平、水口、古田推进。

△　胡汉民通电要求南京及福建停战。

△　福建人民革命军第一军沈光汉部、第五军谭启秀部以及福建农民自卫军等,继续分别进攻浙边庆元、八都、泰顺等地,战斗均烈。

△　军事委员会政治部开始办公,副主任为徐名鸿,总部组织分秘书、组织、宣传三处。

△　福建人民政府对输入福州一般进口货,一律增征现行关税一成。

2日　张治中部与赵一肩部接战,次日,张部进攻古田外围;第五路军宋希濂部炮击延平郊区。

3日　邱兆琛率3个独立团与陈季良部接战,后者部署进攻福州计划。

△　蒋鼎文部由浦城、建瓯线东进,拟断政和、庆元间闽军后路,其孙元良师向古田推进。

△　陈齐瑄师在寿宁通电投靠蒋介石。蒋委陈为新编第十师师长,令其充当进攻闽军之先锋。

△　福建龙汀、兴泉两省人民政府分别在龙溪、晋江正式成立。

4日　蒋军海军陆战队进攻罗源,并以一部分攻丹阳、连江。福州形势开始紧张。

5日　蒋介石驻浦城指挥进攻延平、古田,由第五路军第九纵队刘和鼎部第五十六师等主攻延平,从正面强袭其西北高地;以第五路军第十纵队第四师汤恩伯部冷欣师和第四路军第三十六师宋希濂部攻击延平各制高点,以第89师王仲廉(一说,第30师孙连仲)部进攻绩溪;蒋鼎文于安丰镇设指挥所,直接指挥炮兵第一团和空军助战。同日,第四路军第二纵队指挥官王敬久率八十七师(王兼师长)和第八十八师孙元良部进攻古田。闽军由南屏抽调两旅增援。

△　福建人民革命军事委员会召开会议,李济深、陈铭枢等改变固守

福州方案,决定命蔡廷锴火速率部驰援古田、延平,击败蒋军,保全福州。蔡即令毛维寿为右路军指挥官,指挥第二军及第三军之一部,沿大湖经雪峰向古田急进,以解赵一肩师之围;命沈光汉为左路军指挥官,指挥第一军及第三军之一部,沿白沙、甘蔗经水口向延平推进;陈铭枢、蒋光鼐、黄琪翔随总部行营由福州向白沙前进;以第四军张炎部为总预备队,限令该军于1月7日到达福州待命。

△ 周恩来为援助十九路军,布置杨尚昆率红三军团东出延平地区截击国民党军队,但红三军团先头部队赶到延平时,国民党军队主力已过,无法扭转整个战局。

6日 宋希濂部攻占延平制高点九峰山,汤恩伯部攻占延平东部。延平闽军第五师师长司徒非派人向刘和鼎接洽投降;第一军沈光汉部第一师刘占雄部不战而退。蒋军占领延平,一部进至雪峰。

△ 陈济棠以福建战事激烈,电令粤军5个师加强粤边防务。

7日 蒋军李延年、汤恩伯两纵队沿闽江而下,分东西两路夹击水口。闽军谭启秀部背水作战,失守天竺山。同日晚,李部占领水口,谭启秀只身乘木筏逃出重围,闽军2个团被歼灭。

8日 汪精卫在南京国民党中央纪念周上讲话,反对以和平方法解决闽事,并谓对十九路军定非消除不可。

9日 蔡廷锴接红军彭德怀电告:蒋军卫立煌部在闽江以南活动,有趋永泰模样。是夜,蔡由甘蔗至白沙,与陈铭枢、蒋光鼐、黄琪翔等召开紧急会议,决定前线各部火速撤回福州,退兵闽南。会后,陈、蒋、黄等星夜赶往福州,安排人民政府撤退。

△ 福建人民政府厦门守军张炎部离营退往漳州。同日,漳厦警备司令兼厦门特别市市长黄强、公安局局长林鸿飞撤离厦门,避居鼓浪屿。嗣后,黄等降蒋。

10日 蔡廷锴在福州召集各军师长以上干部会议,部署退往漳州、泉州计划;第三军区寿年部首先渡江南撤,以急行军进占仙游,掩护主力部队总后撤;第七十八师在马尾附近监视敌海军行动,俟主力撤出福州后南撤;第四军张炎部掩护主力渡越乌龙江后跟进;第二军毛维寿部随第三军之后,于惠安、泉州间轮番掩护主力撤出;第一军沈光汉部随第二军之后跟进；以先遣纵队司令邱兆琛部为总掩护以断后路。此外，决定政府重要人员先去香港，俟军事稳定后再返回福州。同时决定，在人民革命军主力未撤出之前，暂委张炎为福州戒严司令。同日，蔡、蒋联名电请陈济棠派兵接防闽南。

△ 蒋军鱼雷游击司令王寿廷由三都澳率舰艇2只及陆战队2个营，会同厦门要港司令林国赛进占厦门。同日，蒋鼎文派刘光谦接收福建人民政府厦门特别市政府，杨廷枢接收思明县府。

11日　海军部长陈绍宽率海宁等五舰由沪驶闽，次日抵三都澳，向福州推进。

12日　张治中部自9日起，从延平、屏南、水口三路围攻古田，并以飞机轰炸。驻守古田之闽军赵一肩部连日遭到围攻，驰援古田之右路军毛维寿未能及时赶到，赵部不支，是日停止抵抗，向张治中投降。蒋军占古田。

△ 闽军放弃福州、白沙、大湖之最后防线，开始分两路向漳州、泉州撤退。次日，蔡廷锴等通电在漳州设人民政府，在泉州设总部，表示坚持战斗。

△ 本日至次日，日本借口护侨，增派兵舰赴闽。日海军陆战队200余人，乘人民革命军正在撤退之际，在福州登陆，进驻仓前山。

△ 陈济棠约晤十九路军驻广州办事处处长陈福初，要求将驻广州河南十九路军特务营撤退。次日，十九路军特务营自动缴械，陈济棠派军警接收十九路军驻粤各机关，并停发对福建的协饷。

△ 国民政府任命陈仪为福建省政府委员兼主席，省政府暂设于延平，由行政院转饬陈仪迅即赴任。又令，福建省政府各委员各兼厅长，由行政院查明，未经"附逆"者饬回原任，其"附逆"有据者分别褫职，遴员补充。

△ 国民政府特派蒋鼎文为赣粤闽湘鄂"剿匪"军东路军总司令，统一指挥闽省国军。

13日　中华苏维埃临时中央政府以福州濒危，致电十九路军，作六项紧急提议：一、立即实践其宣言中及协定上所允诺的人民民主权利；二、立即武装福州、泉州、漳州各地群众，赞助群众参加反日反蒋战线，

以保卫福州及泉、漳各地;三、立即组织反日反蒋的斗争团体,不应借口战局紧张,妨碍或禁止这种组织发展;四、实际赞助蒋敌后方民众武装组织和反日反蒋活动;五、决心肃清自己队伍中准备向蒋介石投降或请托帝国主义保护的分子;六、向十九路军全体官兵宣布,为反日反蒋,只有与苏维埃和红军合作到底,并采取一切有效方法与联合一致的有效军事行动。

△ 福建人民政府各机关撤往漳州、泉州。李济深、陈铭枢、蒋光鼐、黄琪翔、陈友仁、徐谦、余心清、章伯钧、胡秋原、梅龚彬、何公敢等人民政府领导分别乘飞机、轮船、汽车离开福州。

14日　英舰"白威克号"、美舰"杜尔萨号"借口护侨,各派水兵数十人在福州登陆,次日,撤往马尾。

△ 陈绍宽率舰抵马尾。

15日　福建人民政府全部撤离福州。蔡廷锴离开福州前,聘请萨镇冰出面担任福州维持会会长,并以省公安局局长丘国珍、商会主席罗勉侯等为委员。下午,萨等就职,由福州维持会及商会筹助福建人民革命军开拔费12万元,全市遍贴"欢送十九路军"等标语。蔡与其主要人员分乘汽车去峡兜。次日晨,闽军退尽,蒋军海军陆战队进入福州。随后,刘和鼎、李玉堂、蒋鼎文也先后至福州。

△ 蒋介石由浦城至延平部署军事,特委陈明仁为浦城警备司令,陈万泰为建瓯警备司令,以警戒闽北红军。

△ 福州各官署易帜。

△ 胡汉民在《三民主义月刊》三卷一期上发表《政治上的责任》一文,重申去年12月15日对时局宣言的主张,并将之归纳为"蒋汪下野,福建回头"八个字。

16日　第五路军卫立煌南进追击闽军,其所属第八十三师刘戡部在仙游以南与闽军第三军张君嵩师接触。张师英勇反击,掩护各军南撤。同日,蔡廷锴抵莆田,主张先集中兵力于仙游,击败卫立煌部后南下,遭第一师师长邓志才和第二军军长毛维寿反对,遂改令三、四两军及邱兆琛纵队统归区寿年指挥,一面堵后,一面掩护西侧部队继续南撤;并令第二军到达惠安后,以一部占领涂岭要隘,掩护主力昼夜兼程抵达泉州设防。

△ 陈济棠电蒋介石,要求保留十九路军名称,给蔡廷锴、蒋光鼐资金出国,并将闽南划归粤军防地,所遗十九路军由戴戟、陈维远改编。

17日 蔡廷锴率部由莆田经涂岭抵泉州,是日召开紧急会议。蔡决定本人离军去闽西,希望部队火速分路西进闽西保存实力,凡不愿西进者,自由择定,宣布将一方面军部队归毛维寿代指挥。随后,蔡派副参谋长范汉杰率高级参谋陈心裳往厦门与蒋鼎文接洽,说明蔡已离军,愿和平改编十九路军。傍晚,蔡乘飞机抵漳州。

△ 蒋介石命蒋鼎文负责闽战全面指挥,进军泉州。

△ 陈友仁、徐谦等自福州到香港。

18日 胡汉民在香港对记者发表谈话,对福建局势提出善后办法:一、宁、闽应即停战;二、十九路军应即驱逐一切叛党叛国之乱党分子,自承其咎,取消荒谬之党政组织,恢复党徽国徽;三、依照淞沪抗日旧制改编十九路军,以保存此有历史之国家武力。22日,胡及西南政委会又分别致电国民政府,请求停止对十九路军用兵,指出"若压迫过甚,恐其铤而走险""殊非国家地方之福"。

△ 国民党中常会决定通电嘉奖讨伐"闽逆"各军将士。

19日 西南政务委员会在广州召开常会,决定解决闽事四项原则:一、宁闽克日停止军事行动;二、取消人民政府;三、李济深、陈铭枢引咎下野;四、责成蒋光鼐、蔡廷锴恢复十九路军番号,整饬军纪,驱逐叛逆。俟执行部通过,即电请南京当局采纳。

20日 国民党四届四中全会在南京召开。22日蒋介石由建瓯直飞南京出席,23日担任国民党四届四中全会第二次大会主席。会议讨论提案51件,尤以西南代表根据胡汉民八项政治主张所提提案为会中所注目。25日,全会发表《宣言》称"福建倡乱,未匝月而溃败"。

△ 蒋鼎文抵厦门,命令以宋希濂、李延年两师由福州渡闽江向泉州追击;以王敬久、孙元良两师自延平南下渡闽江向西南转进,配合向泉州追击;以冷欣、李默庵两师向左行半径迂回,经永春、安溪向泉州西部压迫,并截断蔡廷锴所部西进龙岩的交通线;以万耀煌、刘戡两师从永泰南下,经仙游向泉州北部压迫;以第三师李玉堂部由福州经海路迂回

至厦门漳州南部登陆,直捣漳州,并遮断泉州闽军退路。

21日 蒋军李玉堂师由海道抵漳州南部,一部由嵩屿登陆进攻漳州,一部由角尾附近登陆进攻同安,于上午将漳州、同安占领。同日,李默庵师由仙游、枫亭进攻涂岭、驿坂,闽军进行抵抗,与之鏖战三四个小时,闽军5 000人被包围缴械,李师占领惠安;第九师李延年部越永泰、仙游经南安开向安溪。

△ 蔡廷锴退抵龙岩,漳州后方部队随之到达,集结龙岩兵力约4 000人。蔡以与红军有边界协定,欲与闽西地方武装傅柏翠合作,遂下令破坏漳龙公路,将部队撤退大池、小池地区整理,计划以游击队同蒋介石作最后斗争。

△ 沈光汉、毛维寿、区寿年、张炎等向蒋军投降,在泉州通电脱离福建人民政府,并要求李济深、陈铭枢、蒋光鼐、蔡廷锴离闽。

22日 蒋军宋希濂师占莆田,续向泉州推进;王敬久师与刘戡师相配合进逼泉州,对泉州取包围之势。

△ 蒋鼎文拟定收编十九路军办法,营长以上离营,余则点械收容。蒋介石即日复电照准,令十九路军集合莆田、福清、惠安听后改编。次日,蒋鼎文电泉州十九路军将领,限3日内作出明白表示。沈光汉等复电向蒋介石要求仍驻泉州,并保留十九路军名义,另派戴戟来闽负责改编,至25日晚仍未开出泉州。蒋未允,仍以重兵压迫,准备以武力解决。沈等软化,表示听命调动,遵令候编。

△ 国民政府明令改组福建人民政府:委员兼财政厅厅长许锡清、委员兼秘书长李章达"附逆"有据,着即褫职;委员戴戟(兼民政厅厅长)、郑贞文(兼教育厅厅长)、孙希文(兼建设厅厅长)、高登艇、林知渊、李清泉免本兼各职。任命郑贞文、林知渊、孙家哲、孙希文、徐桴、李进甲、陈体诚、李清泉为福建省政府委员。陈仪、孙家哲、孙希文、郑贞文分兼民政、财政、建设、教育各厅厅长,高登艇为省府秘书长。

23日 "中央军"收复龙岩,"闽变敉平"。

24日 国民政府发布福建省政府人事任免令,免陈仪军政部政务次长职,遗缺由顾祝同继任。

25日 陈济棠调兵遣将,于22日起,即命令黄任寰、邓龙光、李振良三师入闽境龙岩警戒。今抢占闽南、闽西和广东大埔,佯称阻击十九路军散兵,实为暗防蒋军入粤。

△ 陈铭枢、蒋光鼐抵达香港,翌日李济深也抵港,均经汕头来。

26日　中共中央为福建事变发表第二次宣言。

△ 首都举行欢迎蒋介石及庆祝讨逆胜利大会。

△ 蒋鼎文率部进入泉州。

△ 当晚,第八十三师刘戡部由仙游经泉州北部进占泉州。

27日　蒋鼎文自厦门抵泉州,下令十九路军全部退出泉州,向指定之莆田、福清、惠安三县集中,听候改编。其中,一部分坚持反蒋的官兵散处龙岩及闽西长汀、连城,彷徨无依。

28日　陈济棠以蒋军占泉州、漳州,乃改订布防计划,用3个师1个旅兵力布成弧形阵线,仍防蒋军入粤。

29日　李济深于26日自汕头乘轮抵港,转赴澳门,随回广西。是日,由梧州乘船经戎墟转回原籍苍梧县。

30日　蒋介石任命毛维寿、张炎为东路剿匪军第七路军正、副总指挥,统率所部。同日,毛、张二人在惠安通电就职,十九路军因军事委员会将其改编而被取消番号。

31日　蒋介石离京赴杭,部署"闽变"善后事宜。

2月

1日　晨,蒋介石由沪乘专列抵杭,部署福建军事善后事宜。

2日　陈济棠派缪培南至龙岩谒蔡廷锴,接洽收编十九路军残部。蔡为保存最后一点实力,同意粤方收编。

△ 新任福建省主席陈仪、东路军总司令蒋鼎文召开省府委员及军事特派员联席会议,讨论编遣民军、"剿共"、整理民政、统一财政等问题。决定收编民军为保安队,陈仪兼任保安处长,萧乾任司令。军饷请中央拨付。

6日　在莆田、惠安、福清等地之原十九路军2万多人于是日及翌日被蒋军宋希濂等师全部缴械。

△ 陈济棠经中政会同意后,改编十九路军残部为粤军独立第三旅,

任命十九路军军需处长黄和春为旅长,退驻永定、上杭,受独一师黄任寰指挥。

7日 蔡廷锴离龙岩,乘机飞梅县。

8日 国民党中常会第一零八次会议决定,派陈肇英为福建省国民党代表大会筹备专员,主持全省党务。

△ 是日起,新编第六十师陈沛部开始由莆田徒手乘轮北上,第四十九师、六十一师、七十八师等集中于莆田、惠安等地,随后至上海、南京转乘津浦路专车北上,17日运完。其中,下级军官分送南京、洛阳两军校受训,全部士兵分驻开封、归德等地,交河南刘峙整训,3个月后分发各部队。

9日 蒋介石抵南昌,指挥第五次"围剿"军事行动。

上旬 陈济棠电蒋介石表示其对十九路军之处理意见:一、调该军前往江西"剿共";二、粤方不再继续协助该军军费;三、改编后断绝与西南方面的关系;四、粤方入闽部队暂不离闽;五、该军各高级将领由"中央"制裁,以防野心再起;六、闽西闽南防务仍由粤军负责。蒋接电后复陈,谓俟日后再定。

11日 陈铭枢离港,乘"康德罗梭号"轮赴法。

13日 蒋介石在南昌召开军事会议,部署"剿共"军事行动,继续指挥对中共苏区的第五次"围剿"。

14日 十九路军编余官佐分别送京、洛军校训练。

19日 蔡廷锴由汕头乘轮船抵香港,之后暂居九龙。

25日 十九路军残部自被粤方改编为独立第三旅后,是日,陈济棠突然密令驻永定第五师、驻大埔之独四师及独一师等部予以监视,并派第五师李振良指挥所部十三、十四两团,先将城内独三旅机炮营缴械。翌日,又协同独四师及独一师将其全部缴械,旅长黄和春被监视。嗣后,黄被改任第一集团军总部参谋。

△ 前十九路军秘书长、总政治部副主任徐名鸿遭黄任寰枪杀,在三巴河英勇就义。死前遗书两封,一致国人,一致家属,嘱葬汤坑,并请蔡廷锴书墓碑:"社会主义者徐名鸿之墓。"

26日 国民政府令毛维寿、张炎分任赣粤闽湘鄂"剿匪"军东路军第七路总指挥、副指挥,其余师职人员免本职另候任用。

28日　前十九路军已改编为七路军,分编为4个师:49师(伍诚仁)、60师(陈沛)、61师(杨步飞)、78师(文朝籍),每师3个团,现已编竣。该军分批调豫,交驻豫皖"绥靖"主任刘峙负责训练。

是月　黄琪翔、章伯钧、彭泽民、丘哲、彭泽湘、郭冠杰等陆续到香港集会,经两次会议(第二次是3月21日)反复讨论,决定否认《解散启事》,恢复第三党(临委会)组织,按邓演达的政治纲领继续奋斗。

重 印 后 记

《福建事变》一书,作为重大出版选题,经中共中央统战部宣传办组织专家审读,形成《关于〈福建事变〉书稿的审读意见》(统宣审字〔2019〕第 206 号),报请中宣部出版局批准同意,由东南大学出版社于 2021 年 2 月正式出版,公开发行。《审读意见》评价认为:该书的出版,对宣传爱国主义精神和抗战精神、弘扬社会主义核心价值观、助力中华民族伟大复兴的中国梦早日实现具有积极意义。

福建事变,史称"闽变",其爆发至失败于 1933 年与 1934 年之交,它在中国农工民主党历史上占据特殊的地位和拥有特殊的意义,在民国史及国民革命军军史上也是重大的政治军事事件。著者编写中国农工民主党及其前身民主革命史三部曲之《福建事变》的愿望由来已久,在 2011 年编写《第三党历史》和 2016 年修订《第三党历史》(第二版)相关章节的过程中,就有意关注和收集"福建事变"史料,积累了不少可资编写《福建事变》的素材。

2016 年 6 月 13 日,农工党中央网站"党史研究"专栏编发了著者所写的《蒋介石与"福建事变"》一文,同年 8 月,完成了《福建事变》编写框架的布局构思及其详细提纲。接着,经过了一年多不懈努力,于 2018 年 1 月完成了《福建事变》初稿,4 月下旬出版社排出校样,然后对校样进行了充实、查核和修改,8 月中旬完成了该书终稿。再经东南大学出版社上报申请,于 2019 年 10 月走完了该书的送审、审读、批准等出版程序。在收到《福建事变》出版批文后,因 2020 年 1 月突发新冠病毒疫情,该书原定出版计划不得不推迟了一年多时间。

对于编辑出版《福建事变》,农工党中央宣传部、中共江苏省委统战部和农工党江苏省委都给著者以大力支持和宣传。2019年12月23日,农工党中央网站、农工党江苏省网站同时编发了有关"《福建事变》即将正式出版发行"通讯。《福建事变》正式出版后,又得到了中共江苏省委统战部的充分肯定,在其主管、主办的《挚友》杂志上,特为《福建事变》专门刊发了书讯"《福建事变》一书出版发行"(2021年,第2期)。所有这些,都对《福建事变》出版发行都起到了积极的宣传作用。

在《福建事变》出版后的两年时间里,该书受到了媒体的广泛关注:该书一出版,即被互联网百度百科专栏制作成词条"福建事变(2021年东南大学出版社出版的图书)"收录,信息广为流传,产生了良好的社会效果。《福建事变》受到了社会主流刊物关注,由中共江苏省老干部局等主管、主办的《银潮》杂志热情约稿,商请著者摘编《福建事变》部分内容,以《十九路军去哪儿了》为题,分五期给予连载(2021年,第8、9、10、11、12期),连载产生了广泛的社会影响,不少读者来信表示赞许和关切。

《福建事变》出版发行后,著者一方面注意收集读者的反馈意见,特别是福建事变发生地的农工党组织及其领导,非常关心拙书出版,不仅购书学习讨论,还提出一些可资商榷的意见。另一方面也在继续搜阅相关文献,包括网上购得福建人民出版社于1983年出版的《福建事变:一九三三年福建人民政府始末》,获得了一些有益的、可供修正使用的资料。因此,借这次重印,增补了一些以往遗漏的史料信息,修正几处错别字或日期。特别地,依据《中华民国史事日志》《周恩来年谱》等文献出版物,对本书附录"福建事变大事记"作了一些补充。

今年是福建事变爆发九十周年,《福建事变》重印很有意义。借此机会,著者对相关文献作者、来信读者和东南大学出版社的编辑们再次表示衷心地感谢! 并请广大读者继续批评指正。

著者:王夫玉

2023年3月于南京